U0137589

JINDAI JIAOYU XIANQU

近代教育先驱

江谦生平及思想研究

赵娟 著

广陵书社

图书在版编目（CIP）数据

近代教育先驱：江谦生平及思想研究 / 赵娟著. --
扬州：广陵书社，2023.11
ISBN 978-7-5554-2132-0

Ⅰ. ①近… Ⅱ. ①赵… Ⅲ. ①江谦（1876-1942）—
人物研究 Ⅳ. ①K825.46

中国国家版本馆CIP数据核字(2023)第187409号

书　　名	近代教育先驱——江谦生平及思想研究
著　　者	赵　娟
责任编辑	顾寅森

出版发行　广陵书社

　　　　　　扬州市四望亭路2-4号　　　　邮编　225001

　　　　　　（0514）85228081（总编办）　　　85228088（发行部）

　　　　　　http://www.yzglpub.com　　　E-mail:yzglss@163.com

印　　刷　扬州皓宇图文印刷有限公司

开　　本　720毫米×1020毫米　1/16

印　　张　20

字　　数　350千字

版　　次　2023年11月第1版

印　　次　2023年11月第1次印刷

标准书号　ISBN 978-7-5554-2132-0

定　　价　86.00元

江谦（1876—1942）

1906 年任通州师范学校监理的江谦

1906 年通州民立师范学校第一届师范本科毕业生合影。江谦（前排左二），张謇（前排左四），日籍教师木村忠治郎（前排左一）、西谷虎二（前排右二）

1908 年通州民立师范学校第三届师范本科毕业生合影。江谦（二排左四），张謇（前排左四），日籍教师木村忠治郎（前排右二）、西谷虎二（二排右四）

1908 年通州民立师范学校附属高等小学第一届毕业生合影。江谦（前排左四）

婺源江氏宗祠堂联，为易园作

江氏自节度易姓以来，迭分于婺于歙于衢，代挺闻人，木本水源，粲乎溯兰陵八萧，至昭明太子；

云溪当有清重儒而著，其他若程若胡若戴，并称世哲，泰山北斗，禽然推弄丸一老，继晦庵先生。

1924年，张謇受江谦之请为婺源江湾"萧江宗祠"撰写的堂联

婺源江氏宗祠堂联（为易园作）
江氏自节度易姓以来，迭分于婺于歙于衢，代挺闻人，木本水源，粲乎溯兰陵八萧，至昭明太子；
云溪当有清重儒而著，其他若程若胡若戴，并称世哲，泰山北斗，禽然推弄丸一老，继晦庵先生。

江谦的代表作《说音》，书名为张謇题写

江谦的著作《两汉学风》

南京高等师范学校旧影

南京高等师范学校校路之一

校 歌

江易園先生作歌
李叔同先生製譜

MODERATO.

大哉一誠天下勸

如鼎三足兮今日知日仁日勇

千聖會歸兮集成於孔

下開萬代兮萬方今一趨兮同隨海西上今

江東巍巍北極兮金城

之中天門教澤兮吾道

無窮吾願無盡兮如日方暾

教育救国：师范教育先驱者的精神

——《近代教育先驱：江谦生平及思想研究》序

　　记得在 2021 年 5 月，受江苏省历史学会周新国会长的邀请，我很荣幸有机会到扬州大学参加他的博士生赵娟《江谦研究》的博士论文答辩。我在南京师范大学学习、工作了 30 余年，虽然对校史有一定的研究，但对担任南京高等师范学校校长的江谦了解却很少。由于参加赵娟的博士论文答辩，使我对先贤江谦校长的先进师范教育理念和至诚教育救国精神，有了较为完整的认识，收获巨大。今年年初，收到赵娟老师来信，称其博士论文即将出版，嘱我写序，我又再次认真拜读了书稿。时移势迁，抚今追昔，江谦的教育思想仍熠熠生辉，令人感佩。

　　江谦（1876—1942），徽州婺源（今属江西）人，出身书香世家，早年熟读四书五经，后入江宁文正书院，拜书院山长张謇为师，经过中国传统书院的熏陶，再考入上海南洋公学，接受新式教育。1902 年跟随张謇，创办第一所新式学校通州民立师范学校，先后担任学校的教员、监理和校长等职。1914 年应邀担任江苏省教育司司长，同年任南京高等师范学校校长。江谦是中国教育近代化先行者中的重要一员，积极响应"教育救国"的时代召唤，并顺应 19 世纪末 20 世纪初中国教育转型发展实践探索的洪流，于中等师范教育、高等师范教育及文字改革领域颇有建树，对于近代师范教育体系的构筑，以及近代中国自主和多样化的教育体系的形成有奠基和助推之功。赵娟在《近代教育先驱：江谦生平及思想研究》中对江谦的教育思想进行了全面的梳理和研究，诸多教育思想至今仍闪耀着理性的光辉。

　　一是首倡"三育并举"的教育理念。江谦在通州师范学校办学期间就不断认识到"训育、智育和体育"三育的重要性。到了南高师任校长后，在德育（即训育）方面，提出了许多具体明确的要求，如重视感化与考察，"有学生省察表。每周由学生记载，学监调阅一二年级，因以审知学生之性行而诱导之。有职员考察册，每学期由各职员记载汇交学监处，因以品评学生之性行而劝勉之"。而且重视示范与检查，学校通过学生自我省察和职员的有效监督（如职员可通过团体方式解决共性问题，通过单独劝告或勉励解决个性问题），最终达到对学生"训育"的教化目的。江谦在南高师期间实行全员育人方式，即全体教职工皆有育人责任，涵盖了专任职员和专任教员，"专任教员授课外，皆兼负训育责任"。江谦倡导教与育合而为一，彼此融合而不割裂，依然是当今学校值得提倡的重要育人方式。在智育方面，江谦提出了明确培养学生以探究智识本源的思考能力，达到学以致用、解决问题的目的。"能思想以探智识之本源，能应用以求智识之归宿"。江谦不仅重视"训育"和智育教育，而且特别重视体育，在全国高校中首次设置体育科。视"体育为德智二育基本""欲求德智高尚，苟使身体孱弱，不徒任重道远难以负担，且不足以表示优秀国民之完全人格，故本校对于体育极力注重。"在江谦任校长期间，南高师的教风和学风在全国特色鲜明，独树一帜。

二是坚持"国学为育德之本"的教育理念。江谦在南高师期间，虽然大胆师学欧美，大量引进留学欧美的师资，但他既未以西学为膜拜，更未弃儒学而不顾，而是在有选择性学习西学的基础上理性传承以儒学为核心的传统文化精髓。江谦视国学为根本，认为国学为育德之本，故其对当时全国各类教育完全废经现象表达了不满和深深忧虑："今时学人，废经不读，畏其深也，畏其繁也。经者，正学之源泉而圣贤之宝藏也。废经则非圣蔑论之邪说兴，而残杀流离之大乱作，可不惧哉？"江谦深谙阳明之道，不忘传承和弘扬"能读能耕，孝弟力田"的两汉学风，坚持"知行合一"，真正做到"心中有良知，行为有担当"。江谦特别强调儒家之"诚"，以"诚"为育人根本，南高师在建校初期，就以"诚"为校训。"大哉一诚天下动，如鼎三足兮，曰知、曰仁、曰勇。""本校校训所用诚字，诚者自成，所以成务；先圣至言，实为教育精神之根本。演言之，诚则有信心，有信力。有信心，乃知非教育不足以救国；有信力，乃知非实行教育不足以救国。""诚"在南高师育人以德理念中具有核心和灵魂地位。江谦主张以"正宗文化"授之于学生，显示出其坚持"国学为育德之本"的教育理念。

三是构建"寓师范于大学"的师范教育理念。江谦在通州师范时期就提出了"国学为根本，实业为应用"的教育理念。其执掌南高师初期，学校虽然"以养成师范学校、中学校职教员为宗旨"，但如同在通州师范一样，江谦一直认为，"国家的富强有赖于科学，实业的发达有赖于教育作基础"。1917年，江谦对校友介绍说："南京高等师范学校特设机械专科，一以改良家具，一以抵制外货……学校自明年亦将有农林专科之设立也。至言商，则高等师范亦将特设专科。"在江谦任职校长期间，南高师的学科设置从1915年的两部一科扩大为1918年的体育、工艺、农业、商业、英文和国文专修科等两部七科，学科设置之多、发展速度之快，实属当时各高等师范学校之首。江谦并不囿于师范而仅培养师范人才，他在师资聘请、教育内容改革、教学方法创新等方面，都与他聘请的郭秉文不谋而合。郭秉文从美国学成归国，为江谦极力延聘并担任南高师教务长。后来，江谦因病请辞南高师校长后，郭秉文继续发扬江谦的教育思想，在南高师的基础上创办东南大学，继续推进"寓师范于大学"的各项改革，极大地改变了民国时期师范人才培养的单一模式。"寓师范于大学"，开风气之先者江谦也。

江谦在教育方面还有许多理念十分超前，例如力倡文字改革、推动国语运动、高薪广聘名师、重视实践教学等。这些教育理念对我们今天高等教育的改革发展仍有十分重要的指导意义。

江谦晚年皈依佛门，致力光大佛学，救亡图存。江谦对民国初年"专重欧化"十分怀疑，对"政教沦亡"忧虑万分，于是重新审视传统文化成为其关注重点，并把关注重点转向了佛学研究。他通过创办大型佛学组织佛光社和灵峰学社，期望打破儒释道各自为营的孤立状态，力图融佛于儒，坚持糅和儒释道为一体的传统文化，以加强德育熏陶，力图改良人心，塑造民德，造福乡邻。江谦晚年自成体系的佛学思想，对推动民国时期传统文化理论重塑产生了十分重要的影响。

一百年前，无数仁人志士纷纷投身"教育救国"浪潮，一百年后的今天，"教育强国"成为时代最强音。"师范为教育之母"，强国必先强教，强教必先强师。研究教育先驱江谦，重温其师范教育之道，恰逢其时。相信本书的出版定会进一步推动江谦教育思想的深入研究，助推教育强国早日实现。

最后，真诚祝贺赵娟老师的大作《近代教育先驱：江谦生平及思想研究》出版，期待学界江谦研究成果不断涌现。

南京师范大学副校长、教授　张连红
2023 年 8 月 18 日于南京仙林

序

　　江谦是我国近代著名的爱国主义教育家和佛学家。赵娟是我的博士研究生，其有关江谦研究的博士论文经修订后即将由广陵书社出版。作为指导教师，我有如下几点看法：

　　一、江谦出生于 19 世纪末，成长于新旧教育转型时期，集传统儒家文化的系统教育及近代新教育的熏陶于一身，还亲身经历并见证了中国近代国家蒙辱、人民蒙难、文明蒙尘的苦难历史，"教育救国""救亡图存"是其一生的奋斗目标，体现出强烈的爱国主义精神。历史和现实注定了江谦教育思想中所蕴含的极力糅和传统文化思想与近代西方教育思想为一体的时代特征。这是其所接受的复杂社会背景下传统和近代教育内容和教育思想融合的必然结果，也是其努力适应时代需要，竭力培养适应社会发展所亟需的近代人才而形成的教育思想的必然逻辑，凸显出近代教育家所具有的强烈的责任担当和使命担当。

　　江谦的一生可以分为前期的"教育救国"和后期的佛学"救亡图存"两个阶段。前期，江谦作为张謇的学生和助手，曾协助张謇主管我国近代历史上第一所独立师范学校通州民立师范学校，是该校办学初期的实际执行者，协助制定了《通州师范学校章程》，并逐步完善了该校办学的运行体制，为通州师范学校建设和发展作出了重要贡献。中华民国建立后，其在恩师张謇的力荐下，接受江苏巡按使韩国钧的委任，担任南京高等师范学校校长之职，成为近代江苏最高学府南京高等师范学校的创办者和首任校长，其最早提出了具有中国近代教育特点的"训育、智育、体育"的"三育并举"教育思想，在师资培养、专业设置、校风建设等方面作出了具有时代特点的诸多改革和创新举措。他提出了大学"最要者良教师"的观点，在聘用了一批国内著名学者如柳诒徵、李叔同、王伯沆的同时，还大批聘用了包括郭秉文等在内的留美留欧学生任教，实行开明的师资管理，形成了"孔雀东南飞"的兴旺局面。其在任南京高等师范学校校长期间，所设学科为国内高等学校之冠，并在国内高校中首设体育专修科，并提出了"终身运动习惯"的终身体育思想。江谦的教育思想与实践活动十分丰富，教育成就卓然，与同时代的著名教育家张謇、蔡元培、黄炎培、郭秉文等齐名,在推动中国高等教育近代化的过程中具有举足轻重的地位,是中国近代不可忽视的一位大学校长。其后期转向佛学研究,通过佛学实践和佛学理论研究,倡导"儒佛合一"思想,致力于佛学"救亡图存"活动,于军阀混战、战争不断的民国时期助推中国佛学近代化及改变区域性的民风、社俗,维护地区社会稳定方面发挥了重要作用。

二、赵娟的《近代教育先驱:江谦生平及思想研究》一书置江谦于清季民初中国羸弱受欺、有志之士致力于救国救民道路探索的时代大背景下,较好地剖析了其从幼年接受教育到成长为著名教育家和佛学家的生平历程,在梳理教育成就和佛学贡献的过程中,提炼出其一生蕴含的"教育救国"和"佛学救国"思想,再现了民国时期以江谦为代表的作为大学校长的爱国知识分子挽救民族危亡的努力,是一部有关江谦研究的颇具开创性的学术著作。

该书首次对江谦的早期成长、前期的教育实践活动及后期的佛学实践活动进行了全面的搜集整理与研究,较为清晰、完整地展现了江谦一生的成长轨迹,全方位展现了江谦一生的教育思想与实践探索,是综合研究江谦在中国近代教育史上的历史地位和历史作用的一部力作。全书所引材料丰富,既有珍贵的档案文献资料,同时还通过田野调查、亲自调研走访获得大量口述史资料,弥补了档案文献资料的不足。作者对大量资料的搜罗、梳理、分析,显示出其良好的史学训练和史学素养。

应当指出的是,该书所研究的江谦不仅是一位近代著名的教育家,还是一位重要的文字学家和佛学家,其实践活动和思想远超历史学的范畴,需大量涉猎教育学与佛学,这对历史学专业出身的作者来讲,是有一定的挑战性和相当的难度的。作者采用了多学科交叉方法,使江谦研究的完整性、系统性得以首次呈现,有利于客观、科学评价江谦于中国近代教育史及佛学史上的历史定位,充实中国近代教育史和中国近代佛学史研究内容。

该书解读了江谦在教育领域探索"教育救国"的教育实践、教育贡献及所形成的教育思想,剖释了其在推动中国教育近代化过程中的作用,还努力剖析了江谦后期转向佛学研究的动因、致力于佛学"救亡图存"的佛学实践活动及佛学思想,是颇有见地的。它完整解读了江谦生平及思想,其研究成果不但对于研究江谦教育思想与实践具有重要的历史价值,而且对当下的中国近代高等教育也有着一定的参考和借鉴作用。

三、该书的完成凝聚了作者的心血,见证了其攻读博士研究生学习研究期间的艰辛。在党的二十大提出要"加快建设高质量教育体系"的今天,该书的出版是有积极意义的。我衷心祝贺该书出版,也希望赵娟有更多的佳作问世。

扬州大学原副校长、教授
江苏省历史学会会长　周新国
2023 年 9 月 1 日

目 录

绪 论 ……………………………………………………………… 1

　一、研究缘起与意义 ………………………………………… 1

　二、国内外研究现状述评 …………………………………… 4

　三、研究方法及创新 ………………………………………… 8

第一章　江谦成长环境与教育背景（1876—1901）………… 10

　第一节　文风昌隆的社会环境 …………………………… 10

　第二节　贾而好儒的徽商家族 …………………………… 13

　　一、江湾名门望族的兴亡更替 …………………………… 14

　　二、贾而好儒的徽商世家 ………………………………… 16

　第三节　崇尚儒学的家学渊源 …………………………… 18

　　一、深厚的崇儒家学氛围 ………………………………… 18

　　二、溪山环绕的读书佳处 ………………………………… 21

　第四节　传统儒学教育阶段 ……………………………… 22

　　一、传统家塾教育阶段 …………………………………… 23

　　二、传统书院教育阶段 …………………………………… 24

　第五节　近代新式教育阶段 ……………………………… 26

　　一、近代最早的师范教育南洋公学 ……………………… 26

　　二、近代师范教育的西学熏陶与成长 …………………… 28

第二章　江谦教育思想的渊源…………………………… 31

　第一节　江谦教育思想的来源之一

　　　　　——儒家文化的影响 ………………………………… 31

　　一、先秦孔孟学说 ………………………………………… 31

　　二、宋明新儒学思想 ……………………………………… 34

　第二节　江谦教育思想的来源之二

　　　　　——东渐西学的影响 ·· 38

　　一、西学对中国旧教育的冲击 ·· 38

　　二、西学实用主义思潮的影响 ·· 40

　　三、西学救世思想面临的现实困境 ·· 42

第三节　江谦教育思想的来源之三

　　　　　——国内危亡时局的影响 ·· 43

　　一、政治上清末民初的动荡时局 ·· 43

　　二、经济上近代工业发展的呼唤 ·· 45

　　三、国势危难境况下张謇对江谦的个人影响 ·································· 46

第三章　江谦教育思想的初步探索与实践

　　　　　——主持通州民立师范学校（1902—1914） ······················ 48

第一节　江谦与通师张謇 ·· 50

　　一、结缘书院卷，缔结师生情 ·· 50

　　二、相携相持，共铸通师教育辉煌 ·· 53

　　三、并肩奋斗，共铸友谊之魂 ·· 57

第二节　教育管理与教学改革 ·· 59

　　一、参与学校行政事务，积极推进各项管理 ·································· 59

　　二、倡导国学立德之本，注重教育实用之效 ·································· 64

　　三、注重校风学风建设，重视教法学法改革 ·································· 70

　　四、立足普及教育之需，推进小学教育改良 ·································· 81

第三节　江谦与国语运动 ·· 93

　　一、国语运动发端概况 ·· 93

　　二、提倡文字改革，发明天然声母阴阳通转之规则 ························ 95

　　三、正名"官话"为"国语"，力促国语统一 ······························· 101

第四章　江谦教育思想的深入探索与实践

　　　　　——主政南京高等师范学校（1915—1919） ·····················111

第一节　南高师创设历程 ··111

　　一、担任南高师校长的背景 ·· 112

　　二、南高师前身三（两）江师范学堂的创立与发展 ·······················115

　　三、南高师筹设过程 ·· 119

第二节 南高师师资聘用与管理 ……………………………… 123
    一、广聘国内知名硕儒 ……………………………… 124
    二、力聘以留美为主的归国留学生 ……………………… 127
    三、管理师资开明有方 ……………………………… 133

第三节 南高师招生与学科设置 ……………………………… 139
    一、南高师发展规划与招生要求 ……………………… 139
    二、南高师学科设置 ………………………………… 141
    三、南高师体育学科设置 …………………………… 142

第四节 南高师校风建设 …………………………………… 151
    一、南高师优良校风的形成探究 ……………………… 151
    二、南高师优良校风的具体表现 ……………………… 155
    三、南高师优良校风的建设意义 ……………………… 157

第五章 江谦教育思想的主要内容 ………………………… 160
第一节 确立德智体"三育并举"的教育宗旨 ……………… 160
    一、提出德智体"三育并举"的教育宗旨 …………… 160
    二、论证德育教育内容和实施方法 …………………… 165
    三、论证智育教育内容和实施方法 …………………… 168
    四、论证体育教育内容和实施方法 …………………… 168

第二节 坚持"国学为育德之本"的人才培养观 ………… 170
    一、以"诚"为育人之根本 ………………………… 171
    二、以良知情怀践行"知行合一" ……………………… 173
    三、以"正宗文化"授之于学生 ……………………… 175

第三节 重视教学方法和学习方法的改进 ………………… 176
    一、理论与实践相结合的教学法 ……………………… 176
    二、四步骤教学法 …………………………………… 178
    三、三环节学习法 …………………………………… 179

第六章 江谦教育思想与实践特点和启示 ………………… 182
第一节 江谦教育思想与实践特点 ………………………… 182
    一、教育理念 ………………………………………… 182
    二、教育目标 ………………………………………… 187

三、教育内容 ……………………………………………………… 188

四、教育方法 ……………………………………………………… 190

五、教育行政能力 ………………………………………………… 192

第二节 江谦教育思想与实践启示 ……………………………… 193

一、教育应重视师资队伍培养 …………………………………… 193

二、教育应重视学生终身体育锻炼思维培养 …………………… 195

三、教育应重视以学校为主导的互动型师生关系构建 ………… 196

四、教育应重视以人格感化为基的优良校风建设 ……………… 198

第七章 江谦晚年佛学活动（1920—1942） …………………… 200

第一节 江谦晚年皈依佛门之路探析 …………………………… 200

一、皈依佛门之外因：清季民初佛教复兴 ……………………… 201

二、皈依佛门之内因：顽疾缠身之躯 …………………………… 206

三、皈依佛门之路：倡导佛学救国 ……………………………… 210

第二节 江谦晚年佛学实践活动之一
　　　　 ——婺源地方自治 ……………………………………… 213

一、婺源地方自治背景 …………………………………………… 213

二、婺源地方自治经过 …………………………………………… 217

三、婺源地方自治意义 …………………………………………… 221

第三节 江谦晚年佛学实践活动之二
　　　　 ——创办佛光社 …………………………………………… 222

一、佛光社创设背景 ……………………………………………… 223

二、佛光社创办经过 ……………………………………………… 223

二、佛光社组织建构 ……………………………………………… 225

四、佛光社运转概况 ……………………………………………… 232

五、佛光社社会影响 ……………………………………………… 244

第四节 江谦晚年佛学实践活动之三
　　　　 ——创办灵峰学社 ………………………………………… 246

一、灵峰学社创设背景 …………………………………………… 247

二、灵峰学社创办经过 …………………………………………… 251

三、灵峰学社组织建构 …………………………………………… 252

四、灵峰学社活动概况 ·· 253

五、灵峰学社社会影响 ·· 259

第五节 江谦晚年佛学实践活动的主要特点 ··········· 261

一、倡导"修身以儒" ·· 263

二、主张"治心以佛" ·· 264

三、力推"儒佛融合" ·· 265

第六节 评 说 ··· 267

结 语 ·· 270

参考文献 ··· 274

附 录 ·· 288

附录一 江谦生平简表 ··· 288

附录二 江谦后人口述证明材料 ·································· 296

附录三 江谦于南通三余镇广运乡住宅及墓地图 ········· 297

附录四 江谦为张謇逝世十周年题碑及赵朴初为其墓碑重建题文 ········· 298

后 记 ·· 299

绪　论

　　江谦（1876—1942），字易园，号阳复，自称阳复子、阳复居士，又自号六字道人、六字学人，徽州婺源江湾（今江西婺源江湾）人。江谦于 1902 年就职于通州民立师范学校，历任国文教习、监理、代校长、校长之职，直至 1928 年；1914 年至 1919 年间同时担任南京高等师范学校首任校长，并于 1914 年担任江苏省教育司司长、1915 年任安徽教育会会长。1909 年至 1916 年间，还先后当选为安徽省咨议局议员、资政院议员和众议院议员等职。1919 年，江谦因身体原因皈依佛门，拜师印光，致力于佛学事业，直至生命最后。江谦在 1902 年至 1919 年先后主持通州民立师范学校、主政南京高等师范学校期间，于教育革新有诸多创举与深刻见解，形成了具有近代教育特色的先进教育理念，有力助推了中国教育近代化。注重强化以儒学为核心的传统文化德育教育功能是其师范教育的一大特点。1920 年至 1942 年间，其积极以出世之躯行入世之责，努力尝试婺源地方自治，创办佛光社与灵峰学社，倡导"修身以儒""治心以佛""儒佛合一"思想，以期"德治救世"，对家乡乃至皖南地区良好风尚、朴实民风的建设及近代中国社会区域性稳定发挥了重要的建设性作用。重视以儒释道为核心的传统文化宣传以改良人心与社会，是其晚年佛学活动的重要特征。江谦是近代中国著名教育家、文字改革家和佛学家，因其于近代教育领域贡献卓著，佛学成就亦令人瞩目，故对其一生的研究特聚焦于其教育思想与实践研究及晚年佛学活动研究。

一、研究缘起与意义

　　1840 年的鸦片战争掀开了中国近百年屈辱史的开端，晚清政府犹如封建社会后期的耄耋老人，在风雨飘摇中负重前行。此起彼伏、轰轰烈烈的爱国救亡运动随之诞生。国强需民智，民智需教育，"教育救国""救亡图存"也因此成为时代最强烈的呼声。脱离封建社会旧有的教育桎梏以培育新形势下亟需的新式人才，显然离不开近代史上为实现"教育救国"理想，虽远离刀光剑影，但依然艰辛跋涉，以大学校长为主的知识分子教育家群体。面对科举废除、新学兴起及西学东渐之影响，近代教育家们奔波于羸弱而动荡的土地上，凭借顽强的毅力和超凡的定力，以中西融合汇通的博大视野，兼收并蓄传统与现代教育思想，大胆除旧布新，力倡教育改革，毅然践行起"教育救国""救亡图存"的艰辛使命，构筑起中国近代教育坚强的脊梁和中坚力量。以张謇、蔡元培、陶行知、陈鹤琴、梅贻琦、黄炎培、竺可桢、柳诒徵、郭秉文等为代表的广大知识分子经过艰难探索与艰辛努力，最终助推了中国中高等教育近代化历程，江谦就是其中的一员。长期以来，江谦研究一直没有得到应有的重视，实为学界一大憾事。追溯其因，主要源于其于政治上的声望与地位远没有以"实业救国""教育救国"闻名的恩师、清末状元张謇显赫，教育思想立言方面的影响也远不如蔡元培、陶行知、黄炎培等人。另外，江谦在通州民立师范学校和南京高等师范学校期间虽曾有过辉煌的教育成就，但因身体健康等原因导致其主政南京高等师范学校时间过短，加之其于教育事业处于巅峰之际皈依佛门，转向非主流佛学研究，均是其被学界忽视的重要因素。众所周知，历史是由多层面构成的，仅关注历史首脑人物而忽视次要人物的研究，很难形成对它的整体认知。对教育家江谦深入而系统的研究，不仅能弥补此等不足，亦是史学界亟待完善的重要内容。

　　21 世纪新史学注重对社会群体的研究，即在"科学化思潮"下隐去"人"的研究。生活于 19 世纪末 20 世纪初中国教育开始转型时期的知识分子，对中国教育从传统向近代转变发挥了重要先导作用。费正清曾言："到 30 年代，他们（中国的教育家——引者注）成功地创造了较为自主的和多样化的高等教育体系，较少直接受到政府和官方正统观念的控制。"[①]如果没有 20 世纪初知识分子群体在教育领域的诸多努力实践和探究，就不可能在 30 年代形成中国自主和多样化的教育体系。曾经协助张謇成功把通州民立师范学校建设成为全国知名学府、独立把南京高等师范学校建成当时"北有北大，南有南高"教育奇观的硕儒江谦，无疑是苏皖地区近代教育事业发展史上不可忽视的重要人物。无论是从区域性群体组织成就，还是从其个人对中国教育近代化的贡献来看，江谦都值得被研究。深入探讨其于中国教育转型期开创性的教育思想与独特性的教育贡献，探究其于近代不屈不挠寻求民族复兴的救国道路，对于在当今社会面临重要转型、构建人类命运共同体全球视野中，培养能够托起民族复兴和文化自信的创新型人才和专业技能人才，具有重要的史学意义与社会意义。

　　从新史学范畴来看，透过以江谦为代表的中国知识分子群体在清末民初国弱民贫的状况之下，执着于"教育救国"伟业的艰苦实践和佛学"救亡图存"道

---

①〔美〕费正清：《剑桥中华民国史（下卷）》，中国社会科学出版社，1993 年，第 416 页。

路的艰辛探索,可进一步加深对清末民初社会环境的认识和理解,有助于加强爱国主义思想教育,更好地开拓国家和民族的未来。以法国年鉴学派为诞生标志的新史学,提倡广阔开拓史学研究领域,反对汤因比式的宏观史学。美国新史学运动的领导人鲁滨逊更是主张"新史学"应包含人类过去的全部社会活动:"从广义来说,一切关于人类在世界上出现以来所做的或所想的事业与痕迹,都包括在历史范围之内。大到可以描述各民族的兴亡,小到描写一个最平凡的人物的习惯和感情。"①江谦是清末民初中国教育近代化先驱,在教育领域具有独树一帜的贡献,是清末民初成就卓著的教育家群体中的重要组成人员。著名历史学家章开沅先生曾言:"过去,我们对这些教育近代化先行者的思想与实践研究得不够,宣传介绍得更不够。其实他们对于教育革新的许多深刻见解,至今在海内外仍然备受尊崇,享有极高的声誉。"②在清末民初内忧外患、国势动荡的极端恶劣环境下,以江谦为代表的知识分子群体没有停下逐梦的脚步,更未放弃图谋国家振兴的愿景与努力,其凝聚起来的强大而无形的爱国主义力量,成为激励当今人们为实现国家富强和民族复兴而奋斗的不竭动力。社会学家韦伯在《新教伦理与资本主义精神》一书中曾提出:"透过任何一项事业的表面现象,可以在其背后发现有一种无形的、支撑这一事业的时代精神力量;这种以社会精神气质(ethos)为表现的时代精神,与特定社会的文化背景有着某种内在的渊源关系;在一定条件下,这种精神力量决定着这项事业的成败。"③恰如其所言,正是这股精神不断推动着中国创造了一个又一个传奇。透过江谦具体个案研究,对其师范教育及佛学活动重点探究,剖析其皈依佛门的心路历程及时代背景,科学评判其佛学活动性质,不仅可以学习、借鉴其优秀教育理念,亦可更好地窥见当时的文化背景和复杂的社会面貌,加深对中国近代史的理解。

从教育史角度来看,通过聚焦于江谦教育思想和实践方面的重点研究,可以丰富近代教育史研究,为进一步加深近代教育史的理解提供新的视角和例证。19世纪中期,中国经历了千年未有之大变局,旧制未废,新制尚缺,曾自诩为世界中心的清王朝处于内忧外患绵延不绝的艰难处境中,知识分子走出纸上谈兵的困境,在教育实践领域通过亲自创办学校、领管学校等的艰难探索,在坚守传统儒家教育精神内核的基础上努力挣脱封建枷锁的羁绊,以开放的心态勇敢吸收西方教育之精华,

---

① 杰弗里·巴勒克拉夫:《当代史学主要趋势》,上海译文出版社,1987年,第43页。

② 章开沅:《总序》,田正平:《留学生与中国教育近代化》,广东教育出版社,1996年,第3页。

③ 苏国勋:《理性化及其限制——韦伯思想引论》,上海人民出版社,1988年,第2页。

在寻求教育良方方面可谓励精图治、不遗余力。江谦作为一代宿学旧儒没有固步自封,在通州民立师范学校教育管理和南京高等师范学校的筹建与发展中创榛辟莽,最终使通州民立师范学校享誉全国,使南京高等师范学校比肩北大。南京高等学校若无江谦的诸多首创举措,就没有日后闻名中外的国立东南大学的诞生。中国教育在走向近代化的摸索中最终走出了一条具有时代特色的中国本土化教育道路。江谦于教育实践方面有诸多开拓创新性举措,教育思想涉及小学教育、师范教育、教育管理等领域,范围之广,思想之先进,令人惊叹。江谦晚年虽皈依佛门,成为佛学家,但这并不能抹去其于教育领域的卓越贡献。其独特的双重身份理应得到更多关注和研究,应是中国教育史的重要组成部分。目前,学界对于民国时期教育大家的研究不乏其人,但对江谦的研究甚为单薄和乏力。深入系统对其研究,无疑是对中国教育史的丰富与发展,有利于加深对近代教育史的理解。

从个人角度来看,通过对江谦尤其是其教育思想与实践及晚年佛学活动的集中研究,可以更好地理解和把握其心路历程与活动轨迹,有助于还原江氏的真实面貌,丰满其历史形象。江谦师从张謇,与教育结缘也缘于张謇,最后走上教育救国实践之路,暮年皈依佛门。因其人生的最后时光全付诸佛学研究,有偏于主流社会的价值评判标准;加之有关他的入世教育著作偏少,有关演讲内容、佛学著作等资料分散、难寻,导致目前关于他的研究几乎处于空白,但其躬行“教育救国”、佛学“救亡图存”的执着信念、丰富的教育思想、以坚守传统文化为基础的重要理念等无不是民国时期中国教育的重要瑰宝,是知识分子致力于探索救国道路的宝贵缩影,值得我们尊敬与缅怀。有关江谦的内容掩埋于历史角落中已达半个多世纪之久,对其进行深入研究,尤其是在总结其教育成就、探寻其佛学活动轨迹的同时,寻找二者之间的关系,剖析其从著名教育家转变为佛学家的根本动因及深层次社会背景,既可更好地了解新民主主义革命艰难的时代处境,又可对江谦在历史发展中给予合理的定位和历史评价,有助于推动江谦研究,宣扬其优秀的教育理念和执着奉献的爱国主义精神。对江谦进行全面研究,意在抛砖引玉,以推动对江谦研究的更加深入和系统。

二、国内外研究现状述评

学界对江谦研究经历了缓慢起步到逐步发展的过程。国内起步较早,国外起步较晚。严格来讲,真正学术意义上的江谦研究应始于 21 世纪初,一些研究成果开始涉及江谦的教育思想与佛学思想,但尚无专门研究江谦的著述。20 世纪以来,国内包括台湾地区,已出现有关江谦研究的相关论文、著作等;国外有关江谦的研究目前尚未形成重要成果。国内涉及江谦的初步研究始于 1911 年至 1919 年《南通师范校友会杂志》、1918 年《南京高等师范学校校友会杂志》、1927 年至 1929 年及 1932 年的《佛光社社刊》，是我们了解江谦于通州民立师范学校、南京高等师范学校教育实践与改革及佛学实践活动的宝贵史料。1941 年由游有维主编、江谦撰写，由十七种单行本组成的《阳复斋丛刊》，是研究江谦教育思想与佛学思想的第一手宝贵史料。之后，对江谦的关注开始陆续出现。蒋维乔于 1943 年撰写的《江易园居士传》（《觉有情》，1943 年第 85—86 期），展现了江谦一生于教育事业与佛学领域所取得的成就概貌，是了解、研究江谦的重要资料。南京大学编辑的《南京大学校史资料选辑》（南京大学出版社，1982 年）为我们了解江谦创设、发展南京高等师范学校及学校教育成就提供了珍贵史料；朱嘉耀主编的《南通师范学校史》（南京师范大学出版社，2012 年）及 1988 年由南通市教育局、南通市教育史料征集编写办公室编写的《南通市教育史料 南通市教育界 人物传略》，则是了解江谦于通州民立师范学校教育实践与教育改革不可或缺的资料。20 世纪 90 年代初，学界有关江谦的研究逐渐增多。何开庸的《民国时期南京的著名教育家（一）》（《南京社会科学》1992 年第 3 期）、于凌波的《净土行者江易园》（《中国近代佛门人物志（第一集）》，台北慧炬出版社，1993 年）相继问世，分别从教育成就与佛教贡献的角度对江谦作了简单介绍。袁李来的《坚贞自守的爱国宿儒王瀣》（《民国春秋》1997 年第 6 期）侧面展示了江谦对传统鸿儒师资的重用及南京高等师范学校的学风建设。21 世纪以来，有关江谦的学术研究开始出现。王德滋主编的《南京大学百年史》（南京大学出版社，2002 年）是研究江谦在南京高等师范学校期间教育事业的重要资料。随着对近代高等教育本土化研究的深入及佛学研究的拓展，中国大陆及台湾地区相关学术研究论文陆续涌现。2017 年 12 月 15 日，"江谦学术研讨会"首次于江苏省南通市禹稷寺召开，学者和高僧联合参会，江谦研究显然已逐渐引起教育界与佛学界更多重视。目前，学界研究内容主要集中体现于以下几点：

（一）关于江谦教育思想和实践研究

相对来讲，目前对江谦教育思想的关注较为集中，主要体现于师范教育与文字改革运动两方面，即协助张謇掌管通州民立师范学校（以下简称通师）与独立主政南京高等师范学校（以下简称南高师）期间的教育思想和实践，以及江谦与国语运动研究。

有关通师和南高师教育思想与实践研究。专门研究江谦协助张謇掌管通师方面的研究较少,目前主要有冯剑辉的博士论文《近代徽商研究——以 1830—1949 年为中心》(山东大学,2008 年),对江谦在通师的教育实践及教育思想有所涉及,指出其是"为国事奔波的一代教育大家",其教育事业和政治生涯因皈依佛门而终结。崔荣华的《张謇与江谦的师生情缘》(《南通大学学报》2009 年第 6 期)对江谦于通师及南高师的教育实践情况进行了介绍,肯定了二人对江苏教育近代化进程的推进作用,是对江谦教育思想与实践进行综合研究的较早的有益尝试,但关于如何推进江苏教育近代化尚缺乏深入研究。相对来讲,学界对江谦于通师的教育思想与实践研究较少,对其主政南高师的教育研究则较多。主要有朱斐主编的《东南大学史 1902—1949》,肯定了江谦在教育思想方面的"变革和进步",指出继任校长郭秉文教育思想与江谦是"连续一致的"[①];俞力心的论文《张謇与江苏高等教育的缘起》(《江苏政协》2002 年第 7 期),强调江谦是张謇教育思想的"传承人",指出其是"南高师发展史上极为重要的有功之臣";陈志霞的《李叔同与南京高师关系研究》(《文学教育(下)》2016 年第 4 期),考察了江谦主政南高师时期"人格教育""不言之教"的风格特点;许文昊的硕士论文《南京高等师范学校师生群体研究》(南京师范大学,2016 年),对南高师师资聘用等作了分析;黄进的《鞠躬尽瘁 毕生事教 我国早期师范教育的创业者江谦》(《光明日报》,2002 年 8 月 9 日)、《中华佛缘人物志》(上海辞书出版社,2009 年)、高传峰的博士论文《新文学的反动——中国反新闻学运动研究》(华东师范大学,2016 年)、刘瑛等的《国立中央大学的变迁》(《档案记忆》2018 年第 4 期)、《江谦》(《教育研究与评论》2018 年第 3 期)等文章多集中研究江谦创办南高师的过程及南高师图谋多学科发展举措,对南高师学科设置、江谦对体育的独到见解、校训解读等也多有涉及;翟奎凤的《近现代大学校歌与儒家文化及大同精神——以南大、清华、浙大校歌为中心的讨论》(《东岳论丛》2018 年第 12 期),从分析校歌的角度过滤出江谦于南高师期间对儒家文化的尊崇和坚守。21 世纪初出现的对江谦于南高师教育思想与教育实践的尝试探讨,开启了学术界有关江谦研究的良好开端,但对其中国教育近代化的贡献、教育救国思想等方面的研究十分单薄,甚至缺失。

关于江谦参与国语运动的研究。江谦于切音字方面有深厚的国学底蕴,关注国语运动是江谦教育事业的另一重要成就。这方面的文章主要有谢晓安的《五四运动与现代汉语语法学的兴起》(《兰州大学学报》1989 年第 4 期),指出江谦在近代统一

---

① 朱斐主编:《东南大学史 1902—1949(第一卷)》,东南大学出版社,2012 年,第 34 页。

语言过程中首次提出有关语法的阐述,认为其是近代我国文字改革教育家。戴昭铭的《切音字运动始末》(《语文建设》1992 年第 12 期),展现了江谦在助推清政府自上而下推广、普及"合声简字"方面的重要贡献。罗志田的《清季围绕万国新语的思想论争》(《近代史研究》2001 年第 4 期),透露出江谦在清末推广"官话字母""合声简字"的开拓和推广之功。李宇明的《清末文字改革家的方言观》(《方言》2002 年第 3 期),涉及江谦提出的以"标准京音"达致"国语统一"之要旨。周敏之的博士论文《王照研究》(中国社会科学院,2002 年),提及江谦是首位提出"合声简字"和"标准京音"统一国语的资政院议员。这些论文在论述江谦在近代文字改革方面的作用时,无一例外肯定了他在"国语统一"方面作出的开拓性贡献,凸显出了其文字改革家的形象,并给予了高度评价,但普遍对其在音韵学方面的成就缺少深入研究,缺乏对江谦文字改革运动的专门论述和综合评价。

(二)关于江谦佛学活动研究

江谦执掌南高师后积劳成疾,晚年遂皈依佛门,致力于婺源地方自治,创办佛光社与灵峰学社,在近代佛学事业方面表现亮眼。有关江谦佛学内容的研究极少,相关论文主要有徐清祥的《20 世纪江西佛教》(《方言》2003 年第 3 期),指出其佛教思想中独具特色的"融通各宗,归元净土""观心不动与转物不为物转""重戒与格物以修身为本"三大特点,明确表示江谦于净土宗的贡献是近代江西佛教乃至近代中国佛教思想的重要组成部分。实际上,把江谦于佛教方面的贡献视为安徽而非江西佛教的重要组成部分应更为科学。另有范纯武的文章《"崭新菩萨宜今世、科学欧文都了晓":试论 1930、40 年代上海佛教居士扶乩团体"来苏社"》(《民俗曲艺》2008 年第 12 期),对江谦于南通、上海弘法中的扶乩活动及与印光之关系变化进行了有益的探讨,虽然其中涉及江谦与印光关系前后变化之观点仍有待商榷,但为研究江谦佛学活动及判定江谦"佛教救劫"的弘法性质提供了新的研究视角。徐道彬的《〈放生杀生现报录〉考辨》(《中国典籍与文化》2013 年第 1 期),依据乾嘉考据学者经术致用的特点,从考辨的角度指出《放生杀生现报录》并非清代儒者江永所作,而是江谦托名其祖江永之伪作。纵观全文,其理论依据及逻辑推理仍有诸多存疑,因事关江谦整体评价,相关问题亟待进一步考辨、评定。樊沁永的博士论文《晚明高僧〈四书〉诠释研究》(首都师范大学,2014 年),肯定了江谦于《四书蕅益解补注》中对智旭系统诠释四书的推动,江谦提出的"佛教衰而儒教亦熄""佛教昌而儒教益显"的观点,是其儒佛会通、儒佛一体思想的重要体现。王聪娜的硕士论文《四书蕅益解》(河北大学,2018 年)、尹婉露的硕士论文《蕅益智旭天台思想研究》(云南师范大学,2018年),对蕅益智旭著、江谦补注的《四书蕅益解》中儒佛同源、儒佛一体进行了论述,可更好地窥见江谦儒佛合一思想的内涵。整体来看,学术界对江谦婺源地方自治、佛光社与灵峰学社的佛学事业几无研究;有关其佛学思想与实践的研究尚属浅层次考察,内容笼统简单;对于其从教育家转变为佛学家的动机考察更无丝毫涉及。目前已有的相关研究显然与江谦在佛学领域的实际贡献极不匹配,值得深入挖掘和推进。

综上所述可知,目前国内外有关江谦的研究还处于发展阶段,研究内容和深度还远远不够。一是有关学术研究论文为数甚少,相关专门论文和专著尚未出现。二是研究范围不够全面,大多局限于其于南高师的教育思想与实践研究,对其于通师的教育思想与实践、切音字改革、国语统一等,尤其是对其推动江苏教育乃至中国教育近代化的贡献几未挖掘。三是对其皈依佛门的动机及其佛学实践活动的相关研究几乎处于空白状态。四是目前已有相关研究均较浅显,深度还远远不够,很难体现江谦在近代中国中高等教育事业方面的突出贡献和开拓进取的创新精神;难以体现江谦一生致力于"教育救国"和佛学"救亡图存"事业的爱国赤诚之心;对其于佛学事业的缺位研究,更不利于对其客观、公正地予以定位和评价。因此,深入、系统地对江谦进行综合研究,实有必要。

三、研究方法及创新

本文的研究始终坚持历史唯物主义与辩证唯物主义相统一的原则,尝试把江谦研究置于当时社会转型期的时代背景之下,力图反映江谦一生于教育事业及佛学领域的全貌,揭示其从教育家向佛学家演变的内在联系;同时采取个案研究与整体社会背景相结合的方法,通过具体问题具体分析,努力剖析在中国历经千年未有之大变局时期江谦的教育贡献、教育特色等,判定其佛学活动性质,科学评定江谦的一生。

(一)研究方法

其一,文献研究法。充分利用高校图书馆、档案馆馆藏各类文献及电子资源,利用网络检索功能,搜集、查阅、整理有关江谦在通师、南高师期间的教育实践,国语改革运动成果及其所开展的婺源地方自治、佛光社与灵峰学社佛学实践活动的各类资料及研究成果,在尽可能占有丰富史料的基础上做好文献调研、鉴别与分类,及时跟踪相关科研前沿和动态,对江谦教育事业及晚年佛学活动进行全方位分析与研究。

其二,多学科交叉研究法。立足于历史学科研究范式,综合运用多学科如教育学、佛学、哲学等相关理论知识,对江谦教育事业在特定时代、特定形势下的贡献与影响及其晚年佛学活动进行综合分析。

其三,调查研究与口述史研究法。本文在充分搜集文献的基础上,利用实地调查法,对江谦出生地、墓地、故居、后人、教育实践场所、佛学活动场所等进行了实地调研和访谈,采用单人或多人多次深入访谈的方式,形成了部分口述史资料,以此弥补文献资料的不足,作为对江谦研究的重要补充。

其四,比较研究法。书中通过江谦主持的南高师与其前身三(两)江师范学堂在教育经费、教育管理模式等方面的纵向比较及南高师与同时代同类高等学校在师资薪水待遇等方面的横向比较,凸显出江谦于南高师办学的艰辛与不易,显示了其独特的办学特色和教育理念,彰显了其强烈的爱国主义情怀。

(二)本书的创新点

第一,研究的首创性。首次对江谦的一生,尤其是其教育事业及晚年佛学活动进行全面、系统研究,更好地总结其近代化教育理念,感知中国教育近代化与本土化的艰难历程及居士佛教复兴的复杂社会背景。

第二,研究方法的交叉性。力求通过融合历史学、教育学、佛学为一体的多学科交叉研究法,对江谦教育事业及其晚年佛学活动进行阐述与剖析,尽可能做到科学、全面与客观。

第三,思想观念的新颖性。一是挖掘出江谦于1916年就已提出"终身运动习惯"的理念,应是中国近代"终身体育思想"提出第一人。这比当前学界普遍认为的中国"终身体育思想"起源于西方、于20世纪80年代传入我国[①]提前了60多年,是当今文化自信的又一重要佐证。二是江谦在千年儒学遭受质疑、西学东渐之时学西但不唯西,始终坚持以传统文化为主导地位的教育思想,生动诠释了传统文化的深刻内涵和巨大魅力。挖掘其教育思想中较为独特的基本观点,可为当代高等教育研究与实践提供一定的理论基础、思想资源及实践经验。

另外,本书还存在一些不足。因能力所限,史料搜集不够齐全;对佛学、音韵学了解不透,故对本书中涉及的佛学及音韵学研究难免有肤浅之处;在一些理论问题研究方面,宏观把控能力、逻辑论证能力等仍有待加强,研究深度仍有待提高。

---

① 万茹、毛振明:《体育学力内容结构的理论与实证分析——以终身体育为视角》,《北京体育大学学报》2010年第9期。

第一章 江谦成长环境与教育背景
（1876—1901）

　　崇文重教、贾而好儒的家庭氛围为江谦成长创造了良好条件,幼年颖悟勤奋助其系统掌握了四书五经知识体系,国学功底深厚。在新式教育和名师启蒙下,江谦对西方科学知识从接触到接受,再到学习研究,为其日后于教育领域大胆改革提供了思想基础。江谦因身体原因虽没能跨出国门,但未固步自封,主张兼容并包。其努力挣脱传统"士绅"的窠臼,转变为社会转型期的"新士绅",并成长为近代知识分子,被誉为"有学问之大文人"。[①]文风昌隆的社会环境、贾而好儒的徽商家族、儒学浓厚的家学渊源、融传统儒学与近代师范为一体的新旧教育,使以儒学为核心的传统文化精髓自然融入江谦的立身处世之中,亦奠定了其作为知识分子所具有的自觉爱国情怀。

第一节　文风昌隆的社会环境

　　清光绪二年（1876）农历六月初十日酉时,江谦于安徽婺源县江湾村（今江西婺源江湾村）出生,习称徽州婺源江湾人。回顾婺源的历史变迁,其地理管辖权属曾数次变更。婺源县位于江西省东北部,与安徽和浙江两省交界。春秋战国时属吴,吴亡归楚。如今在婺源境内的浙岭上仍然竖立的"吴楚分源"的划疆碑刻就是最好的历史见证。婺源最早设县始自唐开元二十八年（740）,时隶属歙州管辖。宋徽宗宣和三年（1121）改歙州为徽州。唐宋时,徽州辖安徽休宁、歙县、绩溪、黟县、祁门和婺源六县,州府设于歙县,由"一府六县"构成。后至元明清,婺源一直隶属徽州。民国元年废府留县,婺源直属安徽省。民国二十三年（1934）九月,婺源被划归江西省第五行政督察区管辖。民国三十六年（1947）八月,婺源重新划归安徽,

---

① 德森法师:《借崔居士复游居士书顺答江易园居士启》,《印光法师文钞续编（下）》,苏州灵岩山寺弘化社,2002 年,第 800 页。

隶属第七行政督察区管辖。1949 年 5 月 1 日，解放军渡江作战，婺源获得解放，改属江西省。2000 年后，婺源一直属于江西地级市上饶管辖，直至今日。民国以降，婺源权属变迁徘徊于安徽与江西之间，解放后至今皆属江西省。抗战爆发，婺源江湾亦受侵扰。1934 年，江谦为避兵扰，离开家乡婺源江湾来到浙江杭州。1935 年，他举家三代又从杭州迁至江苏南通三余镇广运区海滨生活。之后除短暂辗转颠簸于上海外，其余生几乎都在南通三余镇度过。故称其为徽州婺源江湾人，而非江西婺源江湾人是有其历史依据的。

　　徽州历代文风炽盛，耕读文化和徽商文化构成了其特有的文化特色。徽州耕读文化源远流长。因是典型山区，山地和丘陵占 90% 以上，故民间有徽州"六山三水一分田"之称。这里层峦叠嶂，景色秀丽，但土壤贫瘠，人多以种地为生，农业生产水平较低。闭塞的山区，勤耕苦读遂成为徽州人赖以谋生的重要手段，传统"学而优则仕"的人生因此成为山区孩子们的出路追求。加之受楚文化影响，徽州在商周时期，文化发展就已达到了一定水平。[①]特定的育人环境造就了徽州人的好学精神，勤耕好读构成了徽州人特有的文化气质和优良传统。徽州的诸多楹联显示，读书进取、积善好学的风气在徽州已蔚然成风。"山间茅屋书声响"（康熙《祁门县志》卷一）；"几百年人家，无非积善；第一等好事，只是读书"（婺源晓起村楹联）。读书不忘勤耕更是徽州人的特点："二字箴言，惟勤惟俭；两条正路，曰耕曰读"（黟县宏村承志堂书房联）；"继先祖一脉真传，克勤克俭；教子孙两行正路，惟读惟耕"；"传家无别法，非耕即读；裕后有良图，唯俭与勤"（黟县宏村古民居联）。"勤耕苦读""克勤克俭"最终形成一种良性循环的耕读文化观，构成徽州的文化内蕴。与此同时，名闻遐迩的徽商亦孕育了徽州特有的徽商文化。随着徽州历代人口的不断增长，地狭人广的现实迫使大批徽州人走出山区，外出谋生。他们或经商行医，或学画习技，自此诞生了元代徽商。明朝徽商的发展和清朝徽商的崛起，促使大批徽商子弟进入仕途，科举及第者众多。衣锦还乡的徽商大多扩祠置田，扶贫救困，捐资助学，为徽州贾而好儒的文化氛围提供了重要的土壤。勤耕苦读的文化传统与徽商崇儒文化的诞生，构成了徽州源远流长的独特文化。崇尚学问的良好氛围营造了徽州人对知识的尊崇与热爱，文人雅士、官宦商贾的不断涌现，在助推徽州人脱离低级趣味的同时，亦形成了徽州深厚的文化底蕴，并不自觉地通过各种方式渗透、辐射于徽州的下辖各县如婺源等地。

---

　　① 殷非淲：《安徽屯溪西周墓葬发掘报告》，《考古学报》1959 年第 4 期。

浓厚的读书氛围孕育了独特的文化气质,徽州人的文化气质里处处渗透着一股浓浓的尊儒重教思想。儒家文化思想的核心内容"仁爱""礼仪""诚信""忠孝"等通过教育在徽州这块古老的大地上代代相传,深深融入于徽州传统文化的血脉中。徽州传统居家对联、庙宇祠堂等建筑物题名等无不透露着儒家"孝"字当头、"诚"而有信、以"礼"处世的观念。"孝悌乃传家根本,勤俭是经世文章"(黟县西递"迪吉堂"联)。孝悌与勤俭并提,传达出儒家孝顺老人、勤俭持家的重要思想。"慈孝后先人伦乐地,读书朝夕学问性天"(西递村临溪别墅楹联)。人伦的根本是先辈慈爱,后辈孝顺,性理与天道是学问的根本与精髓,读书就是要遵循这些道理,这与儒家宣传的孝道思想如出一辙。"凡人未仕在家,则以事亲为孝;出仕在朝,则以事君为孝。……由事父推之事君事长,皆能忠顺,则既可扬名,又可保持禄位。……孝之范围,无所不包,家族制度之与专制政治,遂胶固而不可以分析。"[1]正因"孝"字当先,形成了徽州人家庭和睦,睦邻"以诚待人""以礼相待"的朴素风貌。"诚"是儒家思想体系中的一个重要范畴,也是做人之根本。儒家传统思想的丰富内涵深深根植于徽州人心中,先贤名儒无不以"诚"来教化百姓。徽商在经商和日常生活中大多以"诚"为其立身行事的指南,养成了遵循儒家"诚笃""诚意""至诚""存诚""立信"的道德准则。他们主张诚信经营、以诚待人、以信接物、以义取利。徽州歙县商人许宪在经商中始终秉持"惟诚待人,人自怀服;任术御物,物终不亲"(《新安歙北许氏东支世谱》卷三)的理念,通过以诚待人,获取他人信服。深受儒风浸染的徽商处处体现出儒家所倡导的"立信""笃信""言而有信""讲修信睦"等思想,"诚"在徽商生活和经营中得到了淋漓尽致的体现。

南宋以降,徽州文风更为昌隆,至明清达到鼎盛,被誉为"东南邹鲁""礼仪之邦"。徽州文化在全国独领风骚长达约 800 年之久,是中华优秀传统文化的重要组成部分。徽州浓厚的书香氛围,加上儒学思想的深层浸透,自古人才辈出,有"书乡"美誉的婺源更是文人雅士荟萃之地。这里曾是南宋著名理学家、教育家朱熹,清代著名经学家、音韵学家、皖派朴学奠基人江永,徽派篆刻创始人何震等人的故里,贾而好儒的商人、医家、篆刻者亦很有名。朱熹,是我国继孔子之后儒家思想的集大成者,宋朝著名理学家。其哲学思想继承并发展了程颢、程颐之说,建立了一套完整的客观唯心主义理学体系。这一体系的核心内容即为"理",或称"道""太极",对元明清三朝官学影响深远。朱熹通过讲学、收徒、著书宣传其哲学思想,

---

① 吴虞:《家族制度为专制主义之根据论》,《新青年》第 2 卷第 6 号,第 5 页。

在中国思想史上影响巨大。江谦曾于为纪念朱熹而建立的紫阳书院就读。江永（1681—1782），字慎修，又字慎斋，晚号弄丸主人，清朝朴学大师。一生淡泊名利，靠讲学、著书为生。终生致力于经学、音韵学和理学研究，60岁后厚积薄发，学术成果斐然，并培养了戴震、程瑶田、金榜、汪肇隆等著名皖派朴学集大成者，是江谦引以为傲的先祖，亦是推动其毕生"学先贤"的重要动力。何震（1535—1604），晚明篆刻大师，会通诸家，开创了徽派篆刻之风。受其影响，婺源篆刻名家迭起，高手辈出。徽州之于婺源，犹东鲁之于曲阜、南粤之于中山。婺源被誉为"江南曲阜，山里书乡"。传统儒家文化气息浓厚的土壤最终孕育出文人雅士不断开拓创新的进取精神，这又成为滋润、哺育新开拓者的丰富养料，客观上满足了人们对知识的渴求，刺激了知识分子不断攀升的欲望，形成了浓厚的学术氛围。作为区域上下级关系，婺源的文化风貌必然割不断与徽州的历史渊源与文化联系。徽州"勤耕苦读"的耕读文化深深融入了江谦的血脉之中，成为其日后教育事业中重"孝弟力田"、反对"袖手空谈"的重要来源，徽商的"诚"也成为江谦为人与教育事业一生的坚守与传承。这些均内化为其日后教育实践与教育思想的重要内容。

第二节 贾而好儒的徽商家族

江谦出生于婺源江湾著名的徽商家族——萧江氏。江氏本萧氏。其祖先，最远可追溯至西汉时期的山东"兰陵萧氏"[1]萧相国萧何，最近可上溯至梁武帝萧衍。"梁武帝，其（指江谦——笔者注）显祖也"。[2]梁武帝子孙、唐最后一个宰相萧遘之子萧祯，曾被封为"柱国上将军"，后为避乱世，举家从山东兰陵迁至徽州歙县，指江为姓。又因当地本有江氏一族，遂号萧江，以示区别。祯为江谦始祖。萧祯，唐末江南节度使，"广明间伐巢贼有功，封柱国上将军，镇守江南，驻兵于歙黄墩，谋复唐业不克，遂指江为姓，易姓江焉"。[3]二世祖江董迁婺源皋径，八世祖江敌于北宋时期迁居婺源云湾，后发展为本地望族，云湾因此改为"江湾"，敌应为萧江氏江

① 江谦：《晴舟府君行述》，《阳复斋文集（上册）》，上海佛学书局，1933年，第25页。

② 游有维：《先师岳父江易公生西记》，江谦讲，游有维记：《儒佛一宗主要课讲义》，上海佛学书局，1947年，第1页。

③ 戴廷明、程明宽：《新安名族志》，黄山书社，2004年，第520页。

湾系始祖。清代朴学大师江永①为江氏三十世。"至府君（指江谦的父亲——笔者注）三十三世。"②故江谦为江氏三十四世。江湾名门望族的兴亡更替,见证了江氏家族因经商而崛起的辉煌历史及其贾而好儒的徽商特点。

一、江湾名门望族的兴亡更替

由"云湾"发展而来的江湾村落日渐壮大,江湾望族因此经历了滕氏家族衰落和江氏家族崛起的变迁历程。

（一）衰落的江湾滕氏家族

江湾建村于唐朝初年,位于婺源县城东部江湾水下游梨园河一河湾处,依山傍水,是婺源东乡重要的物资集散地。据《婺源县地名志》记载,唐初,有滕、叶、鲍、戴诸姓在河湾云集,后繁衍生息,逐步形成了一个较大规模的村落,因名"云湾"。宋神宗元丰二年（1079）,萧江八世祖江敌由附近游坑迁至此,后子孙繁衍成巨族,故以姓氏改村名云湾为"江湾"。①据冯建辉博士论文《近代徽商研究——以1830—1949年为中心》考证,明朝以前,江湾江氏并不出名,滕氏是江湾大族之一,且尤为

---

① 江谦与江永关系之考证：经学家江永与教育家江谦皆为清代江湾萧江氏著名学者。江永为萧江氏三十世,江谦为三十四世。关于江谦与江永之关系,目前学界有两种观点：一种认为江谦是江永之后,即江永是江谦之高祖,江谦为江永之玄孙,二人有直系血缘关系。主要依据民国江苏省省长韩国钧在《江易园居士演讲集》序里所讲："婺源江易园居士,为清代经学家慎修先生之后。"此说在学界甚为常见。另一种观点认为江谦与江永是同一家族,但无直系血缘关系。持此种观点的主要有冯建辉,其在博士论文《近代徽商研究——以1830—1949年为中心》对此进行了辨说（山东大学,2008年,第182页）。二人之间是否有直系血缘关系,有必要做一考证,以免以讹传讹,以正学界视听。按照辈分来看,若江永是江谦高祖,江谦的曾祖与江永之子则应为兄弟。江谦在《先曾祖讳国锟公像赞》（《正学启蒙三字颂注·阳复斋诗偈集合编》,佛学书局,1932年,第60页）等文里明确,其曾祖为江国锟（三十一世）,并有如下记载："公（江国锟）,字剑华,号锷浦,赋性刚毅,治家勤俭而严。……弟国锐夫妇早逝,为立嗣婚教,置田赡其家。"显然江谦的曾祖有一弟弟,是为江国锐。然据黄曦昀的硕士论文《〈江慎修先生年谱〉证补》（华东师范大学,2005年,第48页）考证可知：江永一生只有二子,长子江逢圣23岁即早卒,只剩下仲子江逢辰（三十一世）,其根据为王昶的《江慎修先生墓志铭》。据此可知,江永与江国锟绝非父子关系,江逢辰与江国锟并非同一人,二人也非亲兄弟。故江谦与江永应非直系血亲。另据江谦本人有关其家事追述,但凡提到江永,皆冠称"家先贤"或"先圣贤",从未使用"高祖"之称,也从未提及其与江永有直系血缘关系,如《题家先贤慎斋公弄丸图记》（《正学启蒙三字颂注·阳复斋诗偈集合编》,佛学书局,1932年,第66页）,弄丸是江永书斋名,其晚号为弄丸主人。再结合笔者实地调研江谦村人及后人江加榜先生（江谦之孙江宏达先生之婿——笔者注）,皆对江永与江谦的直系血缘关系予以直接否认。江永与江谦同生活于江湾村,两家祖宅相距甚近（约1000米以内）,加之村人及后人离江谦生活的年代并不遥远,理应比较可信。是故江谦非江永直系之后,但是同族。

② 江谦：《阳复斋文集（上册）》,上海佛学书局,1933年,第22页。

① 婺源县地名委员会办公室编：《江西省婺源县地名志》,1985年,第6页。

兴盛。滕氏在宋元时期先后出过五个进士，[①]而同期萧江氏则未出一名。因此，"江湾故多滕姓"。[②]这一状况的根本改变始于明代，滕氏于科举成就和社会声望层面日趋衰落，江氏崛起并逐渐超越，至清后期则占据压倒性优势。如今依然屹立于江湾、被称为江湾最古老建筑、名为"江湾人家"的滕氏老宅便是滕姓家族曾经兴旺繁荣的最好历史见证。（笔者曾赴婺源江湾调研，目睹了这座古宅。）现在的"江湾人家"，是清乾隆年间江姓商人购买下的滕家老宅，保存完好，依稀可见滕氏昔日的辉煌。高而宽敞的徽派建筑标配粉墙青瓦、徽派马头墙、镂空雕刻和青石板铺就的庭院等清晰可见；天井排水设施中体现出的"肥水不流外人田"设计反映出建筑的巧妙和精致；墙面斑驳脱落的水泥无意中露出一个个清晰可见的横睡"滕"字。据江谦后人江加榜先生介绍，若剥去墙面涂抹的水泥，可以看到这房屋的每一块砖头上都刻有一个"滕"字。可以想象刻着"滕"字的墙面充满了怎样的活力和生机。"滕"字不仅是滕氏的代码，也暗藏着主人希望滕氏家族腾飞之意，昔日身份和地位象征一览无余。岁月的流逝似乎并没有冲刷掉曾经的荣耀，如今墙面上被水泥覆盖的"滕"字似乎是滕氏家族荣辱兴衰历史的无声诉说，房子主人的更迭仿佛也在讲述着历史的变迁。滕氏的衰落亦见证着江湾萧江氏的崛起。

（二）因商而崛起的江湾萧江氏

江湾萧江氏因经商而发家，且有着悠久的经商历史。南宋时期，第十二世江廷珪（1154—1215）就开始崭露头角，并成功跻身于巨商行列。据家谱记载：江廷珪"卓荦有大志，轻财乐善。岁饥，邑宰劝济，公慨以赈东、北、西三乡为任"。[③]江廷珪志向远大，以赈济三乡为己任，此举显然非无一定财力之人所能为。元代第十七世江松、江柏兄弟俩因经商开始雄起，后富甲一方。江松（1296—1358）"与伯父贾楚，让其先售，归而价踊。有巫人传胡总帅语，助公以风，济于湖，厚载而归。伯先一月，竟后至。遂以富饶甲一方。"[④]可见，元代江松、江柏兄弟俩经受了元朝末年混乱局势的考验，保持了家族经商富甲一方、繁荣不衰的奇迹；至明代，二人共7子，均子承父业，在商业领域不断进取。江氏子孙足迹遍及全国各地，终成著名徽商家族。先祖经商成功为萧江氏支援家乡宗族教育事业提供了雄厚的财力支撑，也为其子孙读书进士、博取功名提供了坚强后盾。明正德十二年，迁至江湾三

---

①　戴廷明、程尚宽：《新安名族志》，黄山书社，2004年，第701—702页。

②　江谦：《梦游记恩诗》，上海道德书局，1942年，第23页。

③《（万历）萧江全谱》卷一。

④《（万历）萧江全谱》卷一。

百年来的萧江氏第一位进士江元辅诞生。其后,萧江氏进士、举人频出。经商成功、仕宦不断成为江湾萧江氏家族成功的标签。清末,萧江氏经商有道、科举及第得以延续。民国《婺源县志》中《义行》《质行》两类商人传记中收录清代江湾萧江氏成员竟达60人之多,而且不乏富商巨贾。[①]萧江氏在经营茶叶、窑业、米业等领域成绩卓著,且中举者有四人。清代朴学大师江永一直是萧江氏后人引以为傲的先贤圣哲,江谦一直以其为傲。

二、贾而好儒的徽商世家

江谦家族作为江湾巨族萧江氏的后裔,贾而好儒的祖传特点在其家族得到了极好的诠释。其曾祖萧江氏三十一世江国锟,为人正直,性格刚毅,勤俭朴实,18岁"始创商业于崇明",[②]是为崇明庙镇元和商店。其秉承婺源商人"仁义厚道"之精神,恪守"诚"之信条,靠着勤奋节俭,从卖京货、典当衣物等小生意做起,逐渐积累起人生第一桶金,后涉及大型贸易与餐饮生意。萧江氏族商人的精明、乐于开拓的创业精神及江湾浓厚的经商氛围对其应有潜移默化的重要影响,其经商成功的巨大成果通过回报乡族逐渐体现出来,如购置丰田,以备赈用;为族人捐巨资,独修萧江宗祠的永思宗祠后堂,建造祭祀祖先的赞义祠堂,光宗耀祖;创办族学,惠及子孙后代,直至民国;助力乡村发展不遗余力,为村里斥资修桥等。其见义勇为行为更是被载入光绪壬午年间当地的邑志《义行传》。显然,江谦曾祖继承了徽州商人的优良传统,毫不吝惜地输金资助、振兴家乡文教事业,显示出"贾而好儒"的徽商特点。江国锟一生经商、助学两不误。从其乐善好施、捐资助学数额巨大,可窥见其作为萧江氏后人所继承的经商智慧和创业的巨大成功。其在当时萧江氏族乃至于当时的婺源江湾,都应算是功成名就之人。正是基于祖上之基业,江谦18岁时,因"酷暑南闱入病乡",曾到曾祖所创办的崇明庙镇元和店养病。"店为予曾祖所创,百余年来,家人赖此衣食"。[③]显然,江国锟书写了自己的辉煌人生,续写了萧江氏传奇的经商历史。

祖传产业延续百年而不败,发展到民国时依然久盛不衰,反映出江氏后代继承与传承祖业成功的事实,完成这一任务的是江谦祖父一代。江谦祖父江兴仁,郡庠生,以勤学致病,英年早逝,卒于崇明。继承江谦曾祖经商事业的是出生于道

---

① 冯剑辉:《近代徽商研究——以1830—1949年为中心》,山东大学博士论文,2008年,第178页。
② 江谦:《先曾祖讳国锟公像赞》,《正学启蒙三字颂注·阳复斋诗偈集合编》,上海佛学书局,1932年,第60页。
③ 江谦:《梦游记恩诗》,上海道德书局,1942年,第3—4页。

光乙巳（1845）年的江谦伯祖父江兴瀚。彼时康乾盛世的辉煌正成为历史，自诩为"世界中心"的清王朝正于内乱外辱的没落之中蹒跚迈向近代化。江兴瀚曾为清"例赠奉政大夫"，是为正五品官员。因无实职，故在家乡继续经营家族事业。在父亲的基业基础上，江兴瀚克服时局艰难，"敬教勤学，熟于史编""先产义田，创为族学；后秀莘莘，蔚然明效"。[①]"义田"泛指为赡养族人或贫困户而设置的田产。祖父一代经商之余仍不忘学术进取，造福子孙后代和当地百姓，外商内儒特征明显。

至江谦父亲一代，江家家产依然殷实。江谦之父江邦济（1851—1925）[②]，字道卿，号晴舟，"体貌开伟而温""生而好善"[③]，"年十八，补浙商籍仁和邑庠生"[④]。因江谦祖父过早离世，江谦父亲由江谦祖母詹太夫人带大。詹太夫人"上事二亲，下字二孤。伯商承业，仲读遗书"[⑤]。伯为江谦伯父，仲即为江谦之父江晴舟。到江谦父亲这一代，依然遵循祖制，长子继承祖业，次子专攻科举，江谦的伯伯继承商业，其父专事科举功名。"伯父长，乃稍葺祖业于崇明，而谦父以不能博第一娱亲致疾"。[⑥]经商与科举进取各有分工似乎是江氏家族不成文之家规，至江谦一代亦不例外。江谦有兄弟三人，姐妹四人。三兄弟中，江谦居中。哥哥江澍，为成功商人；弟弟江橚于教育事业颇有建树；江谦本人成为一代教育大家。"澍经理崇明商业，

---

① 江谦：《祭清例赠奉政大夫萧江三十二世兴瀚公八十冥寿文》，《阳复斋文集（上册）》，上海佛学书局，1933年，第97页。

② 江谦之父考辨：关于江谦之父，冯剑辉在其博士论文中称江谦"父亲江邦奎"（《近代徽商研究——以1830—1949年为中心》，山东大学博士论文，2008年，第182页）。江邦奎是否为江谦之父？众多涉及江谦之父的史料，从未见有"江邦奎"之称，大多称其"晴舟"。江谦本人在赞先考、传志、哀祭之类的文中对父亲的介绍也多用"晴舟"；其女婿游有维在《先师岳父江易公生西记》中称江谦之父为"晴舟公"；蒋维乔在介绍《江易园居士传》中指出，江谦"父晴舟先生"。显然，江晴舟是其父无疑。既如此，江邦奎是何许人也，他与"晴舟"是否为同一人，邦奎是否是江谦之父的名或号？江谦在《晴舟府君行述》中对其父生平进行了追述和怀念，文中曾明确记载："府君讳邦济，字道卿，号晴舟"；"寿七十有五"[《阳复斋文集（上册）》，上海佛学书局，1933年，第24页]。"府君"即为江谦之父，"讳"是指已故之人，后面一般跟故逝之人名，"邦济"显然是指江谦父亲之名。故江邦济与晴舟为同一人，江谦之父名应为邦济，而非"江邦奎"。"江邦奎"是江谦之父一说毫无依据，应为作者笔误。江谦为一代著名教育家，站在学术严谨的角度，也需对其父名予以明辨。故考辨澄清于此。

③ 江谦：《晴舟府君行述》，《阳复斋文集（上册）》，上海佛学书局，1933年，第22页。

④ 江谦：《晴舟府君行述》，《阳复斋文集（上册）》，上海佛学书局，1933年，第25页。

⑤ 江谦：《祭祖母詹氏太夫人百岁寿文》，《阳复斋文集（上册）》，上海佛学书局，1933年，第100页。

⑥ 蔷翁：《旌表节孝江母詹太孺人七十寿叙》，《柳竹山房诗文钞》（此书为江谦之孙江宏达女婿、婺源江湾江加榜先生提供，未刊）。

督率家政"，"樾毕业法政大学，任安庆、颖州、徽州各省立师范中学教授，本县教育局局长"。[①]日后，江谦因病去崇明庙镇元和祖店休养，应是其兄江澍在经营祖店，显示出该店经营有道与持久不衰。弟弟江樾担任过多所省立师范学校教授，曾官至婺源县教育局局长。因二人皆从事教育事业，哥哥江谦与弟弟江樾多有互动，关系亲密。崇文重教、亦商亦儒的家庭传统为江谦成长提供了优越的家庭环境。与同时代读书人一样，读书进取、获取功名，亦成为江谦的不二选择。

第三节 崇尚儒学的家学渊源

徽州地区文化发达，教育兴盛，明清两朝"天下书院最盛者，无过东林、江右、关中、徽州"。[②]书院强势崛起，徽州名列其中。据康熙《徽州府志》记载，徽州地区共有54所书院，其中歙县14所、休宁11所、婺源12所、祁门4所、黟县5所、绩溪8所。[③]崇儒尚学的风气影响着地区的学术风向。"万般皆下品，唯有读书高"的传统思想对江谦家族有着潜移默化的影响。江谦曾祖江国锟在崇明经商成功，延续百年兴而不衰的基业，为其培养家族子弟读书进取提供了重要物质保障。徽州耕读文化延伸出来的农而仕、商而仕的思想促进了江谦家族浓厚崇儒家风的形成，为江谦成长提供了良好的物质条件和浓厚的书香氛围。

一、深厚的崇儒家学氛围

江谦曾祖江国锟身上亦贾亦儒的徽商特征明显，创办的族学惠及子孙后代，发挥了教化和兴族的重要使命；良好家风的熏陶为江谦成长提供了重要条件。

（一）惠及子孙后代的族学

江国锟十八岁于崇明创业成功，与徽州商人一样延续了中国几千年来光宗耀祖之传统。江国锟曾捐地四十亩，产出作为村人逢年过节巨额庆祝费用来源长达三十年之久，巨商身份特征明显。百余年来，江谦家族全赖崇明元和商店为生。江谦老家资产曾因太平天国战火而衰败，元和商店对江谦家族的生活发挥了重要的经济支撑作用，足见其财力的雄厚。江国锟为乡村振兴、家族发展所做贡献之大，从其创办的族学亦可见一斑。

族学，是清代以前就已出现的一族或几族设立的家族义务学堂，多称为家塾、

---

① 江谦：《晴舟府君行述》，《阳复斋文集（上册）》，上海佛学书局，1933年，第24页。
②《（道光）徽州府志》卷三《营建志·学校》。
③ 吴霓：《明清南方地区家族教育考察》，《中国史研究》1997年第3期。

族塾、私塾、学馆、义学、书院等，一般以家族专项公产作为支撑，是本族及姻亲子弟的读书场所。族学的创办者多是家族内财力充裕者，以专设学田、义田或宗族公共财产作为维持族学正常运转的经费保障，主要以识字、修身和科举为基本目标，课程多涉及经、史、子、集，坚持修身第一、智育第二的原则，教子孙后代学习孝悌忠信、治生理财之道。族学的思想内容始终贯穿着儒家敦亲睦族、人伦之道的道德教化。所谓"自古家塾之建，原为培植子弟，教育人材，以储齐治均平之具……其所以为学者，皆明人伦之道也"①。当时人创办族学的普遍做法基本是"创立学田，垂之永久，使世世子孙有所凭借"②。清代"族之有家庙者十之六七，而其所谓家塾者，十无二三"③，足见族学数量之少。创办族学不仅需为学生提供学舍、膏火费，延聘塾师等，创办者还需有以家族为上的强烈责任感和热心于家族科举进取的愿望，远非短期财力所能为，更非一般人所能办。江国锟创办族学的资金来源主要是义田，"长兴遗义田，今做教育资"。因族学教育资金有充分保障，族学持续绵延至曾孙江谦一代，"教育村人子弟，至今赖焉"。④江国锟创办的族学肩负着教化和兴族使命，对家族发展作出了开拓性贡献，江谦本人也深受其惠。曾祖父雄厚的经济实力，族学营造的书香氛围，为江谦成长提供了优渥环境。中国传统农业社会根深蒂固的耕读传家思想深深印在了徽州人心上。耕是立世之本，读是攀登社会阶梯的唯一通途。江谦曾祖在从耕之余转而经商，儒家几千年来农而儒、商而儒的传统，使科举正途成为其朴素追求。江国锟身上自然流淌出的家族使命，体现出同时代商人和知识分子身上的一种家国情怀，并深深渗透进江谦的骨髓。

（二）严格而良好家风的沐浴熏陶

　　江谦爷爷江兴仁和父亲江邦济均为秀才出身，从江谦叙述的"兴仁公，以勤学致病，卒于崇明"，⑤"父生而孤"⑥，其奶奶詹太夫人与爷爷"中道而别"，奶奶"上事二亲，下字二孤"⑦可知，爷爷离世甚早，与刻苦攻读、过度劳累有关；父亲江邦

---

① 何家潭：《重修家塾记》，陈建华、工鹤鸣：《中国家谱资料选编·教育卷》，上海古籍出版社，2013 年，第 215 页。

② 吴翟：《茗洲吴氏家典·卷二·学田议》（刻本），上海图书馆藏，1892 年（清光绪十八年）。

③《张氏敦本家塾记》，陈建华、工鹤鸣：《中国家谱资料选编·教育卷》，上海古籍出版社，2013 年，第 482 页。

④ 江谦：《正学启蒙三字颂注·阳复斋诗偈集合编》，上海佛学书局，1932 年，第 60—61 页。

⑤ 江谦：《晴舟府君行述》，《阳复斋文集（上册）》，上海佛学书局，1933 年，第 22 页。

⑥ 江谦：《祭先考晴舟府君文》，《阳复斋文集（上册）》，上海佛学书局，1933 年，第 98 页。

⑦ 江谦：《祭祖母詹氏太夫人百岁寿文》，《阳复斋文集（上册）》，上海佛学书局，1933 年，第 99—100 页。

济在奶奶严格教导下,牢记爷爷遗愿,闻鸡晨起读,篝灯夜写作。"未熟,早就窗曙读之,有所作;中夜篝灯起写。"因爷爷早逝,江谦父亲和伯伯从小由奶奶抚养长大。奶奶詹太夫人,婺源庆源人,出身于大户人家,是知书达理、好善乐施的坚强女性。其24岁即守寡,长子尚幼,谦父在抱。侍老育小,理应艰辛,但其所具备的女性的坚韧与知性,使其能够理性教育子孙。江谦之父"秉性孝弟,慈仁而好学",正是基于奶奶教育有方。江邦济从小综观经史子集四部和佛儒道三教,"叹仰佛老,而近迹周孔"①。对周孔之儒学,汉文、光武帝帝王之学,范仲淹、王阳明以儒者治兵之学等皆为惊叹。江谦之父终学有所成,18岁即考中秀才,为地方名士。奶奶的教育理念体现出了育人者的智慧,其对孩子勤劳、良善品德的培养重于对科举功名的获取,不以物质财富与功名利禄作为衡量子孙们成才与否的标准。詹太夫人"不以子之不第为忧,而以先业不坠为喜;不以益大先业为席丰盛为望,而以不忘先人勤苦敦善行为期"。②良好的读书氛围,刻苦进取的学习家风为江谦成长营造了浓厚的学术氛围。江谦日后对科举功名并不热衷,曾为照顾生病之父而放弃乡试机会,与家庭熏陶是分不开的。奶奶以润物细无声的方式,把儒家传统文化的精髓灌输给子孙,教他们"言语动止,导以规矩;教之端重,教之俭勤,教之礼敬,教之和亲"。③规矩先立,实践紧跟。儒家文化中的"恭、良、勤、俭、让、仁、礼"传统思想无不在对子孙们的教育中体现出来。江谦对祖母有着深厚的感情,故在詹太夫人70寿辰之际,为让祖母开心,特请恩师清末状元张謇书文为其做寿。张謇认为江谦及其兄弟"借先世遗,衣食得暖饱,以承庭训,以读先世之书,皆詹孺人之教也",④赞叹之情溢于言表。江邦济接受了严谨而系统的儒家教育,不仅继续发展了家业,还将之延续到子女们的教育身上。其"中年购地筑书舍",时刻诫子"勿以善小而不为,勿以恶小而为之",并牢记"以德保世"。⑤父亲营造的浓厚书香氛围,为江谦及其兄弟成长提供了良好的学习条件。

江谦祖宅位于江西婺源江湾村,位于5A级景区江湾内,与著名经学家江永居所相距不远,隔壁紧挨的就是前国家主席江泽民的爷爷江石溪的故居。江湾是婺源为数不多的千年古镇之一,亦景亦居是其一大特色。其三面环山,一面临水。南

① 江谦:《晴舟府君行述》,《阳复斋文集(上册)》,上海佛学书局,1933年,第22—23页。

② 蕉翁:《旌表节孝江母詹太孺人七十寿叙》,《柳竹山房诗文钞》(此书为江谦之孙江宏达女婿、婺源江湾江加榜先生提供,未刊)。

③ 江谦:《正学启蒙三字颂注·阳复斋诗偈集合编》,上海佛学书局,1932年,第100页。

④《江生祖母七十寿序》,《张謇全集》,江苏古籍出版社,1994年,第341页。

⑤ 江谦:《阳复斋文集》上册,上海佛学书局,1933年,第23页。

侧梨园河呈太极图"S"形，由东向西蜿蜒流过，碧波荡漾；西有后龙山逶迤东去，山上林木葱郁，生机益然。青山相绕，碧水镶缀，甚为宜居。江谦祖宅西卧后龙山，离此山只有几步之遥。八月份的江湾格外炎热，在后龙山上却能享受到天然空调带来的自然凉意。笔者曾在炎炎夏日登上后龙山的最高之处，从那里可俯瞰整个江湾村。阳光照射下的江湾镶嵌于山环水抱、锦峰绣岭的河谷之中，因烈日强光照射，远看白茫茫一片，但由于碧绿青山的包围，瞬间抵消了夏日的炎热。江谦的祖宅是"三省堂"，至今仍在。为区别于江谦之父后建的新"三省堂"，故称此为老"三省堂"。该祖宅建于清乾隆年间，至今已有280多年的历史。"三省堂"堂名语出《论语·学而》，寓意子孙始终铭记"吾日三省吾身"之道德修养，间接反映出江谦家风对儒家传统文化美德的继承。老"三省堂"具有江湾徽商建筑之特点，高大而敞亮。原为三进二层楼建筑，现仅存第一进及后堂灶间，具有采光聚财之特点。门前小巷六尺左右，地面青石铺路。斑驳的墙面、光滑的青石、狭窄的小巷无不倾诉着历史的悠长。江谦祖居已成为景区内纪念馆之一，但令人遗憾的是除了外墙挂有介绍著名教育家、佛学家江谦的匾额外，该祖宅并没有得到应有的修缮与重视。江谦祖宅既是一代著名教育家的出生之地，亦是江氏宗族文化的具体体现。现在，后堂灶间已现危兆，建议地方政府有所作为，尽快加强修葺与维护，充实并丰满有关江谦教育成就的相关陈列，保护这一珍贵文化遗产，以供后人景仰。

二、溪山环绕的读书佳处

江谦年少聪颖，勤奋上进，从小就接受了系统的儒家四书五经教育，铸就了一生教育事业的根基。作为秀才的父亲对孩子们的教育煞费苦心，其中年时曾花费巨资，于离家不远处新置土地，构筑新居，是为新"三省堂"，为孩子们营造了良好的成长环境。新"三省堂"距离老"三省堂"数百米之遥，面积三亩左右，坐南朝北。这里曾经是江湾镇镇中心，屋南有狭长小溪流过，因是山水，水清见底，淘米洗菜甚是方便；屋北正对着镇中心大街。儿时的兄弟仨应该在这里度过了他们欢乐的童年。江谦9岁（清光绪十年）时，父亲在新"三省堂"内修筑了供三个儿子读书学习之书舍，初名"松竹山房"，后改名"柳竹山房"，"山溪萦抱，乱池畜鱼，植柳种竹，题曰柳竹山房。课子孙后俊，读书养静其中"。[①]远处青山环抱，梨园河蜿蜒曲折。伴随院外的喧闹繁华，院内柳竹相间、游鱼嬉戏、绿意益然。喧闹中不失安静，静谧中不乏祥和。柳之气节，挺拔俊秀、高而谦恭、袅袅复依依；竹之气质，虚心有

---

① 江谦：《晴舟府君行述》，《阳复斋文集（上册）》，上海佛学书局，1933年，第23页。

节、傲立风霜、宁折不弯。柳竹的种植,暗示了父亲对儿子们未来成人、成才的期许。书舍建筑和设计的用心背后,是父亲对孩子们读书进取的殷殷期待。"溪山围绕,读书佳处"。[①]三个孩子都很争气,在各自领域均表现不俗。江谦曾于己未(1919)初冬、庚申(1920)仲夏时,为柳竹山房题诗两首:"列树为深幂,环山作画屏。溪声素琴意,鸟语故乡情。室暖朝曦入,禅深夜气清。""绿柳紫云青叠障,碧天银月镜池塘。"[②]柳竹随着岁月的流逝,绿意更浓,风韵更佳;山树相依,银月碧池,引鸟与栖;朝阳普照下的柳竹山房更是令人神清气爽。整个书院充满了诗情画意,好似人间仙境。[③]江谦接受了良好而系统的儒家四书五经教育,继承了中国传统优秀文化儒学中的思想精髓,良好的崇儒氛围、父辈苦心积累创造的环境为其成长为一代著名教育大家提供了重要的物质条件和精神养分。

第四节　传统儒学教育阶段

江谦出生时,中国正处于太平天国运动失败、甲午中日战争爆发前夜。此时的清朝虽然面临着"三千年未有之大变局",但"同光中兴"的出现,使国内出现了暂时的表面祥和与宁静。就教育整体情况来看,私塾、书院教育仍占据主导地位。伴随旧教育体制的终结,近代化新式教育也随之诞生。在新旧教育体制交替之际,江谦首先通过家塾和书院接受了系统的传统儒家四书五经教育。

一、传统家塾教育阶段

在封建社会,作为官学重要补充的私塾一直是文化传承、仕途晋升、家族兴盛的重要教育机构。萧江氏系江湾的名门巨族,江谦曾祖创办的族学惠及村里几代族人,接受家族私塾教育自然成为江谦首选。江谦从曾祖创办的族学起步,遵循古代私塾教育规律,接受了来自家塾名师的教育和指导,完成了他人生中初步必备的传统儒学知识积累。他五岁即入塾拜先生,七岁师从父师江啸岩,十二岁至十六岁由其父亲授,十七岁"青衿一领成,文场六试冠群英"。十二年寒窗苦读,经过县试、府试和院试三层关卡,江谦顺利通过童子试,成为秀才,并获得安徽学政、翰林院修

---

① 江谦:《梦游记恩诗》,上海道德书局,1942年,第1页。

② 江谦:《正学启蒙三字颂注·阳复斋诗偈集合编》,上海佛学书局,1932年,第104页。

③ 解放初,因江谦"地主"身份,新"三省堂"在土改时被拆除,柳竹山房也一去不复返。新"三省堂"旧址如今已被新楼房、新主人所替代。随着江湾镇中心的转移,这里已成为普通居民生活区。但巷子里仍经营着诸多小店:根雕艺术品店、理发店、饭店、小商品店等。两米左右的小巷子在当今汽车普及的时代显得格外狭窄、局促。

撰、闽人吴鲁赏识，"三试皆拔予（指江谦。笔者注）第一，临行特召奖勉"。[①]足见这位学政对江谦才识的赏识。江谦七岁初学《论语》时的授课老师江啸岩，作为家族祖师爷和当地名师，对其影响甚大。"远近学者，多出其门"。[②]另外，江啸岩还是徽州郡城远近有名的紫阳书院的老师，江谦日后曾在该书院读书，"博得啸师欢喜赞"[③]。名师指点，为江谦奠定了系统而扎实的深厚儒学功底。

古代儒学教育往往从识字开始，逐步过渡到背书、讲解、作文。江谦接受的教育亦是从基础知识识字教育入手，后逐步接触儒家经典著作，最终形成以四书五经为主的儒学学习过程。其初学《三字经》，后习《百家姓》《千字文》。这些皆为儒家知识传授中基础识字教育的代表作。"九岁熟四书，通义理；十三岁毕五经，工诗文。十七岁应童子试，以第一人入学。"[④]除了《易经》初学有朦胧小惑外，江谦在轻松愉快的环境中顺利完成了四书五经的学习过程，而父亲让其自读自阅与讲授相结合的学习方式使其颇为自得。柳竹相依、假山环抱，鸟语花香、鱼游碧池，如诗如画的柳竹山房和家庭的安逸富足透露出儒雅的学术氛围。爷爷的勤学进取，父亲的谆谆教诲，成为江谦刻苦自律、好学善思的重要推动力。江谦"静而好学"，[⑤]并因而构筑起最初的儒学知识体系，为其日后形成重要的教育理念奠定了坚实的儒学根基。与此同时，14 岁的江谦接触学习的《曾文正公家书》及许慎的《说文解字》，对其日后影响极大。"于文正家书，得益甚多。略知修学门径者，曾公启之也"。[⑥]曾氏家书及《说文解字》成为江谦日后管理、主持通师及南高师时学生的学习内容，其思想被江谦吸收，成为其教育思想的重要组成部分；对许氏《说文解字》内容的学习，奠定了江谦音韵学的重要底蕴和旨趣，使其成长为文字改革家成为可能。显然，江谦在 17 岁之前通过私塾名师传授，接受了传统儒家四书五经教育，构筑起深厚而系统的儒学体系，奠定了其硕学鸿儒的雄厚根基。

二、传统书院教育阶段

当家塾化的教育初步完成自身使命，接受更高层次的书院教育便成为江谦继续成长的重要阶段。书院是我国封建社会特有的教育组织形式，它形成于唐，盛行于宋、元、明、清，废于清末，前后存在了一千多年。宋以后，书院与官学、私学一直

---

① 江谦：《梦游记恩诗》，上海道德书局，1942 年，第 3 页。

② 江谦：《梦游记恩诗》，上海道德书局，1942 年，第 1 页。

③ 江谦：《梦游记恩诗》，上海道德书局，1942 年，第 3 页。

④ 游有维：《先师岳父江易公生西记》，《儒佛一宗主要课讲义》，上海佛学书局，1947 年，第 1 页。

⑤ 游有维：《先师岳父江易公生西记》，《儒佛一宗主要课讲义》，上海佛学书局，1947 年，第 1 页。

⑥ 江谦：《梦游记恩诗》，上海道德书局，1942 年，第 2 页。

处于鼎足之势。徽州书院十分发达,特别是明清时期,随着徽商崛起,徽州出现了学术繁荣景象,徽州书院更是发展到极盛时期,其于明末即与"东林、江右、关中"一起被誉为"天下书院最盛者",徽州书院发达可见一斑。

（一）就读紫阳书院与文正书院

江谦就读的第一所书院为紫阳书院。紫阳书院不仅是徽州最为著名的书院,同时还是全国四大著名书院之一。该书院始建于南宋淳祐六年,位于城南门外的紫阳山麓,以祭祀理学大师朱熹、宣扬朱熹理学思想为宗旨。紫阳书院元代毁于兵,明洪武初年重建于婺源歙县。明正德年间,郡守张芹别建紫阳书院于歙县紫阳山中。为示区别,前者称为古紫阳书院,后者称为紫阳书院。自是,婺源歙县有两个紫阳书院,讲学之风盛极一时。明末四毁书院,两书院辉煌不再。清乾隆五十五年,歙县曹文植、鲍志道等于县学后的朱文公祠建"古紫阳书院",即为后来仅存的"紫阳书院"。江谦就读于此,"徽州郡城古紫阳书院,相传为朱子读书处,风景绝佳"。①历史悠久、文化底蕴深厚的紫阳书院有助于江谦日后对朱子学说的深入学习和研究。江谦就读的另一所著名书院是江宁文正书院。江宁即现在的南京,此"文正"是指曾文正（国藩）公,而非范文正（仲淹）公。清咸丰、同治年间,曾国藩曾三度出任两江总督,并逝世于江宁。1886—1890年间,曾国藩的幕僚许振祎（字仙屏）担任江宁布政使,"许公以湘乡曾文正公再造江南,而在江宁尤久,建立书院,俾邦人士永无穷之讴思"。②显然,江宁文正书院是曾国藩的幕僚为纪念曾国藩而建,相对于有深厚文化底蕴的紫阳书院,其属新生书院,但后因名人张謇被邀任山长而闻名遐迩。不少人曾慕名前来就读,其中不乏江导岷、束曰琯、陆宗舆、郭鸿诒、潘世杰、沈书升、张亮祖等诸多名人。曾氏家书对江谦治学门径有开启之功,山长张謇对江谦有知遇之恩,江谦对新知的吸收可谓如饥似渴,"曾公祠左读书楹"。③前期系统而扎实的家塾化传统教育为江谦继续深造打下了良好而坚实的基础,书院教育则是江谦继家塾化教育后的继续与提升。紫阳书院与文正书院为江谦儒家思想的吸收和消化提供了重要平台,名师指点大大提高了其将知识融会贯通的能力,促进了江谦的快速成长。与此同时,以儒学为核心的传统文化已深深融入江谦的血脉,成为其日后教育思想的重要来源和一生的坚守。

---

① 江谦:《梦游记恩诗》,上海道德书局,1942年,第3页。

② 《文正书院丙庚课艺录序》,张謇研究中心、南通市图书馆编《张謇全集（卷四）》,江苏古籍出版社,1994年,第6页。

③ 江谦:《梦游记恩诗》,上海道德书局,1942年,第4页。

（二）书院遇名师

书院遇名师是江谦人生之大幸。江谦于紫阳书院再次幸逢当地名师江啸岩。在其指点下，江谦与学友交流、磋磨，"文思精进甚多"。江谦自7岁拜师江啸岩，接受其教育和指点长达十年之久。啸岩师以身示范，其晨起必读、精练小楷的严格自律精神给江谦留下深刻印象，培养了其严谨的治学习惯。"啸师每晨必读《心经》《感应篇》《孝经》。写赵书甚工，八十犹能写蝇头小字。"[1]江啸岩对聪慧、勤奋的江谦寄予厚望，"啸师三教能通贯，文字功夫细入磨。十载相亲期望甚，谓当达到莫蹉跎"。18岁的江谦本可参加南闱获取更大的科举功名，啸师也"屡劝赴试，言必中"，但因父病需照料，江谦遂"谢绝南闱试，不愿虚名太史公"[2]。十几年的艰辛求学，怀揣啸师殷殷期盼，江谦最终宁守孝而弃科举考试于不顾，显示出其对功名的淡泊和对孝悌之重视。

在江宁文正书院，江谦遇到了另一位对其一生影响巨大的恩师清末状元张謇。关于二人相识、相知、相交的过程，后文会专门涉及。江谦追随张謇学习已是1896年，恰逢甲午战后第二年。在难得的风平浪静表象下，江谦跟随张謇徜徉于知识的海洋里长达三年，其知识体系及学问之道大有长进。张謇倾心教授，打开了江谦了解世界的大门，教其《朱子全书》《春秋》三传，研究国际公法等；还引导江谦学习阅读桐城派姚鼐的《古文辞类纂》、王先谦的《续古文辞类纂》和韩愈的《韩昌黎集》。张謇本人深厚的古文功底、富有桐城派风格的治学特点令江谦十分折服。因张謇严爱有加，江谦不负其望，"《朱子全书》入道门"[3]。这为江谦日后贯彻与姚鼐学说一脉相承的曾氏（曾国藩）学说于教育实践中打下了良好基础，也加深了其对古文字的理解，奠定了其日后于文字改革领域颇有建树的学术根基。也正是在文正书院，受戊戌维新思影响，江谦有幸阅读了当时被他视为"杂书"的一系列科学著作，并敏锐地意识到科学的魅力，"科学纷随世运开"[4]。这无疑给其系统的儒学知识体系注入了新鲜血液，有益于拓宽其阅历、开阔其思维，对其日后除旧布新，积极在教育领域开拓、创新，师学日本和欧美，具有重要启蒙意义。

总之，书院学习是江谦在私塾四书五经系统儒学知识体系基础之上的延伸和提高，名师的爱惜栽培、循循善诱，对于其将知识融会贯通、学以致用发挥了重要

---

① 江谦：《梦游记恩诗》，上海道德书局，1942年，第3页。
② 江谦：《梦游记恩诗》，上海道德书局，1942年，第3页。
③ 江谦：《梦游记恩诗》，上海道德书局，1942年，第4页。
④ 江谦：《梦游记恩诗》，上海道德书局，1942年，第5页。

作用。尤其是恩师张謇对江谦的赏识和提携，成为其日后走上教育道路直接和最重要的引路人，二人最终由单纯的师生之谊发展为亦师亦友。江谦于儒学四书五经的精进及西方科学知识的学习和接触，促进了其古学与今学、中学与西学的融合，有利于其日后教育思想中传统与开放、中西兼容并包特点的形成。紫阳书院的深厚文化底蕴进一步夯实了江谦传统四书五经知识体系的根基，新生的文正书院则为江谦开启了了解世界的窗口。江啸岩是其知识启蒙的重要老师，张謇则是其事业起步及走向辉煌的人生导师。江谦已成长为传统"士绅"。[①]

第五节　近代新式教育阶段

清季，正值西学东渐时期，教育领域的"西学东渐"也如影随形，伴随洋务运动诞生的洋务学堂及各地新式学堂兴起的是次第出现的近代大学。因时代发展，江谦经受了初步兴起的新式教育洗礼，有幸于南洋公学接受了最早的近代化师范教育，为其接受西方文化熏陶、领略西方科学提供了重要机会。南洋公学的师范教育使江谦得以跳出单一儒家系统教育的知识窠臼，为其从"士绅"成长为"新士绅"提供了可能，是其日后在教育实践中能够做到立足传统文化之基、注重中西兼容并包的重要原因，也为其日后能够理性而辩证地看待西方文化提供了可能。

一、近代最早的师范教育南洋公学

南洋公学由清末洋务派代表人物盛宣怀于1896年在上海徐家汇创办，是今上海交通大学和西安交通大学的前身，也是我国近代师范教育的源头。学校采用中体西用制，目的是培养通晓西语、懂得技术的新式人才，1897年起始设师范院。南洋公学是当时国内规模较大的公立学校，设有师范院、外院、中院和上院四院，包含了师范教育、小学、中学和大学的不同教育体制，另外还设特科，如东文、商务、铁路科等，类似于现今的专科教育。相对于传统私塾及书院主要教授儒家知识、培养"士绅"的特点，南洋公学要求学生中西兼修。它培养了既有别于传统"士绅"，也有别于近代"知识分子"的"新士绅"[②]，是中国"早期留学生的摇篮"。众多著

---

① 传统"士绅"主要指系统接受过儒家四书五经教育，经过科举考试，取得秀才以上功名者。

② 欧七斤认为，"新士绅"指我国近代知识界的过渡阶层，介于传统型士绅和近代知识分子之间。传统型士绅指经过科举考试，取得生员、贡监生、举人和进士等功名者；近代知识分子指接受新式教育，而未曾取得传统功名者。传统士绅为了应对西方冲击的新变局，主动或被动接受西学的"再教育"，由此转变成为另一类型的新士绅，他们既与传统士绅不同，也和完全接受新式教育的知识分子有所区别。（欧七斤：《南洋公学学生群体考论》，《史林》2016年第6期，第139—145页。）

名人物如马建忠、马相伯、章宗元、章宗祥、胡敦复、胡明复、胡刚复、李叔同等都曾求学于此。其中章宗祥、章宗元等人还通过南洋公学走上去日、去美等出国留洋道路。按照南洋公学组织系统规定，师范主要"视西国师范学校，肄习师范教育、管理学校之法"。[①]鉴于国内新式教育刚刚起步，学习西方的师范教育成为中国早期师范教育的必然选择。我国近代教育从师学日本开始。结合南洋公学学生的留学属地大都为日本和欧美来看，这里的"西国师范"其实主要应指日本和欧美的师范教育。

南洋公学办学之初英才荟萃。从行政管理人员和师资来看，以中方为主，洋人为辅，如督办、总理均为中国人，京卿盛杏荪（宣怀）亲为督办，太守何梅生担任总理；监理则为美国人福开森。福开森（John Calvin Ferguson，1866—1945），毕业于美国波士顿大学，著名传教士。自1888年来华任南京汇文书院（后来的金陵大学）院长始，旅居中国50余载，曾掌控中国影响深远的报刊《新闻报》长达30年之久。1896—1902年，他应盛宣怀之邀，任南洋公学监院。任职期间，其意图全盘照搬欧美教育制度、教学内容、教育方法等，与时任校长张元济引发诸多矛盾，但其在校基相度、校舍建设、课程厘定、教员延聘等方面亲力亲为，成绩突出，对南洋公学的创建与发展起了一定积极作用。南洋公学被认为是"新教育萌芽时期"（1861—1900年）学校系统"最完备者"。[②]作为近代中国第一批最早具有师范教育的新式高等学堂之一，南洋公学虽然处于蹒跚起步阶段，但为培养具有推动中国近代社会转型而承担新型使命的第一代本土学生群体发挥了重要作用。

二、近代师范教育的西学熏陶与成长

江谦自文正书院毕业后，于1899年春入南洋公学，1900年秋因病请假，前后学习历时一年半左右。虽然没有完成三年完整的学制教育，但其所受的西方文化熏陶和影响极为深远。从其叔祖父江鹤龄曾预备"以三省堂公费，助谦留学"[③]可知，江谦进入具有"留学生摇篮"之称的南洋公学显然是"预备出洋"留学日本，只是因病未能实现，这一点亦可从其弟弟江樾毕业于日本法政大学进一步得到佐证，反映出江谦对西学的向往和渴求。南洋公学首开师范院的招生较为严格，招考告

---

① 盛宣怀：《南洋公学历年办理情形折》（光绪二十八年九月，1902年10月），盛宣怀：《愚斋存稿》，沈云龙主编：《近代中国史料丛刊续辑》第122—125辑第8卷，台湾文海出版社，1980年影印版，第33页。

② 王凤喈：《中国教育史大纲》，商务印书馆，1928年，第314—315页。

③ 江谦：《梦游记恩诗》，上海道德书局，1942年，第5页。

示明确规定:"学以中学成才兼通西学西文为上,以中学成才略通西学不通西文、或略通西文不通西学为次,中学未成者虽通西学西文不录。"[①]以中学文化为基,至少兼通西学或西文成为南洋公学招考的一个重要标准。故南洋公学所招学生大多为具有传统科举功名者。福开森在 1931 年《南洋公学早期历史》中提及师范生时曾说:"录取的考生中有几个举人,而其余的则几乎全是秀才。"[②]师院班学生的要求显然较高,竞争相当激烈。江谦于 1899 年入学时,师范院所招学生共 26 人,学习内容既有传统国学,还有算学、英文、史地等西学课程。在高手如云的学习竞争中,初学英语的江谦已"文法粗通,福师甚赞",且在南洋公学"考试皆第一"。[③]其学业的优秀由此可见一斑,亦可窥见其入南洋公学预备留洋的热切初衷。江谦于南洋公学饱受西学熏陶,也因此成长为"新士绅",并迈入近代知识分子行列。

在探讨中国近现代化过程中,知识阶层的身影随处可见,以至于有学者把中国现代化归为"知识分子主导型"的现代化[④]。所谓知识阶层,一般认为是由"士绅"和"知识分子"两部分组成,是谓传统二分法。上海大学杨小辉的博士论文《从士绅到知识分子——中国知识阶层转型研究》就是此观点的支持者。其于文中认为,"通过转型时代(1900—1930),中国知识阶层大致完成了从士绅到知识分子的自我更新过程"[⑤]。但近年苏云峰、欧七斤等少数学者对此提出质疑,认为传统二分法不够科学,在传统士绅与近代知识分子之间实际还存在一个过渡阶层"新士绅"。苏云峰认为,传统士绅为了要因应西方冲击的新变局,自动或被动接受"再教育",由此而转变成为另一类型的"新士绅",既和传统士绅不同,也和完全接受新式教育的知识分子有所区别。[⑥]欧七斤看法与此一致。这其实意味着与二分法不同的另一观点的形成,即知识阶层由"士绅""新士绅"和"知识分子"构成。

所谓"士绅",学界普遍认为是指经过传统科举考试,获得生员、贡监生、举人和进士等功名者。作为国家与社会的中介,士绅阶层在中国传统社会中具有独特

---

① 《太常寺少堂盛招考师范学生录》,《申报》,1897 年 3 月 2 日,第 8 版。

② 欧七斤:《南洋公学学生群体考论》,《史林》2016 年第 6 期。

③ 江谦:《梦游记恩诗》,上海道德书局,1942 年,第 5 页。

④ 许纪霖、陈达凯主编的《中国现代化史第一卷(1800—1949)》认为:"从启动现代化的动力群体来看,西欧属于资产阶级主导型,日本属于官员主导型……中国则可称之为知识分子主导型。"(学林出版社,2006 年,第 20 页)

⑤ 杨小辉:《从士绅到知识分子——中国知识阶层转型研究》,上海大学博士论文,2007 年,第 164 页。

⑥ 苏云峰:《三(两)江师范学堂:南京大学的前身 1903—1911》,南京大学出版社,2002 年,第 68 页。

的社会地位和功能,学界甚至有"士绅社会"一说。①明清士绅在社会生活等方面发挥的作用尤为明显。相对于传统"士绅"的本土性,"知识分子"一词是舶来词,与18世纪末的法国大革命有关,初指一批在法国大革命后受过高等教育的人,后被赋予社会良知与公众道义之内涵。19世纪中期,在波兰、俄国、德国等国文学作品中也相继出现。美国哈佛学者派普斯（Richard Pipes）认为,知识分子是指"一群受过教育、有进步思想的人"。②显然,知识分子不仅是指受过教育,还要具备进步思想,并以国家大事为己任,富有批判精神的人。该词约于1919年上半年经日本传入我国,起初被译作"知识阶级"（或"智识阶级"）。五四运动后,开始比较广泛地为社会所接受和使用,用以指涉由新式教育所催生的社会群体。③由此不难发现,"士绅"重在接受传统教育并取得科举功名;"知识分子"重在接受新式教育,是五四运动后产生的社会群体。朱自清曾言:"五四运动划出了一个新时代",他们"不再是'士'或所谓'读书人',而变成了'知识分子',集体的就是'知识阶级'。"④这意味着在"士绅"和"知识分子"之间必然存在一个过渡,即一批于传统教育体系中成长,拥有传统科举功名,如秀才、贡监生、举人等,但他们在近代化开启的时代大潮下,或远渡重洋奔赴欧日美等地,或于本土主动或被动接受了新式教育,集新旧教育与传统功名于一身。他们不仅接受了传统教育、拥有科举功名,还接受了新式教育,是介于"士绅"与"知识分子"之间的过渡阶层,理应为"新士绅"。当拥有传统儒学教育深厚底蕴的科举功名获得者"士绅"经过近代科学文化知识熏陶成长为"新士绅"时,其独有的文化学识和特有的思维方式必然带有传统与现代、保守与开放的冲突,变革成为他们天然内赋的特点。"新士绅"虽然受到来自旧士绅和新知识分子的夹击,但他们才是能够促进中国社会和平变革的一群人,⑤并在投身教育、倡导新学、兴建新式企业、开创近代社会民主政治风尚等方面发挥了重要作用。目前学界对"新士绅"问题鲜有研究,即使偶有提及,也几无明确概念和界定,大多停留在模棱两可、含糊其词的境地。然而"新士绅"应是中

---

① 费正清:《费正清论中国》,台北中正书局,1995年,第104—106页。

② Aleksander, Gella, "An Introduction to the Sociology of the Intelligentsia," in The Intelligentsia and the Intellectuals, ed, Aleksander, Gella, Beverly Hill: Sage Publication Ltd., 1976, p 12.

③ 艾尔文·古德纳著,顾晓辉等译:《知识分子的未来和新阶级的兴起》,江苏人民出版社,2002年,第71页。

④ 朱自清:《论气节》,《知识与生活（北平）》1947年第2期,第17—18页。

⑤ 苏云峰:《三（两）江师范学堂:南京大学的前身1903—1911》,南京大学出版社,2002年,第68页。

国社会在近代转型时期特有的群体,他们在中国由传统向现代转变的过程中扮演了重要的桥梁和纽带角色,助推了中国近代化过程,有必要对其进行深入挖掘和研究。江谦应为在接受系统儒家教育取得秀才功名后进入近代新式学堂南洋公学接受教育的"新士绅",其在中国高等教育近代化的过程中做出多项开拓性的创举、成为近代师范教育先驱显然是有迹可循的。

第二章 江谦教育思想的渊源

　　江谦对近代教育事业贡献卓著,综合探究其于教育领域的开拓性举措,必然离不开对其教育思想渊源、教育实践活动、教育思想主要内容等的系统追溯。有必要首先对其教育思想的滥觞进行探究,以便更好地理解其教育思想及教育实践。鉴于其生活于新旧政治体制、教育体制交替之际的复杂社会现实,其成长环境与教育背景必定会烙上时代印记。其曾自言"上承孔孟之经,旁采欧美之艺",[①]这注定了江谦教育思想来源的多元化格局。儒家文化、西学、国内危亡时局下张謇对其的个人影响成为江谦教育思想的重要来源。

第一节 江谦教育思想的来源之一

——儒家文化的影响

　　出生于 19 世纪 70 年代的江谦,在良好家庭氛围的熏陶下,扎实而系统地接受了传统四书五经儒家文化教育。先秦孔孟学说、宋明新儒学等传统学术思想精华成为其如饥似渴吸收的重要内容,也是其教育思想构成的来源之一。

一、先秦孔孟学说

　　作为儒家思想创始人孔子和儒学集大成者孟子,其思想是我国正统儒学的根基,"仁爱"、"诚信"、"孝悌"、以"礼"达"和"等学说成为维系我国数千年文明绵延不绝的精神纽带,也是我国传统儒家文化的核心要义。儒家思想的初衷虽是维护统治阶级利益,但客观上也有利于个人修养与国魂塑造,有利于实现"天下归仁"的大同理想。被誉为"儒门博学"[②]的江谦深谙社会"遵孔孟之教以维持世道"[③]

---

　　① 江谦:《南通马聊庵居士往生传》,《阳复斋文集(上册)》,上海佛学书局,1933 年,第 26 页。
　　② 〔宋〕王应麟撰本,江谦增订:《〈正学养蒙三字经注解〉序》,《正学养蒙三字经注解》,上海法云印经会,1941 年,第 6 页。
　　③ 〔宋〕王应麟撰本,江谦增订:《〈正学养蒙三字经注解〉序》,《正学养蒙三字经注解》,上海法云印经会,1941 年,第 5 页。

之理。因而,孔孟思想内核中以人为本的"仁"之理念及天人之道的"诚"之信念顺理成章内化为江谦教育思想的根基。

（一）以人为本——孔孟之"仁"

"仁"是孔子哲学和教育思想中的一个核心范畴,是人之为人的本质,是儒家以人为本的集中体现。考察孔子对"仁"论述中最核心的内容（如"爱人""己所不欲,勿施于人"以及"己欲立而立人,己欲达而达人"）可知,仁慈、仁爱是人与人之间建立亲善关系的前提条件,通过自爱继而"能近取譬""推己及人"的基本途径,实现人与人、人与社会皆"仁"的目标。继孔子之后,孟子继承了孔子的"仁政"学说,"孟宣仁义正儒风"。[①]儒学逐渐成为封建社会的正统思想:"有为之治,偏赖儒政,儒以良知良能行乎仁义,以智仁勇以进于道。既诚意修身以齐其家,而后平治于国"。[②]儒家倡导施仁政于天下,以期达到"修身、齐家、治国、平天下"之目的。"克行仁义慈孝,则天下无不皆治矣"[③],"孔子的教育和政治思想是与他'仁'的基本思想分不开的,人们若不理解他的'仁'的思想,就很难把握其教育和政治思想"。[④]

江谦"极力倡儒"[⑤],对儒家之"仁"不仅有深刻理解,且极为推崇。其对于孟子的"仁之胜不仁也,犹水之胜火"与"仁者无敌"的思想,"当深信不疑"。[⑥]江谦从自身做起,在做人、行事等方面无不体现出"仁"的最高道德准则。其为人一生,知恩图报,以行证之;为教育事业克勤克俭,累极亦不松懈;于族与公,慷慨解囊,努力做到"博施济众",且富有成效。故江谦认为"'己欲立而立人,己欲达而达人'见于事效"。[⑦]江谦不忘从历史演变中吸取教训,对于"尧舜师天下以仁,而民从之;桀纣师天下以暴,而民从之"的历史,其认为"一念之独,不可不慎也"。[⑧]孔

---

① 〔宋〕王应麟撰本,江谦增订:《〈正学养蒙三字经注解〉序》,《正学养蒙三字经注解》,上海法云印经会,1941 年,第 8 页。

② 〔宋〕王应麟撰本,江谦增订:《〈正学养蒙三字经注解〉序》,《正学养蒙三字经注解》,上海法云印经会,1941 年,第 5 页。

③ 〔宋〕王应麟撰本,江谦增订:《〈正学养蒙三字经注解〉序》,《正学养蒙三字经注解》,上海法云印经会,1941 年,第 5 页。

④ 黄济:《国学十讲》,江苏教育出版社,2010 年,第 65 页。

⑤ 〔宋〕王应麟撰本,江谦增订:《〈正学养蒙三字经注解〉序》,《正学养蒙三字经注解》,上海法云印经会,1941 年,第 1 页。

⑥ 《教练团防要义与刘县长书》,《阳复斋文集（上册）》,上海佛学书局,1933 年,第 95 页。

⑦ 江谦:《人所不见之教育》,唐大圆编:《东方文化》第 2 卷第 3 期,第 2 页。

⑧ 江谦:《人所不见之教育》,唐大圆编:《东方文化》第 2 卷第 3 期,第 2 页。

子倡导统治阶级施行"仁政",江谦由统治阶级施行"仁政"或"暴政"推之,强调一人做到"仁"或"暴",如同扔于水中之石,不会仅局限于扔石之处,其波纹必会扩散波及以其为中心的四周,且范围甚广。因而为人之道,需慎而又慎。传道授业解惑的人师,承担着培育人才的重任,所要做的应是教会自己的弟子"相生相养"①之道,故必须时刻以"仁"作为为人、行事之准则。在由江谦作词、李叔同作曲的南高师校歌中,江谦认为"知仁勇"构成了三足鼎立之势,"千圣会归兮,继承于孔"。儒学之宏伟,强大而磅礴之势自词而出,江谦对儒学的尊崇不可谓不高。曾子曾曰:"士不可以不弘毅,任重而道远。仁以为己任,不亦重乎?死而后已,不亦远乎?"②亦是江谦的真实写照。江谦在成长过程中,知识分子所具有的责任感自然内化为其特性,其以顽强的毅力自觉践行并弘扬"仁"之精神,且贯穿其一生。

(二)天人之道——孔孟之"诚"

诚,儒学伦理大厦之基石,纲常之道也。"诚"乃对"上天""邻人"及对己的真实不欺、诚实无妄,是主体信念和道德修养所达到的最高境界。此处的天乃是指古代由先民"帝""天帝"观念简化而来的有意志、能创造万物、主宰一切的上天。孟子把"诚"发展为哲学范畴,即"诚"不但是天的本性,亦是做人的规律和道理。显然,儒家伦理以"诚"为起点,明确"诚"应为天人皆具:"诚者,天之道也。诚之者,人之道也。"③理想的社会应建立于以"诚"为基石的诚实、诚信基础之上,人与物因诚而沟通,故有厚德载物之说。《中庸》指出:"唯天下至诚,为能尽其性;能尽其性,则能尽人之性;能尽人之性,则能尽物之性;能尽物之性,则可以赞天地之化育;可以赞天地之化育,则可以与天地参矣。"对于如何达到"诚"之品格和境界,圣人与普通人有不同之处。圣人可以不学自诚,尽其性便可明白道理;但普通人必须接受教育和感化,方能明白事理,以达至"诚",即所谓"自诚明,谓之性;自明诚,谓之教。诚则明矣,明则诚矣"。

无论是当时所生活的社会环境抑或是家庭环境,"诚"对于江谦的熏陶可谓俯拾皆是。徽商的"诚"享誉天下,生于贾而好儒家庭的江谦自小便熟知"诚"于人而言之重要意义,其对儒学之诚信教化更是情有独钟。江谦在谈及教育之道时,把"诚"放在了首位,即"教育之道,三要四本。何谓三要?曰诚,曰相生相养,曰简易

---

① 江谦:《教学简说》,唐大圆编:《东方文化》第2卷第3期,第9页。
② 钱逊:《论语·颜渊》,济南出版社,2016年,第75页。
③ 王国轩:《大学·中庸》,中华书局,2007年,第101页。

切用"。^① 通师建校之初,其校训即为"坚苦自立,忠实不欺"。"忠实不欺"即"诚"之体现,这意味着在人才培养中,"诚"是通师人才培养的第一要务。虽张謇时为校长,但从侧面反映出从办学初期就全程参与的江谦对"诚"的认可和肯定。在江谦主政南高师期间,其对"诚"之坚守和传承更为清晰明了,如以"诚"为南高师校训,亲自作"诚"之校歌,建设"诚"之优良校风,以"诚"贯穿德智体教育等。江谦以身示范,努力传承"诚"为社会之基的传统文化精髓,希望培养出以"诚"为本、在道德上可自我完善、在知识上能够明达物理的莘莘学子。后来南高师及由南高师发展而来的高校历任校长虽对校训进行了与时俱进的改动,但都未丢弃对"诚"之坚守与传承,21 世纪的南京大学更是再次恢复"诚"之经典校歌。

二、宋明新儒学思想

孔孟之儒学自其诞生始,历经百家争鸣,经汉朝"罢黜百家,独尊儒术",逐渐取代道家之无为思想,成为中国传统文化思想之正统,并在千年发展大潮中得到了延承和创新性发展。其中以朱熹之新儒学、王阳明之心学等为代表的宋明新儒学对江谦影响深远,而尤以阳明心学最巨。

南宋著名理学集大成者朱熹(1130—1200),习称朱子,儒家学派最杰出的四大思想家之一,是中国古代新儒学的创立者。徽州婺源亦是朱子的桑梓之地。少时曾就读于朱子读书之所紫阳书院的江谦,对其有着深深的景仰。朱子一生,穷理及致其知,反躬以践其实。他认为理是先于自然现象和社会现象的形而上者,是事物发展的客观规律,又是伦理道德的基本准则,在人身上表现为人性。理在朱熹眼里,就是"太极"。与"理"相对的是"气"。气为形而下者,是构成世间万物的质料,与理共同构成了宇宙间的万事万物。但理和气有主次之分,理是主,气为次。理气相统一,天下就会达到平衡状态。"理""气"的提出实则是朱熹对世间万事万物构成及关系之思考。在此基础上,朱熹对人的思考也提出了"格物致知"的想法,即"穷天理,明人伦,讲圣言,通事故"。朱熹最重要的贡献是创造了与孔孟之旧儒学有别的新儒学。清人皮锡瑞认为:"汉儒多言礼,宋儒多言理。"^② 孔孟儒学十分重视"礼教",期望实现以"礼"治国、以"礼"一统天下。朱子在继承二程学说的基础上加以发挥,最终形成以"理"为中心的新儒学。朱子认为为学的开端应是穷理,即认识事物的道理。只有在认识事物道理的基础上,才能使行为符合理的要求。"儒者之学,大要以穷理为先。盖凡一物有一理,须先明此,然后心之所发,轻重长短,

---

① 江谦:《教学简说》,唐大圆编:《东方文化》1927 年第 2 卷第 3 期,第 9 页。

② 皮锡瑞:《经学通论·三礼》,中华书局,1954 年,第 25 页。

各有准则"。^①显然，"理"所追求的出发点始于"穷究事物的道理"。除天理论外，朱子理学还包括了格物致知论和心性论。早在文正书院时，张謇曾亲授江谦《朱子全书》，江谦因此获益匪浅，其教育理念对格物致知十分重视，并在课程设置中得以体现。对于人性，朱子倡导性善之说："性即天理，未有不善者也。"但他也认为，性善虽是人的本质属性，但若偏向一边，势必成为恶。朱子提倡的"理"实质上是一种"存天理，去人欲"的"理"，但其也提出了人性本善复归之法，即通过内省或接受教育的方式以提高自身的道德修养。究江谦一生，均在探究"诗界千年靡靡风，兵魂销尽国魂空"之因。其高度重视教育实践，努力寻找"救亡图存"之道，无不体现出究"理"之特性。其提倡"性善"之说，与儒家思想中有关性有"善恶"之说不同，江谦认为人的天性是善良的，这种善非借助于后天的品德修炼而成，而是天然就有的，即"本来是粹然至善，非假修德功夫，然后为善也"。^②即善是醇粹的，天生就具备的，这与朱熹"性即天理，未有不善"如出一辙。在教育方面，朱熹倡新学风，注重童蒙阶段的启蒙教育、倡导因材施教等，这些均被江谦吸收，并于教育改革中多有体现。

明朝的王阳明心学思想对江谦影响至深。王阳明（1472—1528），明朝著名哲学家、政治家、思想家和教育家。其一生"上马管军，下马管民，百战百胜，天下无敌"，"立德立功立言"兼具，"他的生命达到了中国思想内圣外王的理想境界"。^③基于对经典的深刻理解，王阳明跌宕起伏的丰富人生阅历造就了其思考问题的达观与豁朗，其由内而外、由心而发的复杂、缜密思维格局注定了其思维模式已达到"圣王心法境界"，故其学术成就尤其是哲学思想达到了同时代几近无人匹敌的高度。其于儒学方面的贡献被晚明四大高僧之一的蕅益大师誉为"颜子复生，不亦可乎"^④。其与陆九渊分别构筑了后人难以跨越的中国历史上心学发展的两座高峰。陆九渊的"心即是理"是王阳明"知行合一"的理论基础，"致良知"是王阳明在悟到"知行合一"之后的产物。正是基于对"知行合一"的理解和认识，王阳明最后才悟出了"致良知"之说。"心即理""知行合一""致良知"是王阳明心学的

①《答张钦夫》，《朱子全书（第二十一册）》，上海古籍出版社、安徽教育出版社，2002年，第1314页。

②〔宋〕王应麟撰本，江谦增订：《〈正学养蒙三字经注解〉序》，《正学养蒙三字经注解》，上海法云印经会，1941年，第12页。

③ 张文修：《思想反思的极致化境——〈传习录〉对经典命题的诠释》，《国际阳明学研究》2014年第10期。

④ 江谦选，游有维编订：《〈阳明致良知学〉序》，《阳明致良知学》，上海佛学书局，1948年，第4页。

三大要素。

王阳明与朱子均有"理"之说,只是其来源有所不同,但二者皆是从哲学角度对人类世界思考而产生的结果。理是天理,诸先大儒称之为本性或本心。朱子认为"性即理"。朱子将人的存在归于天,正是天的存在赋予了人理与气。理是纯净全善的,气是能动清浊的。气的清浊程度决定了人的根本。而纯净全善的理表现为仁义礼智,因理均来源于气,故气决定了人的性,即人的根本,"性即理"之说由此成立。与朱子"性即理"观点不同,王阳明提出了"心即理"的主张。王阳明对人生命的存在进行了思考,并认为求理不在于"格物",而在于"致知":"吾心之良知,即为天理也"。因此人活于世,终极目的并非"逐物",即非追逐身外名利权钱之物,而在于"逐物之精神"。因事物本身并非最重要的,重要的是事物之中体现出来的精神,此种精神,即为心。"心本体论"成为阳明哲学思想的逻辑起点,也成为其哲学思想的理论基础。王阳明"心之本论"学说不同于朱子"理由天赋"的虚无缥缈无基之说,而是立足于人的本体,回归至人本身,这有别于朱熹"理""气"构成人之说的"二元论"或"二本论"。显然,在王阳明看来,心的重要性不言而喻。更为重要的是,王阳明认为,心灵必须修炼,且是完全可以修炼的。因知识的海洋十分浩瀚,人们对知识学问的追求其实很难达到掌握全部真理的境界。因此,为学须从根本上下功夫,此处的根本即为认识者的心灵,即应充分发挥人的主观能动性。只有认识者的心灵得到觉悟,对事物的认知才可能较为完善。然而学习知识、追求学问并非人的终极目标,做学问的根本在于去人欲、存天理,故求知乃修炼体证之学,亦是寻求精神灵魂的根本之学,而非为表面获得的学问和知识。心灵修炼之法成为其进一步思考的重要内容,也是通向其哲学核心思想的必要途径。王阳明提出修炼心灵的途径,即通过"谨独"(即慎独)的方式做到"知行合一",最终达到"致良知"的目的。显然,阳明之学的成功之处不在于其对经典的解读或考证训诂,而是其在思想方面的重要发挥。

对于"知行合一"的理解,王阳明建立在"践之以身"的基础之上,经历了从"费却多少辞说"到"洞见全体"的认知过程。王阳明初提"知行合一",乃是倡导人们言行一致,为学须落实处,是对儒家经典的继承。后随着与弟子对有关"知行合一"的探讨,王阳明关于"言行一致"的思想有了进一步发挥。如其与弟子徐爱关于"知""行"的讨论,王阳明认为,人们知道对父亲"尽孝"、对兄长"行悌"与做到对父亲"尽孝"、对兄长"行悌"完全是两回事,知道"尽孝""行悌"属"知"的范畴,能否践行"尽孝"与"行悌"则属于"行"的范围,知孝悌之理不行孝悌之行大有人在,故知是知,行是行,二者实为两件事。"知是行的主意,行是知的功夫。知是行之始,行是知之成"①的理念由此诞生。"知行合一"重在"行",真知即是行,不行不为知。知行本为一体,为何却生生割断?王阳明认为是人的"私欲"所致。因此必须清除人们的"私欲",才可达到"知行合一"。如何清除"私欲"、恢复人们心中被泯灭的本体(即"良知"),这个"功夫",就是"致良知"。显然,知从心出,是为良知。因此"知行合一"之"知",是"良知";"知行合一"之"行",是践行"良知"的过程和功夫。"良知"是"知行合一"的灵魂。总而言之,"知行合一"即为"致良知"。可见,王阳明对"知行合一"的认识经历了一个发展过程,从最初言行一致的理解发展为"良知",即后来的良知与担当,实际上是言行一致的继续发展和更高境界,即"心中有良知,行为有担当"。与法国笛卡尔所认为的辨别真假是非的理性即为良知不同,王阳明的良知是从伦理学角度解释的对善恶美丑的辨别。如何做到"致良知"?方法有二:一是通过内省、自悟的方式以达"自致";二是通过"教化"的方式以达"他致"。王阳明强调心之良知与天理、万物及实践功夫如琥珀拾芥,相即相融,致良知本于道德法则,却又不离人心物事,最终达到高尚道德本体之境界。江谦对阳明心学研究颇深,"致良知""知行合一"思想对其教育思想影响甚巨,其本人对"致良知"学更是情有独钟,"深好王阳明先生之致良知学"。②在其教育思想及一生处世中处处可见"知行合一"的影子,其本人正是"知行合一"的楷模,这在江谦研究中应是很值得关注之事,也是我们当下仍需大力提倡之事。江谦在安徽第二师范学校讲演时曾言:"教育之要不在说,而在行。言论不过发表意见,而成就之效果尤赖实行。"③其注重知行合一不言而喻。其曾任婺源县教育局局长的弟弟江樾也有相关记载,哥哥江谦在通师"江南江北多招士,要把良知造学风"④,塑造良好学风,显然是江谦受王阳明"致良知"学影响极深的重要体现。王阳明之"致良知"学无论是对江谦本人良知的"自致",抑或是他从事教育事业中对教化对象的"他致",尤其是其日后教育实践中教育内容的选择、教育方式的改革等均影响深远。

---

① 《王阳明全集》,上海古籍出版社,1992年,第4页。

② 江谦:《梦游记恩诗》,上海道德书局,1942年,第7页。

③ 江谦演讲,吕伟书、汪振生记录:《人所不见之教育谈》,《东方文化(上海1926)》1927年第3期,第1页。

④ 江谦选,游有维编订:《〈阳明致良知学〉序》,《阳明致良知学》,上海佛学书局,1948年,第12页。

第二节　江谦教育思想的来源之二

——西学的影响

所谓西学,是相对于中学而言,即包括自然科学和社会科学在内的西方学问。其最早传入中国始于明末清初耶稣会士传入西方科技之时。鸦片战争后,中国面临三千年未有之大变局,面对资本主义入侵的晚清,正值"历史上西化东渐期"。[①]严格意义上来讲,这应属于明末西学东渐后的第二次历程。近代西学东渐经历了注重自然科学的"师夷长技以制夷"的洋务运动时期,后随着甲午海战的失败,社会科学也纳入东渐行列。伴随被迫开放的中国沿海港口城市数量的增多、西方传教士对西学的传播、中国留学生的扩大和中外交往的加大,东渐之西学对中国各方面的影响日益凸显。其中西学对中国旧教育的冲击、西方实用主义思想的影响及西学救世的现实困境成为江谦教育思想的另一重要来源。

一、西学对中国旧教育的冲击

美国学者费正清认为,中国相对稳定的传统秩序在 19 世纪中期因受到西方文明的冲击而发生了改变,中国社会和政治被迫作出相应的调整和变化,这种变化是引进"永久性变化"因素,进而取代传统"周期性变化"模式,即现代社会模式对封建朝代更替模式的取代,是为"冲击—反应"模式。虽然此种说法隐去了内因的决定性作用,但因受到西学冲击和影响,中国旧教育逐步走向终结、近代新式教育应运而生是历史事实。成立于 1862 年(清同治元年)的京师同文馆,是我国近代史上第一所新式学校,主要培养外文翻译人才。随后,新式单一的专门学校如雨后春笋般纷纷涌现,如福建船政学堂、天津电报学堂、天津水师学堂和天津武备学堂等;继而综合性的新式学校也相继成立,如 1896 年盛宣怀于上海创建内设师范、外院、中院和上院四部的南洋公学等;1898 年京师大学堂的创办,则宣告了中国近代第一所国立大学的诞生。显然,中国新式教育兴起于洋务翻译人才培养,后发展为培养军事人才,最终演变为全民教育,且从单一专门性人才培养发展为综合性人才培养,最终形成囊括小学、中学和大学的全方位学制教育。这些都为大力发展新式教育提供了重要条件,加速了封建旧教育的瓦解和退出。

通师日籍教师及曾留学日本的同事等带来的西化思想对江谦教育思想亦产生了潜移默化的影响。鸦片战争以来,西方列强新式的坚船利炮对国人产生巨大冲

---

① 潘光旦:《中国之优生问题》,《东方杂志》(第二十一卷第二十二号),1924 年,第 15 页。

击,中国教育正经历着艰难转型。从封建科举向现代教育转型,模仿与借鉴西学是当时中国教育的首选,亦成为当时最为便利的捷径。因甲午海战失败,师法日本不自觉地成为晚清政府的风气。中西教育、传统与现代文化面临着激烈冲突,如何吸收外来文化而不破坏中国几千年所固有的传统文化,成为教育者们亟待仔细斟酌和考量的头等大事。"中学为体,西学为用"因此盛行于国内。但在中学与西学、传统与现代之间的平衡中寻求它们之间的联系纽带,成为国人必须着力解决的关键内容。中西激烈冲突的教育思想自然成为影响江谦教育思想的重要因素。江谦受西方科学尤其是日本自然科学影响十分明显,其中日籍教师的作用不可忽视。在通师日籍教师中,江谦十分欣赏的木村忠治郎[①]、宫本几次郎[②]、西谷虎二[③]等,为江谦日后教育思想中注重科学内容和科学训练,培养学生科学精神、注重实用奠定了良好基础。木村忠治郎,1904 年至 1911 年于通师任教理科和教学法等,与江谦朝夕相处共事长达 7 年。其当时教授的理科中包含了理、化、动、物、矿等自然科学,20 世纪初对中国新式教育在内容上影响较大的汉译日文教科书就包括木村翻译的师范类教材。[④]1906 年张謇创办南通博物苑时急需合适人选,时任监理的江谦和木村忠治郎共同推荐了通师既懂经史、又懂自然科学和日文的学生孙钺[⑤]担任南通博物苑第一任主任。孙钺受戊戌变法运动影响,感受到"皓首穷经"无出路,曾主动订阅《汇报》《格致汇编》等新刊物,于科学、新学方面追求甚多。[⑥]江谦虽为监理,但年龄与孙钺相仿,在与木村等人亲密接触与交往中大大加深了对西学的

---

① 木村在来华前,曾有担任小学校长的履历,著有在日本教育界颇有影响的《小学各科教授法》,后在通师任教近 7 年(1904—1911),在通师任教时长仅次于西谷虎二,教学上很受江谦赏识。他"是在通师开创时期对学校教育体系的完善和学生教育影响最大的一位日籍教师,他的到来使通州民立师范学校作为近代最早师范学校真正具备了较完整的教育课程体系和教育实践活动"。(朱嘉耀主编:《南通师范学校史(第一卷·纪事)》,南京师范大学出版社,2012 年,第 176 页)

② 宫本精通土木工程,一人几乎承担了一门学科,测绘科的 15 门课程全部由其施教。土木工程学科学生毕业以后,宫本回国,前后在通师 2 年(1907—1909)。

③ 西谷虎二有东方儒者之形象,先后教授过日文、教育、西洋史、伦理学等课程,在通师执教长达 11 年(1904—1914)之久,是通师任教时间最长、影响最大的日籍教习之一。

④ 毕苑:《建造常识:教科书与中国传统文化转型》,福建教育出版社,2010 年,第 43 页。

⑤ 孙钺(1876—1943),字子铁,南通人。曾就读于南京东文学堂,专修日语,后续学于通州民立师范学校,中西兼通。20 世纪初,受江谦与木村忠治郎推荐,被张謇任命为南通博物苑第一任主任,为南通博物苑发展立下汗马功劳。其制作的标本曾获南洋劝业会一等金牌奖和巴拿马博览会奖。孙钺工作恪尽职守、任劳任怨,在征集文物、采制标本、科学陈列、订品编目等方面多有贡献。

⑥ 黄然:《南通博物苑第一任主任孙钺》,《南通博物苑百年苑庆纪念文集》,文物出版社,2005 年,第 59 页。

接触和了解。另外,曾经留学日本的同事如王国维、李叔同等人的思想理念对江谦的影响亦值得重视。江谦曾与留学日本的国学大师王国维于通师同为国文教习一年有余,二人同住一校。热衷于研读《时务报》等新文化知识报刊的王国维,彼时已是《教育世界》杂志主编,其热爱向西方学习真理,擅长借助于外国方法或工具,结合中国固有传统来研究中国现象,必然会给江谦带来西方教育实况介绍和理念灌输。江谦与李叔同曾同为南洋公学校友,主持南高师时期,江谦即力邀已任教于浙江省级第一师范学校的李叔同到南高师教授音乐与国画,二人彼此欣赏,并十分默契地合作了经久不衰、至今仍被选为南京大学的"诚"之校歌。在保守、闭塞的民国初年,李叔同于南高师大胆以石膏像、人体为写生教具,教学风格受到学生极大欢迎,其有关日本的开放教育理念理应给江谦带来无形影响。除此之外,江谦与德国人卫西琴[①]还保持着长期交往,二人于教育领域多有探讨。江谦一生积极从西学中吸取养分,主张中西结合,从不排斥西学,显然与其交往的日籍教师或留日学者等的西学熏陶是分不开的。

二、西学实用主义思潮的影响

实用主义(Pragmatism)产生于20世纪70年代的美国。当时,大量欧洲移民迁至美国,在给美国工业革命带来丰富劳动力的同时也带来了各种问题,即欧洲风起云涌的阶级运动和各种"主义"。如何应对来自欧洲劳动力自身携带的各种问题,成为英国自由主义与启蒙运动产物的美国精英阶层首要考虑之事,实用主义应运而生。所谓实用主义,即在注重实效的基础上以效果定优劣,最终促使劳动者们在社会生活中以行动求生存、以进取求发展,忙于竞争而无暇他顾各种阶级运动和"主义"。总体上来说,实用主义不讲主义,只讲具体问题具体分析。它重经验事

---

① 卫西琴(Alfred Westharp),生卒年不详,又名卫中,德国人,曾习医、哲,后改学音乐,获博士衔。出生于德国普鲁士贵族家庭,后入美籍。受西方启蒙思想及东方文化影响,十分景仰中国儒学,于民国初年经印度来到中国,曾与严复有交往,与梁漱溟交往甚契,梁漱溟称其为"性格古怪的德国音乐家卫西琴"(《梁漱溟传》,湖南出版社,1992年,第150页)。卫西琴著有《音乐来自东方》。1919年,卫西琴曾受山西阎锡山之邀主办山西第一所外国语学校,即"山西外国文言学校"。1917年,卫西琴曾至南通考察教育,对通州通师、女子师范等三所学校赞不绝口,江谦与其交谈数日,称"其言诧为异人",知其"母国(即德国)教育之不良、政治之强横","主张良心教育为教育事业","对孔孟教育尤为感佩"(江谦:《临时训话》,《南通师范学校校友会杂志》1917年第7期,第4页)。从江谦皈依佛门后二人仍有书信往来看,江谦通过外国友人吸取西学显然是其教育思想与时俱进、能够始终站在时代最前沿的重要因素之一。

实、归纳（以及归纳的方法）和即时效果,轻理论、演绎和长远后果。[①]重视即时的应用效果应是实用主义的重要特征。随着中国国门被迫打开,实用主义思潮也涌进中国。其注重实效及西方先进科技的自身优势,对身处内忧外患中的晚清政府来说,具有磁铁般的吸引力。学习西方先进科技、发展民用工业成为追赶世界步伐的晚清政府的唯一选择。"师夷长技以制夷"成为部分地主阶级的强烈呼声。"夷"人有"长技",统治阶级中央以奕訢,地方以曾国藩、李鸿章、左宗棠为代表的洋务派迅速转变固有的僵化思维,跨过顽固派的重重阻挠,着手对西方"夷技"的学习。"师夷技"实为西方实用主义思潮在中国的具体体现。技术学习有赖于人才培养,"兵政未修也,赖学生以练习之;农政未讲也,赖学生以研求之;榷政未尽善也,赖学生以修订之;商政未大兴也,赖学生以讨论之;矿政未尽整理也,赖学生以考察之;邮政虽兴而尚待扩充也,赖学生以推广之"[②]。显然,实用主义的即时性发挥必须依赖人才。培养能为各行各业服务,以实用为准,发展国民经济、实现救国大任的各类人才成为首要之事。

西学中的实用主义对中国近代教育事业带来了实质性影响,张謇对江谦的影响显然不可忽视。1903年,张謇赴日参观了于大阪举办的第五次国内劝业博览会,对日本教育、实业等进行了重点调研和走访。回国后,张謇在教育方面师法日本,真正践行了"实业救国""教育救国"的理想,江谦把这喻为"实业娘生教育儿"。[③]张謇带来的日本教育思想潜移默化中影响到了与其朝夕相处的江谦,江谦于通师及南高师教育方面处处体现出实用主义的影子。学科设置方面,江谦于通师时,为解决社会亟需的测量、施工、水利建设人才,除国文、理科外,设置了测绘科、农科、工科、蚕科四专科;南高师除两部一科外,还设置了农、工、商、体育、英语、教育等专业,以满足社会发展所需的新式人才。为培养学生的动手实践能力,江谦于教育中还注重开辟农场、建设中小学等实训基地,为学生提供实习场所。江谦日后在南高师首设体育专修科,开全国之先例,高薪聘用美国体育专家麦克乐和国内体育专家张士一等负责体育学科建设和教授,最早提出"终身体育运动思想"等,无不是较早对西学实用主义思想吸收和运用的体现。为推广教育普及,江谦不忘从西方如日本、欧美语言文字发展经验中汲取养分,如其在推动近代国语统一、普及教育

---

① 赵鼎新:《从美国实用主义社会科学到中国特色社会科学——哲学和方法论基础探究》,《社会学研究》2018年第1期。

② 马自毅:《辛亥前十年的学堂、学生与学潮》,《史林》2002年第1期。

③ 江谦:《梦游记恩诗》,上海道德书局,1942年,第6页。

方面显然借鉴了日本对文字发展的重视。"日本习汉文,尊如国学,数百年矣,至明治维新而不废。而普及教育,必用拼音假名,专习国语。行之三十年,而民志渐通,战胜中国。教育之誉,追步欧美"。①针对当时国人普遍受教育程度较低的状况,江谦提出小学二、三年级学生应学习珠心算,以便他们步入社会后利于生计。其在《小学教育改良刍议》中指出:"今办教育,首当重生计。"②其还对当时小学数学教育专用"笔算"不学"珠算"的"教育之不适用"现状提出批评。江谦在《教学简说》中提到教学之道时,强调"治农工商",注重"简易切用"。③西方实用主义思想影响显露无遗。江谦日后大胆师法西方,并能敏锐捕捉到国际教育形式最前沿的发展变化,融最先进的教育理念于自己的教育实践中,显示出其开拓进取的创新精神。其努力克服传统教育中过于注重理论而忽视实际运用的弊端、力倡理论与实践的有机融合,西学中的实用主义无疑是其教育思想的重要来源之一。

三、西学救世思想面临的现实困境

近代中国在自救和追赶西方的过程中,逐渐从聚焦于西方先进科技扩大至对社会科学的关注,对西学救世之道的考察也成为重要内容。西方的君主立宪、欧美的民主思想吸引了众多立志于寻找救国救民道路的国人,以求取救世的真经。甲午海战后,留日学生数量与日俱增;庚子赔款后,欧美留事业蓬勃发展;资产阶级革命派孙中山对欧美制度有详细考察,并于美国檀香山建立起最早的民主革命团体;严复向国人介绍了英国达尔文的进化论思想;梁启超则于 19 世纪末 20 世纪初亲赴欧美考察政治等。欧美的民主、社会制度有着迷人及神奇的魔力,强烈地吸引着中国知识分子,并经以知识分子为主的介质迅速传入国内。显然,力图以西学救世俨然成为时代潮流。江谦对西学也曾展示出强烈的热忱和渴求之心,并曾计划去日留学,但遗憾"尚病未能"④。彼时的知识分子大多饱受儒学浸染,在学西过程中不可避免地与中学产生碰撞,审视和比较中西之学自然成为自觉的内在行为。以资产阶级改良派梁启超为首的知识分子在对西学着迷、吸收、思考的过程中,发现西学中的民主、宪政并非救世的万能钥匙,怀疑与失望之情随之诞生,西学救世思想显然陷入了现实困境。梁启超向来擅长用西学批判中国传统,其根本之意在于对传统文化能否托起当时救亡图存之需的怀疑。梁启超在 1918 年曾游历欧洲

---

① 江谦:《小学教育改良刍议》,《吉林教育官报(论著汇定本)》1911 年第 74 期,第 221 页。

② 江谦:《小学教育改良刍议》,《吉林教育官报(论著汇定本)》1911 年第 74 期,第 224 页。

③ 江谦:《教学简说》,唐大圆:《东方文化》1927 年第 2 卷第 3 期,第 9 页。

④ 江谦:《致南京陈燮勋书》,《说音》,文海出版社,1973 年,第 132 页。

一年,彼时第一次世界大战快要接近尾声,战火硝烟,满目疮痍,本欲从西方寻找救国良方的梁启超在目睹欧洲社会种种弊端后失望地发现"科学并非万能"的道理,其思想因此发生了巨变。有鉴于此,针对晚清注重经世致用、反汉学的现状,知识分子把目光再次聚焦到中国传统文化,在重新审视、反思中国传统文化的过程中,中国传统文化自身所具有的特有魅力及不可替代性再次得到充分体现。在融合西学过程中,复兴中国传统文化呼声日渐高涨,《梁启超与中国思想的过渡》一文明确展示了"中国文化传统在面临外部冲击时所具有的活力"。[①]成长于19世纪末20世纪初的江谦受此影响巨大。在近代中国欧化的过程中,江谦敏锐地意识到西学并非中国最好的救世之法,遂强烈主张有选择性地对其加以吸收,其特别注重西学中科学、物质内容之吸取,但始终坚持以传统文化为本,"何以吸收外国之文明,则国粹是本",[②]并由此构成江谦教育思想中一个十分鲜明的特征。源于对西学救世面临现实困境的清醒认识,在彼时传统儒学遭受巨大挑战和质疑时期,江谦始终立足于传统文化之基,坚持从传统文化养分中寻找救国救民之道,在其主校时以科学著称的南高师,绽放出传统文化的巨大魅力,成为20世纪初期中国高等教育的奇葩,对于亟须树立文化自信的当今社会依然有着重要的启迪作用。

第三节　江谦教育思想的来源之三
——国内危亡时局的影响

传统儒家文化是江谦知识模式和学术构建的重要来源,西学对其教育思想亦有深远影响。但分析江谦教育思想,不可忽视其所处国内危亡时局下政治、经济发展的社会影响,亦不可忽视其恩师张謇在国势日危下爱国情怀对江谦潜移默化的个人影响。脱离这些必然不利于完整理解和有效把握江谦的教育思想。

一、政治上清末民初的动荡时局

江谦生活于清末民初,时值帝制与共和、传统与现代激烈交锋之际。外有帝国主义列强侵略,内有帝后之争、农民运动和革命运动。江谦显然是在极其屈辱的环境中成长起来的一位国人,这是以江谦为代表的近代中国先进知识分子群体教育思想中爱国主义情怀的重要来源之一。

---

① 朱培源:《梁启超仁的思想变迁及其影响——〈梁启超与中国思想的过渡〉读后》,《科学·经济·社会》2014年第2期。

② 记者:《江易园先生讲演国文教授之根本》,《教育研究部(上海)1913》1915年第24期,第6页。

(一)晚清统治腐朽及帝国主义对中国的侵略

1840 年的鸦片战争充分暴露了清王朝统治的腐朽性,近代史上第一个不平等条约《南京条约》的签订就像多米诺骨牌的第一张,唤起了列强暗藏于体内的贪婪本性。当洋务运动领袖李鸿章苦心经营多年之久的北洋水师于 1894 年爆发的甲午海战中全军覆没之时,帝后之争的矛盾逐渐浮出水面。光绪帝年轻气盛,对帝国主义的侵略主张强力以对,反对妥协退让,极力维新变法以图自强;慈禧年老体衰,却十分迷恋权力,故依靠顽固派负隅顽抗。帝后表面的政见不合暗含着清王朝变革与保守、维新与顽固的势力之争。当维新的大戏因残酷的血腥落下帷幕,帝后两党公开决裂,精英人才遭到沉重打击,光绪的失败、保皇力量的迅速集结壮大,深刻影响了清王朝日后的人才格局及政治走向。这些对于摇摇欲坠的晚清大厦无疑是致命一击。封建帝制是阻碍中国前行的根本桎梏,朝廷的无能又加剧了中国前行的步伐,也因此加重了外敌的入侵。甲午海战,梦碎洋务;庚子赔款,欲哭无泪;举国上下,哀鸿遍野。龚自珍的"日之将夕,悲风骤至"形象地勾勒出清王朝摇摇欲坠的悲惨景象。沉迷于"中国中心说"的国人恍然发现,中国早就被世界边缘化,且已完全沦为被帝国主义列强宰割的羔羊。帝国主义的魔爪从东南伸向东北,从沿海深入内地,从初期投石问路到后期肆无忌惮,从最初忐忑不安到最后狂妄坦然,中国吞咽着因自我封闭未能赶上世界科技革命的苦果。甲午海战爆发时的江谦已经成家,虽仍年少,但帝国主义侵略的屈辱,晚清政府颓废的现实,"今时灾劫之重,遍处皆是"[①],这些切肤之痛无不强烈地激发起其教育救国的斗志,爱国主义情怀伴随其一生。

(二)风起云涌的义和团运动

帝国主义的侵略如火如荼,本该一致对外的晚清政府自身无力回天,加之帝后之间内斗的消耗,其昏聩无能进一步激起广大老百姓的极端愤怒和痛苦。民谣"百姓怕官,官怕朝廷,朝廷怕洋人,洋人怕百姓"应是当时社会现实的真实写照。1900 年,义和团运动随之兴起。成员领袖不是社会的精英分子,更缺乏雄才大略,但他们骨子里流淌着一种朴素的爱国主义情感,体现出无奈的呐喊,更是对清王朝统治者无能的失望和愤怒。基于强烈爱国主义情感的农民运动终因缺乏有力的领导和完备的策略,被中外反动势力联合绞杀,但也让帝国主义者品尝到了中国民间的不屈斗志。农民出于本能自发探索的救国道路固然是对清王朝统治无能和帝国

---

① 《江湾萧江宗祠内设佛光社之说明》,《阳复斋文集(上册)》,上海佛学书局,1933 年,第 93 页。

主义侵略愤怒的历史见证,也是农民阶级奋不顾身、寻找救国之道的有力体现。这些对于深谙百姓疾苦的江谦终身致力于教育救国事业有着重要的激励作用。

（三）以孙中山为首的资产阶级民主革命

在帝国主义侵略日趋严重之时,以孙中山为首的资产阶级革命派已清醒地认识到千年封建帝制、腐朽的清王朝才是中国遭受帝国主义铁蹄践踏的罪魁祸首,其领导的革命如"星星之火",遂成"燎原之势"。晚清大厦终于倾覆于1911年的辛亥革命。张謇自辛亥革命后,放弃君主立宪主张,转向赞成共和,对追随自己的弟子江谦影响甚巨,这从当选为参议院与众议院议员的江谦积极参政资政就可见出端倪。令人痛惜的是,辛亥革命的胜利果实最终被袁世凯窃取,民主、共和随之被独裁所替代,人们看到的依然是昔日封建帝王的影子,失望、痛苦、彷徨笼罩着国人。"二次革命""护国运动""护法运动"随之拉开序幕。随着1925年孙中生先生的逝世,中国又陷入了北洋军阀的黑暗统治。军阀混战,民不聊生,"问苍茫大地,谁主沉浮?"辛亥革命的结局、动荡不安的国内政治局势无疑深深加剧了从小就立志要学"圣贤"的江谦对国家前途的忧心,探寻中国前途和出路已深深镌刻于江谦的骨髓,是其积极探索教育改革创举的不竭动力。

二、经济上近代工业发展的呼唤

当18世纪60年代以英国为首的第一次工业革命浪潮席卷西欧、北美,继而扩展至俄、日等国并带来深刻社会变革,资产阶级统治地位逐步确立之时,中国还徜徉于数千年自给自足的封建小农经济模式中,恍若世外桃源,浑然"不知有汉,无论魏晋"。扩张和殖民成为资产阶级攫取全球资本的方式。19世纪40年代,中国被迫打开国门,西洋用工业革命技术打造的坚船利炮等新式武器令统治阶级讶异不已,被国人称为"奇技淫巧"的西洋器物的涌进更是令国人爱恨交加。封建自然经济遭受沉重打击,同时面临严峻挑战。与此同时,清政府在外国殖民主义者的新式武器面前屡次溃败,警醒了中华民族的各个阶层,特别是与帝国主义打交道的封建地主统治阶级,并形成了中央以奕䜣为代表,地方以曾国藩、李鸿章、左宗棠、张之洞等为代表的洋务派领袖。发展军用工业以对付西方侵略,发展民用工业以壮大经济根基,在当时成为有志之士的共识。工业发展需要近代新式人才的培养,"教育救国""实业救国""救亡图存"成为时代发展的最强音。发展近代工业,打破外国垄断,成为国家发展之急需。近代工业呼唤近代人才,近代人才呼唤近代教育。倡导实用主义教育,注重学以致用,这些对江谦的教育思想产生了实质性影响。

三、国势危难境况下张謇对江谦的个人影响

源于对国势危亡的担忧和救国愿望,清末状元张謇虽辞官不就,但其"实业救国""教育救国"不负国家的爱国情怀深深影响了江谦一生。张謇曾三次连续发起国会请愿立宪运动,期望通过合法的自下而上请愿运动来加快清政府的立宪步伐。请愿运动虽曲折连连,但反映出张謇"天下兴亡,匹夫有责"的顽强信念。1909 年,张謇在《送十六省议员诣阙上书序》中指出:"明乎匹夫有责之言,而鉴于亡国无形之祸,秩序秉礼,输诚而请。得请则国家之福,设不得请,而至于三,至于四,至于无尽。诚不已,则请亦不已,未见朝廷之必忍负我人民也。即使诚终不达,不得请而至于不忍言之一日,亦足使天下后世,知此时代人民,固无负于国家,而传此意于将来,或尚有绝而复苏之一日。"[1] 立宪运动虽然最终归于失败,但张謇为国事奔波,在经历挫折与失望后仍奋勇前行的勇气,内化为江谦前行的强大动力。张謇曾于1902 年筹建中国近代第一所独立师范民办学校——通州民立师范学校,寄希望通过教育以分朝廷之忧、担乡里之义务、行救国之宗旨,爱国之心显而易见。1911 年,张謇以中央教育会会长身份于学部主持召开全国中央教育会。会上,其指出,"念国势之艰危而益感于教育之亟","今日最亟之教育,即救亡图存之教育也。然非有亲观察世界之眼光,则救亡图强之教育政策,无自而出。……凡我学部及全国教育家不可不深思熟虑,亟谋针砭补救之方者也"。[2] 其倡导教育救亡图存的良苦用心有目共睹。以实业谋教育,以教育谋人才,张謇先苍生后自己的高尚人格与实干精神是江谦教育救国事业的重要源泉,对江谦教育思想的形成亦影响巨大。1915年,江谦对张謇于濠南落成的别业曾题贺联一首,对张謇大公无私的精神给予了高度评价:"有庇人广厦万间,最后乃营五亩;非举国蒸民饱食,先生何暇安居?"[3] 显然,此联也是张謇"先天下之忧而忧,后天下之乐而乐"伟大爱国情怀的真实写照。

江谦一生追随张謇,受张謇"教育救国"思想及人格魅力浸染至深。1935 年,江谦于通师演讲时曾特别说道:"从十九岁那一年,拜谒张啬庵先生,一直到四十九岁。在这三十年中,都和张先生在一起。聚会时多,离开时少。"[4] 在张謇的提携下,江谦投身通师与南高师教育期间,锐意进取,劳累至极而不顾,以致落下顽疾。

---

① 章开沅:《序言》,李明勋、尤世玮主编:《张謇全集(第一卷)》,上海辞书出版社,2012 年,第 8 页。

② 《中央教育会会长张謇开会词》,《新闻报》,1911 年 7 月 23 日,第 2 版。

③ 赵鹏:《中华第一馆——南通博物院》,黄山书社,2002 年,第 96 页。

④ 程考宜:《江易园居士在通州师范学校演讲佛性》,《弘法刊》1935 年第 30 期,第 42 页。

江谦晚年来通师演讲时曾言："张先生看见世界不好，要想好，非办教育不可。办教育先由一地方，广之全国，及于世界。希望南通教育办好了，中国全国会好。再以中国好的教育，推及世界各国，都因此和平了。"[①]张謇主张兴实业办教育，以救兴亡、开启民智，其重视体育教育与德育、智育协调发展的教育方针及主张理论教育需与实践相结合的教育方法等成为江谦日后教育思想的重要来源之一。江谦致力于教育救国的实践更是处处闪耀着张謇爱国主义思想的影子。华中师范大学章开沅教授于 2016 年在《张謇辞典》开题会暨张謇研究高层论坛上曾呼吁全国企业家与张謇对话，并指出，"并不是张謇就那么好，那么完美，但至少他为几代人树立了'做人'的典范"。[②]"做人"典范，形象地刻画出张謇的家国情怀对包括江谦在内的知识分子及时代的强大影响力。江谦毕生奔波于救亡图存，即使皈依佛门，仍未放弃救世事业，直至生命的最后。其中既有时代救亡图存的强大感召力，亦不乏张謇"实业救国""教育救国"个人魅力的极强感染，渴盼国富民强是其一生的梦想。

① 程考宜：《江易园居士在通州师范学校演讲佛性》，《弘法刊》1935 年第 30 期，第 44 页。
② 章开沅：《承前启后　拓展张謇研究的意义——在〈张謇辞典〉开题会暨张謇研究高层论坛上的讲话》，《档案与建设》2016 年第 2 期。

第三章　江谦教育思想的初步探索与实践

——主持通州民立师范学校（1902—1914）

　　1902 年，自张謇创办通州民立师范学校初始，江谦即参与了学校建设的全过程。1903 年 2 月，通师校舍落成前一月，张謇即延聘江谦任国文教习。故江谦在通师的任职时间应始于 1902 年通师创设之初，终结于 1928 年的校长之职。其间，1903—1905 年，江谦担任通师国文教习[①]，1906—1914 年，任学校

---

　　① 关于江谦担任通师国文教习起始时间，学界多认为始于 1904 年，如江谦"从 1902 年参与通州师范学校筹议，到 1904 年担任国文教习"（崔荣华：《张謇与江谦的师生情缘》，《南通大学学报·社会科学版》2009 年第 6 期）。这可能依据的是《南通师范校史（第一卷·纪事）》记载的内容：1904 年正月，"江谦受聘担任国文教习"（朱嘉耀主编，南京师范大学出版社，2012 年，第 10 页）。此种说法又可能来源于《通州师范学校校友会杂志》1—3 期《本校职员姓氏录》记载的江谦在通师的始任年月为"甲辰（1904 年）正月"。此杂志固然是了解通师发展的较好原始资料，但因其属校友之间的传播，也许缺乏严格的审核把关，在时间记载方面难免存在一些偏差。根据江谦本人 1923 年叙述并发表于《大公报》的《劝请续藏经书》中涉及自己的介绍可知，其担任通师国文教习应始于 1903 年通师开校之时，"南通师范，初开讲习，即忝为师"（江谦：《劝请续藏经启》，《大公报天津版》，1923 年 3 月 31 日，第 7 版）。这与通师教职工夏企贤表述一致，"1903 年 2 月，通师校舍落成前一月，张謇即延聘江谦任国文教习"（夏企贤：《江谦》，南通市教育局，南通市教育史料征集编写办公室编：《南通市教育史料　南通市教育界　人物传略　供征求意见 1919—1988 年》，1988 年，第 64 页）。江谦于 1935 年来到通师演讲佛教时也提到学校刚开办就让来授课了："先生（指张謇）到南通来办学校，我就来教课。"（程吾宜：《江易园居士在通州师范学校演讲佛性》，《弘法刊》，1935 年，第 30 期，第 42 页）这一点从政协南通市委员会文史资料研究委员会编写，《文史资料选辑》第二辑记录的有关通师初创时期即聘到校的日文教习木造高俊其人相关叙述内容可得到佐证："据尤慎铭先生说，木造这一个人暴躁异常，他教日语，对学生动不动就漫骂，国文教习江谦曾一度在教室旁听，见他动辄骂人就不再来了。"（政协南通市委员会出版，1982 年，第 78—79 页）。木造高俊是通师最早聘任的日籍教员之一，也是学校筹办时的重要谋划者，其于 1903 年 3 月同王国维等到达南通，开校后在通师教授日文，任职一个月后发神经病自杀。时值张謇在日考察实业和教育，张謇通过其三哥张詧于是年五月二十九日得知此事："三兄讯，知通州师范教习木造以神经病自戕。"（《张謇全集》第八卷，上海辞书出版社，2012 年，第 553 页）由此观之，通师时为师法日本的办学模式，江谦为新任国文教习，其听日人木造教习之课，以了解其教学方法和课堂组织形式等，理应顺理成章。此记载与《南通师范校史（第一卷）》记载的木造高俊在校时间及《张謇日记》记录其三哥对此事处理的时间完全吻合。记载此内容的尤慎铭为通师第一届本科生，本科毕业后曾留学日本早稻田大学，回国后在通师任教。木造高俊应教授过其日文，所记内容是个人亲见，应完全可信，且与江谦本人叙述一致，理应真实。通师创办之初，师资奇缺，对于国学功底深厚的爱徒，张謇了解甚多，让其担任国文教习完全符合常理。显然，江谦正式担任通师国文教习的时间应为学校开校之时，即癸卯（1903 年）五月，而非《通州师范学校校友会杂志》1—3 期《本校职员姓氏录》或《南通师范学校史（第一卷）》所记载的甲辰（1904 年）正月。辨说于此，以避以讹传讹。

监理①，1914—1928 年担任代校长、校长，前后历时 26 年。显然，江谦历任通州民立师范学校国文教习、监理、代校长和校长，经历了从基层教师到管理者的成长历程，是其教育思想与实践的初步探索期。本章探讨的主要是其自 1902 年至 1914 年间于通师的主要教育实践活动②。在主管通师期间，得益于张謇的器重与

---

① 关于江谦担任通师监理时间，学界多有始于 1907 年之说，现据考证，应始于 1906 年正月。1907 年之说应是依据《南通师范学校校史（第一卷）》所记载内容："1907 年 1 月，通州师范学校监理马晋羲因就职湖南长沙师范学堂辞职，江谦继任监理。"（朱嘉耀主编，南京师范大学出版社，2012 年，第 15 页）然此说与《南通地方自治十九年之成绩》《通州师范学校沿革》及江谦本人等所记载均不一致。"（光绪）三十二年（1906）正月，监理马晋羲因回籍辞职，国文教习江谦继任。"（江谦主编：《南通地方自治十九年之成绩》，张謇研究中心、南通博物院印刷，2003 年，第 46 页；璩鑫圭、童富勇等主编：《中国近代教育史资料汇编·实业教育·师范教育》，上海教育出版社，2007 年，第 777 页）书中内容记载非常明确，即江谦以国文教习身份于 1906 年正月继任通师监理一职。这与夏企贤撰写的《江谦》中表述一致，"1906 年聘为监理"（夏企贤：《江谦》，南通市教育局，南通市教育史料征集编写办公室编：《南通市教育史料　南通市教育界　人物传略　供征求意见用 1919—1988 年》，1988 年，第 64 页）。江谦于 1906 年在《丙午写帐》中曾言："盐车驾驽马，重任为荣幸。"（江谦：《丙午写帐》，《柳竹山房文钞》，婺源江湾江加榜先生提供）此重任无疑应指担任监理一职。另外江谦在《梦游记恩诗》里也有相关记载，张謇"命继王晋藩、马惕吾二先生后为监理"（江谦：《梦游记恩诗》，上海道德书局，1942 年，第 6 页）。王晋藩即王康寿，马惕吾即马晋羲，二人分别是通师的第一、二任监理，张謇要求爱徒继马晋羲后担任通师监理。此处虽没明确江谦担任监理的确切时间，但从后文记述内容可知，江谦在担任监理后曾向张謇提出"请啬庵（即张謇——笔者注）师开校西农场，为师范诸生习农之所"（江谦：《梦游记恩诗》，上海道德书局，1942 年，第 7 页）。对于开辟校西农场时间，《南通地方自治十九年之成绩》与《南通师范学校校史（第一卷）》都有记载，且均为 1906 年。"（光绪）三十二年（1906）"，"九月，定农业为师范必修科，营农场于校河之西南"（《南通地方自治十九年之成绩》，第 46 页）；"光绪三十二年（1906 年）"九月，"通州师范学校规定农业课程为师范生必修课程，并在校河西开辟农场，供农业课程教学之用"。（《南通师范学校校史（第一卷）》，第 14 页）农科实习场所的开辟是件大事，应是江谦担任监理之后之事，江谦对此印象理应深刻。因马晋羲辞职时间无从可查，故据此可认为江谦担任学校监理时间应为 1906 年正月，而非次年正月。

② 关于江谦于通师教育实践时间截取点的说明。江谦自己曾叙述从"甲辰（1904 年）到丁巳（1917 年），凡十四年，罹患重病"（江谦：《梦游记恩诗》，上海道德书局，1942 年，第 6 页）。这里的 14 年，并非指江谦在通师工作总时长，而是指在其协助张謇管理通师后，其中有 14 年时间，其身体常生重病。江谦于通师工作应始于通师创办初期。早在张謇于 1902 年着手创办通师时，就令江谦参与制定学校章程等事宜，"壬寅（1902 年）冬……时师方草师范学校章程，令谦终其事。"（江谦：《梦游记恩诗》，上海道德书局，1942 年，第 6 页）故江谦在通师任职时间应从 1902 年算起，后相继担任通师国文教习、监理、代校长和校长。虽然江谦自担任通师监理后，因校长张謇工作繁忙，江谦实为通师主持人，但其正式被任命为通师代校长应始于 1914 年 6 月，截止于 1928 年 7 月（《南通师范高等专科学校历任校长表》，http://www.ntnc.edu.cn/Item/1561.aspx）。后江谦于 1914 年 8 月被江苏省省长任命为南京高等师范学校校长，故其全职在通师的工作时间应截止到 1914 年。虽然其在通师的工作前后历时 26 年，但其主要于通师履职的教育实践时长实为 1902 年至 1914 年。故截取此作为江谦在通师的教育实践时期。

重用,江谦在推动通师教育管理、教学改革及国语统一方面成绩卓著,见证并一手主持了通师从破茧而出到发展壮大,直至声名远扬的全过程,也是其此生投身于教育事业时间最长、耗力最多、教育思想初放异彩的重要时期。江谦"在通师期间,无论是在教学上或是在管理上,都作出了基础性但又带有开拓性的贡献",并形成了"国学为根本,实业为应用"的教育理念[①]。江谦于通师的教育实践见表3-1。

表3-1 江谦于通师教育实践表

年 代	岗位或职务	备 注
1902.06—1903.04		参与续修并完成《通州师范学校章程》等事宜
1903.05—1905.12	国文教习	与王国维同教国文
1906.01—1914.05	监理	实际主持事务
1914.06—1928.07	代校长、校长	1914.08—1919.08同时担任南京高等师范学校校长之职

第一节 江谦与通师张謇

江谦投身于教育事业源于清末状元张謇的提携,张謇的教育救国及身负"救亡"大任的士子书生思想对江谦影响深远。从参与通师创设、教学管理到独当一面,江谦的教育思想逐步形成,这一切均离不开张謇的信任与鼓励。在共同奋进的教育事业中,江谦与张謇携手铸就了通师的教育辉煌。二人经历了师生、同行、挚友关系的发展历程,最终超越了普通的师生之谊,发展成亦师亦友、如父如子之关系,谱写了一段友谊佳话,有力助推和影响了南通教育、江苏教育乃至中国教育的近代化过程。

一、结缘书院卷,缔结师生情

张謇(1853—1926),字季直,号啬庵,江苏南通人,清末民初著名状元实业家、教育家、社会活动家。光绪二十年(1894),中甲午恩科状元,授翰林院修撰,后辞官不就,毕生秉持"实业救国""教育救国"之理念,致力于"革新中国,使之富强"的伟大事业。章开沅先生称其"状元办厂(或下海)乃是中国历史上前所未有的创举","堪称一千多年以来科举史上的第一人",其年近不惑,却"脚踏实地办

① 夏企贤:《江谦》,南通市教育局,南通市教育史料征集编写办公室编:《南通市教育史料 南通市教育界 人物传略 供征求意见用 1919—1988 年》,1988 年版,第65—66 页。

教育与实业两件大事、新事"。[1]张謇一生创办的企业有27家之多,创办学校高达370多所,完成了从一介儒生到实业家、教育家的转变,成为中国由传统社会向近代化转型过程中不可或缺的领军人物。集教育与实业成就于一身,其特殊贡献近代几无人能超越。除实业与教育事业,因独有的清末状元身份及开阔的视野,张謇于慈善、政治领域亦非常活跃。从1900年的东南互保到1909年奏请清政府速开国会、设立责任内阁;从袁世凯时期主张君主立宪到辛亥时期赞成共和等,其奔波不倦的身影无不体现出一片忧国忧民之心及与时俱进之开拓精神。不仅如此,张謇声名早于民国时期就漂洋过海,传及美国,其行政才干及实业与教育成就均获得肯定。[2]

　　江谦与张謇经历了初闻、初识、拜师和相交过程,张謇对江谦是先阅其文,后见其人,因文而识才,书院卷成为二人相识的直接纽带。早在张謇1888年乡试中"南元"之时,江谦之父就曾在儿子面前夸赞张謇,"国家之元气也,襟其阔大"。[3]江谦时年13岁,因父亲对张謇的热情赞叹而对其仰慕不已,这是江谦初闻张謇。1893年江谦乡试落第后,曾前往上海祖业崇明元和店休养,其间友人曾托其作卷,江谦所作之书院卷"连获首选",受到在崇明瀛洲书院任山长的张謇赏识,此行为二人建立师生关系提供了可能。张謇《啬翁自订年谱》中对此曾有明确记录,癸巳(1893年),"崇明知县延长其瀛洲书院,得士婺源江谦",[4]足见其对得一贤才的重视程度。张謇认为此文应"是四十许人所作",反映出青年江谦文章内容之灼见与文笔之老练显然已超越了同龄人;且"非崇人所为,故来问讯"。[5]张謇遂"访知生",江谦因此"介请问学,至是由崇明渡江来谒"。[6]江谦早就仰慕张謇大名,自是鼓足勇气,渡江求教,这是江谦初识张謇、"受知于师"的最早时间。在见到江谦本人时,张謇对江谦的学识、为人的赏识更是溢于笔端:初识江谦文字,"叹为美才",后"查其业,颇窥三代两汉之书";见到江谦本人,张謇发现其"进止温恭""与

① 李明勋、尤世伟主编:《张謇全集(第一卷)》,上海辞书出版社,2012年,第5页。
② 此内容参见扬州大学朱季康教授《张謇形象在大洋彼岸的即时投射——以近代美国报纸为中介的观察(1900—1922年)》一文。(论文集:《首届张謇研究会全国青年学术研讨会论文汇编》,扬州大学社会发展学院,扬州大学张謇研究所印行,2016年,第376—390页)
③ 江谦:《梦游记恩诗》,上海道德书局,1942年,第2页。
④ 李明勋、尤世伟主编:《张謇全集(第八卷)》,上海辞书出版社,2012年,第1008页。
⑤ 江谦:《梦游记恩诗》,上海道德书局,1942年,第4页。
⑥ 张謇研究中心、南通市图书馆编:《张謇全集(第五卷)》,江苏古籍出版社,1994年,第34页。

人语,辞顺而气下,益爱重之"。① 江谦不仅文采卓越,连行为举止都充满教养,由文识人,文人相符,张謇对江谦的厚爱由此入心。1895 年 12 月,张謇应两江总督张之洞之邀担任江宁文正书院山长,遂"命往随学"。② 张謇主动纳江谦为徒,爱才之心溢于言表。次年(1896 年)二月,甲午中日战争结束后第二年,江谦"从游江宁",正式拜师张謇。优秀的书院卷成为江谦得以"受知于师"的重要桥梁和纽带,师徒二人自此正式进入培养与学习阶段。

张謇"朝夕与居处,谂其家世",知江谦"才而有志",对其悉心传授。"19 世纪 80 年代前后已经开始密切关注国事大局,深感民族危机"的张謇,始终"把自己作为身负'救亡'大任的士子书生"③ 的思想和格局开拓了江谦的思维,对江谦影响巨大。在教授内容上,张謇不仅授江谦"《朱子全书》入道门"④,还教其阅读《春秋》三传,同时还引导江谦注意研究国际公法,使其知识体系得以摆脱单一传统儒学的窠臼,有利于开阔国际视野;在学习方法指导上,张謇更是不遗余力,谆谆教诲,告诫江谦"论学需从日用积渐起"⑤,让江谦明白"不积跬步,无以至千里"之理;在学习上更是对其严格要求。在江谦洋洋自得于获得别人夸奖的"六朝体赋"时,张謇及时制止,认为"六朝文体轻荡,非所宜学",江谦因此转向阅读桐城学派姚鼐等人的古文。江谦被张謇深厚的古文功底、富有桐城学派"笔曲而气直,辞朴而声雄"风格⑥ 的治学特点所折服。这些对于其日后贯彻与姚鼐学说一脉相承的曾氏(曾国藩)学说于教育实践打下了良好基础。

为开其阅历、长其见识,张謇还经常带江谦会见友人,这从郑孝胥⑦ 的日记中可得到印证。郑孝胥是张謇多年好友,两人早期过从甚密。从郑孝胥 1896 年 5 月 21 日的日记内容可知,郑孝胥对江谦的文笔印象深刻,且赞不绝口:"过爱苍,逢季直于坐,遂同步至书院饭。观其弟子江生文,笔气甚清。状谈至日斜乃返。"⑧ 江岛

---

① 张謇研究中心、南通市图书馆编:《张謇全集(第五卷)》,江苏古籍出版社,1994 年,第 34 页。
② 江谦:《梦游记恩诗》,上海道德书局,1942 年,第 4 页。
③ 周新国、丁慧超:《异彩夺目与殊途同归——孙中山与张謇》,《扬州大学学报》2003 年第 6 期。
④ 江谦:《梦游记恩诗》,上海道德书局,1942 年,第 4 页。
⑤ 张謇研究中心、南通市图书馆编:《张謇全集(第五卷)》,江苏古籍出版社,1994 年,第 399 页。
⑥ 江谦:《梦游记恩诗》,上海道德书局,1942 年,第 4 页。
⑦ 郑孝胥(1860—1938),字苏堪,又字太夷,号海藏,晚年号夜起庵主。清末民初福建省闽侯人。曾任广西边防大臣,安徽、广东按察使,湖南布政使等职。书法亦名著当时。与张謇、汤寿潜同被视为民间立宪运动三杰,亦为同光诗坛领袖。1932 年附逆落水,出任伪满洲国总理大臣。张謇与郑孝胥1880 年相识,前后相交 30 年,后因政见分歧,公开对立,1911 年后二人由同志而暌隔,不复相闻。
⑧ 中国国家博物馆编、劳祖德整理:《郑孝胥日记(第一册)》,中华书局,1993 年,第 588 页。

岷①和江谦同为张謇的学生。江谦于光绪二十二年（1896）二月就来到文正书院就读,而江岛岷是经江谦介绍后于是年冬才来此求学。"是冬,同知源由宁归婺,知源因予介请于师"。②故此处的江生应是江谦,而非张謇的另一爱徒江岛岷。此后,江谦在郑孝胥日记里多有出现,张謇对其栽培和厚爱之意再明显不过。江谦日后主校南高师的教育事业亦得到了韩国钧、黄炎培、沈恩孚等人的大力支持,与张謇早期的引荐不无关系。张謇对江谦虽赏识,但依然严格有加。至是,"朝夕讲论相得者,盖三年"。③与此同时,二人的师生友谊也在不断升华。江谦受知于张謇,张謇因文识才,彼此因仰慕与欣赏得以结缘。自古严师出高徒,三年朝夕相处,张謇耳提面授,江谦学业和阅历获得长足发展,因此成长为张謇最得意的爱徒和教育事业最得力的帮手,张謇成为江谦教育事业的直接提携者和领路人。

二、相携相持,共铸通师教育辉煌

通州民立师范学校是张謇于光绪二十八年（1902）五月,经两江总督刘坤一批准,在通州城东南濠千佛寺旧址创设的我国第一所独立设置的师范学校。其与南洋公学（1896年）、京师大学堂（1898年）一同被公认为中国师范教育肇始的三大源头,1903年春正式开课。通师是中国近代新式教育的产物,与中国近代化进程联系密切。忧愤于甲午海战以来的破碎局面,张謇意识到救亡图存、开启民智非教育不可,"图存救亡,舍教育无由"。④对于如何达到教育救国之目的,张謇以为必须开启民智方有可能,故急需普及教育。"夫欲长国民之程度,必先长国民之知识,知识何自长,则普及教育是已"。⑤普及教育的根本在于师范教育,"普及有本,本在师范"。⑥鉴于师资是教育之本的认知,张謇认为"良教员"对于学校的发展至关重要。"然师范与小学不同,多得良教员,少教几人,多成几人,未始不合

---

① 江岛岷（1867—1939）,字知源,徽州婺源江湾（今江西婺源江湾）人。与江谦同为萧江氏族,属萧江三十五世。因江谦介绍,也在文正书院接受过张謇教育。"予（指江谦——笔者注）介请于师（指张謇——笔者注）,亦肄业文正书院"（江谦:《梦游记恩诗》,上海道德书局,1942年,第4页）。后协助张謇创办通海垦牧公司,担任副经理,为通海垦牧公司运营实际负责人,垦牧事业成果卓著。

② 江谦:《梦游记恩诗》,上海道德书局,1942年,第4页。

③ 李明勋、尤世伟主编:《张謇全集（第六卷）》,上海辞书出版社,2012年,第425页。

④ 张謇:《东游日记》,张孝若:《张季子九录·专录》（卷四）,上海书店出版社,1991年,第33页。

⑤ 张謇:《为时政致度支部尚书泽公函》,张孝若:《张季子九录·政闻录》（卷三）,上海书店出版社,1991年,第25页。

⑥ 张謇:《南通师范学校十年度支略序》,张孝若:《张季子九录·教育录》（卷三）,上海书店出版社,1991年,第15页。

算。"①故提出"兴学之本,惟有师范"②。通师由此诞生。"师范为教育之母"③成为张謇教育思想的核心。张謇有关师范教育重要性的认知及"良教员"理念对江谦日后教育行政管理产生了重要影响,是江谦"教育救国"事业的重要支撑。

江谦自通师创办初始,受张謇委托,就全程参与了通师的创校工作。早在通师创立初期,张謇就令江谦续完通师章程:"壬寅冬(1902年)……时师方草师范学校章程,命谦终其事"。1904年,张謇接受江谦建议,以其于开校演说中多次提及的"坚苦自立、忠实不欺"作为通师校训。虽然江谦自身因病肄业于南洋公学,"视学校如畏途",但张謇仍然对其委以重任,"以南通师(指张謇——笔者注)兴学育才宏愿,命予(指江谦——笔者注)佐助"。④正因张謇的充分信任与鼓励,江谦克服了自身畏难情绪,勇敢地承担起通师的教育重任,为通师发展殚精竭虑,不负师望,终成为张謇教育事业的得力帮手,并展现出其于教育领域的卓越才华。张謇在谈及自己的事业时,曾言:"纱油诸厂,昔侍一友,今侍一兄;开垦、兴学,此侍一弟子,彼亦一弟子。"⑤兴学方面最得力者当属弟子江谦,江谦对于张謇教育事业的贡献之大不言而喻。

通师采取的是师法日本的教育模式,虽然从校舍设计、师资聘请到专业建设等方面均吸收了日本教育的诸多要素,但通师自身在教学内容、学风建设、校风建设等方面依然保持了传统教育的修身、国文等内容,结合实用课程算术的讲授,力求做到中日结合。张謇在这方面的主张得到了实际管理通师时任监理的江谦严格贯彻和落实。"国文、修身、算术为通师的必修科。"⑥张謇特别强调修身和国文学科学习的重要性:"修身与国文为师范主要部分,修身隳败,国文浅陋,虽精他艺,无当人师。"⑦此思想被江谦吸收,并被其视为"教育之本"。江谦特别注重对国文的教授,经过广泛摸索,最终形成了国文教授"四项"⑧法,即"识字""读书""习字""作文"四部分,并成为通师国文教习的普遍讲授之法。学风建设方面,张謇"对学生

①《教育手牒》,李明勋、尤世伟主编:《张謇全集(第三卷)》,上海辞书出版社,2012年,第1424页。

② 张謇研究中心、南通市图书馆编:《张謇全集(第四卷)》,江苏古籍出版社,1994年,第107页。

③ 张謇:《师范学校开学演说》,张孝若:《张季子九录·教育录》(卷二),上海书店出版社,1991年,第28页。

④ 江谦:《梦游记恩诗》,上海道德书局,1942年,第6页。

⑤ 张謇研究中心、南通市图书馆编:《张謇全集(第一卷)》,江苏古籍出版社,1994年,第92页。

⑥ 李明勋、尤世伟主编:《张謇全集(第三卷)》,上海辞书出版社,2012年,第1429页。

⑦ 李明勋、尤世伟主编:《张謇全集(第三卷)》,上海辞书出版社,2012年,第1432页。

⑧《南通师范学校最近之现状》,《教育周报(杭州)》1916年第140期,第27页。

在学校行路吸烟、蓄长刘海等都严令禁止",斥之为"不中不西,不男不女",主张"师范生当养成温良信爱威重之美","以自成德,以保我校风"。[①]江谦在实际管理中,尤重学风与校风建设,对学生宽严相济,使通师成功避免了1905年由震旦公学引发影响全国的"学潮"事件。

作为通师的实际管理者,江谦与张謇配合默契。张謇虽为通师校长,但因事务繁忙,无暇分身,学校规章制度的建设和完善、课程设置、教师聘用、招生工作等,自江谦担任监理始,其实就由其全权负责了。张謇拥有众多社会头衔,如1904的商部头等顾问、1907的南京教育学会会长、1909年的江苏咨议局议长等。其不仅社会事务繁忙,同时还需经营自己众多的实业和教育事宜,通师发展的重担自然落到了江谦身上。如果用现在民办院校的运营管理观来审视,当时通师实行的应是董事长(张謇)领导下的校长(江谦)负责制。这从张謇日记中的教育手牒内容可见其端倪。张謇致信江谦:"弟昨夜谈,即窥知不胜之状,此校依弟,仆乃放心。为公仆使弟过劳,仆亦良歉。明年拟以敏之佐弟,弟但为仆主持大纲,间日一至校如何?"[②]信中可知,江谦因忙于通师事业,身心疲惫,张謇体谅其辛苦,并设法找人协助江谦,希望减轻其负担,但仍强烈表达出通师非江谦管理,无人可替的现状。高度信任之余,反映出张謇对江谦教育能力的充分认可和高度肯定。另外也反映出江谦不仅要主持学校大纲,还要亲力亲为学校诸多教育事宜。同年11月,张謇再次给江谦来信,"事已万冗,赈事又来"。因忙于为淮安市清江浦地区的百万灾民募公款二十万,需离通去清江浦,故委托江谦全权负责一切:"唯廿日左右恐需去清江浦,请弟代主一切。"[③]江谦实质上一直在负责通师的实际事务,张謇此行应是和江谦通气,告知其下面行程,请其"代主一切"反映出此绝非第一次放手,乃是常事,反映出江谦主持通师,张謇放心的和谐局面。实际上,在通师人事任用、收租课佃等方面,张謇亦是全权交给江谦处理。

江谦于通师任职前后长达26年,"培养了一批德才兼备的学生",[④]终使民办通师"树各省先声,规模宏远,成绩昭著"。[⑤]其中1904年至1917年的十四年时间里,江谦"屡罹重病",[⑥]然为支持张謇教育事业,江谦从未怕苦为难,中途辍止,

<hr />

① 李明勋、尤世伟主编:《张謇全集(第三卷)》,上海辞书出版社,2012年,第1429页。
② 李明勋、尤世伟主编:《张謇全集(第三卷)》,上海辞书出版社,2012年,第1425页。
③ 李明勋、尤世伟主编:《张謇全集(第三卷)》,上海辞书出版社,2012年,第1425页。
④ 王德滋:《南京大学史(1902—1992)》,南京大学出版社,1992年,第14页。
⑤ 陈乃林:《张謇与通州师范》,《扬州师院学报》1980年第4期。
⑥ 江谦:《梦游记恩诗》,上海道德书局,1942年,第6页。

始终兢兢业业,恪尽职守,抱病坚守。正因二人的携手并进,通师声誉日隆,声名远播,乃至传遍大江南北。与此同时,江谦亦声誉鹊起,邀请其就任的苏皖教育界人士络绎不绝,江谦十分珍惜张謇的知遇之恩与栽培之恩,其皆以报师恩婉辞或电辞邀聘。"南通恩义邱山重,未可随情广结缘"。① 在江谦心里,师恩如山,任何诱惑都撼动不了张謇在其心中的地位。张謇事业涉及面广,头绪众多,实业、教育、慈善、南通自治等乃其一生宏愿,几乎与其朝夕相处的江谦感同身受,解决张謇在教育事业的后顾之忧是江谦早就意识到并主动承担起的重要职责。为师分忧,已内化为江谦的自觉行为,知謇者,非谦莫属也。

师生之间的默契和艰辛奋斗换来的是通州蓬勃发展的旺盛势头,翻开光绪三十三年小学最新通州地理、历史教科书,不难发现,通师已成为通州教育之母,正是在此基础上,通州地区的小学(包括初等和高等)、中学、女子学校、贫民艺学、警察学校等次第建立,1907 年的"通州教育,为全省冠"。② 当今南通教育依然走在全省前列显然是有其历史渊源的,通州的各项事业也因教育的发达显示出昂扬生机。在同年通州最新小学历史教科书中,描述了"通州之发达",俨然已进入一"发达时代":"今古比较,商务健旺,科学萌芽,实业教育进步未已。不禁目扬手扑,警觉为一新世界焉"。③ 通州科学思想开始萌芽,实业教育、商务事业发展不断进步,恍然是与旧世截然不同的新世界。虽然该书指出这一切的缘由是"在造时势之英雄"④,言辞表达相当含蓄,但这里的"英雄"无疑是指张謇。通州的发展恰似晚清政府垂垂老矣的暮鼓声中孕育的希望之苗,张謇功不可没。通师在全国的影响从张謇本人于 1916 年在通师第七次校友会上的发言可见端倪:"今日教育之效果,果能应社会之用乎? 余诚未敢自信……外来人士参观吾通教育、实业,咸啧啧称善,至有谓可模范全国者。"⑤ 虽然发言中张謇表达了自己对当前教育效果仍不满意的想法,但从对外来人士络绎不绝慕名前来参观的描述来看,通师显然已从"全省之冠"走向了"全国之范",通师的辉煌不言而喻,江谦劳苦功高,张謇对其由衷赏识也就不无道理了。张謇致力于通州自治,寄希望于通过教育等点亮全省,继而照耀

---

① 江谦:《梦游记恩诗》,上海道德书局,1942 年,第 8 页。

② 陈罗孙:《第三十课 教育》,《通州地理教科书(上编)》,上洋书局,1907 年,第 9 页。

③ 陈罗孙:《第四十课 通州之发达》,《通州地理教科书(上下)·历史教科书》,上洋书局,1907 年,第 13 页。

④ 陈罗孙:《第四十课 通州之发达》,《通州地理教科书(上下)·历史教科书》,上洋书局,1907 年,第 13 页。

⑤ 张謇:《校友会演说词(速记稿)》,《南通师范校友会杂志》1917 年第 7 期,第 9 页。

全国的救国理想,潜移默化中深深感染了江谦,其巨大人格魅力汇入时代救亡图存的大潮,成为江谦毕生躬行的强大动力。然"覆巢之下安有完卵",张謇的实业救国、教育救国事业最终以"悲壮"宣告结束。江谦日后皈依佛门,但其并未消极避世,而是开拓出佛学救亡图存之道,以居士之身行救亡图存之责,显然与恩师教育救国遗愿未完成不无关系。

三、并肩奋斗,共铸友谊之魂

除教育外,江谦还是张謇多方面的得力助手,在张謇商业和政治生活中也扮演着重要角色,展现出师生并肩作战的感人画面,谱写出常青友谊之魂。如张謇棉铁救国主张就源于江谦有效的海关贸易资料统计。张謇"见到种种实际情形,他的棉铁救国主张,益加坚定"。[①]而这成为张謇坚持实业救国的重要依据之一。另,张謇于"一九一〇年(宣统二年)设立南洋劝业会,劝业研究所,全国农业联合会,命江谦编海关进出口货价比较表,发表通改各省有盐法草案"。[②]此外,张謇担任全国农商部长时,按国务院要求,需编撰体现南通自制十几年成果之著作,以分发全国起到示范引领作用。此项任务由江谦按张謇要求,主持编撰完成,即为《南通地方自治十九年之成绩》。该书是了解张謇教育、实业、慈善和南通自治的第一手资料,"是第一个系统记载南通近代历史之出版物","其史学价值难以估量"。[③]除此之外,江谦还是张謇政治生活中不可多得的智囊,被张謇视为政治"赞襄最多"的"最得意门人"。[④]二人携手并进,于国家普及教育和师范教育发展等多有发声。议会生活中,1910年,二人共同赴北京资政院参加了中国历史上第一次议会。江谦十分活跃,不仅上奏《审查"采用音标试办国语教育案"报告资政院书》,有力助推了国语教育在全国的全面推广,还就国语改革大胆带头质疑民政部和学部,提出固国殖边议案等;1911年,中央教育会成立大会上,两人共同提交《国库补助推广初等小学案》《国库补助各省各府广设初级师范案》,其中有关国库补助小学以助力普及教育的议案在全国影响深远;二人还于全国教育大会成立会议上发起成立全国师范联合会,并于1915年成为现实。江谦与张謇于教育事业上的相互理解与支持最终延伸到更广泛的层面。张謇在涉及通海垦牧公司发展、家庭教育等方面亦时常听取江谦的看法,甚至对江谦身体如饮食事项等也不忘细细叮嘱、爱

---

① 彭泽益:《张謇的思想及其事业》,《东方杂志》(第四十卷第十四号),1944年版,第57页。

② 彭泽益:《张謇的思想及其事业》,《东方杂志》(第四十卷第十四号),1944年版,第56页。

③ 张光武:《"私历史"丛书:百年张家》,东方出版社,2016年,第81页。

④ 张孝若:《南通张季直先生传记》,中华书局,1930年,第473页。

护有加。二人已完全突破单一的师生之谊，发展为如兄弟般的至交和如父子般的情谊。从教育手牒中张謇对江谦"易园吾弟、易园贤弟、易园仁弟、易园吾老弟"的称呼变化，不难看出其对江谦的厚爱；而江谦在张謇逝后实行的如对父般的守孝礼节，显现出江谦对张謇的尊崇。二人之间的亲密程度不言而喻。张謇早于1897年时就曾欣然提笔为彼时还是文正书院学生的江谦之祖母詹孺人七十大寿撰写寿文；并于1900年时为江氏先贤江永的《弄丸图遗像》题跋；还曾于1923年亲为江谦、江知源等人重建的萧江宗祠永思堂书写《重建宗祠记》及宗祠大门长联。张謇对江谦的欣赏可谓毫不吝啬，江谦对张謇的爱戴也从不掩饰。1926年，张謇与世长辞，江谦悲痛万分，特致挽联曰："泰山析柱，薄海沾襟，何况师生三十年来恩重。"[1] 张謇逝后，江谦专门为师念佛三年，而其为离世父母守孝的方式亦是如此。江谦用对待父母之孝礼对待张謇，爱其如父之心溢于言表，正如其所言，时刻不忘"师恩祖德水山长"[2]。1935年3月底，婺源匪乱严重，江谦本可以避匪入沪，但其"以南通先师付嘱之愿未了，遂渡江北来"[3]。其特去张謇墓拜谒，彼时距张謇逝世已9年，江谦已是60岁的老者，睹像思人，其涕泪横流："祠中影像，奕奕如生"，"感恩莫报，悲泣而已"。[4] 时过境迁，岁月并未冲淡江谦对张謇的思念之情，反而更加浓烈。二人长达30多年的深厚师生情谊足以令人动容。自此江谦携全家三代移居至通州三余镇广运区江家宅[5]处，江谦自称"海滨耕读处"。是年张謇之子张孝若不幸意外离世，江谦远离家乡定居南通，想必暗含着替张謇子守护张謇之意。在张謇逝后十年的1936年，在通州众多老友支持之下，江谦在长乐建立故里公祠以纪念恩师，彰显张謇"立德立言立功三不朽"之功绩，公祠中"天民先觉"之碑文，即为江谦所撰。

---

① 《张南通先生荣哀录》，张謇研究中心，2006年版，第300页。

② 江谦：《梦游记恩诗》，上海道德书局，1942年，第22页。

③ 游有维：《东坡禅学诗文要解跋》，《东坡禅学诗文要解》，上海佛学书局，1947年，第49页。

④ 江谦：《梦游记恩诗》，上海道德书局，1942年，第25页。

⑤ 江家宅，原名江家仓，位于南通三余镇广运村。江谦在此地拥有自垦地200亩和通海垦牧公司出租田600亩（只拥有底权），均为张謇赠送。江家仓建于民国十八年（1929），由五间朝南屋、两间朝东屋、隔河三间朝南屋共十间组成（汪文渊口述，姚谦调查整理，张謇研究中心、南京大学海外教育学院编：《张謇农垦事业调查》，江苏人民出版社，2000年，第185页）。经笔者实地调查，江家仓实由五间朝南屋、三间朝东屋及边角园组成，现在只剩下五间朝南屋和三间朝东屋，有较大的院子，无围墙。南边以前是广运小学，现已被禹稷寺所替代。南通邮政广告公司副经理黄为人先生多年来热心搜集江谦资料并热衷宣传，曾在这里自发建立江谦纪念馆免费供游人参观，但因缺乏固定资金来源及专人管理，当地政府部门虽也曾予以关注，但这一宝贵而重要的文化遗产基地始终未能得到应有的保护和修缮。

通师教育开启了江谦投身中国近代教育事业的大门，张謇以身示范的"教育救国"实践活动、"师范为教育之母"的教育理念及救亡图存之教育思想等对江谦产生了深远影响。张謇的人格魅力，江谦的优雅学识，二人救亡图存、兴国富民的共同远大志向，构成彼此欣赏与敬仰的根本原因。彼此对教育事业的相扶相持，实已突破了普通的师生个人情感而上升至更高的爱国情怀，即面对中国三千年未有之大变局，外患难除，内忧加剧，国之不国，积弱积贫深重的现状，志同道合的"教育救国"理念构成二人惺惺相惜之根本，是中国近代史上师生于教育领域合作的成功典范，有力影响和助推了江苏和中国教育的近代化。江谦的一生是追随张謇教育救国的一生，江谦是同时代人中孜孜不倦追求救亡图存道路的知识分子的杰出代表。张謇和江谦最终成就了彼此在教育领域的卓越贡献，江谦由此成为一代教育大家。

第二节　教育管理与教学改革

1902 年通师创设初期，张謇就与江谦商讨校名，令其佐助张謇教育事业，继续完成张謇等前期草拟的通师学校规章制度；协助张謇视察建校之初的施工工程、管理学校工人等事宜，江谦由此全程参与了通师的创设过程。作为通师事务的实际主持者，江谦在参与学校各项行政事务之际，积极推进各项管理事宜；主张"以国学为本"培育学生优良之品德，注重"以实业为应用"的教育实效；重视朴实校风学风建设，大力推进教学改革；为满足教育普及之需，积极推动小学教育改良等。江谦于通师的教育管理中作出了可贵的实践探索，取得了辉煌的教育成就。

一、参与学校行政事务，积极推进各项管理

江谦于通师参与完成《通州师范学校章程》制定工作，在完善学校行政管理体系、妥善应对清末学潮等方面，充分体现出其卓越的教育行政管理才能。

（一）参与完成《通州师范学校章程》的制定工作

为确保通师良好运转，张謇于办校申请获两江总督刘坤一批准后，开始了紧锣密鼓的学校内部规章制度系列拟定工作，其中首先拟定的即为《通州师范学校开办章程》。章程规定了学校的办学性质、附属小学设立、教习与管理人员设置、通海五属（通州、泰兴、如皋、静海、海门）内师范生名额分配数目、学生报考资格、办学经费来源、各项开支和学生膳宿费用等，初步搭建起通师建设和发展的框架。随此建校规划诞生的是更为细化的各类规章制度的陆续制定，与招生内容有关的

《通州师范学校招集生徒章程》、与课程设置有关的《通州师范学校学课章程》、与教师考核有关的《通州师范学校教习考核章程》、与职务职责有关的《通州师范学校职务章程》、与管理学校有关的《通州师范学校管理章程》相继出台。这些具体的规章制度连同最初的《通海请立师范学校公呈》《通州师范学校开办章程》及张謇后来写给刘坤一逝后继任两江总督张之洞的《通州师范学校议》等文本汇编成《通州师范学校章程》。在通师规章制度的初步框架构建后,1902年冬,张謇将细化和完善各项规章制度的任务交给了江谦,要其完成《通州师范学校章程》的续编和修订任务。缘于曾求学南洋公学及张謇访日教育考察等的影响,江谦秉持张謇"教育救国"之宗旨,于通师章程里完善了"教育救国"的落实步骤,即通过先创办寻常师范以培养小学师资,继而开办小学,开辟以开民智为目的的人才培养先路;后办高等师范以培养中学师资,继而创办中学,达到明公理之宗旨;最后由低级教育逐步提升办学层次,培养卓越人才,以达民有识、懂技能、国家自强之愿望。《通州师范学校章程》的完成前后历时一年,并于1903年通师学校校舍落成之际,由上海虹口澄衷学堂刊布。章程虽然主要凝聚的是张謇的办学方针和办学主张,但其中也包含了众多士绅的热心和智慧,更有江谦的修订和完善之功。

(二)逐步完善通师行政管理体系

身为总理的张謇事务繁多,如何保证通师的教育教学有序、有质、高效运行,有必要对通师的行政管理运行概况作一挖掘。作为官立、公立学校必要补充的民办学校,通师的办学性质决定了其必然有自身发展特点的行政运行系统。在参考世界他国私立学校之规的基础之上,建校之初,通师的行政人员主要由总理(1912年改称校长)和监理组成。《通州师范学校职务章程》对总理和监理的责任有明确规定:"总理一人,主持全校教育度支及一切事宜;监理一人,主持稽查校规、纠核全校工程食膳及暂时权代总理之事"。毫无悬念,总理全权负责一切。监理的具体负责事务,《通州师范学校管理章程》将其细化为十一条,主要为负责学生德育、体育、考勤、自习、纪律、校内安全、饮食起居、礼堂秩序、纠核学校各项收支等。如果用现在的眼光来看,监理原则上履行学校教务处、学生处、后勤处等各项工作职责。按照校规,总理虽应全权负责和管理学校一切事务,但鉴于张謇"兴学育才宏愿"的教育经费均来源于其实业利润的现实,经营庞大的实业必然会分散其过多的精力,这就意味着张謇必然无足够时间全身心投入通师的教育和管理。基于此,通师开校后实质上就逐步形成了总理领导下的监理负责制的行政运行体系。总理主要起决策作用,监理全权负责具体落实与实施,并对总理和学校发展负责。显然,实际主持通师工作的应是监理,即监理"权代总理之事"。张謇《教育手牒》曾有多封其给通师第一任监理王康寿①的信件,其中就有"老监理有代总理之责"②的内容。从《教育手牒》中张謇给江谦的大量信件内容可知,经常出差的张謇连学校师资聘任、人事合同签订等事亦常由江谦代做,毋庸说请江谦"代主一切"③了。张謇曾在 1917 年给其文正书院的学生郭文彻的著作作序时指出,"余归营实业教育,属导岷(江知源)主垦牧,谦主师范"。④张謇放手由江谦主事,既是自身工作繁忙无暇顾及的必要举措,也是对江谦管理通师的充分信任与肯定。

张謇自学校建校起担任总理,直至 1914 年因任农商部总长忙不胜忙,改由江谦担任代校长和校长直至 1928 年。其间,学校监理有三任,分别是王康寿、马晋羲⑤和江谦。其中马晋羲任职时间最短,前后半年;江谦任职时间最长,历时八年有余。1903 年至 1914 年通师监理具体任职情况,见表 3-2。

表 3-2 1903 至 1914 年通师监理任职表

年 代	姓 名	职 务	备 注
1903.05—1905.06	王康寿	监理	因任海门高等小学校长辞职
1905.07—1905.12	马晋羲	监理	因回原籍湖南长沙辞职
1906.01—1914.05	江 谦	监理	以国文教习身份继任

通师创办初期,除了总理和监理,校内只有中日教习数名、收支文案各一人,故实行的是总理对监理垂直领导的二级管理体制,监理实兼多职。机构简单,人员较少,行政设置相对单一,从节约成本来看,符合学校初步建校时的发展实际。建校初期至 1905 年,学校实质属于夯实基础、摸索前行的发展阶段。从不到 3 年时间就有两任监理流动的情况来看,通师的发展尚不够稳定。自 1906 年江谦担任监理后,通师逐渐步入正轨,并很快进入跨越式发展阶段。短短四年间,相继附设了测绘科、农科、工科、蚕科四专科,随着学科和学生数量的增多,课程设置和学生管理

---

① 王康寿(1855—?),字晋藩、晋蕃,江苏太仓人,张謇恩师王汝骐之子。21 岁中秀才,34 岁为副贡。与张謇关系甚密,1915 年 12 月曾应张謇邀请,担任张謇子张祖怡结婚冠礼大宾。在张謇创办通师后,被聘为第一任监理,任职两年后辞职就任海门高等小学校长。后曾任教于上海高等实业学校。辛亥革命后回通,就职于张謇通海垦牧公司,为垦牧教育事业出力甚多。

② 李明勋、尤世伟主编:《张謇全集(第三卷)》,上海辞书出版社,2012 年,第 1421 页。

③ 李明勋、尤世伟主编:《张謇全集(第三卷)》,上海辞书出版社,2012 年,第 1425 页。

④ 李明勋、尤世伟主编:《张謇全集(第六卷)》,上海辞书出版社,2012 年,第 1425 页。

⑤ 马晋羲,字惕吾,湖南长沙人。1904 年正月来通师,1905 年任监理,兼授地理,后因回湖南长沙而辞职。在江谦皈依佛门后,受其影响念佛,二人经常有通信往来。

日渐复杂,分科细化管理成为保证通师教学质量和规模壮大发展之亟需。顺应学校发展之实际,1910 年,通师对学校教学事务作了更明确细致的分工,逐步把学校校务分为教务、舍务（斋务）、庶务三部,设三部主任,同时订立《事务分掌细则》。三部第一任主任分别由顾公毅①、于忱②、缪文功③担任。通师的行政系统由二级管理体制进入总理对监理、监理对三部主任垂直领导的三级管理模式。这与江谦所倡导的分科授学、授职保专理念相吻合,其在《通师校友会杂志》第一期序言中言及校友会创办背景和宗旨时曾言:"吾观于今之强国,学之所由明、技之所由精、政之所由成之方,而知其始之病之同。是故分科授学,分能授职,以保其专。"④良好的行政管理体制、稳定的领导团队、得力的管理人才,为通师发展取得辉煌伟业创造了重要条件。

（三）妥善应对清末民初学潮风波

晚清学潮爆发于 1902 年 11 月 16 日上海南洋公学学生集体退学事件。1905年,震旦公学又因天主教会干涉,爆发了影响淞沪的"震旦学潮"。校长马相伯在爱国人士的支持下,奋而于次年另立"复旦公学"（今复旦大学的前身）。南洋公学、震旦公学学潮事件影响深远,波及全国十余省,学潮此起彼伏,频频发生。"辛亥前十年的报刊中,有关学堂、学生闹事的新闻及评说数不胜数。南洋公学退学等事件后,《苏报》还特辟'学界风潮'专栏,报道各地学界动态,抨击学堂的陈腐习气,鼓动学生退学罢课"。⑤就江苏省内而言,1905 年初,张之洞创办的三江师范学堂就曾出现学生"偶因细故,与总办争抗"事件;同年,南京陆师学堂也因学生要求以日本操练代替德式兵操遭拒发生了严重学潮。随着学潮事件的频发,甚至有学生

---

① 顾公毅（1881—1955）,字怡生,通州（今江苏南通）人,清末秀才。通师第一届本科毕业生,1906 年毕业后留校任教,1910 年任通师教务长,兼授国文。在江谦担任南高师校长后,是江谦于通师教学管理的得力助手。1949 年后,历任南通市、苏北行署人大代表。1953 年江苏重建后,为江苏第一届人民代表大会代表。

② 于忱（1877—1956）,字敬之,通州南通县骑岸镇人,通师第一届本科生。1906 年毕业后留校,1907 年由通师出资公派留学日本早稻田大学,1909 年回国后回校任教,1910 年担任斋务长（即舍务长）,兼授教育,后改事务主任。在江谦担任南高师校长后,是江谦的得力助手,深得江谦信任。国民政府时期曾间断担任通师代校长和校长长达 18 年之久。1956 年因病去世,享年 80 岁。

③ 缪文功（1871—1944）,字敏之,号抱鲁,如东栟茶镇人。清末秀才,通师第二届本科生。于1904 年公派留学日本弘文学院,1905 年回国后任教于通师,1910 年担任通师庶务长,兼授修身、国文,1911 年后改任中学监理、校长等职。

④ 通州师范校友会学艺部:《〈通州师范校友会杂志〉序》,《通州师范校友会杂志（第一期）》,翰墨林编译印书局,1911 年,第 1 页。

⑤ 马自毅:《辛亥前十年的学堂、学生与学潮》,《史林》2002 年第 1 期,第 43—50 页。

出现"革命"倾向,清廷上下忧心忡忡,甚至谈学色变,"多一学堂即多一隐忧也","学生愈多则势愈盛,设一旦事起仓促,一呼百应,恐不止如此"。①

通师是张謇教育事业的重要根基,诞生不久的通师能否在全国声势浩大的学潮中免受冲击、有效维稳,事关张謇教育事业的全局发展和后续推进。频频爆发的学潮事件考验着继马惕吾之后刚被任命为学校监理的年轻江谦的管理水平和处事能力。江谦对此十分重视,并因思考良策而彻夜不眠,"时各处学潮纷起","任大责重,茫无把握,不眠者三夜"。②针对学潮事件,张謇"主张严格,实行校章"。③综合考虑张謇建议,立足通师发展实际,江谦经过审慎思考,"悟得心中宽严二字。着一不得,着一则为所蔽,惟虚灵不昧,可以应事适宜"。④"虚灵"是宇宙初期朦胧、混沌的原始状态,亦指人的返璞归真,即人的真、善、美之风格和境界。"不昧"实为王阳明的"良知",即道德认知。故江谦在解决学潮事件时以充分尊重学生为前提,"如学生有所争论,但静心细听,待其言尽,再为判答。先赞叹其善者,令彼生安慰心;再指示其非者,令彼生觉悟心。事理既明,争端自息","整顿校章,从第一条做"。⑤从教育者的道德良知出发,理性而客观地对待学生诉求,晓之以理,以疏导代替高压,最终回归校章,避免失序,是江谦"宽严相济""虚灵不昧"治校的结果。由于对学潮事件的高度重视和对全国教育形势的准确把握,江谦应对有方,学潮中普遍出现的哄堂、退学、罢课等"叠次滋事"并未在通师发生,且取得了良好效果:"两月之间,解决困难,和平应节,而校风肃然。"⑥通师发展,至此蒸蒸日上。江谦处理教育问题的方式即使在当今依然闪耀着人性的光辉。

学潮爆发的实质是渐濡西学的年轻学子们民主和民权意识的一种自觉和觉醒,是逐渐掌握新学知识的学生群体在辛亥革命爆发前对现实不满却又无力改造的苦闷和抗争,更是对晚清王朝陈腐落后、不堪大任及教育现状不满和烦恼的发泄,反映出辛亥革命前夜学子们急于摆脱旧教育制度固有束缚与建立新教育模式的渴求,是新文化运动即将兴起的征兆。江谦处理通师学潮事件,应是在遵守张謇相对保守和传统指导思想基础上走向适度开放的灵活发挥。张謇在涉及震旦公学和南洋公学学潮爆发原因之时曾言:"震旦,干涉主义之校也,南洋公学则放任主

---

① 《论苏州武备学生大闹戏园事》,《申报》,光绪廿八年(1902)二月十八日,第1版。

② 江谦:《梦游记恩诗》,上海道德书局,1942年,第6页。

③ 江谦:《梦游记恩诗》,上海道德书局,1942年,第6页。

④ 江谦:《梦游记恩诗》,上海道德书局,1942年,第6页。

⑤ 江谦讲、游有维记:《儒佛一宗主要课讲义》,上海佛学书局,1947年,第12—13页。

⑥ 江谦:《梦游记恩诗》,上海道德书局,1942年,第6页。

义之校也。震旦且如此,他校可知。"① "干涉"和"放任"之说,某种程度上也透露出其思想上尚存的传统与守旧。江谦审时度势,采用循循善诱的方式化解学生心中困惑,虽含有保守成分,但客观上讲,由于当时存在众多理性学潮中夹杂的非理性学潮事件,江谦与张謇从以教育服务国家与民族为着眼点,期望通师能够避免政治斗争倾向化而导致失序,未尝不是一种教育救国思想的升华。学潮在通师暗流涌动,最终涌而未发,既反映出通师教育中尚存传统守旧教育的时代印痕,也反映出即将爆发的新文化运动中民主、科学因子已渗透通师学子,一定程度上满足了学生对新知的渴求,显示出通师教育正从传统教育向新教育过渡及迈向近代化发展的历史事实,也是江谦教育思想从保守走向开放、从传统迈向近现代化的反映。

二、倡导国学立德之本,注重教育实用之效

江谦于通师已形成自己鲜明的教育理念,特别强调培养师范生应"注重根本与应用二者",主张以"国学为根本,实业为应用"②的教育思想。基于"国粹乃国学"的理解,故此处的"国学",江谦认为应是"经史文字"③,主要应为"先秦诸子与两汉经学",即以儒学为核心的传统文化。自此,坚持国学教育育德之本、注重教育实用之效,成为江谦教育实践的长期坚持。

(一)倡导国学教育立德之根

江谦于通师最看重师范教育中"根本"与"应用"二者,其中的"根本"即"国学教育"。关于国学内涵,社科院李存山教授曾如此描述:"国学,顾名思义,乃中国传统之学术;然而,某一时代有某一时代之国学。当印度佛教传入中国时,先秦诸子与两汉经学是国学;迨至隋唐以后,儒、释、道三教之学便已都是国学;近代以来,研究中国传统学术而卓有成就者,莫不兼综中西,西学实已渗入国学研究的范围。"④ 显然,不同时代,国学内涵也随之发生变化。江谦向来视国学为根本,其教育实践所推崇之国学即为"先秦诸子与两汉经学"。坚定不移坚守国学,缘于江谦认为师范生培养离不开"本之塑造",此"根本即道德修养",而且国学"伦理政治诸学亦胥于是生"。⑤ 1905 年科举制度废除,新制尚未建成,在师法日本已成为彼

① 李明勋、尤世伟主编:《张謇全集(第三卷)》,上海辞书出版社,2012 年,第 1531 页。

② 夏企贤:《江谦》,南通市教育局、南通市教育史料征集编写办公室编:《南通市教育史料 南通市教育界 人物传略 供征求意见用 1919—1988 年》,1988 年版,第 65 页。

③ 记者:《江易园先生讲演国文教授之根本》,《教育研究部(上海)1913》1915 年第 24 期,第 6 页。

④ 李存山:《国学研究与中国的现代化》,《中国社会科学院研究生院学报》1996 年第 3 期。

⑤ 夏企贤:《江谦》,南通市教育局、南通市教育史料征集编写办公室编:《南通市教育史料 南通市教育界 人物传略 供征求意见用 1919—1988 年》,1988 年版,第 65 页。

时全国教育界潮流之时,如何克服对日式教育盲目照搬或束缚的窠臼,在对传统文化与西学取舍和选择的同时使二者有机结合,尽最大可能探索出适合中国国情的近代新式教育,无不考验着江谦的智慧。在通师课程设置中,江谦始终秉持客观和理性思维,既不盲目排外,亦不盲目崇外,在师日时始终坚守着国学的教育之本。在《江易园先生讲演国文教授之根本》中,江谦认为,教育为国家之本,师范是教育之本,国学乃师范之本,亦为科学之本也。江谦认识到国学的教育直接关系到学生道德的养成,道德是人才培养中做人的根本,故在吸收外国文明的同时,仍应坚守"国粹之本"[①]:"师范之本,在于国粹也"。不仅如此,国学还是"各科之根本",直接关系到中国的教育普及问题,事关开启民智。因此,国学为育德之本成为江谦毕生教育事业的一贯坚守。从小浸染于国学的江谦视"国学为根本"似不足为奇,但仔细分析其于儒学遭受巨大质疑和否定背景下,仍坚定不移视儒学为教育根本的核心事实,若用保守来形容显然有失公允,应是其深受20世纪初以梁启超为首的知识分子对西学救世失望引起共鸣的体现,故其始终坚持以儒学为核心的传统文化之本,不忘吸收西方"实用"之科学成果,客观上有力弘扬了传统文化,谓其具有教育前瞻性和先驱性应更为客观。

推崇国学之经学以"隐恶扬善"。按照《通州师范学校学课章程》课程设置安排可知,师范本科第一年预科共设置7门课程,二至四年级在预科基础上,每学年增加4门,其中国文是通师学生的必学课程,且本科四年每年都需习之。"本校生徒须尊信、爱护中国三代以来经传相传之国学"。"一、温经,《论》《孟》外听人各占一经或二经;一、诵读古今人明白驯雅之文;一、作日用通行记事论事之文;一、习真、行、草三种书法"。作为国文教习、监理和代校长的江谦,尤为推崇和注重"孝弟力田专经",并认为此最"知本可法",[②]可达育德之效。这里的"专经"是指专研儒家的经典著作。江谦对"本立而道生"十分推崇,因此在教育中大力提倡。何谓"本立而道生",江谦借用王阳明的话对此作了形象解释:"树有枝有叶,有花有果。要处处注意,未免太烦。吾注意其根本,根活则虽枝叶全删,明年仍能开花结果。故开花结果,吾人无庸当心,只消培其根本。"一树之本为其根,根茂则树盛。同理,一国之本在教育,教育之本在师范。师范强人才多,人才多则国强。师范之本,在于国粹。晚清政府国事力衰,因与世界差距巨大,时教育多师从国外,学日本尤甚。江谦认为,要想吸取外国先进文明,需建立在"以国粹为本"的根基之上,"何以吸

---

① 记者:《江易园先生讲演国文教授之根本》,《教育研究部(上海)1913》1915年第24期,第6页。

② 江谦:《梦游记恩诗》,上海道德书局,1942年,第7页。

收外国之文明,则国粹是本。盖吸收外国文明,譬诸移花接木,必其台木饶有生气,方能交相生养而生活;若台木早已腐朽,接枝何能独活"。国粹即国学,是师法国外文明之根本和前提,失去了国学的根基盲目学外,犹如饮水忘源,最终伤及根本。故本立道方可生。国学体系庞杂,著作繁多,掌握国学之本,成为重中之重。江谦认为:"国学之根本,又在道德。道德何从研究?赖有经史文字。"①

基于此,通师对国文的教育经历了一个逐步加强的过程。从 1916 年《南通师范学校最近之现状》可窥见通师对国文教育加强的发展痕迹。从建校之初的模仿日本,到主动变革以适应社会发展之需,通师开始了本土化的积极而艰辛的探索:"依省立师范学校学则酌置,惟以历年之经验,斟酌缓急轻重,酌减英语时间而特增国文时间,以期试用本校国文教授。"② 按需缩减英文时长,适当延长国文学习,以国学为本从授课时长上逐步得以体现。不仅如此,通师还对学生所学之科目作了规定,"读书以《学》《庸》《论》《孟》为主,选读他经子史及杂文为辅";同时还对教员教授学生学习四书之顺序作了指导性规定:"先读《大学》以振其纲,次读《孟子》以畅其义,然后授之以《论语》而不苦其简,终之以《中庸》而不苦其深。"③ 江谦对四书的教授既不同于朱子所倡导的《大学》《论语》《孟子》《中庸》之序,亦有别于钱基博所认为的先讲《论语》,次讲《大学》,再讲《中庸》,最后讲《孟子》的安排,反映出江谦于教育领域独特的教育领悟和教育方式。王国维在《哲学辨惑》中曾经指出,"教育之宗旨亦不外造就真善美之人物"。④ 四书不仅明了"性善""仁义"之重要性,还指出了道之途径及"明德、亲民、止于至善"的宗旨,最终培养学生"修身、齐家、治国、平天下"。学生们除了在课堂上要学习经书,课外通师对学生的国文教育依然毫不松懈。如通过暑期作业,让学生"熟读《大学》正文,并讲究其义理"⑤ 等。

江谦极为推崇经学,源于国学事关学生真善美人才培养的认知,但这并不意味着其对经学的全盘吸收。从其主张精选经史子集之合适内容作为小学国文教材可知,江谦深谙科举崇虚的严重弊端:"天下之大乱,由虚文胜而实行衰也。自曹孟德父子倡虚文而薄实行,隋唐科举之制,拔擢虚文。千余年来,国政民生,咸受其弊,

---

① 记者:《江易园先生讲演国文教授之根本》,《教育研究部(上海)1913》1915 年第 24 期,第 6 页。

②《南通师范学校最近之现状》,《教育周报(杭州)》1916 年第 140 期,第 27 页。

③《南通师范学校最近之现状》,《教育周报(杭州)》1916 年第 140 期,第 28 页。

④ 王国维:《哲学辨惑》,《教育世界》,1903 年第 55 号。

⑤ 戈公素:《南通师范暑假作业成绩展览会参观记》,《教育杂志》,1916 年第 8 卷第 7 期,第 41—43 页。

而混称国粹,亦可羞矣"。^①江谦反对虚文,主张析出国粹。鉴于国学是学生道德修养的重要源泉,故其提出应根据儿童身心发展特点从经史子集中选取合适内容:"儿童记易而悟难,年长悟易而记难。故教授儿童读书,当记悟参半,不可偏也。若偏于记,则无味而生厌;若偏于悟,则应读而不读之书多矣。时机一过,或终身不读,或读亦难记。譬如种树,记犹植根也,悟犹花果也。植根得活,异日花果可期也;无根而求花果,或欲同时而俱得之,必不可能矣。故小学于经史子集,皆须兼采,而务简务精。"^②江谦深知教育需与儿童记忆和领悟能力在不同阶段显示的特点相符合,同时也指出,国粹固然要坚持,但学生教材理应从经史子集中择优选取,注重简而精之特点。

> 经表常道,史表记载。史之所记,果合常道,史亦经也;经之所载,皆前言往行,经亦史也。子集之例,以是推之。
>
> 以《大学》《论语》《中庸》《孟子》四书,为通诸经之本。初级小学读之,以《尚书》《左传》,为通诸史之本。高级小学读之,四书当全读,《尚书》《左传》则可选读;《诗》惟二南(指《诗经》中的《周南》和《召南》。笔者注)全读,《风》《雅》《颂》选读;《礼》取五礼六官之略,及《曲礼》《内则》《学记》《檀弓》《礼运》《王制》;《易》取八卦及《系辞》《序卦》;《公羊》《谷梁》之选,则附于《左传》。
>
> 史官所掌,在褒善惩恶,故言动备书。学校之教,在隐恶扬善,故删择务简。教之以善,则善心生焉,播之以恶,则恶种以滋,不可不慎也……二十四史,汗牛充栋,所载恶迹多矣,故须择明王、贤辅、循吏、大儒、高僧、孝子、仁人之嘉言懿行读之。至于历代政教系统分明,莫如通史,当择汤氏《三通考辑要》选读之。《老子》称《道德经》,《庄子》称《南华经》,其微言大义,揆之孔佛,无不同也。选读子书,以《老子》及《庄子》内篇为宗,余子则略采之。
>
> 集之选又加严焉。虽杨马(杨雄与司马相如。笔者注)之赋,李杜之诗,韩欧之文,苟非合于经教育者,无足选也……如夫陶渊明之诗,其高尚本于行;王阳明之文,其精通本于学。则非文人之文,诗人之诗所能及也。惟渊明之诗喜称饮酒,阳明之文间斥佛老,此其瑕也,当务去之。^③

---

① 《小学精选经史子集教材说略》,《阳复斋文集(上册)》,上海佛学书局,1933年,第15—16页。
② 《小学精选经史子集教材说略》,《阳复斋文集(上册)》,上海佛学书局,1933年,第14—15页。
③ 《小学精选经史子集教材说略》,《阳复斋文集(上册)》,上海佛学书局,1933年,第15页。

对封建科举弊端的厌恶并未影响江谦对传统文化的欣赏与厚爱，但其理性而客观的分析无不充满了辩证法之要义。经史子集固然是传统文化之瑰宝，但不乏糟粕。虽然江谦十分欣赏陶渊明与王阳明之学，并给予"非文人之文，诗人之诗所能及"的极高评价，但即便如此，江谦仍提出为达"隐恶扬善"之育人宗旨，对于陶王之诗文仍需取其精华，择而选之。

推崇王阳明之致良知学以育学生"知行合一"之美德。江谦一生受阳明学影响巨大，于教育领域对阳明学则更是情有独钟，《传习录》的传授即是有力佐证。该书是反映王阳明思想的代表性著作，其核心思想即为"致良知"，也是其哲学思想中心学思想的主要呈现。全书分上中下三篇，主要记录了王阳明与弟子论学的谈话内容及论学书信，与《论语》类似。张文修在《思想反思的极致化境——〈传习录〉对经典命题的诠释》一文中认为，"王阳明对于经典的诠释已经到了炉火纯青的境地。阳明之思想与经典完全融为一体，其原因是王阳明对经典的诠释是与其自己心灵的修炼结合在一起的，这种诠释已经不再是狭义的文字诠释，而是真正的、广义的诠释学，这是一种生命的诠释，心灵的诠释。"[①] 显然，《传习录》是阳明心学精华的汇聚。江谦对阳明心学的研究和运用，在通师教学内容和教学形式上，乃至教学管理上皆随处可见，表现出其对阳明心学，尤其是"致良知"学的深刻理解和育人道德之期，深厚而系统的儒学功底使其具备了对诸多儒家经典和学问融会贯通的本领。正是基于对阳明心学博大精深的敬畏之心，江谦在教育方面吸收了阳明心学的核心思想。在教学管理中，反对胶柱鼓瑟，倡导务实求学、知行合一；在教学内容上，通师明确"以《传习录》授诸生"，[②]《传习录》还与《求阙斋日记》及《曾文正公家书》[③]一起被列为通师学生的必读书目；在学校环境布置上，通州师范学校礼堂的中央悬挂圣人孔孟画像以示景仰，礼堂的东西两侧则分别悬挂着王阳明、裴斯塔洛奇等中外教育家画像；最终使通师成功度过学潮危机的依然是王阳明"致良知"学给江谦的启示。江谦在育人中力倡王阳明之致良知学，以育学生"知行合一"之美德。需要指出的是，江谦紧跟时代潮流，虽崇尚借鉴西学，但其始终坚持传承儒家文化之本，并因此"对通师语文教学传统的建立起了奠基性的

---

① 张文修：《思想反思的极致化境——〈传习录〉对经典命题的诠释》，《国际阳明学研究》2014年第 10 期。

② 江谦：《梦游记恩诗》，上海道德书局，1942 年，第 7 页。

③《南通师范学校最近之现状》，《教育周报（杭州）》1916 年第 140 期，第 28 页。

作用"①；日后南高师诞生的由梅光迪等人创办的《学衡》，成为彼时全国唯一可与北大胡适等人主导的新文化运动相抗衡的基地，使南高师在传统文化传承方面奠定了引领全国教育界以人文主义为大旗的时代潮流根基，这与江谦在南高师仍实行倡导国学立德之本的教育坚持是分不开的。

（二）注重教育实用之效

江谦以为，师范教育当以"实业为应用"，故通师的教育处处体现出教育的实用特征。其在教学内容选择上，不仅注重基础理论知识的学习，还注重对应用知识的学习。这在通师学科设置上得到了明显体现。通师的学科设置在建校之初的《通州师范学校学课章程》里就明确规定参照日本师范，即在第一届本科生毕业后，"增设高等师范学科文科、理科和农科"。通师的学科设置拟由浅入深，逐步推进。1906年正月，江谦担任监理，年底第一届本科生顺利毕业，原先增设学科的计划提上日程。随着张謇地方自治事业的日渐壮大及地方经济的发展，农业、水利、建筑等发展不仅需要大量测绘、垦牧等技术人才，还需要大量管理人才。通师的学科设置是依据校章规定按计划设置文、理科，还是根据实际情况进行适当变通，从而首先满足地方发展对人才的需求，成为通师发展过程中面临的重要考验。江谦打破常规，其灵活的管理水平发挥得淋漓尽致。鉴于通师学生多来源于乡村、社会发展亟需农工商人才，江谦于通师"根据当时学生'有进境而无退步，一朝思退，不能农、不能工、不能商，以十载之苦功不能糊口'"的事实，结合1906至1909年间南通农业、垦牧、建筑、水利等实业发展对技术和管理人才的现实需要，对创校之初的校章学科设置作出了适时调整，主张"增加农作、工作等课，以救此弊"。②通师相继附设测绘科、农科、工科、蚕科四专科，为地方发展培养了大量专业测量、道路施工、水利建设等各方面急需的专业人才，"使师范生在适应当时社会需要方面起了促进作用"。③"测绘科、土木工科学生毕业后迅即成为通州测绘局、南通清丈局、江淮水利公司（江淮水利测量局、导淮测量处）的骨干力量，他们为治淮工程的水利测量、通州全境的测绘和沿江沿海垦牧农田、水利测绘做出了巨大贡献"。其中土木工科毕业生孙杞（字支夏），在清末民初曾主持设计、建造江苏省咨议局大楼

---

① 夏企贤：《江谦》，南通市教育局，南通市教育史料征集编写办公室编：《南通市教育史料 南通市教育界 人物传略 供征求意见用1919—1988年》，1988年版，第65页。

② 夏企贤：《江谦》，南通市教育局，南通市教育史料征集编写办公室编：《南通市教育史料 南通市教育界 人物传略 供征求意见用1919—1988年》，1988年版，第65—66页。

③ 夏企贤：《江谦》，南通市教育局，南通市教育史料征集编写办公室编：《南通市教育史料 南通市教育界 人物传略 供征求意见用1919—1988年》，1988年版，第66页。

（1912年孙中山先生就职中华民国临时大总统之地）、中国最早的现代化剧场——更俗剧场和南通总商会大厦等建筑，设计图纸被收入《中国建筑简史》，孙杞因此获得"近代早期有建树的一位建筑师"的荣誉。农业人才的培养为地方纺织业、蚕桑业发展注入了活力。各种专业人才的培养，是通师教育成功的重要成果之一。不仅如此，通师还开启了近代职业教育的大门。"南通师范学校各类附设专科的开班不仅为地方培养了各种急需的专业人才，更开启了地方实业教育的先河，并为之后地方创办各种实业学校奠定了基础"。[①]江谦结合地方发展需要，打破固有限制，在师法日本的过程中并未墨守成规，其灵活的学科设置显示出通师教育本土化特点，彰显出教育为地方经济发展服务的现代性特征。江谦主管的通师因此进入跨越式发展阶段，其实力日渐壮大，声誉传遍大江南北。

三、注重校风学风建设，重视教法学法改革

通师是清末教育制度改革的产物，特殊的国内环境使其自建立之初，就奠定了师法日本的基调，在综合教学方面更是处处有模仿日本的印痕。但在吸收日本教育精华的同时，江谦特别注重学校良好师生关系的建设及学生体育锻炼习惯的养成，尤其在校风学风建设、教授方法改进、学生学习方法指导等方面不断结合学情和社会发展现状，大胆改革，努力进取，成效显著。

（一）注重通师校风学风建设

良好校风学风有助于人才培养。19世纪末20世纪初西方实用主义思潮对江谦影响巨大，但江谦难能可贵之处在于其从未忘记从传统儒家文化中找寻实用主义之根，体现出其超越同时代人非保守主义的文化坚守。正是在对传统文化教育模式梳理攀爬和研究中，江谦发现了两汉"能耕能读、力田孝弟"的朴实风气，并着力于通师校园构建两汉朴实之校风与学风。江谦认为科举以来，"尊治学而贱治生，重文事而轻力作，此一千二百年科举余毒，两汉无有也"，[②]故极力倡导两汉学风。针对"后之学者，勤其口舌，惰其心志，懒其手足。其实游民无赖而称学士，不能农工商役不耻，而耻为农工商役者"，[③]江谦"遍搜四史抄书传"，从班固的《汉书》、范晔的《后汉书》及陈寿的《三国志》中最终筛选出37名"有德有功

① 朱嘉耀主编：《南通师范学校史（第一卷·纪事）》，南京师范大学出版社，2012年，第193—194页。

② 黄炎培：《两汉学风序》，《教育与职业》1931年第120期，第101页。

③ 江谦：《两汉学风序》，《南通师范校友会杂志》1915年第5期，第2—3页。

有学"①者,并为之作略传编辑成书,是为《两汉学风》与《两汉兴学劝农诏令》二书,以反对彼时教育上流行的"重治学轻生计"及学生"袖手空谈"的弊病。江谦以《两汉学风》传示全校,以批判"魏尚行诈,晋尚门第清淡",②体现出江谦"教育之责"与"务实之要"。张謇对该书给予了极高评价,认为"益原(应为易园。笔者注)所辑书思想都是"。③书中内容以东汉为主,西汉略次,全部是人物介绍。西汉人物介绍中,选取了公孙弘、倪宽、司马迁、朱买臣、东方朔、疏广、匡衡共 7 位人物;东汉选取了光武帝、马援、郑玄、徐稺、申屠蟠、严光、梁鸿、陈寔、诸葛亮等共 30 位。人物中有皇帝、大学生、博士弟子、经师、公卿子弟,也有漆工、屠夫等。其中不乏杰出人物,如皇帝光武帝、政治家诸葛亮、军事家马援、史学家司马迁、经学集大成者郑玄、文学家东方朔及伯乐式人物如司马徽、郭泰(林宗)等,他们或"稼穑""贫耕""牧豕""视畜""庸作",或"为都养给烹饪""刈薪执苦"等,有"服官归田者""隐不仕者"等,"躬稼卖谷",终成高风亮节之名士。在对这些具有代表性人物的选取上,虽说依然有着"学而优则仕"的传统影子,但这一标准在东汉人物选取上有了淡化,且绝大部分人物具有一个共同特点,即拥有少贫好学、年轻有志、崇尚节俭、致力农耕、为官清廉、淡泊功名的好学风。通师朴实校风学风的营造为培养近代新式人才提供了良好的环境和氛围。《两汉学风》最早由江苏教育会于 1916 年出版发行,受到教育界广泛好评,并被江苏教育会视为实用教育丛书,曾多次重印;中华职业教育社也曾多次以此作为讲习所授课教材。二十年后,该书思想仍被誉为"与今之劳作生产教育思潮不谋而合"。④遗憾的是《两汉兴学劝农诏令》稿未付印且已遗失。⑤即使在 21 世纪的今天,《两汉学风》中重勤学肯干的朴实学风、甘坐冷板凳的学术研究之风、清正廉洁的官场官风在日益浮躁的教育界和社会仍值得提倡。

　　20 世纪前后,当官绅和知识分子津津乐道于西学实用主义之时,江谦在学西

---

① 黄炎培:《两汉学风》,《机联会刊》1931 年第 28 期,第 32 页。

② 夏企贤:《江谦》,南通市教育局,南通市教育史料征集编写办公室编:《南通市教育史料　南通市教育界　人物传略　供征求意见用 1919—1988 年》,1988 年版,第 65 页。

③ 李明勋、尤世玮主编:《张謇全集(第三卷)》,上海辞书出版社,2012 年,第 1419 页。

④ 盛朗西:《江苏教育(苏州 1932)》,1936 年第 5 卷第 9 期,第 129 页。

⑤ 根据江谦本人所作《两汉兴学劝农诏令序》,可知该书应成稿于 1910 年(江谦:《两汉兴学劝农诏令序》,《阳复斋文集(上册)》,上海佛学书局,1933 年,第 137 页)。据黄炎培记载,该书未及付印且已遗失。"江先生尚有《两汉兴学劝农诏令》一书,当时未及付印,稿殆亡失矣。"(黄炎培:《两汉学风》,《机联会刊》1931 年第 28 期,第 33—34 页。)

的同时,在传统两汉文化中发现了早期实用主义的影子,并从中挖掘出两汉朴实学风传之于学生。江谦重视校风学风建设的特点在南高师时期发展得淋漓尽致,以人格感化为基建立的南高师优良校风可谓登峰造极,对学校人才培养起了重要熏陶作用。江谦对西学并不排斥,持开放包容心态,注重中西结合,尤其擅长从传统文化中探寻德育教育之本为教育服务,其身上体现出对传统儒学文化的自觉坚守远胜当今社会崇洋媚外、美其名曰学贯中西的社会公知。这种思想贯穿了江谦教育实践的全过程,也是其教育思想的重要内容。中国传统文化的强大魅力极具挖掘价值,对于国际话语权的塑造至关重要。如何结合时代发展向世界有力推广,值得学者们认真研究和探讨。

（二）重视教学方法的运用与探究

教学方法是学校教书育人的重要一环,从基层国文教师成长为教育管理者的江谦对此理解颇为透彻,在教学方法上出现了诸多亮点。虽然很多方法在当今教育中早已司空见惯,但对生活于新旧教育体制交替之际的江谦来讲,实属不易。通师高度重视学生主观能动性的培养,在教学方法上亦有明确规定,如重点使用启发式、国文教授四步法、注意理论与实践教学有效结合等,体现出通师在继承传统教学良方中不乏创新,在创新中又不失对传统优秀教学方法的坚守。

第一,使用传统启发式教学法。启发式教学,中外自古有之,一般被视为一种教学指导原则或教学方法,本文意指后者。启发式教学摈除填鸭式的灌输方式,给予学生思考空间,在学生尝试表达却未能知全意的情况下,及时传授知识,从而达到开启学生思维、举一反三的作用。其最根本的意义是教会学生思考,是迄今为止在育人过程中广为称道且经久不衰的教学方法之一。清末民初,学界对"适良之教育"探讨较为热烈,并提出"学生能运用,能自动,方为适良之教育"的理念。重视学生主观能动性的培养,这实际上就是一种"适良之教育",这也是江谦的一大教育理念。但江谦对现实中所谓"适良之教育"提出了担忧:"然余观近年学校状况,教师勤劳方面分数多,学生自动方面分数少,即曰能动矣;或不遵轨道而行,是为盲动。盲动,反足以招危险。"[①]针对现实教育中出现的教师授课事倍功半的不理想状况,江谦认为是因教师"苦无良善之教法也"。[②]正因为此,"启发式"教学法不仅成为通师教师授课过程中必须使用之法,且是教学法中的重中之重。"本校教授取我国固有之自得主义,期与部定师范教养学生要旨第八条,谓为学之道不专

---

① 记者:《江易园先生讲演国文教授之根本》,《教育研究部（上海）1913》1915年第24期,第6页。
② 记者:《江易园先生讲演国文教授之根本》,《教育研究部（上海）1913》1915年第24期,第7页。

恃教授,务使学生锐意研究,养成自动之能力相吻合,至其方法,教授时重启发。"[1]
启发式教学法意欲让学生在思考中开发其思维,在表达中提升其言语能力,通过不断自我否定的批判过程,使其思维层次和言语表达能力获得提升,使学生在接受新知的过程中,努力做到"毋意、毋必、毋固、毋我"[2],最终逐步提升其认知能力和认知水平。江谦对启发式教学法的重视并非无本之木,系统的儒学知识奠定了其对孔子启发式教学法重视的必然根基,许慎《说文解字》重启发的教育思想更是令其印象深刻。脱胎于封建旧学的江谦显然有不同于封建旧儒的先见之明。启发式教学法即使在教学手段多样化、教学方法变革的当今社会,仍然不失为不同层次、不同类型学校育人的重要方法,对我国现阶段复合型人才、跨学科教学过程中学生独立思考能力的培养无疑发挥着重要作用。

第二,提出国文教授的四步骤法。基于国学是"师范之本"及"国学是各科之根本"[3]的认识,江谦对国文教学内容和方法的重视绝非一般,为此曾特与日文教授探讨如何解决国文教学效果事倍功半的现状,并对日文教习提出的"中国国文教授法,须中国人自己研究出来"的建议进行了审慎思考,遂于国内"搜求国文教授之根本所在"[4]。江谦通过当时特有的学术交流方法,如与学校同仁集中讨论、通过登报和全国同行讨论国文教授法的方式,最终形成了通师一套具体且易操作的"国文教授四步骤"法,"本校国文教授现订之要目及次序,约分为四项"[5],即"识字""读书""习字""作文"四部分。识字是国文教授的起步阶段,学生若能通解二三千字的音形义,"终其身读书作文用之不能尽矣"[6]。江谦为此曾于《南通师范学校最近之现状》中对学校国文教授方法作了专门介绍,并有《江易园先生讲演国文教授之根本》等国文教授专题内容的撰述发表。"国文教授四步骤"在当时学界国文教习中广为流传。识字、读书、习字、作文循序渐进,显然是科学的教授方法,此法与当今小学语文教授法基本无异。但在新旧教育制度转换之际,却是具有开创性的举措,是江谦早期对语文教学法的有益探索。

---

① 《南通师范学校最近之现状》,《教育周报(杭州)》1916 年第 140 期,第 27 页。

② 杨伯峻注:《论语》,岳麓书社,2009 年,第 78 页。

③ 夏企贤:《江谦》,南通市教育局、南通市教育史料征集编写办公室编:《南通市教育史料 南通市教育界 人物传略 供征求意见用 1919—1988 年》,1988 年版,第 64 页。

④ 记者:《江易园先生讲演国文教授之根本》,《教育研究部(上海)1913》1915 年第 24 期,第 7 页。

⑤ 《南通师范学校最近之现状》,《教育周报(杭州)》1916 年第 140 期,第 27 页。

⑥ 夏企贤:《江谦》,南通市教育局、南通市教育史料征集编写办公室编:《南通市教育史料 南通市教育界 人物传略 供征求意见用 1919—1988 年》,1988 年版,第 64 页。

识字。识字是国文教授中的重要基石,也是学生通向知识殿堂的必备条件。在经历长久对国文授课方法的探究后,江谦终有所得,"觉目前各校之研究,较前虽似进步,然依然甚为费力。以研究者多枝叶而非根本也。根本何在? 曰在识字"。①江谦强调,"求助文字,更无捷径优过于此者。本立而道生,欲速则不达"。"自宋以后,大率入手便读书作文,而不讲求识字、研究形声。不识字而读书作文,只是盲读,只是妄作,其病在忘本"。②江谦认为教人学问的根本在于"识字",且识字还可以培养学生的自主能动性。

> 窃意教授国文,亦当由此(识字。笔者注)入手。学生明乎此,自然左右逢源而得到真正之自动学习。否则,教授之道苦矣。今之人,但知欧美教育,趋重自动,不知中国古时亦重自动。所谓"匡之助之辅之翼之,使自得之"。宁非自动主义之教育耶? 不揣其本,斯则劳而寡效耳。③

在全国师法日本教育的过程中,江谦始终积极主动从中国传统文化中找寻学生自主学习的内在动因,并从《孟子·滕文公上》中有所发现,"人之有道也,饱食、暖衣、逸居而无教,则近于禽兽。""劳之来之,匡之直之,辅之翼之,使自得之"。显然,重视学生自主学习非欧美之专利,中国古代的圣贤早就有之。但仅意识到识字对培养学生自主能动性的重要性是远远不够的,科学识字更为迫切。针对"汉时诸儒专讲形体勿于声音""后世则形且不讲"的偏颇,江谦结合英文拼音,分析汉字音韵,教给学生汉字"形声义理"知识,④"于是牺牲自己之子以试验","凡人本是聪明的,故书总不必本本读,先生总不必处处讲,先从识字入手,如法教以辨形声,余使多习自动。唯时时加以询问而已"。⑤

自此识哪些字,如何教学生识字,通师逐渐形成了自己具体的步骤和方法指导。首先,学生人手一部《说文解字》,作为识字的必备工具。其次,学校规定国文教习在授课中务必参考指定的相关书目,主要为《说文》大家段玉裁、桂馥、王芸有关《说文解字》的解读及杂文等。再次,通师在教员讲解文字的过程中,给予详细

① 记者:《江易园先生讲演国文教授之根本》,《教育研究部(上海)1913》1915年第24期,第7页。
② 江谦:《说音》,文海出版社,1973年,第129页。
③ 记者:《江易园先生讲演国文教授之根本》,《教育研究部(上海)1913》1915年第24期,第8页。
④ 夏企贤:《江谦》,南通市教育局,南通市教育史料征集编写办公室编:《南通市教育史料 南通市教育界 人物传略 供征求意见用 1919—1988年》,1988年版,第64页。
⑤ 记者:《江易园先生讲演国文教授之根本》,《教育研究部(上海)1913》1915年第24期,第8页。

而周密的引导方法,并对学生提出记忆与理解相结合的严格要求。"教员先讲部首五百四十二字之形声,令熟记许氏说解及部首排列次序。部中字与部首拼合关系,亦择讲之";教员在讲授中,如"遇字义重要及稍疑难者,须讲读形声训诂"。[①]通师对教员在识字方面的教授方法指导不可谓不细致入微,对于当时脱胎于旧教育制度的通师国文教习来说,此种做法是必要且有效的。教会学生识字无疑是"授之以渔"的重要体现,有利于学生自主学习能力的提高。

读书。读书是国文认字基础上的进一步提升,也是国文学习必不可少的重要一环。通师对读书的内容、顺序和方法等也都有明确指导。江谦认为,国文读书内容当以"《学》《庸》《论》《孟》为主",以"选读他经子史及杂文为辅";建议读书顺序依次为《大学》《孟子》《论语》《中庸》;在读书方法方面,提倡"以养成生徒自得为主";学生需在明白字词意思的基础上进行熟读;同时教师还要通过课堂提问的方式,及时对学生在读书过程中发现的问题纠错、释义等;对重点性的内容要有选择性地要求学生背诵。另外,教员对选读内容不可擅自决定,需经国文教授研究会进行公共审查,"选读他经子史杂文,需经国文教授研究会之公共审定,其课读法亦如四书"。[②]这其实是对教材严格把关的重要体现。虽然读书内容仍然局限于传统儒学的范畴,但建立在理解记忆基础上的背诵俨然已脱离了封建科举教育死记硬背的教条古板,细致入微的读书指导与现今读书方式如出一辙,不难想象通师教育工作的严谨性、方法性与细致性。

习字。书法向来有着其独特的美感魅力。江谦本人就能书写一手漂亮的小楷,《柳竹山房诗文钞》原件虽不是书法作品,但展现了其苍劲中不乏流动美感的书法功底。虽然师范生不一定都必须成为书法家,但鉴于中国传统社会置书法于很高地位的社会现实,家长和社会对师范生的书写必然有着一定的水准要求,因而书写也成为通师国文教学中的重要组成部分。学生该如何练字,通师教员有着自己的指导方法,"先讲形体单复拼合之义,次讲指腕结构之法。习部首五百四十二字之篆,以通其源。习真书碑帖以端其范,习行草以速其用"[③]。从字的结构入手,令学生明其义,继而指导学生对指腕的把控;从《说文解字》中五百四十二部首练起,在模仿真书碑帖基础上,练习行书、草书等不同字体。虽然没有看到通师对学生每日练字数量、时间及检查和评比要求,但整个习字的过程反映出通师对学生理解能

---

①《南通师范学校最近之现状》,《教育周报（杭州）》1916 年第 140 期,第 27 页。

②《南通师范学校最近之现状》,《教育周报（杭州）》1916 年第 140 期,第 27—28 页。

③《南通师范学校最近之现状》,《教育周报（杭州）》1916 年第 140 期,第 28 页。

力的培养及其方法上指导的重视性。作为中国传统文化的组成部分,书法课程在现今的小学教育中仍然保留,值得代代相传。

作文。作文是国文教学中理解能力、思维能力、表达能力训练的重要部分。通师要求学生"以日记凯牍及学术上之说明为主,成篇之记叙文,论说文次之。练习日记凯牍,令生徒看《传习录》《求阙斋日记》《曾文正公家书》。教员以时抽查,其阅看时,日之起讫,点之有无错误。练习观察之精确,则记叙文为优,养成推理判断与思想之整理,则论说文亦不可偏废。但前者凭实,后者入虚;前者较易,后者较难;前者宜较多,后者宜较少"[①]。以记叙文训练为主,议论文次之,由简至难,逐步提高,显然是通师作文训练的方法,江谦还倡导将"科举时之浮华架空繁难之文字概去之,而趋于简朴之途"[②]。无论是1902年清政府颁布的《钦定中学堂章程》中"词章"课程,还是1904年清政府颁布并实施的《奏定中学堂章程》里"中国文学"课程,均未提及具体的文体名称,对写作训练提出的要求是"用字必有来历(经史子集及近人文集皆可),下字必求的解",对文体类别依然停留于记事文、说理文、章奏传记、辞赋诗歌等,其实质仍然没有摆脱传统文章学的藩篱。民国初年,学界参照日本国文教学界,尤其是五十岚力的《作文三十三讲》一书,把文章分为散文和韵文两类,又将散文分为记实文、叙述文、说明文、议论文四类,近现代文体分类的雏形初步呈现。通师的作文训练以"记叙文"和"议论文"为主,虽然依然缺少说明文的训练,但通师对现代语文教学建构中的文体类别显然已经初步具有了近代化视野的重新认识。

20世纪初,中国语文教学开始从传统向现代转型,新文化运动及西方现代语言学的东进影响和助推了这一进程。通师"国文教授四步骤"凸显出中国近代语文从传统向近现代转型发展的历程。国文教学内容虽然仍以儒家经典为主,但已突破了其固有的藩篱,涉及哲学(《传习录》)及近代文学(《曾文正公家书》)等,显示出江谦向来推崇以国学塑造国民道德修养的重要特征。通师对国文教学法规范而详细的指导方法,环环相扣,虽较为刻板,却为保证和提高学校教育质量创造了有利条件。基于通师对国文教学法的重视,不难想象通师在教育管理中对各门课程教学法的高度关注,通师声誉及其影响与其自身过硬的教育质量显然有直接的关系。

---

① 《南通师范学校最近之现状》,《教育周报(杭州)》1916年第140期,第28页。

② 夏企贤:《江谦》,南通市教育局、南通市教育史料征集编写办公室编:《南通市教育史料 南通市教育界 人物传略 供征求意见用 1919—1988年》,1988年版,第65页。

第三,高度重视理论与实践教学的有机结合。江谦特别强调培养师范生要注重"根本与应用二者"。针对当时师范生理论知识无法服务于社会农、工、商的现实,注重理论与实践相结合的教学方法,尤重实习教育等,成为江谦教育实践的重要举措。为了给师范生提供习农场所,江谦曾于1906年特"请啬师(张謇——笔者注)开校西农场,为师范诸生习农之所",[1]并很快建成。为培养师范生的教学实践能力,1906年,通师建成附属小学,成为通师实习的重要场所。从相关资料来看,通师对学生的实践环节极为重视,落实其严。根据1906年通师甲班师范生凌国荣撰写的第一次实习《修身》教案及学校对实习指导的记录内容可知,通师对学生的实习检查包含了教案、听课、评课等内容,各项检查细致严谨。听课和评课环节有专门指导小组,成员由学校监理、教务处相关人员、国文教师和带队指导教师等至少10人组成,还有多位旁听师范生。庞大的指导组即使是放于今天师范生的培养,亦不失为典型模范的代表。从评课内容记录来看,在肯定优点基础上,评议组更多是指出授课中存在的不足与问题,同时导之以法。[2]不仅如此,1911年时,为让国文专修科学生能够有机会实习,通师竟申请让学生自带干粮去宁各署局练习公事并获批。"宁藩司同意通师申请将其国文专修科毕业生自备伙食札派各署局练习公事等"。[3]从八月到十一月,前后长达四月。自带干粮实习,艰苦奋斗的精神着实不易,这种精神在当今仍值得提倡。

(三)重视学生学习方法的指导

教育是教学相长的过程,学生掌握学习方法往往能收到事半功倍之效。江谦十分赞赏《礼记·学记》中"师逸而功倍""师勤而功半"[4]的理念,故不仅重视教师传授的教授法,对学生学习法的指导亦非常重视。通师曾于1910年11月专门修订"各科学习法大要"[5],及时提出课前预习法及学生自习法的培养和指导。

开启学生课前预习的新理念。学生主观能动性的培养显然需要多种形式,其中"教授前重预习"[6]成为通师学生学法的一大特色。学生学习过程往往分为课前

---

① 江谦:《梦游记恩诗》,上海道德书局,1942年,第6页。

② 凌国荣:《通州师范学校附属小学甲班第一次练习修身教授案》,《云南教育官报》1907年第6期,第95—104页。

③《宁藩司樊奉督宪札准通州民立师范学校咨请将国文专修科毕业生自备火食札派各署局练习公事文》,《南洋官报》1911年第188期,第28—29页。

④ 记者:《江易园先生讲演国文教授之根本》,《教育研究部(上海)1913》1915年第24期,第6页。

⑤ 朱嘉耀主编:《南通师范学校史(第一卷·纪事)》,南京师范大学出版社,2012年,第22页。

⑥《南通师范学校最近之现状》,《教育周报(杭州)》1916年第140期,第27页。

预习、课堂学习和课后复习三重奏。在这三者中，课堂学习是核心，是学生获得真知的重要过程，课前预习和课后复习是提高课堂学习效果和提高学生自学能力的重要辅助手段。预习和复习是当今对中小学生的必然要求，但对于大学生来讲，教师往往视预复习为学生应有的内在自觉行为，故很少硬性规定。通师作为清末民初培养小学师资的中等师范学校，其办学水平并不逊色于当今大学，理应不必把此作为硬性规定和要求，然而考虑到通师"举贡生监"的生源实际，"教授前重预习"成为通师学生必做之事。"举贡生监"从"文凭"或"学识"上来看，相对于同时代的学子其实并不低，但由于他们接受的是旧式科举教育，其学习习惯和思维难免受到过去僵化的死记硬背科举考试的影响。有鉴于此，通师在学习方法上十分注重训练学生，以充分发挥学生在学习上的主观能动性。学生课前预习习惯的培养，实际上打破了封建社会学生固有的僵化学习思维模式，是通师在人才培养方面思维模式的变革，有利于学生主观能动性的培养和发挥。江谦日后在此基础上，形成了课前、课中、课后学习相结合的三环节学习法。人才思维模式的改变，不仅关系到身为师范院校的通师人才培养质量，亦关系到南通各地小学教育未来发展的质量，事关本地区经济发展。不拘泥于传统旧有的培养方式，根据通师教育和生源发展实际，采取灵活必要的学习方法指导，凸显出江谦开拓创新的精神及其对教育核心内涵人才培养的透彻理解。

举办暑假作业成绩展览是通师高度重视学生自习能力培养的重要体现。启发式教学方法重在课堂，运用的关键决定于各科教员；提前预习法重在课前，落实的关键在于学生。学生主观能动性的培养非一日之功，需要一个连续不断、反复推进的过程。漫长的暑假因此成为训练、巩固和检验学生发挥主观能动性的极佳机会。有鉴于此，通师利用暑假，通过举办暑假作业成绩展览的形式推动学生自主学习能动性的培养。暑期作业展览包括学生任务完成目标、作业结果检查、检查结果评定等内容，任务驱动及结果导向的激励性有助于培养学生"自习主义"和主观能力的培养，无形中提高了学生暑期作业的完成质量。通师举办暑期作业成绩展览会始于1914年，且延续多年。《南通师范暑假作业成绩展览会》叙述了通师暑期作业的相关状况，"今日教育界甚倡自行活动主义，又有所谓练习主义者，每当长期休业之时，留意生徒之自习，于是遂有休业、设课之问题发生。南通师范已自去年暑假实行。民国四年十二月三十、三十一两日，开第二次暑假作业成绩展览会"。①

---

① 戈公素：《南通师范暑假作业成绩展览会》，《教育杂志》，1916年第8卷第7期，第41页。

通师对于暑期作业内容、暑期作业上交时间、暑期作业陈列方式等都有明确说明："本届暑假各学年酌予课题，俾自练习。来学期到校缴由担任教员考察成绩，并列一室，以便诸生相互之研究。所有课题列左。"[①]考察 1915 年通师各年级的暑期作业内容可知，通师暑假作业对象是全校学生，覆盖甲种讲习科和本科生。根据通师建校初《通州师范学校学课章程》中关于本科和讲习科课程设置规定，对照《南通师范暑假作业成绩展览会》叙述的有关暑期作业内容可知，通师除了伦理学、理化、日文未布置暑期作业，其他各年级根据课程设置皆有相应作业任务，如国文、教育、历史、地理、博物、图画，包括后来增加的农业课程、手工和习字，暑期也有练习要求。暑期作业由主观题和客观题构成，又可分为理论题和实践题，以动手和实地调研为主。在动手设计、制作及实践调研课题中，通师给予了学生充分选择的自主权。以本科四年级学生暑期作业为例，其作业涉及国文、教育、农业、历史、地理、图画、手工七门课程，除国文作业要求熟读《大学》并详究其义理，属纯理论题外，其他六门课程的作业均需学生通过动手制作或实地调研方可完成。如教育课程作业共 1 项，要求学生在"任择本区一小学校详查其实况"和"就原有南通全境简明图，用同样之纸皮及相当之比例各制分区图（暗射），以备乡土志教授之用"两题中择一；农业作业共 2 项，一是学生可从麦、豆、稻和棉的调查中择一完成，并完成有关谷物和农作物的土质、肥料、播种收获期、价格、全境产额之比例、销处及性质比较相关表格的填写，二是学生可从麦类、豆类、稻类和棉类四项中择取一类搜集其种子（每种约一合），以备学校陈列之用；历史作业共 1 项，可从"欧人寻觅新地图""波兰分割图"中二选一；地理作业为"自由制作小学校地理教授应用之图表"；图画从"模范人物画像""拟大生纺织公司布匹商标""作临画范本之封面"三选一；手工为"竹木工，各人任意作一教具"。仔细观之，通师暑期作业显示出如下几个重要特征：一是题型设计充分结合课堂理论知识，显示出教员的良苦用心和学校对学生爱国主义思想的重视与培养。如历史作业"波兰分割图"等，"足引起生徒爱国思想，知亡国之惨祸"。二是作业内容紧扣社会生活实际，以任务驱动为主，重点培养学生的观察能力、调查能力、动手能力和独立思考能力，力求知行合一，如"矿产调查、农业调查记载明确，皆足令生徒增进农工智识；且调查价目，尤足知物力之维艰"[②]。三是作业涉及科目是全方位的，历史、地理、图画、手工与国文等具有同等地位，作业布置无轻重之区别，足见通师对人才培养中综合素养的高

---

① 戈公素：《南通师范暑假作业成绩展览会》，《教育杂志》，1916 年第 8 卷第 7 期，第 41 页。

② 戈公素：《南通师范暑假作业成绩展览会》，《教育杂志》，1916 年第 8 卷第 7 期，第 44 页。

度重视。四是作业所有内容都可以通过学生自学独立完成,体现出作业内容的切实可行性和有效性,可以最大限度地发挥学生的主观能动性。

通师对暑期作业成绩展览会的重视程度实非一般,仅从 1916 年记者戈公素叙述的通师暑期作业成绩展览会一事即可见一斑。展览对社会开放,历时两天,其中一天专为女嘉宾设立,无形中对推动女性教育发挥了重要窗口作用。展览会的布置十分隆重,门外"五色国旗,临风招展";门前设有招待生引导;展厅布置"琳琅满壁,美不胜收。五光十色,井井有条";成绩按年级分科,依次排列,并注明班级科目,一目了然。更为重要的是"一切陈设皆生徒自为之"。^①从成绩展览会的内容来看,学生们的成绩果然不负众望,令人赞叹。现摘录教育、图画、手工成绩各一段,内容如下:

> 教育科之成绩。四年级之小学校调查实况及南通分区暗射图,皆详细说明。绘图精美,是无异聚全县小学校、教员及地理家而研究于一堂。于此,亦得窥南通教育之统一也。二年级之儿童玩具,以心理学之见解批评其得失,莫不各极其妙,附图尤佳。
>
> 图画。四年级潘毓荣《蒙台梭利女士小像》、徐传垚《谢太傅像》,二年级戈绍甲画岳忠武王像、汪尚华画陆香山像,均得阴阳向背之法,堪为写生妙手;一年级张杰临校长肖像,尤惟妙惟肖。
>
> 手工。种类甚多。有剪贴画、鸟虫鱼等小品,最为精巧。一年级欧阳育恩织纸细工,雄鸡栩栩欲活。其它织字对联,亦称佳作。所惜多为文具玩品,不切实用。若将此种功夫作为教具,则佳妙矣。^②

暑期作业成绩展览会的结果表明,学生们成绩完成效果理想,动手能力和思维能力更是令人讶异,有些科目甚至达到了较高水平。对于学生的成绩,凡获得甲等或乙等级的,学校皆颁发奖品,以示奖励。通师暑期作业的布置并非创举,如今也是各中小学校司空见惯之作法。对比当今各高校几无暑假作业(基本以社会实践为主),各中小学重作业布置和理论知识、轻社会实践与作业检查,无不与通师暑期作业重内容设计、重实践调研、重结果考核的三重视形成鲜明对比,江谦于通师的开创之功值得肯定。提倡并实行"自动主义"的通师无疑具有同时代学校的标杆

---

① 戈公素:《南通师范暑假作业成绩展览会》,《教育杂志》,1916 年第 8 卷第 7 期,第 43 页。
② 戈公素:《南通师范暑假作业成绩展览会》,《教育杂志》,1916 年第 8 卷第 7 期,第 43—44 页。

意义,其规模宏大的暑期作业成绩展览会的举办虽已过去近一个世纪,但对我们当今的教育依然有着重要的启示和参考意义。

四、立足普及教育之需,推进小学教育改良

清光绪三十二年(1906)二月,通师附属小学诞生,时年 30 岁的江谦从通师国文教习成长为学校监理。附属小学不仅为通师学生提供了重要实习场所,也成为江谦于新旧教育转换之际思考研究如何提高教育质量、普及教育的重要平台。为配合学部于"教育救国"呼声中普及教育的重心工作,加之对"彼学部以其昏昏,自未可责,以使人昭昭之效,而我国民亦相仍不寐。长夜漫漫,将何术以拯此危局耶"①的担忧,通师自觉开始了小学教育改良活动,江谦的《小学教育改良刍议》应运而生。

根据"癸卯学制"设置初等小学、高等小学、中学学制分别为 5 年、4 年和 5 年的规定,江谦教育改良重点体现于初等小学和高等小学阶段。江谦从普及教育的角度,在推进合声简字、数学、体操和修身教育等方面提出了改良主张,集德育、智育、体育为一体的教育思想呼之欲出,同时也反映了其教育实践中重"国学之本"和"实际之用"及教育思想中"修身为本"的特征。《小学教育改良刍议》是江谦有关小学教育改良思想的主要体现,也是反映江谦教育改革内容的重要力作,在学界影响深远。

(一)倡导合声简字之必要性

江谦格外关注作为国语教育"器具"的文字,其曾于文字改革、国语统一方面令人瞩目、贡献良多。注重合声简字的推广和使用,是江谦小学教育改良的重要内容。江谦指出所谓合声简字,即"习字母、解拼音"。江谦向来提倡普及教育的关键应从识字开始,"初等小学前三年,非主用合声简字国语,则教育断无普及之望"②。"合声简字国语"即为用字母拼写的白话文,反映出江谦的先进胆识,但遗憾的是,辛亥革命后,这些呼声反而消沉了。江谦于倡导合声简字的器具作用、知识传承、终身学习、统一国语等方面提出了自己的见解。

首先,江谦认为文字在学术、知识传播过程中发挥着重要的"媒介作用"。离开了文字的学术、知识,恰如离开了货币就不可流通的百物,文字的"媒介作用"不言而喻。江谦在强调文字重要性方面,用形象生动的比喻,将文字与由金、银、铜和钞票构成的货币进行类比,通俗易懂地解释了文字在普及教育中的重要性。由金、

---

① 张謇:《初等校学教育必须改良之缘起》,《通州师范校友会杂志》1911 年第 1 期,第 28 页。
② 江谦:《小学教育改良刍议》,《吉林教育官报》1911 年第 73 期,第 220 页。

银、铜铸造的货币,需采矿方可得之,故越稀有,越难获得,因此对货物的流通起了一定的阻碍作用。但钞票例外,因其本身并无价值,且易获得,一定程度上有利于货物的流通;又因其非金非银非铜,且制造时无需采矿、铸造等,只需印刷,便于携带,有其独特的自身优势。文字的功能恰如货币,文字中的合声简字又如同货币中的钞票,有着异曲同工之妙。相对于古代六书难识、难写、难懂、耗时长,江谦认为合声简字易学又好掌握:"不过兼旬诵而熟之;不过三月应之于用;而左右裕如不过一年;过此以往,读简字书,阅简字报,作简字讯,演简字论说,盖无之乎而不能矣。"[①]如此,儿童、妇女、农工小商,包括年长失学者、贫民等皆可广而学之。对于当时社会提及合声简字,士大夫多鄙而夷之、不屑一顾,甚至以知为耻的现象,江谦指出,此举犹如货币,一旦陷入停滞流通,即使是钞票,亦会变成废纸一张,强调只有流通的钞票才能充分体现其价值,合声简字亦是如此,推之方可广之,普及教育才有希望。有鉴于此,江谦认为,合声简字必须由政府出面,进行由上而下的普及与推广,"以政府之力,先定法令,次造师范,次布施各省,通于州县,可以不数三年而风靡全国也"。[②]国民教育的利器——合声简字必然会唤起国民思想觉悟的提高。充分发挥合声简字的媒介功能,进行自上而下的推广与实施,江谦对合声简字的倡导可谓观点鲜明,思路清晰,发挥了先导作用。

其次,江谦认为倡导合声简字是普及教育之需。源于对普及教育的受众有着十分清晰的认知,江谦认为普及教育是整个社会发展的需要,尤其是占百分之九十的中下层人士的迫切需求。

> 普及教育者,为中流以下一般人民之公计,而非中流以上少数家庭之私权也。一国之中,所谓中流以上之家庭者,百不逾十。此百之十者,国家即不兴办教育,其家之子弟,未至尽失学也;国家即办教育而不效,其家之子弟,不尽无成也。何者?初等小学毕业无效也,尚可更入高等小学;而无效,尚可更入中学习师范。其上者至能习高等专科或大学,必成而后已。若夫之九十,所谓中流以下之家庭者,求其能毕初等完全五年之业者,且不可多得,大都或四年或二三年而止,而无效则终身焉。夫此百之九十者之受教育,不能加于五年,而中国之六书文字,非四、五年初等小堂之学力所能运用,断断无疑。而普及教育又实为此百之九十者。谋之而使之无效,与不教育等。则是所谓教育者

---

① 江谦:《小学教育改良刍议》,《吉林教育官报》1911 年第 73 期,第 220 页。
② 江谦:《小学教育改良刍议》,《吉林教育官报》1911 年第 73 期,第 220 页。

实为百之十者之家庭之私利,而其九十者直无与焉。岂谋事者之始意乎? 其所操之术推之其实,事之必至此,又无可疑。今若以合声简字行之初等小学之二、三年中,至四、五年,乃渐授以六书文字之观念,则此百之九十者之子弟,受赐无穷矣。①

社会上中等以上之家庭占百分之十,雄厚的经济实力和较高的社会地位决定了这部分人教育不易受外界影响,因而几乎不存在教育问题。教育普及的受众乃是百分之九十的中下层人士,这部分人由于生活条件和经济条件所限,接受教育时间有限,或无条件接受良好教育。只有这部分人接受了教育,方可真正起到开启民智的作用。江谦十分了解中下层人民的疾苦,其分析可谓直中要害,入木三分。

再次,江谦指出合声简字是倡导终身学习、国家文明昌盛之需。通过广泛阅读与比较,江谦从西方各国普及教育中得到启发,意识到普及教育的目的并非让国民只接受三四年或五六年小学教育,而是让国民长期受益,通过自行读书阅报,达到"简字之新闻,邑必一社,学士之谈,政府之议,自治之进行,世界之现状,盖无日不往来吾国民之脑中矣",②最终可开启民智,培养国人爱国主义情感,以振兴中华文明。

今东西各国之所谓普及教育者,非谓此三四年或五六年之小学课本,使之终身诵之,可以应用而无尽也。谓其受此数年之教育,而此后自能阅书、阅报以增进常识、通知国情。国会之所议决,政府之所施行,地方自治之所规划,以及国际之交涉,战时之警告,无论妇孺、无论农工商兵佣保杂作,皆得解数钱,手一报而知之。夫以是,国民之思想油然而生,一国之文明勃焉而进。③

另外,倡导合声简字,还是统一国语之需。普及教育与国语统一是学界最为重要之事,而合声简字古今相通,南北相适,上中下层人士皆宜。故江谦认为:"合声简字者,通今通古,宜北宜南。利于中流以下之人民,而更利于学士大夫之子弟者也。"④江谦于此特别强调合声简字对上层士大夫更为有利,应是考虑到合声简字

① 江谦:《小学教育改良刍议》,《吉林教育官报》1911 年第 73 期,第 221 页。
② 江谦:《小学教育改良刍议》,《吉林教育官报》1911 年第 73 期,第 221 页。
③ 江谦:《小学教育改良刍议》,《吉林教育官报》1911 年第 73 期,第 221 页。
④ 江谦:《小学教育改良刍议》,《吉林教育官报》1911 年第 73 期,第 222 页。

推广的艰难,为迎合上层人士的心理需求并得其支持,便于合声简字取得合法地位及推广的曲线宣传策略,亦是其处事灵活的体现。加之,彼时中国语言不统一,各地方言混杂,给交流和文明发展带来巨大障碍,故统一国语是时代之亟需。作为议员的江谦认为语言不统一给中国发展带来诸多不便,并以议员的亲身经历论证了语言不统一给议会工作带来的一系列障碍:

> 中国语言,咙杂极矣。同府同县之人,往往互异。同省之人,至不能相通。曩者交通希绝,苟非行商游士,或服官异籍者,则往往老死不去其乡。国民无所交接,不感其困难也。

> 去岁,各省咨议局成立,议员提议辩论,不免土音,语意不明,往往误为争执。已忧之矣。然犹曰同省犹有能从而解释之者。近者资政院将次开院,国会召集亦将不远。议员言语,各省而殊。至于青海、西藏、内外蒙古之议员,其不能相通,尤若天渊。吾不知提议之时,以何而听别;表决之际,以何为适从。其苦难之状,又过于咨议局矣。人有恒言,不尝曰中国四万万人皆同胞乎?立宪精神在国会乎?夫安有聚言语不通、情意不达之议员而得为国会,合言语不通、情义不达之部落而得为同胞者。统一言语,实筹备宪政之重要事也。[①]

国语统一的迫切性和作用不言而喻。不仅如此,利用合声简字统一国语,也是保存国粹之需。"合声简字,则正统一语言之机械也"。"若六书字典,于《广韵》《唐韵》《集韵》《正韵》之下,加注简字京音,则此后六书文字之读音且趋一致"。"通今云者通之国矣,而尚何南北之疑。若夫通古之事,而尤便于学士大夫之家者,则由是而可以知反切、通训诂是也。"[②]

> 知简字则知声韵,知声韵则知反切之根,略涉韵书,便窥奥突,故简字风行。而古来反切等于无用,以其繁也。然简字风行,而反切之事亦人人能知,通其本也。经籍训诂、转注假借,大都双声,盖源于《尔雅》,汉儒毛、郑诸家,承授如一。刘熙释名,尤为专书,朱子注经,所引率本汉儒,俗学承诵,莫知所以。知简字、知声韵,则与古人转注、假借之方考而求之,心通其故,而他日之

---

① 江谦:《小学教育改良刍议》,《吉林教育官报》1911 年第 73 期,第 222 页。
② 江谦:《小学教育改良刍议》,《吉林教育官报》1911 年第 73 期,第 222—223 页。

从事文学专科者,经学之盛,国粹之昌明,必倍于曩时,断可知也。[①]

通过综合分析,江谦发现,合声简字通过统一发音,知字而晓读音,晓音而明其意。故古书能明,今意可达,古今理解畅通矣。保存国粹,必然可行。抓住文字音、形、义的重点之所在,合声简字的妙用自不必说。另外江谦还一针见血地指出,教育法令未定,字典未编,小学课程未颁,各省之师范学堂未遍习,合声简字难以流传,皆因推广之艰巨。也正因为此,江谦还提出了一套具体的推广方法:

> 今使学部招取已习简字毕业兼通韵学教育之士,使之编辑简字字典及小学简字教科书,并增订六书字典,加注简字京音。书成而为之令曰,凡初等小学初、二、三年,皆用简字国语教授。三年后乃教授国文。又令曰,凡遵限筹备之简易识字学塾,专用简字国语课本教授,更名为简字学塾。又令曰,凡京师及各省之初级、优级师范生,皆须习简字国语,为必修科,并研究实习简字国语之教授法。凡师范毕业,已当小学教员而未习简字者,须于暑假、年假期内就师范学堂补习之,领有简字国语补修证书,方许为小学教习。又令曰,凡学堂教授简字国语读法、作法及报馆登著简字论说,必依据国定简字字典,悉用京音。惟乡民通讯往来,亦许以方言拼合。又令曰,凡小学三年级后,教授六书文字时,于每课生字,必须旁列国定六书字典 (即《康熙字典》增订),加注简字京音,使全国儿童之国文读音,趋于一致。夫如是,法令实力提倡于上,地方实力奉行于下。期以十年,而教育不能蒸蒸日上,初等小学毕业不能阅报作讯,国语不能通一,则阻碍教育发达之罪,谦愿尸之。不如是,而教育之无效,与永不能普及,亦谦所敢言决也。当事者择吾言乎,则固改良教育之第一事也。[②]

江谦认为,小学三年级前是学生识字的最佳时期,也是日后各门功课学习的重要基石,三年级前掌握合声简字无疑是最佳选择,否则教育普及势必成空。江谦深谙合声简字推广之难,因此提出应由政府学部出面,实行自上而下的推广普及;同时必须有配套的标注简字京音的字典、统一教科书;从学校小学教育和师资入手,逐层推广。其对合声简字的倡导思想与其提倡国文教学重在识字的实用思想一脉相承。"比者学校国文,实沿科举之习,不务识字,不务读书明理。导学者入于空虚

---

① 江谦:《小学教育改良刍议》,《吉林教育官报》1911 年第 73 期,第 222—223 页。
② 江谦:《小学教育改良刍议》,《吉林教育官报》1911 年第 73 期,第 223—224 页。

浮华诞妄之途,而不喜正确朴实切用之学。私心窃忧之,以谓是国学之蠹、教育之害,不亟痛革,无望良果。"[1]江谦还以较为激进的立军令状方式,提出政府可以对自己的推广效果实行问责,实质是倒逼学部在文字改革方面更为积极、主动,一腔爱国之情实令人钦佩。其大声疾呼倡导合声简字的作法还深得以王照为代表的清末文字改革家的钦佩,而其有关文字改革、统一国语的建议于1911年召开的中央教育会上被采纳并通过,足见其于时代的影响力。其本人还身体力行,于通师教育中全面实施国语拼音。1918年,通师"各级分习注音字母及国语,并定每二周举行国语演习会一次"。[2]

(二)重视基础学科数学教育之实用性

对于生活教育的基本学科数学教育,江谦批评当时学校数学教育重笔算轻珠算、脱离社会生活实际的弊端,大力提倡珠算。其认为数学教育应与社会生活实际相联系,需考虑学生日后生计问题。"初等小学二、三年级算术,非主用珠算,则不适于一般人民生计之应用,而徒耗脑力",[3]显示出其教育思想中"实用"的时代特征。

综合借鉴发达国家日本等的教育经验,结合实际生活中珠算之便捷及学生日后出路问题,江谦提出数学教育应当首重生计的改良观点。江谦以日本为例,认为其虽崇习欧法,然未废除珠算,皆因重视国民生计问题,处于积弱积贫状态下的中国理当鉴之。另外,数学珠算有着自身优势,其快捷和神速获得公认,远非笔算所能替代。而当时中国数学教育中存在诸多令人不安现象,如重笔算轻珠算、每周只学两小时、数学教育推迟至五年级方授等,有使珠算流于形式、象征性意义远超实质性作用的风险。鉴于当时财力贫困,多数家庭在供孩子读完初等小学后便无力支撑孩子进一步升学的现状,数学教育显然未能发挥其应有功能,不利于学生毕业后的生计,且有失去教育意义之危险,这必然会招致家长的怀疑和指责。既影响社会对教育的重视程度,也不利于教育的普及。因此,从实际出发,采取务实而实用的珠算教育,就显得尤为必要。

鉴于珠算教育有利于学生生计,江谦提出应普及珠算教育,并提出应在初等小学期间完成珠算普及工作的建议。初等小学一年级学生可专门练习实物计算、心

---

[1]《江易园先生通讯》,《安徽省立第二师范杂志》1917年第4期,第1页。

[2] 夏企贤:《江谦》,南通市教育局,南通市教育史料征集编写办公室编:《南通市教育史料　南通市教育界　人物传略　供征求意见用1919—1988年》,1988年版,第65页。

[3] 江谦:《小学教育改良刍议》,《吉林教育官报》1911年第73期,第224页。

算及一、二、三、四等商家应用的码字（一种代码）。二、三年级学生注重珠算，每周可兼授一两小时的笔算。如此，经过小学三年的数学教授和练习，数学的功用性即会立刻显现。四年级学生可专门学习笔算，同时与珠算交互练习，可获得珠算与笔算融会贯通之效用。即使初等小学毕业无力升学的学生，毕业后亦可以在生计方面游刃有余。显然，江谦认为，数学应从基本的计算即实物计算、心算开始，二、三年级着重于珠算学习，四年级重点学习笔算，并可与珠算练习相结合。只有在教学中注意时间先后的安排顺序，合理分配珠算和笔算的学习时段和练习时长，使二者有效结合，做到融会贯通，数学教育才能取得好的效果。当今社会，随着高等教育普及、计算机广泛运用和现代数学、智能化的发展，于基础教育阶段一味倡导数学教育的实用性显然已与时代格格不入，珠算离我们的生活也已十分遥远，现代社会更加注重基础教育的理论传授，数学亦不例外。然而江谦立足于当时的社会背景，注意从当时社会实际和学生生计现实出发，主张实用主义教育，显示出其教育的务本性，是由其所处的时代特点所决定的。

（三）提倡体操教学之健体性

体操教学即为现今的体育课程。虽然周朝贵族教育的六艺中明确有射，但实际上在中国传统教育机构中，无论是京师国子监，还是地方府州县学，乃至书院或私塾，皆未设过正规体育课程。体育课程的设置是鸦片战争后西学东渐的结果，而真正在中国得以实施则始自 1904 年的"癸卯学制"，体育课得以依国家大法正式开设，自此拉开了中国体育教育事业的近代化发展序幕，体育课程开始在各大中小学普遍开设。19 世纪中期以来，受民族危机的刺激，军国民教育顺势而兴，"手无缚鸡之力"的传统"秀才"思维被抛弃，取而代之的是尚武精神的培养。1906 年清政府宣布以忠君、尊孔、尚公、尚武、尚实为全国教育宗旨，并强调："凡中小学堂各种教科书，必寓军国民主义"，要"人人有振武之精神，而自强可恃"。[①]虽然军国民教育包含了忠君、尊孔之封建思想，然而其呼唤强身健体、自卫防身、抵御外侮无疑顺应了时代发展之需，具有历史进步意义。正因为此，兵式体操成为清末体育课程的主要形式，并延续至 1919 年新文化运动兴起之后才逐渐式微。鉴于癸卯学制长达 14 年的总学制，中学堂毕业后的学生已 20 岁左右的客观现实，中小学实施何种体育课程成为教育的关键，并成为江谦小学体育教育改良的社会背景。

江谦在《小学教育改良刍议》案三中明确指出："初等四、五年级及高等小学

---

① 朱寿朋编，张静庐等校点：《光绪朝东华录（五）》，中华书局，1958 年，第 5492—5497 页。

体操,非兼习旧有之拳法、刀法,则不足以为军国民教育之要素,而操他日制胜之权。"①对于晚清政府实施的体操课程规定,江谦认为,宗旨虽明,然效果不佳,溯其缘由,在于学部未提供方法。基于救亡图存的迫切现实,体育教育既需保存拳法、刀法等国粹,还需培养学生的武备精神,重视体育教育的健体性。江谦对此有明确的阐述:

> 窃谓今之定政策筹教育者,但当取仿其意,注重实业武备而后敷政,施教有纲而不紊。夫今日之教育当为救亡图强之教育,而不当为藻饰升平之教育也,岂待踟蹰。而救亡图强之事则实业为之血,而武备为之魂也。实业不兴,病在财政;武备不振,病在教育。故改良财政则金融不利,不能兴实业、不改良教育则惰力不除。
>
> 去惰力,振武备,作军国民之精神而为他日制胜之具者,非谋教育者之任而谁任乎。前者学部初设宣布教育宗旨五,而尚武居一焉。宗旨立矣,而方法不具,故其效至今无闻也。今如于初等四、五年及高等小学体操,兼习拳法、刀法(刀,削竹为之),以保固有之国粹而立武备之基础,至中学以上,兼及游泳、竞漕、击剑诸术。合之尚武之宗旨,庶几其方法乎。②

江谦对教育宗旨有着明确的认知,体育教育改良除了保留传统的拳法、刀法,还加入了如游泳等近代体育教育项目。体育教育的第一要义仍是救亡图存,但除此之外,也是抵御外敌、实行自卫、满足国内服兵役和强身健体之需。正是基于对体育的重视,才有了江谦日后于南高师首倡德智体"三育并举"、首开全国体育专修科等在全国高等教育中开风气之先的重大创举,为中国体育教育的近代化作出了重要贡献。

(四)注重修身教育之实效性

小学修身教育改良问题是江谦十分关注的内容,这与其向来重视德育教育一脉相承。"修身"来源于儒家经典的修齐治平传统理念,目的是陶冶身心,涵养德性,可视为现今的德育教育。修身科是20世纪初中国教育近代化改革初期,壬寅学制和癸卯学制均要求各中小学堂开设的一门社会伦理道德教育课程,并列为各科之冠,有详实的学时要求。该科酝酿设置于1902年,正式开设于科举制度废除之时,直至1923

---

① 江谦:《小学教育改良刍议》,《吉林教育官报》1911年第73期,第225页。
② 江谦:《小学教育改良刍议》,《吉林教育官报》1911年第73期,第225—226页。

年被"公民科"取代，前后历时 21 年。针对当时各学校修身教育重说教、脱离儿童生活实际的状况，江谦以教育者特有的敏锐，认为修身乃教育之核心，"以一人修身之得失，一生之荣悴系之；国民修身之得失，一国之隆替随之。修身所以为各科之冠，而教育之中心也"。^① 个人品德的好坏直接关系着未来的发展，更与国家兴衰息息相关。有鉴于此，江谦强调，学校的修身教育要高度关注其"实效"性，切勿流于形式。"小学修身，非编定作法、实地训练，而徒讲故事、尚理论，则知行永分而德育无效"。^② 立足于当时修身教育的重要性及存在的弊端，江谦提出有关修身教材的择取、教学方法及评价手段方面的改良措施，对当时修身教育具有重要指导意义，对当今德育教育依然有着极好的启示作用。

重视修身教育，是古今中外教育皆有的核心理念。中国是礼仪之邦，礼教从孩童就开始启蒙了。管子有"礼义廉耻，是谓四维"之说；欧阳修在《五代史·冯道传》提出"四维不张，国乃灭亡"言论。周朝即建立了包括进退、坐立、拜揖等完善的礼乐制度。王阳明对以习礼为训蒙曾有阐述："凡导之习礼者，非但肃其威仪而已，亦所以周旋揖让而动荡其血脉，拜起屈伸而固束其筋骸也。"^③ 从以上内容可以感知古代教育者对德育教育重要性的清醒认识，即德育教育不仅外现于礼仪形式，还关乎国家的生死存亡。不仅如此，西人对德育的教育也格外重视，"今日西人意志教育之旨，适相符合"。^④ 显然，无论是从个人自身健康建设需要，还是从国家长远发展角度来看，重视德育之教育，中外自古皆有。而 1904 年"癸卯学制"中德育规定增加的爱国思想等内容，无疑成为近代教育新式人才培养的风向标。清末德育教育内容固然仍有封建忠君、尊孔等糟粕残留，但其加入时代所需的爱国主义教育无疑具有进步意义。江谦对德育教育理念的深刻认识源于其对人才培养的核心把控。然而纵观当时的德育教育，自设学科以来产生诸多弊端，"学风日惰，德育之目，名尊而实不符"^⑤。过于注重理论说教最终导致德育教育流于形式。显然，德育教育改良势在必行。

江谦认为修身教育失败的关键在于政府没有统一的规定作法，"修身一科，讲故事，尚理论，而无一定之作法""若无修身作法之训练，则其祸在邪侈怪诞，而其

---

① 江谦：《小学教育改良刍议》，《吉林教育官报》1911 年第 73 期，第 227 页。
② 江谦：《小学教育改良刍议》，《吉林教育官报》1911 年第 73 期，第 227 页。
③ 江谦：《小学教育改良刍议》，《吉林教育官报》1911 年第 73 期，第 228 页。
④ 江谦：《小学教育改良刍议》，《吉林教育官报》1911 年第 73 期，第 228 页。
⑤ 江谦：《小学教育改良刍议》，《吉林教育官报》1911 年第 73 期，第 227 页。

失不止于无文"。① 修身课程以"讲故事、尚理论"的形式开展,且伴随必要的"实地训练",注重改变过去沉闷、僵硬的课堂授课,代之以活泼轻松的课堂氛围,原则上应收到良好的教育效果,本无可厚非。但关键原因是与《周礼》对礼仪有明确细致的要求不同,清政府对修身课开设形式和内容均没有统一规定,导致修身课教师无所适从,不明修身教育之法。理论课大都以"讲故事"形式进行,实践训练并未结合课堂理论进行,而是各行其是,以致出现教师视德育教授如同国文,注重"句读记诵""教授、考试",乃至以分数作为评判学生德育表现高低的荒唐现象。"如今之教修身,其故事理论虽亦修身之材料,而其教授、记诵、考试之法犹之国文也,其效果所得犹之国文也,于修身无与焉,而妄列分数,师以为成绩,官以为报告,而最优等焉而优等焉。"② 僵硬的形式主义授课方式势必导致理论和实训彼此分离,最终知行分离,收不到良好的德育教育效果。江谦因此提出了严厉批评:

> 若近世之训蒙稚者,责其检束而不知导之以礼,求其聪明而不知养之以善,彼视学社如囹狱而不肯入,视师长如寇仇而不肯见。窥避掩覆,以遂其嬉游,设诈饰诡,以肆其顽鄙。偷薄庸劣,日趋下流。是盖驱之于恶而求其为善也。
>
> 夫王子所谓责其检束而不知导之以礼,旧日学界之弊当之矣。所谓求其聪明而不知养之以善,则今日学界之弊也。而习礼之效,则规律之中而即以生其活泼,屈伸之节而并以固其筋骸,则正以救新旧教育之失与。③

教师一味注重学生学习成绩,重在斥责惩罚而不知以仁爱善意之礼加以引导,体罚教育的结果是学生对德育课程的反感和逃课。可见,以不当之法教育不但唤不起学生真善美的良知,反而会使学生变得庸俗、浅薄且日趋顽劣,甚至走向堕落,学风也因此"日惰"。有鉴于此,江谦提出了自己有关修身课教育的具体建议。其认为,鉴于孩童可塑性极强之特点,修身教育改良当从儿童做起;同时还要注意教授方法及内容的选取,从国家层面制定规范的德育课程、授课内容与授课方式,确定符合该课程的考核办法,做到理论与实践相结合。这与当今的德育教育方式已十分接近。江谦用生动形象的比喻,强调儿童德育教育的重要启蒙作用。

---

① 江谦:《小学教育改良刍议》,《吉林教育官报》1911 年第 73 期,第 227 页。
② 江谦:《小学教育改良刍议》,《吉林教育官报》1911 年第 73 期,第 230 页。
③ 江谦:《小学教育改良刍议》,《吉林教育官报》1911 年第 73 期,第 228 页。

夫儿童之质,譬若草木,当其萌芽条达之时,任所矫作,无施不可:使之挺直则挺直矣,使之屈曲则屈曲矣,使之横斜则横斜矣。而以匠范之不一,乃使多为横斜屈曲,而不能一于挺直之归,其为可惜,莫此之尤。西人行礼之脱帽、握手,皆有定度;言语之平称、敬称,皆有定文。日本之鞠躬、送迎、点茶、插花,皆有定式。人人若一,非国民天性然也,其小学训练修身作法之效,而国家颁定仪式,使教师为统一之会归也。而谓吾国民之所独不能为,吾不信之矣。[①]

同样,国家有关修身教育的统一定法在实际德育教学中的指导作用不可或缺。正因如此,江谦提出了具体的教授之法,即国家应根据实情需要编写三礼以备颁布,按照先师范后小学教授的顺序,做好修身课程教师的培训工作,根据理论内容确定相应实践活动,修身之效必定会显现。江谦还对国家编写三礼的内容提出明确而具体的建议。所谓三礼,即通礼、官礼和外交礼。江谦认为应把中国古代传统礼节结合时代发展之需编写成书,授予学生,以培养学生德行修养。通礼即为古今通用之礼,如男与女、父母与子女、宾与主、长与幼等相处之礼,应从古代礼节中有选择性地加以采用,能通于今的都可选择。但江谦对古礼并非全盘吸收,而是提出"夫古礼之不尽能为今用",理当抛弃封建糟粕之"礼"。官礼即当今所用之礼,主要是世人所推崇的孔子之礼学。江谦认为,礼学中的冠婚丧祭之礼等,有些可为今用,有些陋俗如跪拜之礼等可改变或抛弃,对西方握手之礼等也可加以吸收,但对于清时"官家所行及新军采用之外国军礼",江谦认为"皆得删繁撷要,择其通行者,以为小学教科之用",且"夫为国民,当知国礼,以是为教,谁谓不宜"。不崇西亦不排西,坚持国民当知国礼,态度之坚,足见其推行官礼意志之决。外交礼,"即与外人交涉所用之礼也"。鸦片战后,晚清国门被迫打开,江谦认为与外国人、外国团体频繁打交道已不可避免,外交礼仪是一个国家形象的重要标志,因此很有必要规定统一的外交礼节,"就脱帽握手等之外交礼而编列作法",[②]以彰显我国文明风范,这应是极有道理的。

对于编写三礼的注意事项,江谦建议"务欲简说,务欲详图画,务欲明晰其形式",可"先颁之师范,继传之小学"。国家有统一修身教材后,学生必会学有所循,教师必然有据可范,理论与实践紧密结合,学生知行也必然合一,德育教育之功效可得矣。"以其间兼及故事,兼及理论,以通知其事变及目前不经历之事。如是训

---

① 江谦:《小学教育改良刍议》,《吉林教育官报》1911年第73期,第228—229页。
② 江谦:《小学教育改良刍议》,《吉林教育官报》1911年第73期,第229页。

练数年,修身之效必著"。① 江谦十分赞成王阳明之德育教育法:"顺导其志意,调理其性情,潜消其鄙吝,默化其粗顽,使之渐于礼仪而不苦其难,入于中和而不知其故"。② 江谦于潜移默化中化解儿童的粗俗顽劣之性,推崇润物细无声的德育教育,何尝不值得当今教育者学习和提倡。德育课程即为当今之思政课程,如今国家对此课程的重视可谓前所未有。一百多年前的今天,近代教育刚刚脱胎于封建母体怀抱处于蹒跚学步之时,江谦就已敏锐意识到德育教育的重要性,足见其对教育人才培养的深刻领悟。其主张德育教材编写应图文并茂、通俗易懂,对我们当今思政教材的编写依然有一定启示;其提出"德育之目,名尊而实不符"的呼声对我们今日之思政教育避免流于形式依然有着重要的警醒;其倡导德育教育应使用全国统一思政教材,肯定国家在修身教育过程中不可或缺的指导性作用,作为从旧教育壁垒走出的宿学旧儒,江谦的超前意识及见解显然十分难能可贵。其教育实践中处处体现出德育为先的深深烙印。

　　小学教育改良方案是江谦于教育领域有关小学教育思想的重要成果之一,蕴含着许多优秀的教育理念,是其身体力行、积极普及教育的重要体现,遗憾的是鲜少有人提起。其基于通师教育改革经验积累撰写的《小学教育改良之四案》,于1910 年首先发表于《广益丛报》,后汇集成《小学教育改良刍议》,1911 年被直隶教育官报、吉林教育官报相继出版发行。从发表的机构足见江谦教育思想的先进性及其于教育界不容小觑的影响力。《广益丛报》(1903—1912)前后发行长达 9年,著名人物章太炎、康有为、梁启超、张謇、王国维、严复、郑孝胥等皆在该刊物上发表过文章,该刊对大量新思想及资产阶级文化的介绍与宣传,影响了大批知识分子。《直隶教育官报》(1905—1911)是晚清时期的重要官办教育刊物,主张教育救国,发表了许多具有先进性思想的文章,提出了普及初等教育的诸多设想。《吉林教育官报》(1908—1911)属地方教育官报,尤其关注小学教育,同时还及时介绍国外的教育思想,其中不乏对先进教育理念的介绍。《小学教育改良刍议》是"教育救国"背景下江谦为普及教育于通师自觉进行小学教育改良活动的成果体现,是通师教育从传统走向近代化教育的反映,也是中国教育实现近代化的缩影。它与《说音》一起构成江谦教育思想的重要学术成果。

　　江谦基于语文、数学、体操与修身四方面提出的改良方案,凸显出其对教育救国的殷殷期盼及对教育普及的极大热忱。其深谙文字之道,深知合声简字在教育

① 江谦:《小学教育改良刍议》,《吉林教育官报》1911 年第 73 期,第 229—230 页。
② 江谦:《小学教育改良刍议》,《吉林教育官报》1911 年第 73 期,第 228 页。

普及中的重要媒介作用；其于合声简字的大力倡导，是为普及教育不遗余力之呐喊。江谦于小学阶段注重数学教育的实用性，是由当时的历史条件所决定的，体现出其"重视实用"的教育特征。对小学教育中体育教育的高度重视及改良可知，江谦的体育教育改良实践已经反映其从传统兵式体操向近代体育课程过渡的端倪，虽然囿于封建教育的局限依然留有旧有的印记，但其有关体育教育的认知和教育实践，为其日后担任南高师校长时期于体育教育思想认知质的飞跃提供了重要条件。江谦对德育教育的重视和独特的方法指导，展示了一代教育家的前瞻性与敏锐性。辛亥革命爆发后，晚清政府孤独而落寞地消失于历史舞台拐角处，江谦寄希望于晚清政府落实德育教育的做法无疑是一厢情愿，然而这并未影响其本人在教育领域的继续发挥，这些摸索和实践成为江谦日后"修身为本"教育思想的根基。受时代经济发展的约束与局限，清末民初的教育普及重点局限于初等教育的范畴，与我们当今教育普及的概念已完全不同。江谦能立足于时代发展实际，对传统教育提出大胆而先进的改革，其教育近代化先驱身份不言而喻。其于通师时期已形成"国学为根本，实业为应用"的教育思想，以传统文化为主导地位的教育特点已十分鲜明，其重视德育、智育、体育并重发展的教育理念已呼之欲出，并在其主政南高师时期得到进一步确定和发展，最终形成德智体"三育并举"的重要教育思想。

第三节　江谦与国语运动

鸦片战争以来，中国沦为西方列强的欺凌对象，国家主权遭受严重践踏，民族尊严遭受空前耻辱，教育救国、广启民智呼声引起社会广泛共鸣。教育救国离不开普及教育，普及教育与统一国语有关。发端于清末的国语运动，是中国近代文化运动的重要组成部分，与民族国家建设亦息息相关，在中国历史上具有重要影响。拥有深厚音韵学功底的江谦在近代国语运动中，始终站在时代最前列，为推动近代国语改革摇旗呐喊；在文字改革方面，其创制切音字，发明天然声母阴阳通转之规则，力倡合声简字；在国语统一方面，正名"官话"为"国语"，利用自己议员身份积极推动自上而下改革，影响深远。

一、国语运动发端概况

1906 年思想界最响亮的四大口号为"开通民智""改良社会""合一语言""普

及教育"，[①]反映出国人打破上层人士及达官贵人的阶级特权，让教育走下圣坛，用"合一语言"惠及"农、工、商、兵"等"下流人士"，以达到开启民智、改良社会之渴盼。普及教育遂成为众多有志之士的共识，其根本在于识字。语言文字是民族文化的载体，亦是民族振兴与发展必不可少的宣传工具。鉴于欧洲发达国家高度重视提升民众识字率和国语建构的先例，又基于汉字作为象形文字难以掌握的特点，"以文字统一语言"的思路逐渐引起国人重视，国语运动趁势兴起。"国语"即统一的民族新语言。国语运动是发端于清末（1892—1911）、以文字改革和国语统一为主的运动。黎锦熙认为国语运动应以 1900 年为界分为两个阶段，即初期的"言文一致"（1892—1900）与后期的"国语统一"（1900—1911）。黎氏曾云："当国语运动的第一期，那些运动家的宗旨，只在'言文一致'，还不甚注意'国语统一'。'国语统一'这个口号，乃是到了第二期才叫出来的。"[②]显然前期的国语运动属于"言文一致"阶段，之后才趋向于"国语统一"。

所谓"言文一致"，是指口头语言与书面语言的统一，实为后世白话文运动的先声。口语的表达方式与书面语的结构有着明显不同，因此一直存在言文不一致的现象。最早提出普通话名称的汉语文字改革家朱文熊曾指出："我国言与文相离，故教育不能普及，而国不能强盛。泰西各国，言文相合，故其文化之发达也易。日本以假名书俗语于书籍报章，故教育亦普及，而近更注意于言文一致，甚而有创废汉字及假名而用罗马拼音之议者。举国学者，如醉如狂，以研究语言文字之改良，不遗余力。"[③]朱氏以西方国家为例，认为言文一致与国家强盛、文化发达有极大关系，强调普及教育有赖言文一致，尤羡日人竭尽全力改良文字。以西人为鉴，中国的教育普及自然而然落到了文字改革方面。然而考察文字区别，中西文字截然不同，"泰西（文字）切音，中国（文字）象形"。[④]西文音形一致，中文会意象形。且西文"以二十六字母相生，至于无穷，中人之才，读书数年，便能诵读挥写，故通国男女，鲜不学之人"[⑤]。时国人对中文曾有过详细描述："今吾国文字，据《康熙字典》所收，盖有五万。而此五万单字之中，音与义不相会，字与意不相通，音与字不相谋。不识一音即不识一字，不识一字即不识一意也。加以生字、俗语为字典所不

① 顾奎：《论今日亟宜多创浅易之白话日报》，《时报》，1906 年 10 月 10 日，第 5 版。
② 黎锦熙：《国语运动史纲》，商务印书馆，2011 年，第 10 页。
③ 朱文熊：《〈江苏新字母〉自序》，《清末文字改革文集》，文字改革出版社，1958 年，第 60 页。
④ 沈学：《〈盛世元音〉序》，《盛世元音》，文字改革出版社，1956 年，序。
⑤ 王炳耀：《〈拼音字谱〉序》，《拼音字谱》，文字改革出版社，1956 年，序。

载者,一字而转注数音,变为数意者,两字结合而自成一语者,殆又不逾五万,或且不止。书写之体,真草有别。习楷书必兼识草书,而后其用备是不啻又识五万字也。合而计之必识字十有五万,始得汉字之全。日识百字已须五年,日识五十且十年矣。"[1] 相对西文,汉字数量庞大,仅基数就达五万,更勿说转注、假借之类,音形意不统一,学习耗时耗力,非寻常百姓皆能识得,且汉字"如峨冠博带,古物庞然"[2]。英国只有二十六个字母,百分之九十国民能识字;日本有五十个假名,人人都能识字;而中国有百分之九十以上的人不识字。中西之差距令人惊叹。显然,西文以字母为根,量少而易认、易记、易写,相对容易传播;汉字数量众多,字形复杂,笔画繁多,相对难认、难记、难写,难以掌握;而且汉文方言众多,发音迥异,是教育普及的极大障碍。文字的音、形改革遂成为文字改良重点。以清末文字改革运动为先锋的国语运动由此拉开序幕。前有家先贤江永于音韵学方面的卓越成就,如何让"中国之道德、伦理、政治、文学,皆能自求得之,无事教师之句句而读之,事事而授之",[3] 自然成为年少时就已接触许慎《说文解字》,且对文字有浓厚兴趣和深厚功底的江谦的自觉思考。自此,江谦亦加入了清末国语运动的洪流,在切音字改革、推动国语统一进程中留下了浓墨重彩的一笔。

二、提倡文字改革,发明天然声母阴阳通转之规则

文字改革是国语统一的重要组成部分,切音字运动是其滥觞,江谦于切音字研究有自己独特的发现和贡献,发明天然声母阴阳通转之规则。其早期著作《说音》一书更是"驰誉学界"。[4]

（一）切音字运动概况

清末文字改革始于切音字运动,被语言学家视为近代国语运动的发轫,曾引起教育界乃至政界如黎锦熙、罗常培、陈望道、倪海曙、吴稚晖、章太炎、劳乃宣等人的特别重视。切音即为拼音,也叫"合声"。"切音字"在清末有"快字""拼音字""合声字""简字""音标字""新字"等多种称呼,通俗地讲即为汉语拼音。切音字改革即汉语拼音运动。王东杰认为,切音字运动经历了从最初的方言切音字、官话切音

---

① 《论简字与汉字汉语关系因及其利害》,《宪志日刊》,1910 年（1 至 30 期代论）,第 19 页。

② 沈学:《〈盛世元音〉序》,《盛世元音》,拼音文字史料丛书本,文字改革出版社,1956 年,序。

③ 江谦:《说音》,文海出版社,1973 年,第 130 页。

④ 范纯武:《"崇新菩萨宜今世,科学欧文都了晓":试论 1930、40 年代上海佛教居士扶乩团体"来苏社"》,《民俗曲艺》2008 年第 12 期,第 180 页。

字,到对汉字"维护国家统一"作用的再认识,以及简化字(案)的制定。[①]根据汪林茂的《清末文字改革:民族主义与文化运动》(上)一文可知,运动兴起之初,就涌现出一大批拼写南方方言的切音字方案,其中1892年至1897年的六年间,就有五位学者的切音字方案刊行问世,首部方案是清末切音字运动先驱、中国近代汉字改革第一人卢戆章于1892年出版的《一目了然初阶》。1900年至1911年,在重新兴起的文字改革运动中,已知的切音字方案有二十个。[②]江谦所具备的深厚音韵学底蕴及优秀的英文水平,为其中西融和贯通形成自己的切音成果提供了重要条件,其积累的音韵之学终于清末国语运动中厚积薄发,最终在近代文字改革领域奠定了自己的一席之地。

(二)江谦与切音字改革

江谦对切音字的研究与倡导,首源于社会"普及教育"之需。其在《小学教育改良刍议》中曾强烈提醒全国学界重温教育目的和普及教育之宗旨,并认为这是实现教育救国和教育普及需要考虑的首要前提:"中国何为而亟亟言教育,教育何为而亟亟需普及,此全国学界所当警念之前提也。今日所持之教育,是否足以普及;教育之作用,是否足以开。"[③]因文字改良在"学术智识"中起着"媒介之作用",[④]江谦的呐喊其实是对当时教育亟需文字改良的强烈呼声,反映了清末民初知识分子迫切开启文字改革的强烈愿望。考虑到中下层人士接受教育存在的现实障碍,如何让他们去除方言分歧,并在可能接受到的短期教育阶段内做到易识、易记、易写,较快掌握基本而必要的文字,且日后能无师自通,简单易行的识字技能和识字方法显然尤为重要。正是在通师担任国文教习和监理期间,江谦对文字的本质有了深刻认识:"一切经典,不外文字义理。文字不外形声训诂,义理不外明德亲民";"予以尝习英文,悟得反切原理,又因课儿自读,悟得一阴一阳之天然声母,可以通一切训诂方言。由是经多年研究经义,成《说音》一书。多发前人所未发。"[⑤]

《说音》是江谦于音韵学研究方面极具代表性的重要学术成果,其最重要的贡献在于发明天然声母阴阳通转之规则。该书在前期研究的基础上,主要集合了其1915年和1916年被邀至全国多地如天津、上海、南京、南通等处讲演的有关切音字

---

① 王东杰:《"声入心通":清末切音字运动和"国语统一"思潮的纠结》,《近代史研究》2010年第7期。

② 汪林茂:《清末文字改革:民族主义与文化运动(上)》,《学术月刊》2007年第10期。

③ 江谦:《小学教育改良刍议》,《广益丛报》1910年第254期,第1页。

④ 江谦:《小学教育改良刍议》,《吉林教育官报》1911年第73期,第220页。

⑤ 江谦:《梦游记恩诗》,上海道德书局,1942年,第7页。

内容,经反复推敲、修改整理汇编而成。该书引证浩博,议论通达,突出"解形声义,通声为本"①之理念,特别强调双声作用,是音韵学领域研究声韵的重要基础性著作,被学界誉为"通古通俗通译三种公路之飞车""实为声音学中破天荒之作"②。评价之高,足见其贯通古今文字之功。蒋维乔于民国二十四年(1935)对此曾有记载,"婺源江易园先生,精研文字音韵之学数十年,发明天然声母阴阳通转之轨则"。③江谦本人在该书自序中亦有说明:"予求音学二十年,一旦豁然通之。通此而一切典籍,一切语言,其于双声音义之转,犹破竹矣。"④该书于1916年由江苏教育会首次出版,张謇曾亲自为该书题名,在教育界影响甚巨;后于1930年由教育会增订再版,并于民国二十四年(1935)、1973年再版,中华职业教育社等也曾多次出版。另外,《说音》还成为民国时期各级各类学校的重要参考书目及教材。如1918年时曾被北京大学特地推荐为考生考试时的参考书目,《申报》刊登的《北京大学招考新生》中曾有相关记载,欲考文科国文者,"国文学门,加试文字学一项,须略通形体声韵之大意,可参考王筠《文字蒙求》、江谦《说音》等书"。⑤教育家王森然撰写的《中等小学国文教学之商榷》中,《说音》作为小学概论中的必选教材赫然在列。⑥1924年由钱基博主编,中华书局出版的《新中学国学必读》(下册)中,《江易园古今音异读表序》与章太炎、梁启超、胡适、柳诒徵等人的文章一起被选入内,成为高中国学教科书的组成部分。另外,翻开1934年、1935年由世界书局出版的《杜韩两氏高中国文(第六册)》《高中语文(第六册)》教材,江谦《说音》中的《声音学演讲录》是高中语文教材的重要内容。《说音》在教育界的影响和意义由此可见一斑。在语言文字改革已取得巨大成就的今天,江谦的声母阴阳通转之规则显然贡献不小。除此之外,江谦还著有发明双声互训之义的《周礼郑注释音》和《诗经毛传郑笺释音》二书。遗憾的是此二书未付印,且稿已遗失。

(三)天然声母阴阳通转之规则

江谦对切音字的创制主要来源于对古语和今音的考虑,同时受到英文字母中元音字母发音的启发。其对中国古代孔子以雅言"定韵书"、郑康成注《论语》《尔雅》等"正言其音"以来的音韵学发展情况了如指掌,并深谙其道;另外,对清代顾

---

① 张舜徽:《说文解字导读》,巴蜀书社,1990年,第84页。
②《说音》,《申报》,1936年9月10日,第3版。
③ 江谦:《〈说音〉序》,《说音》,文海出版社,1973年,第1页。
④ 江谦:《〈说音〉序》,《说音》,文海出版社,1973年,第1页。
⑤《北京大学招考新生》,《申报》,1918年6月22日,第10版。
⑥ 王森然:《中等学校国文教学之商榷》,《京报副刊》第一百四十六号,1925年5月12日。

炎武的《音学五书》及乾嘉以来音韵学尤为热衷,如对江慎修及戴震、段玉裁、王念孙、近儒章太炎等学者的音韵学著作甚为熟稔,故江谦对音韵学有自己独到的领悟,其认为所有文字,不外乎音、形、义三内涵,与今日学者所谓"见形而读音,闻音而知意"①如出一辙。通过《说音》,可知其天然声母阴阳通转之规则的具体内容。该书共由十二章构成,分别为"天然声母表""天然韵母""拼音练习法""反切法""唐孙愐切音举例"《唐韵》切音举例""古今方音变通声类表""音读训诂方言通转法""古今音异读表""中外音通训表""古今韵异读表"及其与友人等讨论切音字之"杂著"。其创制的切音字在当时的新制拼音中,主要表现为提出天然声韵母之说及阴阳通转的具体规则。

一是发明一阴一阳天然之声母,提出天然韵母之说。江谦创制的切音字由三十六个声母及与"开、齐、合、撮"四等对应的四韵母构成。其中声母初始有三十四个,后加入两韵母"影、喻"(即i、ü),共三十六个。这与清末流行的文字改革中声母皆由字母或符号构成的诸多切音字方案不同,江谦称之为天然声母。所谓"天然",即"三十四声母,纯以天籁证合,一阴一阳,一柔一刚,自然之妙用,无古今方域之殊"。②教师经过口授,同时附注通行之国音字母于旁,可克服地方方言之殊,对于他日学习训诂、方言或外语均可"一以贯之",无古今方言之异,是为"天然声母"。天然声母的创制当属首次。江谦"发明一阴一阳天然之声母,为古人小学声辅注假借之通途,而为前此经学家小学家所未发"。③关于天然韵母之说,江谦认为古人所言的五音与后人所说的四等实为一理。五音即中国春秋时期的"宫、商、角、徵、羽",这与江永所撰《律吕阐微》"于《管子》书五声徵、羽、宫、商、角之序"④大同小异;四等为"开口、齐齿、合口、撮口"。江谦以喉音、唇形为标准考察五音,发现其可衍生出与之相对应的"开、齐、合、撮"四等。具体表现为"宫"为合口,"商、角"为开口,"徵"为齐齿,"羽"为撮口,故认为古代的五音与现代的四等即为一理。为更好验证五音与四等之对应关系,江谦尝试考察英语元音字母与四等之关系,赫然发现若以喉音、唇形为标准,英文字母的五个元音字母a、e、i、o、u同样与四等相对应,即"a、i"开口,为"商"、为"角","e"齐齿,为"徵","o"合口,为"宫","u"撮口,为"羽",显然也分为"开、齐、合、撮"四等。日文中的基础发音ア、

① 朱季康:《简论民国小学界对国语识字教学的一些思考》,《小学语文》2019年第5期。

② 江谦:《说音》,文海出版社,1973年,第3页。

③《说音》,《申报》,1936年9月10日,第3版。

④ 戴震:《江慎修先生事略状》,《戴东原集(卷十二)》,清乾隆壬午(1763)年版,第124页。

イ、ウ、エ、オ亦不外乎这四法,同样可以与四等对应。以此类推,以"开口、齐齿、合口、撮口之四等法,古今中外而皆同,谓之天然韵母"。[①]天然韵母具体表现为哪些字母?江谦认为兴化人刘荣斋[②]先生所著的四音定切即"挨、意、乌、于"与四等标准相对应,在实际文字发音中亦可得到验证。刘氏"所著四音定切,定四等之标的,曰挨、意、乌、于(即a、i、u、ü——笔者注)",后代之变以四法推之,万变不离其宗,故实为一音之变,不外乎开口、合口、撮口、齐齿,"虽曰四等,实则一音,口法不同,遂生变化"。[③]自此,与"开、齐、合、撮"对应的国音字母"ㄚ、一、ㄨ、ㄩ"[④]成为江谦以四等法创制的天然韵母。通过古今诸多汉字读音的变化和比较,经多年研究与考证,江谦发现了天然韵母中的发音实质,即与"ㄚ、一、ㄨ、ㄩ"对应的四等实为"一音之变"。天然声韵母的创制为其发明天然声母通转之规则奠定了基础。基于此,江谦认为只有在天然声母阴阳通转规则之下,反切法的学习才会容易很多。反切法始于魏孙炎[⑤],唐以后皆称"切音"。所谓反切,即"一音变两音谓之反,两音合一谓之切"[⑥],"发音之母为声,收音之母为韵。一声一韵,合而为音"。[⑦]

二是发明天然声母阴阳通转之规则。在梳理唐代音韵案例综合研究的基础上,江谦结合《古今方音变通声类表》及《音读训诂方言通转法》的特征,综合声母、韵母古今中外之运用,终以四等天然韵母法摸索出古今中外声母阴阳通转之规律,最终形成《古今音异读表》《中外音异读表》和《古今韵异读表》。所谓天然声母通转之规则,是指通过天然韵母的"清平、浊平、清上、浊上、清去、浊去"清浊六转法,用其四等法打通声母之中外古今异同,使之相通。此"为研究传训诂方言异同之关论",[⑧]代表了江谦于音韵学方面的最高成就。其阴阳声母通转之规则的发明,有力助推了近代中国的教育普及。现以其四等六转法拼音练习举例为证,摘录如下。

张,开口也,齐齿读之则变为真,合口读之则变为宗,撮口读之则为珠。则知四等,识一音之变。如江,古读合口,音工;今读开口,音扛。仪,古读合口,

---

① 江谦:《说音》,文海出版社,1973年,第12页。

② 刘荣斋(1813—1881),名熙载,荣斋是其号,江苏兴化人,著有《艺概》。

③ 江谦:《说音》,文海出版社,1973年,第12页。

④ 江谦:《说音》,文海出版社,1973年,第12页。

⑤ 孙炎,字叔然,魏时人,经学大儒。其始作反切,先后编纂《尔雅注》和《尔雅音注》。

⑥ 江谦:《说音》,文海出版社,1973年,第16页。

⑦ 江谦:《说音》,文海出版社,1973年,第27页。

⑧《说音》,《申报》,1936年9月10日,第3版。

音俄；今读齐齿，音宜。即此例也。①

此例体现出四等天然韵法"一音之变"的特点。江谦列举了孙愐《唐韵》的切音案例，并将古音与方音变通之法归类成表，在对古今音异读法、中外音通训法比较分析研究的基础上，认为"陆氏（陆九渊）为多；考古之功，清儒为胜"。并根据其甚为推崇的"顾氏（顾炎武）书所分析考证者，而以四等天然韵法，判古今之韵分合之故"，②通过"古今韵异读表"，说明古今韵分合异读之因。据此，江谦通过一系列的实践验证，发现四等天然韵法于古今之读、中外之音，完全可融会贯通。

> 夫一字也，开口则读甲，齐齿则读乙，合口则读丙，撮口则读丁。古读今读皆各有之。其曰古韵、今韵者，亦大较之辞耳。盖韵皆喉音也，音出于喉而节之以口，自然而有开口、齐齿、合口、撮口之四法。韵部变化之迹，盖于此矣。学者明天然四等之法，以读古人之文，于某韵甲、于某韵乙，当两知之而两读之。如是，则融通无碍。③

> 积二十年，以圣贤之灵而始有悟于天然声母与天然通转之妙，证之经籍训诂而通，验之各省方言、异邦文字而合，试之野夫稚子而知。而凡文字所谐之声，所假之形，所转之义，皆斠然入吾范围中矣。是演教通译之喉唇，而一切经音义之管钥也。④

显然，江谦在"读古今之书，习中外之译，究方俗之殊语"的基础上，借助于西学养分，使古者小学即有，但仅停留于"口口相传、未有其书明言之"⑤的"天然声母阴阳通转之说"形成书面理论，并推而广之，实属难能可贵。其绕过约定俗成的韵母字母创制之法，利用古今中外字母读音中喉音和唇形的发音变化，领悟到发音规律的奥妙，总结出韵母"开口、合口、撮口、齐齿"四等之法，从而实现声母通转，最终达到汉语拼音的学习目的。这在清末文字改革中独树一帜。江谦与章太炎文字之学不同之处在于："章太炎沿段氏之说，取韵为通转，而兼及于声；谦说则主声为

---

① 江谦：《说音》，文海出版社，1973年，第12页。
② 江谦：《说音》，文海出版社，1973年，第81页。
③ 江谦：《说音》，文海出版社，1973年，第81页。
④ 江谦：《读丁氏一切经音义提要书后》，《说音》，文海出版社，1973年，第136页。
⑤ 江谦：《说音》序，《说音》，文海出版社，1973年，第3页。

通转,而兼及于韵。"①曾于上海听过江谦关于切音字演讲的蒋维乔在民国二十四年对此依然念念不忘:"二十年前,余在海上亲聆先生讲说,旬日之间,即通其义,欢为希有。"②其盛赞《说音》"凡大然声韵之通转,古今方音之变迁,古今音韵之异读,一一皆列表说明,简切易晓。学者得此,音韵之学思过半矣"。③该书应是江谦于近代中国在文字改革、推进语言近代化的重要成就之一。遗憾的是目前学界对此并未足够重视,有关江谦于切音字方面的研究还十分缺乏,有必要对此深入探究。

三、正名"官话"为"国语",力促国语统一

"国语"是清末才出现的名词,实质是"官话"在文字改革近代化过程中的发展。"官话"一词在明清以后,被用来代指各地流行的共同语,且主要通行于上层社会,在民间并未普及。"国语"代替"官话",作为全国统一语的通称经历了艰难的孕育过程。在王照提出推行以"京话"为标准的"官话"后,1909 年,江谦以议员身份正名"官话"为国语,被清政府采纳并推广,成为近代中国正式提出用"国语"替代"官话"的第一人。其于倡导汉字注音音标、正名"官话"为"国语"、推动国语统一方面多有开拓之功。江谦与蔡元培、黎锦熙等一起被誉为"国语运动"的代表人物。④1949 年后国语发展为现在的"普通话"。

(一)利用议员身份,积极为国语统一献言献策

兴起于 19 世纪末,发展于 20 世纪初的宪政运动是江谦人生中以民选议员身份参与政治活动的一段重要经历。从 1909 年当选为安徽省咨议局议员,到 1910 年、1913 年分别当选为资政院议员和众议院议员,直至 1916 年辞去众议院议员身份,前后长达七年。江谦最活跃阶段是履职资政院议员之时。1910 年 8 月,江谦以资政院议员身份赴京参加了中国有史以来第一次资政院会议,此次会议为江谦推动国语统一提供了重要平台和契机。虽然资政院虚伪立宪形式的存在远大于其实质作用,然而其扫除千年来封建社会之闭塞、开启近代社会民主风气之先,使资产阶级和知识分子得以有机会参政、议政的事实毋庸置疑。35 岁的民选议员江谦积极履职,表现亮眼。会议期间,其发起《敬告讨论国语教育诸君》,呼唤国人高度关注拼音字,指出国文与国语、官话与白话文的区别,有力推动了国语统一;勇于发声,

---

① 《复唐大圆居士书》,《阳复斋文集(下册)》,上海佛学书局,1933 年,第 59 页。

② 蒋维乔:《说音叙》,江谦:《说音》,文海出版社,1973 年,第 1 页。

③ 蒋维乔:《说音叙》,江谦:《说音》,文海出版社,1973 年,第 2 页。

④ 中国大词典编纂处:《国语词典》,商务印书馆,2011 年,第 15 页。

率先示范,对学部于宣统元年拟定的《学部奏报分年筹备事宜清单》,结合学部的落实措施不到位及不作为状况,大胆提出《质问学部分年筹办国语教育说帖》,痛批"学部办事人不懂事、扯谎、偷懒","首先主张官话应该称国语",[①]并得到了籍忠寅、罗杰、易宗夔、陆宗舆等 32 名议员的联名支持,最终清政府被迫同意。屈哨兵曾言:"最初对'国语'与'官话'之间的关系进行清理校正的是江谦。"[②]江谦代表审查关于教育事件的 18 名特任股员[③]撰写了《审查采用音标试办国语教育案报告资政院书》,首次提出使用汉字注音音标推广国语方案,并于资政院大会顺利通过,为推进国语统一提供了切实可行的途径。源于"教育救国"思想中"普及教育"的时代需求,基于亲历资政院会议过程中亲眼见到议员因方言给会议讨论和理解带来的诸多不便和困惑,倡导国语统一自然成为江谦极力推崇之事。其最卓越的贡献当在勇于发声,首提使用汉字注音音标推广国语,正名"官话"为"国语",力促国语统一。江谦在资政院会议中的突出表现显示出其民主意识的觉醒及音韵学方面的高专业水准。身为彼时活力四射的立宪派骨干成员之一,其民选议员身份的获得与其在教育领域取得的辉煌成就是分不开的,折射出其强烈的社会责任感和使命感。

---

① 乐嗣炳:《国语学大纲》,大众书局,1935 年,第 18 页。

② 屈哨兵:《"统一国语办法案"所涉问题三论》,《云南师范大学学报》2011 年第 11 期。

③ 特设股员是资政院为了审查专门事件而特别设置。1910 年 10 月 3 日至 1911 年 1 月 10 日,类似于国会性质的中国历史上第一次资政院常年会议于北京召开。此次常年会包括预备会议、开幕闭幕典礼,共开大会 42 次。会期共审查各类议案 27 个,完成审查的议案达 24 个。会议制定了较为完善的章程和相关法规。议员由钦选和民选组成,拟定各占一半,分别为 100 人。实际参会议员为 195 人。议员以抽签方式共分六股(即六组),江谦位列第二股。根据《资政院议场会议速记录》中《资政院分股办事细则》可知,为专门审查特别事件,资政院专设特任股员,特任股员由议长指定,同时设股员长和副股员长各一人。特任股员由"资政院为审查特别事件,得议决选定特任股员",并"由议长就议员中指定之";特设股员长和副股员长"由各该股员用无记名法互选,以得票最多数者为当选人;票同,则以抽签定之","特设股员常以六人为额,但视所付事件,得由本院议决增至十二人或十八人"(李启成点校:《资政院议场会议速记录》,上海三联书店,2011 年,第 736 页)。为专门审查教育事件,资政院设立了特设股员,其十八人名单由资政院于十月二十一日下午的会议中由秘书长给予了报告,分别为:润贝勒、嚣公、胡男爵、赵椿年、顾栋臣、庆藩、汪容宝、曹元忠、严复、喻长霖、刘春霖、孟昭常、江谦、陶葆霖、吴怀清、万慎、吴services龄、牟琳(同前,第 257 页)。根据倪海曙所著的《清末汉语拼音运动编年史》内容记载,此特设股员的股员长应为严复。"资政院推严复为'特任股员会'股员长,审查各处陈请颁行官话简字的提案"(倪海曙:《清末汉语拼音运动编年史》,上海人民出版社,1959 年,第 227 页)。江谦为十八名特设股员之一,并由其执笔撰写了《审查采用音标试办国语教育案报告资政院书》,此书应是由严复提交给资政院大会,并于庚戌十二月初十日夜的资政院大会上获得通过。

（二）首次公开提出使用汉字注音音标

教育普及迫在眉睫，国语统一已提上日程，但使用何种形式的文字作为统一国语成为彼时议员们重点讨论的焦点，江谦首次公开提出使用注音音标代替流行的"官话拼音"之说。会议期间，各议员上呈有关文字改革的说帖共有 6 件，江谦本人上呈了《质问学部分年筹办国语教育说帖》。从标题来看，江谦在文字改革方面极为大胆，不仅第一个提交议案，还对学部使用了"质问"二字，相对其他五个提议均用"陈请"要激烈得多。议员质问清廷官员，足见江谦的勇气和担当，也反映出日薄西山的晚清颓败已势不可挡。江谦凭借其对文字改革的深刻见解，于《审查采用音标试办国语教育案报告资政院书》中提出了以"京音为标准"的注音音标方案，由此推动了近代注音音标由上而下的改革。而其"所建议之创设音标一案，实为后来国音字母的嚆矢"。[1]

　　一、官话简字以京音为标准，应请钦定颁行；二、先就京师设师范传习所，选京人为师范，以次派往各省、府、州、县推广传习；三、凡一教习前后教成一千五百人者，给予奖励；四、此项教科书应由公家设局编印，民间自行编印者听之。[2]

在资政院会议报告书中概括的相关文字改革的提案中，多数议员的提案均建议通过使用"官话简字"的方法来实现教育普及、国语统一。但议员所陈述的寻求国语统一之法，均用"官话字母"之说，名称抽象、方法笼统，无统一的国语标准及具体的推广时间表，在实际执行过程中较难统一操作。有鉴于此，江谦对时人较为流行的"官话简字"称呼作了分析：

　　官话简字，即一种简笔之拼音字。拼音简字，与我国魏晋以来相传反切之法，作用则一，而繁简不同。反切繁难，故通者较少；简字便捷，故妇孺易知。反切足以补六书之缺，千余年来相沿不废，则简字不足以补汉字之缺。为范正音读，拼合国语之用，亦复无疑。且今日筹备立宪，方谋普及教育。统一国语，

　　① 范纯武：《"崭新菩萨宜今世，科学欧文都了晓"：试论 1930、40 年代上海佛教居士扶乩团体"来苏社"》，《民俗曲艺》2008 年第 12 期，第 180 页。

　　② 江谦：《审查采用音标试办国语教育案报告资政院书》，《通州师范校友会杂志》1911 年第 1 期，第 34 页。

则不得不亟图国语教育,谋国语教育则不得不添造音标文字。①

基于分析,江谦认为"官话简字"实为一种注音文字,这与其一直倡导的"合声简字"相似,其于《小学教育改良刍议》里多有议及。"音标文字"代替"官话简字"呼之欲出。江谦在报告书里明确指出,必须把"官话简字"正名为"音标文字",即"注音音标",因为二者之间有着明显的区别,"注音音标"之说更有利于国语统一。

> 简字当改名音标。盖称简字,则似对繁体之形字而言之。称推行简字,则令人疑六书形字之废而不用,且性质既属之拼音,而名义不足以表。见今改名音标,一以示为行字补助正音之用,一以示拼音性质与六书形字之殊。②

显然,"官话简字"正名为"注音音标",既是区别于六书之繁体字形,又能体现其性属拼音的特性,言简意赅,通俗易懂。鉴于教育要普及的绝大部分对象是中下层人士的现状,"注音音标"的称呼,更易推广和接受。不仅如此,针对审查的各报告里提出的"官话简字"的推广方法,江谦结合实际对其进行了修正,内容如下:

> 一曰正名。简字当改为音标。二曰试办。欲推行必先试办,试办果无流弊,推行必易风靡。查学部奏定筹备清单,宣统三年,京师及各省城设官话传习所。传习官话必采用音标,应请即以宣统三年为此项音标试办之时期。三曰审择标准。查拼音字,民间造者已有数种,不无互有优劣,标准不定,流弊易滋。应由学部审择修订一种,奏请钦定颁行,庶体不歧趋而用规一致。四曰规定用法。用法有二:一范正汉文读音,二拼合国语。汉文读音,各方互异。范正之法,于初等小学课本每课生字旁注音标。儿童已习音标,自娴正读,但令全国儿童渐渐趋一致,而统一之效可期。③

---

① 江谦:《审查采用音标试办国语教育案报告资政院书》,《通州师范校友会杂志》1911年第1期,第35页。
② 江谦:《审查采用音标试办国语教育案报告资政院书》,《通州师范校友会杂志》1911年第1期,第36页。
③ 江谦:《审查采用音标试办国语教育案报告资政院书》,《通州师范校友会杂志》1911年第1期,第36—37页。

相对于各地所提交议案中推广方法的含糊和笼统,修正后的内容名称全国统
一,既是国语统一的需要,亦有利于自上而下全国推行,以示国语统一的规范性和
严肃性;以试验的方式逐渐推广,有利于发现问题及时纠错,以保证推广的效果;
同时还提出音标的统一标准和用法,明确提出在"初等小学课本每课生字旁注音
标",简单易行;时间节点的设置为推广国语统一的效果提供了有力保证。使用
注音音标无疑为国语统一提供了有利条件,周详的实施计划又为其能够施行提供
了重要保障。江谦的《审查采用音标试办国语教育案报告资政院书》由特设股股
长严复于庚戌(1910)十二月初十日夜提交资政院大会并获通过,其内容多被于
1911 年制定并通过的《学部中央教育会议议决统一国语办法案》采纳,其中包括
注音字母。江谦于注音音标的贡献令人瞩目。

（三）倡导以京音为准的统一语,正名"官话"为"国语"

国语统一已成必然,在具有革新精神的士大夫及少部分政府官员如袁世凯等
人支持下,使用合声简字得到了越来越多的认同,但"官话"标准众口不一。在资
政院会议召开之前,语言统一工作仍然面临重重困难。中国向有南、北音之争,且
地方方言多不胜数。初始的拼音方案因多由南人提出,故以南语为统一语的呼声
较高,但引起北人的不满。在南北相争的过程中,以西人为鉴逐渐成为有识之士的
共识,以京音为统一语音的呼声日高,但也遭到了种种阻挠。其中既有当权者慈禧、
载沣愚昧的阻碍,亦有学部诸人对以京音为准的嫉妒和不解。清末民初汉语拼音
的热心提倡者,后成为"官话字母"方案制定人的王照对国语统一推进工作之艰难
深有体会。"至宣统二年,载沣当国,因《拼音官话报》触其忌讳,乃悍然发令,饬各
省严禁传习官话字母,并饬京师巡警局封闭拼音官话书报社。"[1]载沣的愚昧可见
一斑。"其时学部衙门与上海各书局以财结合、引类呼朋,有江浙会馆之绰号。其
反对之门面语,虽无不曰恐汉文因此而废,实则阴嫉北京语为官话之故。虽劳乃宣
初取余字母(指王照创制的官话字母),增宁音六、苏音十、杭音八,欲以消弭此隙,
而学部诸人仍嫉其以官话为主,始终掣肘"。[2]统一语以南音或北音为标准显然难
以定夺。江谦参照西例,结合中国发展实际,提出应以京音为准,正名"官话"为
"国语",并提出了具体的统一方略和措施。

第一,倡导以京音为准的统一语。"第一次正式向清廷提出国语课本应以京

---

① 王照:《官话合声字母原序》,《小航文存》卷一,文海出版社,1968 年,第 32 页。

② 王照:《书摘录官话字母原书各篇后》,《小航文存》卷一,文海出版社,1968 年,第 45 页。

音为准的是资政院议员江谦"。① 江谦在《质问学部分年筹办国语教育说帖》中指出,"中国官话既有南派北派之分,而南北之中,又相差异",② 故应建立一个统一的标准,"但称官话,标准未立也"。③ 至于建立何种标准,江谦以西方为例,"东西各国方音之殊,无异中国","英之小学读本用伦敦语,法之小学读本用巴黎语,日之小学读本用东京语。……学部既谋国语之统一,编订此项课本时,是否标准京音"。④ 江谦认为,正是因为英、法、日等国均以首都语音作为全国统一标准,故西方各国妇孺皆识,国力发展日速。有鉴于此,江谦明确指出,中国也完全可以用首都北京语作为全国统一语,如此,既可制定国家统一语的标准,又符合国际惯例,在国内推广也具有说服力。江谦以京音为国家统一语的标准,与国内越来越多热心于文字推广的知识分子想法不谋而合,最终被采纳,并实现了以京音为标准的统一语的实施。

第二,首次正名"官话"为"国语"。"国语"一词最早出现于 1902 年吴汝纶赴日本考察教育时给管学大臣张百熙(1847—1907)的信中。1902 年,受张百熙力荐,背负变法兴学重任的吴汝纶被光绪任命为京师大学堂总教习,于是年赴日本考察教育。吴氏在日本拜访的各界人士均谈及国语统一与文字改革问题,吴汝纶深受启发,认为统一语言对国家的发展和繁荣至关重要,并把与各界人士的谈话内容作了详细记录,是为后来的《东游丛录》。自是,"国语"一词频繁出现于其日记之中。其在给张百熙的信中首次提到了"国语"一词:"日本学校,必有国语读本,吾若效之,则省笔字不可不仿办矣"。⑤ 但吴汝纶在回国不久后因病离世,其虽最早提出"国语统一"⑥ 的口号,但"国语"一词并未在中国流行,更未得到官方的认可或重视。最早提出以官话统一全国语言的王照虽然在吴汝纶的日记中也接触到"国语"一词,但其显然并没有敏锐捕捉到"国语"一词的引介之用,因此其倡导的

① 崔明海:《语言观念的变迁:北京语音如何成为近代国语标准音》,《北京社会科学》2008 年第 2 期。

② 江谦:《质问学部分年筹办国语教育说帖》,《清末文字改革文集》,文字改革出版社,1958 年,第 116 页。

③ 江谦:《敬告讨论国语教育诸君》,《宪制日刊》(1 至 30 期代论),1910 年,第 33—34 页。

④ 江谦:《质问学部分年筹办国语教育说帖》,《清末文字改革文集》,文字改革出版社,1958 年,第 116—117 页。

⑤ 吴汝纶:《与张尚书》,施培毅、徐寿凯校点,《吴汝纶全集》第 3 卷,黄山书社,2002 年,第 435—436 页。

⑥ 黎锦熙:《国语运动史纲》,商务印书馆,2011 年,第 101 页;刘进才:《语言运动与中国现代文学》,中华书局,2007 年,第 23—37 页。

依然是当时较为流行的"官话"之说。"正式提出把'官话'改称为'国语'一说，始自于 1910 年资政员江谦的建议"。^① 考察江谦对"国语"的认知，实际有迹可循。其师张謇于吴汝纶自日回国后曾支持后者顺利创办桐城学堂，吴汝纶访日情况张謇必知，与恩师朝夕相处的江谦间接获悉吴汝纶访日概况成为可能。江谦对此曾有记载："桐城吴挚父（吴汝纶）氏，固近世学士大夫之尤贤者。当学部未设，奉命往日本调查教育，惊其进步之速，与日本学士屋（即土屋弘）、胜浦（即胜浦鞆雄）、伊泽（即伊泽修二）等谈论，而知其假名文字效用之神。即欲归国主此，诚见之通也。"^② 身处教育界，江谦对吴汝纶访日考察教育理应十分关注，虽然江谦没有明显提到吴氏对"国语"的说辞，但交流中涉及以字母为"国语"之说势必给其留下深刻印象。倡导正名"官话"为"国语"，反映出江谦特有的敏锐性和专业性。1910 年，江谦在资政院请愿活动中，联名 32 名议员对学部奏报中所列国语教育事项提出《质问学部分年筹办国语教育说帖》，专门为国语正名："凡百创作，正名为先。官话之称，名以无当。话属之官，则农工商兵，非所宜习，非所以示普及之意。正统一之名，将来奏请颁布此项课本时，是否须改为国语读本以定名称。"^③ 官话，从字面理解，有专属于官，不适合农工商兵之流之意，这显然有悖于全国统一语言的初衷，正名国语，各层人士皆宜。有鉴于此，江谦为此专门正名，认为应将"官话"改为"国语"^④。"朝廷从善如流，很快采纳了江谦的建议"，^⑤ 江谦因此成为近代史上正名"官话"为"国语"的第一人。"江谦提出语言的民众化，实际上是反映了当时众多改革者希望清廷能及时推行官话简字，普及教育，打破语言的阶级之分，提高民众文化水平的诉求。"^⑥ 1911 年初，学部在改订筹备事宜清单中提出，宣统三年"设立国语调查所，颁布国语课本"，宣统四年（1912）"通行各省师范学堂，试办教授国语"。^⑦ 同年中央教育会顺利通过王邵廉的《统一国语办法案》，其中"国语"正式取代"官话"赫然在目。自此，"官话"正式改为"国语"。"国语"一词真正取代"官

① 崔明海：《国语统一与民族国家建设——清末民初"国语"教育思想的形成和发展述论》，《学术探索》2007 年第 1 期。

② 江谦：《小学教育改良刍议》，《吉林教育官报》1911 年第 73 期，第 223 页。

③ 江谦：《质问学部分年筹办国语教育说帖》，《清末文字改革文集》，文字改革出版社，1958 年，第 117 页。

④ 李宇明：《清末文字改革家论语言统一》，《语言教学与研究》2003 年第 2 期。

⑤ 王东杰：《官话、国语、普通话：中国近代标准语的"正名"与政治》，《学术月刊》2014 年第 2 期。

⑥ 崔明海：《国语统一与民族国家建设——清末民初"国语"教育思想的形成和发展述论》，《学术探索》2007 年第 1 期。

⑦《学部改订筹备教育之纲要》，《申报》1911 年 2 月 13 日，第 4 版。

话"过程中,江谦的领袖身份显而易见。

第三,提出系统的国语统一具体实施方案。江谦倡导以京音为统一语标准的方案得到了学部和越来越多有识之士的认可,学部因此于宣统元年闰二月二十八日在学部"奏报分年筹备事宜清单"中明确了国语教育完成事项,如编定官话课本、辞典、设立和推广官话传习所、推广官话落实部门和时限等具体实施步骤。[①]晚清政府有关国语教育的实施方案可谓鼓舞人心,江谦对学部的举动亦充满期待,但由于国语统一在实际推广过程中仍然受到各地方言的影响和晚清少部分顽固分子的阻挠,故现实情况令其忧心忡忡。针对"编订官话课本"即将到期,学部编订情况到底如何,"而编订之法,未闻详细宣布,本员不能无疑,敢以质问"。[②]为避势单力孤,江谦联合32名政府官员、文字改革者等权威人士于资政院第一次议会上大胆"督促学部国语教育事实之进行",[③]其鲜明的个性及高度的责任感和使命感彰明昭著。江谦认为教授国语必有器具,倘若官话喉舌、唇齿无统一规定的发音标准和统一语法,器具不备,只靠一纸空文以图谋国语教育之实效,犹如画饼充饥,其"从国语教育的角度提出应当编定国语语法书和国语词典",并"建议应当仿照日本设立国语编查委员会,学部中央教育会议在议定统一国语办法案中首先决定要设立国语调查委员会"。[④]

> 各国国语,皆有语法,所以完全发表意思之机能。语法之生,虽原于习惯,而条理次序之规定,则在读本。学部编定此项课本,是否兼为规定语法?
>
> 各国国语,必有辞典,以便检查,所以防易混之音,别各殊之异义,而识未习之词。若车之有轮,譬之依相。学部筹备清单,宣统二年编辑各种辞典,此项国语辞典是否亦为应编之一。
>
> 国语编辑。作始维艰,调查须悉。日本有国语调查委员会,附属文部,所以期编订组织之密,谋文语渐接之阶,而防传习推广以讹传讹之误。学部注意国语教育,是否已仿日本成法,设国语编查委员会,以为专任编订及补助研究

---

① 江谦:《质问学部分年筹办国语教育说帖》,《清末文字改革文集》,文字改革出版社,1958年,第116页。

② 江谦:《质问学部分年筹办国语教育说帖》,《清末文字改革文集》,文字改革出版社,1958年,第116页。

③ 江谦:《敬告讨论国语教育诸君》,《宪制日刊》(1至30期代论),1910年,第34页。

④ 李宇明:《清末文字改革家论语言统一》,《语言教学与研究》2003年第2期。

之机关,抑未设而即须筹办。[①]

专门部门的设置,无疑是国语教育得以实施的有力保障;语法与词典的编撰既是统一国语的需要,也是国语统一的配套措施;国语编查委员会的设立,则有利于问责专门部门和负责人,保证国语统一事业的顺利完成。江谦对此曾逼问学部:"宣统二年至宣统八年国语教育事宜,已办成者,成绩如何? 未办者如何筹办?"对最高教育机构学部的问责,可谓直奔主题,句句尖锐。在晚清封闭保守,唯当权者是尊的封建社会,江谦的质问无疑有振聋发聩之效,代表了知识分子完成国语统一的强烈呼声,迫使学部高度重视。不仅如此,江谦还提出了切实可行的多项建议,如设立国语调查委员会、编撰统一国语语法和国语词典等,均被学部采纳。"先由学部在京师设立国语调查总会,次由各省提学使设立调查分会,办理调查一切事宜";词典方面,"编纂国语课本,及语典方言对照表等";语法方面,规定了"定音标"五则,"修正确当后,再行颁布,作为定本"。[②]江谦陆续提出的有关方案无疑是国语近代化的最早呈现。不仅如此,江谦还参与了国语调查和研究工作。其曾发动自己的孙子江宏达分两部进行调查工作。"招集宏达,从事研究编辑之务。其一,统一国语;其一,调查方音。统一国语,则主京音,所以通今。调查方音,以古音之散见于方言也,所以通古。"[③]

综上可知,江谦在清末国语改革中,以议员身份积极参与国语运动,于资政院率先发声,倡导以京音为统一标准,首倡注音音标,首次正名"官话"为"国语",提出建立相应的国语语法标准和国语辞典及国语调查委员会等专门负责机构,并得到了晚清政府的采纳,其"和吴稚辉同为我国最早的实施国语拼音的倡导者"。[④]不仅如此,江谦还是我国最早实施国语拼音方案的实践者之一。其于语言学方面

---

① 江谦:《质问学部分年筹办国语教育说帖》,《清末文字改革文集》,文字改革出版社,1958年,第117页。

②《学部中央教育会议议决统一国语办法案》,《清末文字改革文集》,文字改革出版社,1958年,第143—144页。

③ 江谦:《说音》,文海出版社,1973年,第45—46页。

④ 夏企贤:《江谦》,南通市教育局,南通市教育史料征集编写办公室编:《南通市教育史料 南通市教育界 人物传略 供征求意见用 1919—1988年》,1988年版,第64页。

的贡献，开启了通师语言学研究之风气，通师学生易作霖[①]、张梅安[②]最后都成长为著名语言学家，应与浸染于通师浓厚的音韵学研究氛围有关。江谦于清末国语改革运动中勇敢而卓越的表现，源于其"念此关系至巨，普及教育与统一国语通滞之机争此一著，迁延则废时，冒昧则败事"。[③]江谦渴望通过改革文字、统一国语达到普及教育之目的，以"开民智"，最终实现"教育救国"的美好愿望。这反映出清末民族危机下的知识分子视语言统一为救国良药的迫切心境。殊不知，垂暮已老的清王朝已无力承担起统一国语的历史大任，中央教育会的成果由于辛亥革命爆发后清朝的灭亡而未及实施。好在清末国语改革的成果在民国时期的教育改革中得到借鉴和实行。显然，国语运动的过程真实地揭示了中国文字近现代化的曲折历程，从中不难体会出以江谦为代表的知识分子在社会转型时期筚路蓝缕，试图力挽狂澜挽救民族于危难中的不屈不挠的奋斗精神，他们身上不屈的斗志和高尚的情怀，是一种强烈的爱国主义情感。清末以文字改革和国语统一为主题的曲折的国语运动实际上是中国语言文字近现代化运动的先声，为日后普通话的推广做了舆论上和理论上的早期准备，对于当今在2050年前实现全面普及普通话的战略依然有着重要的启示意义。

---

① 易作霖（1897—1945），号剑楼，中国近代语言学家、教育家和慈善家。江苏南通人，通州师范第十届毕业生，江谦学生。历任通师附属小学校长、盐城中学校长、通州贫儿院院长等职。从事标准古语和注音字母传习工作，积极参与国语统一运动和新文化运动，对国语文法和语音皆有深入研究。1923年，与黎锦熙、赵元任、林语堂等十一人共同组成国语罗马字拼音研究委员会。著有《国音读本》《五声论》和《国语文法四讲》等。

② 张梅安（1895—1961），名审，南通石港镇人。通师学生，1915年毕业留附小任教，后任通师国文教习。五四运动后，致力于白话文研究，倡导新文化。抗日战争爆发后，坚持抗日救国。通州解放后，历任通师副校长、校长，对语文教学深有研究。

③ 江谦：《质问学部分年筹办国语教育说帖》，《清末文字改革文集》，文字改革出版社，1958年，第117页。

第四章 江谦教育思想的深入探索与实践

—— 主政南京高等师范学校（1915—1919）

由于教育业绩出色，1914 年 2 月江谦被任命为江苏省教育司长；同年 8 月，被江苏省巡按使韩国钧委任为南京高等师范学校首任校长。1915 年，在国内洪宪帝制酝酿正炽、社会局势极度混乱之际，江谦筚路蓝缕，终于废墟中创办出南高师；在其教育事业处于巅峰之际，1919 年 8 月江谦因病辞去南高师校长之职。江谦于南高师创造了近代史上"北有北大，南有南高"[①]的教育奇观。南高师在办学宗旨、师资聘用、学科设置、校风建设等方面体现出江谦独树一帜的办学风格，江谦因此被誉为"南高师历史上极为重要的有功之臣"，[②]为中国近代高等教育史树立起一座"教育救国"的伟岸丰碑，主政南高师时期是其教育思想深入探索与实践的辉煌期。有别于通师师法日本的教育模式，南高师自创办初始在师资聘用等方面就体现出以师美为主的特征。江谦立足于传统文化之根，不忘兼容并包东渐之西学，以"国学为根本，实业为应用"的教育理念更为鲜明。

第一节 南高师创设历程

辛亥革命后，袁世凯对胜利果实的窃取加剧了国内局势的动荡，教育救国依然是时代呼声。随着 1912 年《师范教育令》和 1913 年《高等师范学校规程》的相继颁布，教育部以省为中心将全国划分为六大师范区的教育规划蓝图初具雏形，作为规划之一的江苏省第一所高等师范学府的建设在众人焦灼的渴盼中提上日程，江谦于乱局中承担起江苏省高等教育的重要使命。1915 年 1 月，在三（两）江师范学堂废墟上，江谦开启了日后与北大齐名的江南名校——南京高等师范学校的艰难创办历程。南高师是继北京高师、武昌高师和广州高师之后中国近代第四所高

① 朱斐主编：《东南大学史》，东南大学出版社，1994 年，第 23 页。
② 俞力心：《张謇与江苏高等教育的缘起》，《江苏政协》2002 年第 7 期。

等师范学校,为江苏高等教育乃至中国高等教育近代化作出了卓越贡献。

一、担任南高师校长的背景

江谦于通师的卓越办学表现、担任江苏教育司长的亮眼成绩及承担江苏高等师范教育的使命,是其离通赴宁,于南高师担任校长的重要因素。

(一)通师表现卓越,深获外界青睐

江谦在协助张謇管理通师期间,通师声誉日隆,前来取经者络绎不绝。1906年安徽优级师范学校时任监督、桐城派主要创始人姚鼐之后、桐城派末期南方主要代表人物姚永概[1]为借鉴办学经验曾特赴通师,并获得时任监理江谦的多方协助,"与宜园(即江谦)为订学级各表"。[2]远在千里之外的学子更是不畏长途,跋涉前来。"南通师范,声誉远闻。山西、甘肃,皆由省费选派诸生来学,归而办学成绩皆良。"[3]显然,前来取经者不乏教育界名人,亦有遥远外省的公费师范选派生。通师身为民办师范,在国家命运多舛、新旧教育体制转换之际,能够盛名在外,显然与江谦教育得法、管理有方、教育有成是分不开的,江谦因此成为苏皖教育界争相聘请的重要人物。曾去通师取经后成为安徽优级师范学校校长的姚永概,曾力邀彼时尚为国文教习的江谦担任学校教务主任;其兄姚永朴[4]更是虚怀若谷,自愿让安徽高等学堂教务长之职于国文教师江谦,江谦"以师恩当报,皆婉辞之"。[5]1910年学部设立国语统一局,欲让擅长音韵学的时任监理江谦主事,其以"通校未有接手,未可,遂辞谢之"。[6]辛亥革命后,皖都督孙毓筠(1872—1924)任命江谦为安徽省教育司长,谦"亦即电辞"。[7]江谦多次拒绝外界聘请,均发生于其任职通师国文教习及监理期间,有地方高校、省政府,乃至国家级别的学部,但江谦均未为所动,为报师恩,留守通师。江谦对张謇的感恩之情伴随终身,侧面也反映出其卓越的教学水平、教育管理能力及其于当时教育界的知名度之高。

① 姚永概(1866—1923),字叔节,清光绪戊子(1888)举人,安徽桐城人,姚莹之孙。曾师从吴汝纶等,精于诗文。桐城派末期南方主要代表人物。

② 姚永概:《慎宜轩日记(下)》,黄山社社,2010年,第1012页。

③ 江谦:《梦游记恩诗》,上海道德书局,1942年,第8页。

④ 姚永朴(1861—1939),字仲实,清光绪甲午举人,安徽桐城人,姚莹之孙,姚永概之兄。桐城派末期南方主要代表人物。

⑤ 江谦:《梦游记恩诗》,上海道德书局,1942年,第8页。

⑥ 江谦:《梦游记恩诗》,上海道德书局,1942年,第9页。

⑦ 江谦:《梦游记恩诗》,上海道德书局,1942年,第8页。

（二）担任教育要职，业绩突出亮眼

江谦虽多次婉拒教育界聘请，但并未阻挡住外界对其的钟情与厚爱。1914 年 2 月，江苏省巡按使韩国钧[①]力邀江谦担任江苏省教育司长。韩国钧对江谦十分赏识，因担心被拒，曾多次嘱托时任南通县长储南强搭桥，但仍被江谦坚辞。韩国钧复利用邀江谦至省会商讨教育之机，又委托教育界名人黄炎培再三劝勉接任，江谦诚意难却，"遂不获辞"。韩国钧因此表达了"为江苏全省教育界致谢"[②]的感言，足见作为省长的他对江谦寄予发展并振兴江苏高等教育的厚望。

因江苏省省长更迭，江谦实际就任教育司长前后历时仅三月。但在短时间内，其教育成绩足以让人难望项背。其上任伊始，即深入基层，亲临省内各校实地调研，足迹遍及苏州、无锡、常州、镇江、扬州、松江、上海、吴淞各校。江谦弃人张旗鼓之作风，勤勉低调，轻装简行，免去各地县长繁文缛节的接待工作，"一役自随，不预通知，随到随看随谈，看毕即走。故萧然来往，无送迎酒食应酬之忙"；[③]召开省立学校职员会议，商讨简政办法；考核高等、初等小学教员；裁撤巨额教育冗费，"裁冗费，助必须，为数颇巨"。[④]江谦整个上任期间均忙于省内各校调研，若非江苏省省长更迭，工作受限，其将继续视察淮阴、徐州、海安等地学校。但即便如此，历时三月的视察，撤冗费仍达数百万元之巨，这在民国教育经费奇缺的年代，不能不算奇迹。这既是对彼时江苏教育经费管理不善、奢侈浪费的有效整顿，亦是对当时经费严重匮乏的江苏教育的卓越贡献，更是江谦不畏人言，真抓实干、务实高效的作风体现。因其业绩突出，韩国钧保授其"道尹"[⑤]。不仅如此，1915 年年底，江谦与黄

① 韩国钧（1857—1942），字紫石，又字止石，晚号止叟，江苏海安人。清光绪五年（1879）举人。清末历任交涉局会办、奉天劝业道、署奉天交涉使等职。民国后历任江苏省民政长官、江苏巡按使、安徽巡按使、山东省长、江苏省省长、督军等职。

② 江谦：《梦游记恩诗》，上海道德书局，1942 年，第 10 页。

③ 江谦：《梦游记恩诗》，上海道德书局，1942 年，第 10 页。

④ 江谦：《梦游记恩诗》，上海道德书局，1942 年，第 10 页。

⑤ 道尹，是民国时期设立之官职，始于民国三年（1914），终于民国十三年（1924）。袁世凯于 1914 年设立省、道、县官制，一省分为数道，全国共分九十三道，改各省观察使为道尹。道尹职权较为广泛，主要管理所辖各县行政事务，隶属省长。其任用由省民政长官经由国务总理呈请大总统特批。1924 年 6 月，北洋政府内务部通令废道制，道尹遭裁撤。

炎培、沈恩孚还同时获得大总统袁世凯颁发的"三等嘉禾章"[1]奖章。江谦躬身实践、廉洁自律的工作作风、知行合一的高尚品德何尝不是今人效仿的楷模和榜样。

（三）谨遵省长任命，承担教育使命

辛亥江苏光复后，因江苏中等学校教员大为匮乏，为储师资，江苏省立师范学校校长贾丰臻等人奏请教育部准许在江苏省设立高等师范学校并获批，教育部遂拟于苏建立南京高等师范学校。据此，江苏省政府经慎重考察，认为江谦"堪以委任"。[2]省长韩国钧遂于1914年8月30日发文，委任江谦为南京高等师范学校校长，并令其着手就两江师范学堂原址，详加勘察，期于一年内筹备完竣，于1915年秋定期开学。彼时，张謇因担任农商部总长，无暇他顾，早于1914年6月就已任命江谦为通师代理校长。这意味着自1914年8月后江谦同时担任两校校长之职。但因民国三年江苏省省长更迭，韩国钧于1914年下半年调往安徽任巡按使，江谦未即刻到任。新上任的江苏巡按使齐耀琳[3]以维系教育为己任，重申前省长已定之教育计划，复经教育部批准，再次正式任命江谦为校长，并要求南高师定期于民国四年（1915）八月开校。江谦遂于1915年1月17日赴宁就职南京高等师范学校校长，并着手筹备南高师的创建工作，此时离开校时间仅剩半年有余。自此，江谦肩负发展江苏高等师范教育的使命，呕心沥血，不畏艰难，开始了披荆斩棘的创校之路，书写了江苏高等教育的奇迹。

---

① 中央电令：《大总统策令：黄炎培沈恩孚江谦均给予三等嘉禾章此令》（《江苏省公报》1915年第689期，第1页）；又见《命令》（《申报》，1915年11月3日，第2版）。1912年7月29日，临时大总统袁世凯颁布《勋章令》和《颁给勋章条例》，规定普通勋章分为大勋章和九等嘉禾章共十种：大勋章为大总统佩戴和由大总统特赠外国大总统、外国皇帝君主；一至九等嘉禾章颁给"有勋劳于国家者"和"有功绩于学问及事业者"；各级勋章，配以不同颜色的绶带和勋表，以示区别；嘉禾章的授予，除大总统特令颁给，须由各主任长官向大总统申请批准；受勋者的官级对应一定的勋等（霍慧新：《北洋政府时期"双十节"赏功制度述论》，《河南大学学报（社会科学版）》2013年第3期）。"初受嘉禾章特任官自三等起，简任官自四等起，累功俱得递进至一等。荐任官自七等起，累功得递进至三等。委任官自九等起，累功得递进至五等。凡著有功绩于学问或事业者，初受嘉禾章时自九等起，亦得因所著功绩自七等起，但俱得累进至一等"，由铨叙局发给执照和勋章；已受勋章者因犯罪或违反其他法令时将被褫夺（《勋章令》《颁给勋章条例》，天津历史博物馆编：《北洋军阀史料（袁世凯卷2）》，天津古籍出版社，1996年，第427—440页）。

② 南京大学校庆办公室校史资料编辑组、学报编辑部：《南京大学校史资料选辑》，南京大学印刷厂，1982年版，第25页。

③ 齐耀琳（1863—?），字震严，吉林尹通人。清光绪进士，历任河南巡抚、吉林民政长、江苏巡按使、江苏省省长等职。

二、南高师前身三（两）江师范学堂的创立与发展

追溯南高师的渊源,最早可上溯到 1400 多年前的萧梁五馆,500 余年前的明代南雍。其直接前身则是近代三江师范学堂和两江优级师范学堂。南高师是在两江优级师范学堂已停办两年,师资早已不存、原校舍和实验设备于辛亥革命期间几乎被军阀破坏殆尽的旧址上创办起来的。

（一）三（两）江师范学堂的创立

近代教育在从师法欧美到模仿日本,最后转向美式教育的发展过程中,中国高等教育拉开了近代化的序幕。随着晚清政府教育改革自上而下的铺开,作为教育之母的师范教育逐渐引起部分地方官员和士绅阶层如梁启超、康有为、盛宣怀和张謇等的重视,后也得到了地方官员刘坤一、张之洞、端方等的支持,各省创办高等师范学堂随即被提上日程。三江师范学堂应运而生,由张之洞创设于 1903 年,1904 年 11 月正式开学,1911 年停办。主要培养江苏、江西、安徽三省中小学教师。诞生于新旧教育体制转换之际的三江师范学堂不仅是江苏最高学府,也是晚清较早的官立学校之一。日本东亚同文会曾把它与京师大学堂视为"清国之两所大学校"[①],足见其规模之大。

三江师范学堂设立于江宁城北极阁前,经费由江苏、安徽、江西三省根据学生数额分配共同承担,是仿照日本东京帝国大学的规模[②]设计的结果。显然,建校之初的三江师范学堂就深深打上了日本教育的烙印。在学堂开办三年后,为解决学生省籍纷争,在以张謇为首的江苏绅商提议基础上,两江总督周馥于 1906 年 6 月奏请三江师范学堂易名为两江优级师范学堂并获批准。相对于三江师范学堂主要培养中小学师资的目标,两江优级师范学堂的人才培养级别与层次有了提升,主要培养初级师范和中学师资。整体来讲,三江师范学堂时期虽然出现过日本总教习与日籍教习之间的矛盾和冲突,[③]但三江向两江的过渡阶段尚算平稳有序。

---

① 东亚文化研究所编:《东亚同文会史》,一般财团法人霞山会,1961 年版,第 360、366 页。

② 苏云峰:《三（两）江师范学堂:南京大学的前身 1903—1911》,南京大学出版社,2002 年,第 6 页。

③ 三江师范学堂日本教习之间的冲突,初始主要表现为日本总教习菊池谦二郎与日本教习之间就课程安排的异见。日本总教习主张课程由他整体规划,但各教习希望能够自由规划。随着矛盾加大,后逐渐演变成意识形态和意气之争的严重冲突,最终在三江师范学堂监督李瑞清与日本东亚同文会干事长根津一的沟通下,以留下 11 位中的 2 位日教习,解聘其余所有日本教习宣告结束（苏云峰:《三（两）江师范学堂:南京大学的前身 1903—1911》,南京大学出版社,2002 年,第 26—28 页）。

（二）三（两）江师范学堂的发展

三江师范学堂于建校之初拟逐级发展初级师范和高级师范本科两类。前三年设初级师范，分为三级，即一年、二年速成科和三年本科，专门培养小学教员；第四年设置高等师范本科（即后来的优级师范），精研教育学理，以培养中学教员。但在遵照学部颁发的《奏定学堂章程》（以下简称章程）办学标准基础上，三江师范学堂发展根据实际情况有所变化。三江师范学堂实际上设置一年制"最速成科"、两年制"速成科"和三年制"本科"，本科设置的年限明显少于章程规定的五年制"完全科"。同时，课程设置的种类在章程规定的基础上有所增减，共17门。减少的主要是习字课程，增加了生理、手工、英文、东文及随意科中的农业与法制经济共6门课程。两江师范学堂时，在章程规定的设立公共科、分类科、加习科三阶段基础上有灵活变动。两江初设公共科，即通识课程。后于1908年接受日本总教习松本孝次郎建议，停办初级师范本科，专办优级师范，并调整课程设置，始设分类科，即专业课。分类科共分四类，具体表现为六系，即中文、外文、史地、数理、博物、动植物系。每类课程开设12至14门必修课，外加两门随意课，即选修课，周课时36。公共课、专业课、选修课的设立展现出近代教育的萌芽。时因合格考生较少，生源难求，两江遂开设"补习课"取代"加习科"，显示出办学的灵活性。"两江师范学堂经前署督臣张之洞创办，规模宏远，学科完善"[①]，故"至两江优级师范学堂时，设立分类科，培养理化数学、农学博物和手工图画技艺方面的中学教师，具有促使初等教育走向工农实业生产的意义"[②]。分类科的设立，是近代教育注重服务农工等经济发展的反映，教育注重实用性的特征已初步显露。

三（两）江师范学堂师资除了中国教习，还聘请了大量日本教员。开办初年，以中国教习为主，日本教习为辅。初期有中国教员50名，日本教习11名，后续聘日本教习21名，前后总共延聘日本教习32人次。[③]至两江师范学堂时，以日本教习为主，中国教习为辅。因语言交流障碍问题，三江曾令中日教习在第一年"互换知识"，以期"中国教习日语理化图画等学，通知大略，东教习亦能参加华语以教授

---

① 南京大学校庆办公室校史资料编辑组、学报编辑部：《南京大学校史资料选辑》，南京大学印刷厂，1982年版，第4页。

② 苏云峰：《三（两）江师范学堂：南京大学的前身1903—1911》，南京大学出版社，2002年，第9页。

③ 苏云峰：《三（两）江师范学堂：南京大学的前身1903—1911》，南京大学出版社，2002年，第15页。

诸生,于问答无虞扞格"。[1]所谓"互换知识",即第一年请日本教员就华教习学中国语文及中国经学;华教习就日本教员学日本语文及理化学等科,彼此互换知识,作为学友。第二年开学,分教学生。[2]中日教习"互换知识"实际是中国教育在走向近代化过程中因语言问题造成的教育障碍被迫而无奈的选择,也是灵活和务实的解决之道,反映出彼时中国教育在世界发展中的滞后性、落后性及奋起直追。在三(两)江师范学堂发展史上,较为有名的是两江师范学堂时期任教的中文教习姚明辉、王益霖、柳诒徵和刘师培,其中姚明辉和国学大师柳诒徵后来被江谦聘至南高师任教。日本教习方面,总教习菊池谦二郎和松本孝次郎对三(两)江师范学堂的发展均有一定帮助,尤其是松本孝次郎对两江优级师范学堂分类科的设置方面协助较多。三(两)江师范学堂显然以效法日式为主。

　　三江师范学堂主要设总办、总稽查、提调、监学、日本总教习等部门,虽然它们之间明确有上下级之关系,但有越级负责之现象。另外,还存在章程规定内容与实际具体管理部门不相吻合等现象。[3]显然,三江师范学堂行政管理方面上下级关系不明、职责不清,较为混乱。不仅如此,三江师范学堂人事变动频繁,如总办、总稽查、提调频频更换,对学堂的稳定发展十分不利。加之,管理人员所花经费最多,且学堂在江苏省,管理人员除两位是苏籍,其余全是外省人,有伤苏人感情,不利管理队伍的稳定。人事安排对省籍平衡的忽视也成为影响三江师范学堂稳定发展的重要因素。相对于三江师范学堂紊乱的行政管理,两江师范学堂相对稳定,表现得有组织、有条理得多。两江师范学堂先后废除提调和总稽查职务,保留三江师范学堂后期由总办称呼改变而来的监督(校长)之职,下设教务长、斋务长、庶务长和医官。两江师范学堂监督李瑞清[4]锐意进取,为学堂发展尽心尽力。虽然其在人事任用方面因注重私人关系而导致区域失衡,在经费使用方面亦有铺张浪费之嫌,还曾招致包括张謇和江苏咨议局及社会人士的严厉批评,但其带领的两江在师范教

---

[1] 南京大学校庆办公室校史资料编辑组、学报编辑部:《南京大学校史资料选辑》,南京大学印刷厂,1982年版,第4页。

[2] 张之洞:《致东京近卫公爵长冈子爵》,光绪二十八年十二月二十日,《张文襄公全集(第185卷)》,第35页。

[3] 根据《三江师范学堂章程》第四章第四节、第五节内容总结得之。参见苏云峰:《三(两)江师范学堂:南京大学的前身1903—1911》,南京大学出版社,2002年,第176—177页。

[4] 李瑞清(1867—1920),字仲麟,号梅庵,江西临川人。近代书法家、教育家。望族出身,幼学国学,工古文辞、书法与绘画。清光绪十九年(1893)中举,翌年中进士,选庶吉士。1902年应聘主讲云南高等学堂,旋以候补道移两江,任江宁府江南高等学堂监督。1905年,摄江宁提使。1906—1911年曾任南京两江优级师范学堂监督(校长),清亡后去职,隐居上海。

育人才培养方面依然有重要的贡献。即便是对其经费使用颇有微词的张謇对其也不乏赞美之词，"及察先生实心任事，措施得当，卒亦心折，而乐观厥成焉"①。江谦对李瑞清亦十分敬重，因其号梅庵，南高师建立后，江谦特在校内六朝松旁建茅屋三间，植以梅树环绕，命名"梅庵"，手书两江校训"嚼得菜根，做得大事"，挂匾于门前，以示纪念。

（三）三（两）江师范学堂的评价

三（两）江师范学堂参照日本东京帝国大学模式建设而成，"用款之多，为全省各校冠"②。其初始建设经费就高达三十五万两，"建筑之费，初定二十万两，后因推广规模，再支十五万两，现正赶工，明年秋间即可落成"③。校舍众多，初始设计校舍及职员住宅就达540间。至1911年时，两江师范学堂面积已扩充至200亩，全校校舍约200间，规模宏敞。④学堂不仅建筑规模宏大，教学设备还很齐全。早在建校之初，就有"理化学器械、图画学器械、医疗器械、农学器械、动植矿物标本及各科参考用图书等"，创办初期就已得到东亚同文会柏原干事之协助，购买送达安置妥当。⑤经过九年发展，三（两）江师范学堂耗资甚巨。据上海三大报纸之一的《时报》统计，三（两）江师范1903年至1911年间，"用款达200余万（元）"。⑥相对于张謇创办的通师自1902年至1925年20余年耗资230余万的捉襟见肘，⑦三（两）江师范无疑是令人羡慕的。1911年《江苏咨议局调查两江师范学堂报告》书中更认为，其用款"为全省各校冠"。据辛亥革命后之调查，两江师范学堂之校具和仪器设备，至少有1700件之多。⑧教学设施更是齐全，口子房是学堂的行政中心，共两层，监督、教务长、庶务长、斋务长均在此有专门办公室，同时此楼还设有教室、试验室、仪器室和图书室等；另外还有独立的三层教学楼、学生宿舍、中日教习准备室、农事试验场、器械标本室、储藏室、浴室和盥洗室、厨房、食堂、学生会客

---

① 桥川时雄：《中国文化界人物总鉴》，中华法令编印馆，1940年，第166页。

② 《江苏咨议局调查两江师范学堂报告》，《教育杂志》，清宣统三年（1911）第3年第3期，第34页。

③ 《东方杂志》，清光绪三十年（1904）第1年第1期，第181页。

④ 苏云峰：《三（两）江师范学堂：南京大学的前身1903—1911》，南京大学出版社，2002年，第143页。

⑤ 《东亚同文会史》，一般财团法人霞山会，昭和六十三年（1988）版，第366页。

⑥ 《两江师范学校光复后沿革史》，《时报》，民国二年（1913）2月13日，第5版。

⑦ 肖正德：《张謇与我国第一所中等师范学校》，《中国档案报》，2000年9月11日，第3版。

⑧ 苏云峰：《三（两）江师范学堂：南京大学的前身1903—1911》，南京大学出版社，2002年，第144页。

室、厕所、操场和发电室。可谓建筑宏伟、设施齐全。三（两）江师范学堂的建设显然财大气粗、奢华至极。在晚清政府经济竭蹶时期，这种现象倒颇值得研究，从侧面也显示出江苏为教育大省显然是有其历史渊源的。三（两）江师范学堂对清末民初江苏、安徽、江西三省的师资培养作出了重要贡献。时为日本总教习的松本孝次郎曾如是评价，"两江师范虽不是大学堂"，但"它是江苏省的最高学府，南方各省师范学堂的模范，堪与北方各省同类学堂较量"。[①]这与张謇所描述的"东南各省学校之翘楚"如出一辙。然而令人痛心的是，辛亥革命爆发后，南京成为革命党人与晚清政府交战的直接场所，学校遭受毁灭性打击。监督李瑞清因抱有"身为大清臣，不就民国事"的愚忠情怀，在新军允诺其可继续办学的情况下，仍坚持解散教习和学生，自己则剃发为僧，隐居上海，靠卖字画为生。学堂发展至此戛然而止，并在二次革命后因驻兵和土匪乱军的再次破坏，在混乱中化为废墟。

从三江到两江，是人事组织从混乱到有序、管理能力由弱变强、教学水平日趋完善和渐长的过程。课程建设初步展示出近现代高等师范教育的雏形，师资队伍建设在素质重建方面也有所提高，学生管理从过于僵化到相对宽松和活泼过渡。虽然在人事任用方面的确存在用人唯私现象，也出现铺张浪费、效率低下的弊病，但确是中国教育近代化的艰难探索和重要实践期。在晚清政府日渐没落之际，为了培养中小学师资，地方政府要员尤其是两江总督显示出对教育的高度重视及较强的领导能力，为学堂在经费筹措、师资延聘等方面提供了强大的经济基础和政策保障，确保了学堂的良好运营。虽然其间也曾出现过因学生省级名额分配和出资而引起的争论，但这种为教育事业全力以赴的拼劲至今仍然闪烁着耀眼的光芒。

三、南高师筹设过程

南高师筹措办校时长本应为一年，但因乱局中江苏省省长更迭、经费不到位等，前后延误约 5 个月，这意味着江谦必须在短短的 7 个月内完成本需一年才能完成的一系列繁琐创校工作，任务之艰不言而喻。颇为棘手的是开办经费由初时的10 万减至 5 万，相较于三（两）江优级师范学堂 35 万的开办经费，难度可想而知。更为糟糕的是江谦还面临着迁出驻军的重重困难。江谦时年 40 岁，丰富的办学经验使其沉稳有余，并经受住了严峻考验。其广泛联络，首设筹办事务所作为南高师建校领导机关；在迁移驻军、修复校舍等方面着手，开始了南高师有条不紊的创办工作，如期实现了按时开校。

① 松本孝次郎：《南清教育近况》，《教育学术界外报》，杂志社，明治 43 年（1910）第 21 卷第 6 号，第 95—99 页；第 22 卷第 2 号，第 81—85 页。

（一）设立南高师筹办事务所

南高师事关江苏全省教育，教育界和民间人士对其"企望至殷"，江谦深感责任重大。为集思广益，其汇集多方人才，首筹南高师筹办事务领导小组，为南高师顺利创办提供了重要组织保障。事务组由留美教育博士郭秉文、留美学士陈容、前教育部视学（督学）袁希涛、江苏省学务总会长沈恩孚、江苏教育会副会长黄炎培组成。成员各有分工，共同商榷筹办学校之事务。细观小组成员不难发现，其成员构成不容小觑，既有学部、省教育会有影响的官员或专业人士如袁希涛、沈恩孚、黄炎培，还有留美教育专业背景人士，如被江谦收入麾下的中国近代史上第一位留美教育学博士郭秉文等。更为重要的是，各成员分工明确，各司其职。

袁希涛（1866—1930），字观澜，江苏宝山城厢（今上海市）人，举人，清末民初著名教育家。曾赴日考察教育，是我国全面阐述义务教育思想第一人。1903年起，曾先后参与创办多所学校，如上海龙门师范学堂、复旦公学等，拥有丰富的办学经验。1912年担任教育部普通教育司司长，后任教育部视学，一生专注于义务教育。沈恩孚（1864—1944），字信卿，江苏吴县人，举人，曾与袁希涛一起赴日考察教育，近代教育家。担任过龙门学堂监督、江苏学务总会长、江苏都督府民政次长、江苏公署民政署秘书，做过中国图书公司总编辑。黄炎培（1878—1965），字任之，江苏川沙（今属上海市）人，著名教育家。举人，南洋公学特班毕业，江谦校友。辛亥革命后，曾任江苏教育司司长、江苏教育会副会长等职。早年曾参与创办江苏学务并担任要职，发起成立中华职业教育社等。郭秉文，美国哥伦比亚大学博士。陈容为留美学士。六人小组中，从中央和地方关系来看，既有来自中央教育部政府官员，亦有地方江苏教育会时任负责人；从中外行家来看，既有国内教育经验丰富的专家，亦有从美国留学归来的教育专业理论深厚者。且这五人皆来自江苏，对支持江谦发展江苏教育事业可谓尽心尽力。教育行政官员的加入为南高师筹备工作的顺利进行提供了必备的专业指导和良好的人脉支撑，具有留美教育专业背景的人士犹如新旧教育转型期注入中国近代高等师范教育的一股新鲜血液，标志着江谦主校的南高师由师日传统向师美教育模式的转变，有力推进了中国高等教育的近代化。其中不可忽视的是，沈恩孚与黄炎培均来自江苏教育会团体，江苏教育会是清末民初极为重要的社会团体之一，对近代中国教育影响深远，甚至被认为是"影响中国近代教育三大枢纽之一"，其影响力更是"主导全国教育界"。[①]另外，江谦

---

① 桑兵：《大学与近代社会——栏目解说》，《中山大学学报》2010年第1期，第59页。

与沈恩孚、黄炎培、袁希涛私交甚好,为工作无缝对接提供了得天独厚的条件。筹办事务所的成立为南高师顺利创设提供了可靠组织保证。事务组确定了"开班计划六则、逐年学生人数、班数表、开办费概算书"及"开办费五万余元"[①]等具体筹划工作,南高师的创办自此拉开了序幕。

（二）迁军修舍,废墟中艰难创校

两江师范学堂在辛亥革命和二次革命中,经两次驻军洗劫,校内校舍、设施和校具损失惨重,斋舍和洋房化为灰烬,贵重仪器荡然无存。然而比修复校舍更为艰难的是迁离驻军,此事成为江谦创办南高师的巨大拦路虎,耗费了其过多心力。据教育部 1912 年 2 月 10 日的调查可知,两江师范学堂有"驻兵",[②]两次驻军分别是陈其美的沪军（后改为第七师）和二次革命时冯国璋的部下。在江谦着手修葺校舍之时,驻军仍未离开,"现尚驻有陆军第十九师七十四团之兵队"。[③]江谦为此多方奔走,请省长韩国钧和齐耀琳多方协调,虽然军方多有抗省政府之命不遵,但在南高师筹备事务所众人努力,尤其是沈恩孚出力奔走之后,齐耀琳于 1915 年 2 月 15 日饬令占驻两江师范之雷电练习所及步兵第七十四团团部及第一营,早日迁出,以维教育,[④]七十四团军队被迫于 5 月 6 日撤离学校,此时距离正式开校仅剩两月有余。为免日后学校再遭他军迁入或其他影响,江谦未雨绸缪,请警察厅封锁学校,确保了南高师各项筹备工作的有序开展。为使驻军迁出,江谦等人花费了大量心力与包括军队、警察、政府部门等在内的各方沟通、周旋,耗时、耗力甚多,创校的艰难过度消耗了江谦的身体健康。

在迁军过程中,江谦对校舍的修复同步进行。在其 8 月份提交的报告中可知,曾经规模宏大的两江师范学堂在遭受两次兵灾后已不复存在:"全校校舍除焚毁洋楼一百九十二间外,余皆户牖毁尽,不蔽风雨,至于墙倾壁圮、栋折榱崩者,所在皆是。"[⑤]更为糟糕的是,江谦在勘察中还发现,"除已毁去校舍一部分外,各室窗户

①《江谦关于南京高等师范学校筹备成立情形的报告》（1915 年 1 月 6 日）,南京大学校庆办公室校史资料编辑组、学报编辑部:《南京大学校史资料选辑》,南京大学印刷厂,1982 年版,第 26 页。

②《教育杂志》,民国元年（1912）第 3 卷第 11 期,第 77—79 页。

③《江谦关于南京高等师范学校筹备成立情形的报告》（1915 年 1 月 6 日）,南京大学校庆办公室校史资料编辑组、学报编辑部:《南京大学校史资料选辑》,南京大学印刷厂,1982 年版,第 26 页。

④《江苏巡按使齐耀琳饬驻军迁出学校文》（1915 年 2 月 15 日）,南京大学校庆办公室校史资料编辑组、学报编辑部:《南京大学校史资料选辑》,南京大学印刷厂,1982 年版,第 28 页。

⑤《江谦关于南京高等师范学校开办状况报告书》（1915 年 8 月）,南京大学校庆办公室校史资料编辑组、学报编辑部:《南京大学校史资料选辑》,南京大学印刷厂,1982 年版,第 35 页。

十毁八九,地板楼板破坏亦多。只东南角音乐手工教室,现借设雷电练习所,略经修理。至校门内,居中大楼及西首教员室等处房屋亦半损坏"[①]。另外,校具亦毁坏殆尽。据苏云峰统计,两江师范学堂三年半内共损失校具1135件之多。[②]相较于总数1700多件校具和仪器,毁坏数量达三分之二还多。但从南高师工作人员胡昌涛1915年5月对尚存各种器具清点和检查情况来看,幸存校具中大部分也已处于残缺破坏状态。[③]残垣断壁,室无完室、窗无整窗,乱草杂生,仅存的校舍也需对门窗等经过修葺后才可使用,几无完好可直接使用的教学设施和设备,这使南高师开办初期从十万余元降至5万元的办学经费更显捉襟见肘,而分三批拨款的流程更加剧了江谦办校的不易。政府虽表示"以定计划,多加扶掖"[④],然而仍难改财政之艰窘。因经费竭蹶,江谦因地制宜,在反复考察和斟酌后,在校舍修葺中,遵循"坚固朴实之宗旨",按照轻重缓急,首先修葺了口字房内的教室及教员办公用房等。"姑就东南口字形教室,以及正屋之办事各室,西偏之教员室,先后修葺,暂应目前急需。"[⑤]"口字房"为方形建筑,为室百余,是仿日本东京帝国大学建造。为节省经费,江谦采用了四周添加支柱的方式进行了整修。修葺后的口字房东首为图书馆,彼时规模不大,还有部分作实验室使用。后因学校乏资增建新宇,口字房遂成为南高师长久讲诵之要地。毕业于南高师的陈训慈曾回忆说,图书馆"虽规模远逊今日,而读书之精神甚笃"[⑥]。对于一切校具,"除将毁损未甚之物,勉强修理应用外,所有教室课桌,自修室桌,均采用近东西洋应用之式。其他一切置备,均以适用为目的"[⑦]。根据《南京高等师范学校调查表》(1917年7月至1918年6月)可知,南高师可使用的各类教室有14间、各种实验室4间,大运动场和雨中操场各2个,宿舍108间,相继购进大量图书、器械、标本和校具等。由于江谦的周密部署,学校招

①《江谦关于南京高等师范学校筹备成立情形的报告》(1915年1月6日),南京大学校庆办公室校史资料编辑组、学报编辑部:《南京大学校史资料选辑》,南京大学印刷厂,1982年版,第26页。

② 苏云峰:《三(两)江师范学堂:南京大学的前身1903—1911》,南京大学出版社,2002年,第156页。

③《胡昌涛关于接收两江师范学堂的报告》(1915年5月13日),南京大学校庆办公室校史资料编辑组、学报编辑部:《南京大学校史资料选辑》,南京大学印刷厂,1982年版,第29页。

④《韩君国钧率调之命》,《申报》,1915年1月26日,第6版。

⑤《江谦关于南京高等师范学校开办状况报告书》(1915年8月),南京大学校庆办公室校史资料编辑组、学报编辑部:《南京大学校史资料选辑》,南京大学印刷厂,1982年版,第35页。

⑥ 陈训慈:《南高小史》,《国风》,1935年第7卷第2期,第62页。

⑦《江谦关于南京高等师范学校开办状况报告书》(1915年8月),南京大学校庆办公室校史资料编辑组、学报编辑部:《南京大学校史资料选辑》,南京大学印刷厂,1982年版,第35页。

生的硬件设施在初步具备的基础上不断趋向完善。随着学校章程、招生简章、招生计划等及同期进行的延聘教员工作的次第完成，1915 年 8 月 11 日，南高师正式开始招生，如期实现于 9 月开校。按照规划，南高师于民国六年（1917）二月于南京城内大石桥建立了附属小学，同年九月在南京城内北极阁前开办了附属中学，为师范生实习提供了重要场所。整个创办过程凸显出江谦从容不迫、游刃有余的办事能力。

于被毁坏殆尽、已停办长达 3 年之久的两江优级师范学堂废墟中建立南高师显然要比新建一所新校艰巨得多。在当时时局混乱、驻军要赖、经费困窘状况下，江谦"每闻人叩门声，心辄惊悸"[①]，其创办南高师的艰辛可想而知。三（两）江师范学堂的停办固然可惜，然而在其徒留破败校舍、设施和校具基础上创立南高师如同推倒重建，在新旧教育制度和教育思想转型之际，删除了有可能会束缚南高师发展的封建旧教育思想羁绊，反倒给江谦留下了巨大发挥空间，未尝不是一件幸事。笛卡尔曾言："单靠加工别人的作品是很难做出十分完美的东西的。"[②]凡事"不破不立"，或许正因如此，南高师建成后，短短数月，成效大著。安徽二师校长胡止澄曾言，南高师"进步之速，使人暗惊"[③]。至此，南高师拉开了其辉煌的序幕，与北高师并驾齐驱，乃至媲美北大，成为当今众多一流学府如南京大学、东南大学、南京师范大学、上海财经大学等的母体，江谦的奠基之功至伟。

第二节　南高师师资聘用与管理

"良教员"是建设一流学校的必备条件之一，江谦深谙此道。其在师资聘用方面注重举人唯贤，甚至不惜花费可怜经费中的"巨资"，延揽了国内外一大批优秀人才。优秀师资的加入，构筑起南高师教育科、农科、理科、体育科的学科大厦，随后发展的工科和商科推动了南高师各学科高质量的发展。江谦"为人不立崖岸，和蔼谦虚"[④]的品性，为其网罗英才提供了独有的先天条件；其于南高师施行"良教师"聘用宗旨的先进教育理念及灵活的师资管理为良师成长提供了必要的发展

---

① 程翼云：《尊闻记》，《佛光社社刊（第二期）》，1927 年版，第 316 页。

②〔法〕笛卡尔著，王太庆译：《谈谈方法》，商务出版社，2001 年，第 12 页。

③ 胡止澄：《致江易园先生书》（1915 年 12 月），周文甫：《斯文正脉：胡晋接先生纪念文集》，黄山书社，2012 年，第 88 页。

④ 德森法师：《藉崔居士复游居士书顺答江易园居士启》，《印光法师文钞续编（下）》，苏州灵岩山寺弘化社，2002 年，第 800 页。

条件,为日后南高师跨越式发展提供了必备的人才储备。国内名儒大师确保了南高师对国学精粹的传承,饱受西学浸染、以留美为主归国留学生的聘用则使科学得以在南高师获得长足发展,人文与科学并重发展因此成为南高师教育发展的一大特色。江谦在促进中国近代教育仿效日本教育转向美国教育模式中发挥了先锋模范作用。

一、广聘国内知名硕儒

南高师师资聘用虽然没有完全走出师友故吏推荐的人际关系俗套,并附有流行的地域色彩,但江谦在师资聘用方面努力克服地缘政治影响,"良教师"成为其严格的用人标准,这与蔡元培几无区别。蔡元培任北大校长时期,曾"广延积学与热心的教员,认真教授,以提起学生研究学问的兴趣"①。江谦通过周咨博访、名人引介或登门拜访等方式,为南高师引进不少硕学鸿儒、艺坛名师及民间行家等。在自由、民主、科学思想由西方陆续传入国内、新文化运动开展的前夜,南高师就已网罗了一批以柳诒徵、王伯沆、王燕卿等为代表的国学鸿儒。

著名学者柳诒徵是江谦续聘的两江优级师范学堂名师中的杰出代表,其和国学大师刘师培曾是两江同事。柳诒徵(1880—1956),字翼谋,江苏省丹徒县(今镇江市)人,著名历史学家、文学家,缪荃孙弟子。其接受李瑞清聘请,在两江优级师范学堂担任过历史教习,教授过西洋史。早在江谦担任通师监理时,作为缪荃孙弟子的柳诒徵就曾因时常拜访张謇,得以与时任通师监理江谦相识并论学,并在那时对江谦为人和学识就格外钦佩。柳诒徵对此有清晰记载,"因到通州之便,与江易园先生(谦)相晤,江先生告我以'三不敷衍'宗旨:一不敷衍自己,二不敷衍古人,三不敷衍今人,我为之极端倾倒。后来江先生任高等师范学校校长,请我教国文"②。正是基于彼此的欣赏,对江谦学识与为人十分钦佩的柳诒徵于1915年应江谦之邀,担任南高师国文和历史教员,同时兼任河海工程学院教员。翌年,辞河海,专任南高师。③直至1925年东大学潮后,柳诒徵不得不北上执教清华大学、北京女子师范大学等,后又执教于国立中央大学、任江苏省立图书馆馆长等。江谦的"三不敷衍"思想成为柳诒徵一生立身治学之格言,柳诒徵严谨的治学风格对南高师优良学风的塑造产生了积极影响。吴宓曾言:"南京高师之成绩、学风、声誉,全由柳(诒徵)先生一人多年培植之功。论东南大学之教授人才,亦以柳先生博推宏

---

① 蔡元培:《我在教育界的经验》,《蔡元培全集(第7卷)》,中华书局,1988年,第199页。

② 柳诒徵:《自传》,柳曾符、柳佳编:《劬堂学记》,上海书店出版社,2002年,第12页。

③ 柳诒徵:《自传》,柳曾符、柳佳编:《劬堂学记》,上海书店出版社,2002年,第9页。

通,为第一人。"①把南高师所有业绩归于柳诒徵一人虽有夸大其词之嫌,但足以反映出其于南高师文史建设的巨大引领作用。柳诒徵于南高师和东南大学时期曾与同事创办《学衡》及《史地学报》杂志,在全国学术界反响强烈,成为"学衡派"举足轻重的人物,其本人的学术成就曾被民国学术泰斗章太炎誉为如"凤鸣高岗"。柳诒徵最终成为近代史学泰斗。

王瀣是1915年江谦经广泛查访,慕名聘请的具有民间代表性的硕学鸿儒。王瀣(1871—1944),字伯沆,江苏南京人。清光绪十四年(1888)秀才,博通经、史等。一度为上海某局编书,后任南京陆师学堂国文教习,尽扫门户之见,有声名于时。王瀣曾被陈三立聘为家庭教师,陈三立诸子包括陈寅恪在内多从其受业。辛亥革命后,因时局混乱,王瀣于南京龙蟠里江南图书馆善本部工作,江谦仰慕其学识,力邀其到校任教,但王瀣因担心自己学养过时耽误子弟而辞不肯就。江谦三顾茅庐,终打动王瀣,受聘主讲中国古文韵文。王瀣谦逊的态度、深厚的学养和渊博的知识,受到学生格外青睐。其于南高师工作数十载,直至中央大学。陈训慈在回忆老师柳诒徵时,对王伯沆亦记忆深刻:"余在南雍受教时,王伯沆师主讲中国古文韵文(诗为主,吴瞿安师教授词曲),余亦得侍杖席。惟以选定史系,故与沆师较少接近。两先生博学硕德,皆负江南重望。"②学生段熙仲对王瀣授课印象深刻:"先生讲解深入浅出,语言则形象化。"以致他的课除了所授文科生,还有众多理农科旁听生,乃至在中午11时至12时,"室外窗前,皆听讲者也"。更为令人惊叹的是,学生白天在课堂上听得不过瘾,晚上还要拥到王瀣家去请教。学生陆维钊回忆说:学生"往往乐而忘返,回到学校门已关闭,只得越墙而入,习以为常。"③江谦对王瀣也甚为赞叹:"王伯沆先生讲四书不事考据,专重性理,数月以后,学生颇多心得。"④接受传统儒家教育的王瀣显然抛弃了墨守成规的僵化教条,融会贯通的真知实学使其在授课中见解独到,论述精辟,引起了学生研究学问的兴趣,而其旁征博引、生动的授课方式又使学生如沐春风,实为当今教师之典范。王瀣生动的课堂讲授助推了南高师良好教风和学风,为南高师优良校风建设注入了活力和生机。陈三立誉王瀣为"当世名宿"。抗日战争时期,王瀣坚拒日寇引诱,坚辞充当伪"中央大学"

---

① 吴宓著,吴学昭整理:《吴宓自编年谱(1894—1925)》,三联书店出版社,1995年,第224、228页。

② 柳诒徵:《自传》,柳曾符、柳佳编:《劬堂学记》,上海书店出版社,2002年,第76页。

③ 袁李来:《坚贞自守的爱国宿儒王瀣》,《民国春秋》1997年第3期。

④ 江谦:《校友会演说词(速记稿)》,《南通师范校友会杂志》1917年第7期,第12页。

挂名教授,生活虽极其困苦,亦宁死不屈。1945年抗日战争胜利后,国民政府还特地在南京城南中华门东仁厚里民居,为其举行隆重的追悼仪式。

民间古琴专家王燕卿(1867—1921),名宾鲁,字燕卿,山东诸城普桥村人,被誉为"二十世纪最杰出的古琴教育家"[①];诸城大族琴弦世家出身,壮年后家道衰落,自幼对琴酷爱,于山东多有弟子,然皆默默。1916年,落魄的王燕卿在随康有为南行中途经南京,逗留于南高师,其间王燕卿抚琴一曲,"南海康长素先生(指康有为)挈诸城琴师王燕卿先生至,一曲既终,江先生感于古乐之宜振兴,固强留焉"[②]。江谦慧眼识人,遂邀王燕卿于南高师教授古琴艺术课程。自此,王燕卿如鱼得水,于南高师"梅庵"执教古琴达四年又半,其艺术生命大放异彩,并得以在琴界自成一派,即为古琴梅庵派。江谦伯乐般的识人、用人智慧可见一斑。自此,南高师开启了古琴进入高等院校的历史,王燕卿成为中国历史上第一位受邀进入高等院校,从事古琴教育的古琴专家,比蔡元培邀请山东古琴家王心葵到北大早两年,对现代琴派产生了深远影响。1919年2月,美国牧师高诚身于南通南街基督教堂举办"中西音乐大会","南京高等师范生徐君抚古琴,高下疾徐,动人情性,抚毕掌声雷动"。[③]徐君即徐立孙,为王燕卿弟子,在此次大会中脱颖而出。1920年秋,王燕卿受邀携徐立孙参加于上海举办的名家云集、流派纷呈的晨风庐琴大会,结果声名大噪。以南高师学生为主体的琴派群体由此诞生,后徐立孙将之发展为梅庵琴派;继传弟子吴宗汉又将梅庵琴派传至中国台湾、中国香港、美国等地。自此,梅庵琴派跨越地域和空间限制,在海内外古琴界崭露头角,并发展成为现代最具代表性的琴派之一。

以柳诒徵、王瀣、王燕卿为代表的国内名儒过硬师资塑造了南高师浓厚的人文氛围,加上江谦本人就是优秀教师,其于南高师讲授国文时,"以四书为主,折中汉宋,尤契阳明"[④]。故南高师在传承和发扬传统儒家文化方面大放异彩,与南高师"实科教育"中注重高级科技、经贸人才培养的科学精神有机结合,相得益彰,形成南高师人文与科学相结合的教学理念,是江谦"国学为根本,实业为应用"思想的继续发展。

---

① 谢孝苹:《雷巢文存》,中国文联出版社,1999年,第828页。

② 徐立孙:《梅庵琴社原起》,《梅庵琴谱》,台北华正书局,1975年,第156页。

③ 严晓星:《梅庵琴人传》,中华书局,2011年,第55页。

④ 游有维:《先师岳父江公生西记》,江谦:《佛儒一宗主要课讲义》,上海佛学书局,1947年,第2页。

二、力聘以留美为主的归国留学生

清末政府提倡教育,各省兴办学堂时纷纷延聘日本教习,早期通师和南高师前身三(两)江师范学堂亦不例外,均深受日本教育模式的影响。据苏云峰统计,在 1903 年至 1911 年的办学期间,三(两)江师范学堂先后有 32 位日本教习在此任教,40 名中国教习中便有 8 名留学日本,几乎每两位教习就有一位日语翻译人员。到了两江师范时期,竟是以日本教习为主,中国教习为辅。在各师范教育聘用日本教习方面,"尤以三江师范较多,且待遇也最为优渥"。[①]三(两)江师范学堂的日本教育烙印之深由此可见一斑,这应是晚清民国之际全国师范教育的缩影。江谦任职南高师是 1914 年 8 月至 1919 年 8 月,前后 5 年时间。其中 1918 年 3 月至辞职前,江谦因病休养,教务主任郭秉文为代理校长。1919 年 8 月江谦因身体未愈,正式辞去校长之职,郭秉文继任南高师校长。细观 1918 年 2 月前南高师师资结构,不难发现,江谦执掌的南高师抛弃了三(两)江师范学堂全方位仿日的教育模式,在师资聘用方面,大胆启用留美为主的优秀学生并加以重用。建校初期大量聘用留美学生的师资用人指导方针,反映出江谦不拘于旧例,从模仿日本转向效法欧美的教育动向,是其具有先进前沿教育理念的体现,有力促进了中国高等教育的近代化。

据记载,1916 年南高师全校教职员工仅 30 余人;1918 年 4 月,全校教师仅专任教员就达 30 人,另有各科主任 4 人,兼任教师 2 人。[②]南高师专任教员比同期北高师专任教员 20 人[③]多出 10 人,是 1919 年成都高等师范学校专任教员 15 人[④]的 2 倍。结合南高师《校友会全体职员一览表》(自民国六年九月至民国七年二月)及中国第二历史档案馆藏南高师《教员姓名录》(1918 年 7 月)可知,1918 年 2 月前南高师聘请的留美学生已可确认的主要有郭秉文、陈容、陶知行(即陶行知)、刘伯明、邹秉文、张准(即张子高)、原颂周、吴家高、周仁、徐尚、吴玉麟、贺懋庆、罗

---

① 苏云峰:《三(两)江师范学堂:南京大学的前身 1903—1911》,南京大学出版社,2002 年,第 36 页、121—123 页。

②《南京高等师范学校报告》(1918 年 4 月),璩鑫圭、童富勇等主编:《中国近代教育史资料汇编·实业教育　师范教育》,上海教育出版社,2006 年,第 1042 页。

③《陈宝泉:北京高等师范学校报告》(1918 年 4 月),璩鑫圭、童富勇等主编:《中国近代教育史资料汇编·实业教育　师范教育》,上海教育出版社,2006 年,第 1029 页。

④《成都高等师范学校七年度周年概况报告》,璩鑫圭、童富勇等主编:《中国近代教育史资料汇编·实业教育　师范教育》,上海教育出版社,2006 年,第 1056 页。

佩,共 13 位。[①]1918 年 7 月南高师专任教员中确认的留日学生仅有 3 名。[②]显然,留美学生占据南高师专任教员的 43%,接近二分之一,其中还不包括两位先后担任体育专修科名誉主任的美国教员祁屋克和麦克乐(哈佛大学体育专业毕业、玛丽阿大学硕士)。江谦在师资聘用上引进大量留美学生,是南高师拟去日师美的重要迹象。而 1915 年的北高师还依然走在师日教育道路上,北高师"本科各设主任教员一员,并拟仿照日本教务挂之意,设一教务科"[③]。成都高等师范学校聘用的外籍教员中,"1915 年前,几乎全为日本教习";1915 年后,虽全部改聘英、美教习,但也只有 4 名。[④]这与南高师聘用留美学生的准则显然完全不同。江谦在近代师法日本教育模式转向借鉴美国教育的道路上应走在时代前列,这从江谦引进留美学生的数量可见一斑。现以 1918 年 2 月为界,仅对实际由江谦聘任的南高师留美学生加以汇总。见表 4-1。

表 4-1　1918 年 2 月前南高师聘用留美学生一览表

姓　名	入职时间	留学或进修学校	所获学位	担任学科及职务
郭秉文	1915 年	哥伦比亚大学师范学院	哲学博士	教务主任、代理校长、校长,东南大学校长
陈　容	1915 年	哥伦比亚大学师范学院	文学学士	学监主任
陶知行	1917 年	哥伦比亚大学师范学院	政治学博士	教育专修科主任、代理教务主任、教务主任

---

①《校友会全体职员一览表》(自民国六年九月至民国七年六月),《南京高等师范学校校友会杂志》,1918 年第 1 卷第 1 期,第 35—54 页。需要说明的是,表格中的教员"周任"应为"周仁","周任"应是笔误。考证如下:周仁(1892—1973),字子竞,江苏江宁人,我国冶金学家和陶瓷学家。1915 年获美国康奈尔大学机械工程硕士学位后回国,1917 年 2 月任教于南高师,直至 1919 年 7 月。据此,周仁应为南高师自 1917 年 6 月后的教员,故其理应出现于 1918 年南高师校友会记及中国第二历史档案馆记载的同年职员名单中。然而翻开南高师《校友会全体职员一览表》(自民国六年九月至民国七年六月),却未见"周仁"之名,只有"周任"赫然在列。根据中国第二历史档案馆同年教员记载,南高师 1918 年 7 月《教员姓名录》(《国立南京高等师范学校学生一览》,中国第二历史档案馆,全宗号:五,案卷号:2142,第 63—72 页))只有"周仁"的记载,并无"周任"记录。显然,中国第二历史档案馆有关南高师职员记载与周仁本人的人生履历相吻合,又因南高师《校友会全体职员一览表》为转载,据此判断,南高师《校友会全体职员一览表》中的"周任"应为"周仁"。

②《国立南京高等师范学校学生一览》,中国第二历史档案馆,全宗号:五,案卷号:2142,第 67—72 页。

③《北京高等师范学校校长陈宝泉呈拟维持现状办法大纲文》,璩鑫圭、童富勇等主编:《中国近代教育史资料汇编·实业教育　师范教育》,上海教育出版社,2006 年,第 1018 页。

④《成都高等师范学校七年度周年概况报告》,璩鑫圭、童富勇等主编:《中国近代教育史资料汇编·实业教育　师范教育》,上海教育出版社,2006 年,第 1054 页。

续表

姓　名	入职时间	留学或进修学校	所获学位	担任学科及职务
张　准	1916 年	麻省理工大学	工科硕士	数学理化部主任
吴玉麟	1918 年 2 月前	麻省理工大学	科学硕士	物理学
徐　尚	1918 年 2 月前	麻省理工大学	电机硕士	工艺
贺懋庆	1918 年 2 月前	麻省理工大学	理学学士	工艺专修科主任
邹秉文	1917 年	康奈尔大学	农学学士	任农业专修科主任
周　仁	1917 年	康奈尔大学	工程硕士	工艺教员兼工厂主任
吴家高	1918 年 2 月前	伊利诺伊大学	理学学士	数学
刘伯明	1916 年	西北大学	哲学博士	训育主任、文史地部主任,后任东大副校长
原颂周	1918 年 2 月前	埃奥华大学	农学学士	农场实习主任
罗　佩	1918 年 2 月前	米阿米商业专门学校	商业学士	商业兼英文

注: 此表主要依据南高师校友会杂志有关教员情况内容汇编而成。具体见《南京高等师范学校校友会全体职员一览表》(自民国六年九月至民国七年六月),《南京高等师范学校校友会杂志》(1918年第 1 卷第 1 期,第 438—457 页)。《教员姓名录》(《国立南京高等师范学校学生一览》,中国第二历史档案馆,全宗号: 五,案卷号:2142,第 67—72 页。)

　　13 名留美学生,其中博士、硕士占了大半,且留美师资有逐年递增的趋势,江谦于师资方面的高标准、高要求,反映出其超前眼光和前瞻性的胆略,相对于同期规划的另五所高等师范学校,几无校能比,这在民国时期的同类高校中实属罕见。即使与资金充裕的清华学堂及北京大学相比,亦毫不逊色。以胡仁源任北大校长(1914—1916)期间为例,彼时北大聘请的留学生主要有 12 名,[1]其中留日学生占了 8 位,留美和留英学生各有 2 位,师日特征明显。南高师在近代由师日向师美教育模式转变方面显然发挥了示范性作用。在江谦聘用的优秀学生中,代表人物有郭秉文、陶行知、刘伯明和李叔同等。其中,前三者均为留美博士,他们认同、继承并发展了江谦的办学理念和用人标准,与有留日经历的李叔同等一起,成功助推了南高师教育近代化的发展。

　　郭秉文(1880—1969),字鸿声,江苏江浦(今南京浦口区)人,哥伦比亚大学师范学院哲学(教育学)专业博士,我国近代留美教育学博士第一人。其留学美国时就曾担任全中国学生联合会首任主席,并担任过《中国学生月报》总编辑等职务。早在哥大留学期间,就已显示出卓越的组织能力和领导能力。"1914 年,郭秉

---

[1] 李喜所、元青:《中国留学教育通史·民国卷》,广东教育出版社,2010 年,第 349 页。

文尚在准备博士毕业考试时,即收到南京高等师范学校江谦校长的聘书,欲聘其为教务主任"。[①]获邀受聘时,郭秉文 35 岁,小江谦 4 岁,正值年轻有为的大好年华。其历任南高师教务主任、代理校长、校长之职,并在南高师基础上建立起综合性一流学府——国立东南大学(以下简称东大)。哥伦比亚大学是美国著名学府,在师范教育方面久负盛名,美国知名教育家杜威、孟禄皆任教于斯;我国著名教育家陶行知、陈鹤琴等求学于此。江谦对郭秉文等的关注最早应源于 1913 年江苏教育会的引介。根据美国爱荷华州 1914 年《曼彻斯特民主党报》《奥杜邦郡日报》及《克雷斯科老实人报》介绍可知,郭秉文、陈容及俞旨一曾奉江苏教育会之命,作为中国驻欧美教育会委员,于该年 5 月前往位于锡达福尔斯的爱荷华州师范学院,考察大学教育并观察教师培训法。[②]作为一直活跃于全国教育联合会、安徽教育会和江苏教育司的江谦,显然有更多机会接触到国内国际前沿教育理念及人事。作为近代首位教育学专业博士的郭秉文被江谦收入麾下,是江谦知人善任的又一佐证。江谦为耆学硕儒,国学功底深厚,精通文史之学;郭秉文接受过系统西方教育,有"新学巨子"之称。二人强强联手,成为南高师东西文化教育珠联璧合的绝佳组合。聘用郭秉文,对南高师法美国高等教育、师资聘用、教育管理等方面产生了深远影响。郭秉文就任南高师教务主任、代校长后,成为江谦教育事业的得力助手,是江谦南高师"三育并举"办学宗旨、聘用以留美学生为主的师资聘用方针政策等的坚定拥护者、执行者和发展者;继任校长后,继承并发展了江谦"国学为根本,实业为应用"的教育思想。郭秉文大胆引进美国高校董事会管理制度,成功把南高师转型打造成中国继北大之后的第二所综合型大学国立东南大学,是继江谦之后促使南高师跃层发展的有功之臣。其多次参加世界性大会,于国际舞台十分活跃,始终与世界高等教育事业紧密联系,并获得了国际教育界的高度认可,为南高师发展带来了近代先进高等教育理念。1919 年的美国《纽约讲坛报》曾评价其为"东

[①] 伟强、余启咏、何卓恩编著:《民国著名大学校长 1912—1949》,湖北人民出版社,2007 年,第 34 页。

[②] 三份报纸内容相同,介绍了中国欧美教育委员会委员郭秉文博士、陈先生(指陈容)和俞先生(指俞子夷)即将于 5 月参观爱荷华州师范学院,考察大学及教师教学法培训事宜。具体参见 Iowa News, Manchester Democrat. (Manchester, Iowa), 25 March 1914. Imag 2; Iowa News Briefs, Audubon County journal. (Exira, Iowa), 26 March 1914. Image 7; Iowa News Brief, Cresco plain dealer. (Cresco, Howard County, Iowa), 10 April 1914, Image 7.

方中国和日本最伟大的教育家之一"①。1922 年美国《纽约先驱报》曾盛赞彼时由郭秉文主持的国立东南大学与当时的南开大学是"中国教育家为推动现代教育而作出的努力"②。江谦慧眼识人，郭秉文成为直接关系到南高师层次提升和美式教育模式进一步发展的著名教育家。

陶行知（1891—1947），原名文浚，字世昌，安徽歙县人，江谦老乡，世界知名教育家。其父陶位朝曾任教于南京汇文女校。陶行知于金陵大学毕业后赴美留学，在哥伦比亚大学攻读博士期间回国，时为 1917 年 8 月。同年 9 月，江谦聘其于南高师。陶行知先后出任南高师代理教务主任、教务主任等职，提出以"教学法"代替"教授法"主张，在南高师—东大推进校内办学、校外合作等方面出力甚多。南高师学生高明曾指出："先生（陶行知）盖以为非振兴科学，无以救亡图存，而培养人才，则有赖于教育。"③"教育救国"理念亦是陶行知所秉持之主张。南高师是陶行知成长的重要平台，陶行知于 1919 年与胡适一起为杜威来华讲学发挥了重要作用。后来他离开东大后，创办了南京晓庄乡村师范学校等，最终成为伟大的"人民教育家"和著名学者。

刘伯明（1887—1923），名经庶，江苏南京人，祖籍山东，毕业于南京文汇书苑（后改为金陵大学）。曾东游日本，1911 年赴美西北大学留学，主攻哲学和教育。1913 年硕士毕业，1915 年获得博士学位后回国，受聘于金陵大学，担任国文部主任，教授哲学、教育学等。刘伯明于金陵大学"声光晔然，俦偶耸敬"，其出色的表现，吸引了江谦注意。"时江谦君长南京高等师范学校，延君兼教伦理、哲学、言语诸课。"④1916 年初，江谦聘其于南高师，历任南高师训育主任、文史地部主任，"与秉文至相得"⑤。1919 年刘伯明辞去金陵大学教职，专任于南高师，成为南高师中坚力量和继任校长郭秉文的得力助手；东南大学成立后，升任副校长、代校长等职，并兼任文理科主任。刘伯明平素温和高雅，不苟言笑，淡于权利；常助贫困学子，南高师兼课所得，全部用来资助金陵大学图书馆购买书籍；与人洽谈，惟勤惟恳；病重之时，仍念念不忘学校学科建设和学生之事。⑥由于校长郭秉文外务繁忙，校

---

① China's Experts Blame America For Her Plight, New-York tribune. (New York [N.Y.]), 21 July 1919. Image 1.

② More Medical Aid for China, The New York herald. [volume], October 02, 1922, Page 8.

③ 高明：《郭故校长秉文先生行状》，《郭秉文先生纪念集》，中华学术院，1971 年版，第 4 页。

④ 郭秉文：《刘伯明先生事略》，《国风（南京）》1932 年第 9 期，第 73 页。

⑤ 郭秉文：《刘伯明先生事略》，《国风（南京）》1932 年第 9 期，第 73 页。

⑥ 刘芬姿：《悼先夫伯明先生》，《国风（南京）》1932 年第 9 期，第 15—16 页。

内事务实为刘伯明负责。为教育事业,其鞠躬尽瘁,德诚感人,后因操劳过度,不幸英年早逝,年仅 37 岁。江苏教育会副会长黄炎培对其于南高师的贡献给予了充分肯定:"杜威北美开新派,刘(伯明)、廖(世成)南高并盛名。"[1] 刘伯明深厚的学问道德、强大的亲和力和人格感化精神,对南高师—东大稳定发展功不可没。

除聘请的优秀留美学生,李叔同是江谦于南高师自建校初期就聘请的少有的留日归国学者之一。李叔同(1880—1942),字惜霜,号叔同,即弘一法师,天津人,南洋公学特科班出身,江谦校友。音乐、绘画名师,近代艺坛杰出先驱,名曲《送别》的词作者。其于 1905 年留学日本,学习西洋画和音乐,是近代中国首位出国学习音乐和绘画的知识分子,著名画家丰子恺就是其嫡传弟子。1911 年李叔同自日回国,于 1912 年受聘于浙江两级师范学校(翌年改为浙江省级第一师范学校,以下简称浙一师)。1915 年,受江谦之聘,李叔同兼任南高师国画、音乐教师。1916 年江谦与其合作,于南高师留下了由其作词、李叔同作曲的百年绝唱"诚"之校歌。珠联玉映的南高师校歌是南高师国学文化与西洋乐曲的完美结合。2000 年时,此歌再次被南京大学确定为校歌,足见其文化底蕴的绵远悠长。李叔同后来专任于浙一师,但其"人格教育"对南高师校风建设有很大影响。其于 1918 年剃度出家,成一代律宗大师。李叔同对日后皈依佛门的江谦于佛学研究多有指引,二人关系亲密。

另外,根据胡适 1916 年 3 月 15 日给其母的家书内容可知,江谦还曾力邀胡适来南高师任教,"昨日得友人来信,言南京高等师范学校校长江易园先生欲招儿往该校教授",但因胡适已答应蔡元培去北大,故其最终"以不能即归辞之"。[2] 据《东南大学史》记载,1915 年的南高师,教授中近 2/3 曾留学欧美。[3] 这个比例是相当惊人的。留美回国、日后成为中国首届院士的周仁和农业专家邹秉文等,皆因江谦之聘,齐聚南高师。南高师名师云集,可谓星光熠熠,为继任校长郭秉文日后实现南高师转型升级作了必不可少的师资人才储备。根据田正平对 20 世纪 20 年代前后南高师、东大任教的留学学生情况所作统计可知,不包括江谦前期聘请的留美学生,由郭秉文聘任的南高师—东大的留美师资有 43 名,[4] 其中不乏后来家喻户晓的名人大家,如陈鹤琴、茅以升、竺可桢等。可见,郭秉文继承了江谦自创办南高师

① 黄炎培:《哭陶行知》,田正平等编:《黄炎培教育论著选》,人民教育出版社,1992 年,第 377 页。
② 陆发春编:《胡适家书》,安徽人民出版社,2009 年,第 47 页。
③ 朱斐:《东南大学史(第一卷)》,东南大学出版社,1991 年,第 76 页。
④ 田正平:《留学生与中国教育近代化》,广东教育出版社,1996 年,第 416—417 页。

时就已建立起的聘用留美学生为主的师资聘用方针,且力度更大。正因为此,名师荟萃的南高师最终取得与北高师、北大齐名的傲人成就,后来的东大甚至跻身于世界名校的行列。[①]江谦在师范教育中实现了"以日为师"向"师美为主"教育模式的转变,助推了中国近代高等教育由师日转美教育模式的转变,值得学者们在这方面加强研究。

三、管理师资开明有方

南高师国内硕学鸿儒与留美学子齐聚一堂,是"大学最要者即良教师"[②]的生动体现,也是江谦先进教育理念的反映。"良教师"的引进固然为学校发展提供了优秀师资队伍,然而如何把中西教育差异巨大、特立独行的教员个体凝聚于南高师,在新旧教育转型、师资奇缺的民国时代,考验着江谦的智慧。江谦本人于通师时期就经历了数次被苏皖等教育界挖人的亲身经历,十分清楚稳定的师资队伍建设对于学校发展的重要意义。得益于丰富的教育管理经验及对国际国内教育理论前沿的关注,江谦在严格的管理体制下,注重以人为本、厚培师资、高薪养师,以自己巨大的人格魅力把教职工凝聚于自己的周围,打造了一支稳定而优秀的师资队伍,对当今师资队伍建设不无启示。

(一)以人为本

江谦于南高师教育行政管理严格有制。"南高师校内行政,采合议与分任兼重之制,设总务处以总辖全校之事。"[③]通过江谦1917年与美国人祁屋克签订的聘用合同可知,南高师对教师管理极其严格。合同明确规定被聘为南高师体育专修科主任的祁屋克"不得兼营他业致有旷误";全年事假病假累积最长不得超过一月;且"俟销假后,仍须将所服任务之缺脱处酌量追补"[④]。较为完善的校章制度有利于杜绝散漫、效率低下等弊端,但江谦围绕教师工作和生活实际,采用灵活和柔性化管理,于管理细节之处彰显出难得的温馨和人文关怀。

---

① 这从1914—1925年美国各类报纸如《华盛顿时报》《纽约先驱报》《纽约讲坛报》等多次提到中国南高师—国立东南大学可以看出。如《纽约先驱报》就于1922年报道了美国洛克菲勒基金会对中国医疗援助之事。其中提到援助对象南京东南大学和天津南开大学时指出,中国人现在是自己在掌握"教学和管理",肯定了中国在引进现代科学教学的同时,对医学和公共卫生的积极主动表现及在现代教育方面的努力探索。(More Medical Aid for China, The New York herald. October 02, 1922, Page 8, Image 8)

② 王文俊:《张伯苓教育言论选集》,南开大学出版社,1984年,第92页。

③ 朱沛莲:《五十年前之南高》,《郭秉文先生纪念集》,中华学术院,1971年版,第110页。

④《聘请美国人祁屋克为体育主任合同》(1917年9月),南京大学校庆办公室校史资料编辑组、学报编辑部:《南京大学校史资料选辑》,南京大学印刷厂,1982年版,第74—75页。

　　针对诸多教师跨校任教的特殊情况,南高师采取个性化的教学安排设计,主动采用集中授课方式制订授课计划、充分尊重教师自主开展课程内容设计等,最后成功吸引了一批教师辞去他职,专任于南高师。名师李叔同本工作于浙一师达三年之久,因江谦邀请,盛情难却,1915 年始兼教南高师。考虑到南京与杭州的遥远距离及交通不便,学校专门为其量身定制了集中授课安排,每月两校各半,李叔同每月往返奔波"千二百里",同时教授两校的绘画和音乐课程。不仅如此,为减轻其不必要的负担,南高师与浙一师均为其安排了得力助教。李叔同不在时,由助教代课,方便解决了李叔同"两地两校"的教课问题。[①] 同时,对于教师课程内容的开设,江谦也十分开明。李叔同当时在南高师就"采用石膏像和人体写生",这在民智未开的民国初年开风气之先,在"国内艺术教育上是一个创举"。[②] 李叔同后因宁杭太远,奔波劳累过甚,"不佞于本学年兼任杭、宁二校课程,汽车往来千二百里,亦一大苦事也"。[③] 本想辞去浙一师工作专任于南高师,但碍于浙一师老友夏丏尊挽留,不得不辞去南高师兼职,专任教于原校。江谦于南高师人性化的科学管理为教师工作和发展提供了宽松的良好环境。柳诒徵 1915 年被聘为南高师国文教师时,还兼任河海工程学院教员,1916 年其辞去河海教员,专心于南高师任教。被聘南高师任教的刘伯明本担任金陵大学国文部主任,1919 年亦辞去原校教职,专任于南高师。难能可贵的是,这些同时任教于他校的教员在南高师教学过程中始终认真尽责、兢兢业业,授课内容和授课方式深得学生好评,对南高师优良学风和校风建设发挥了重要作用。

　　除此之外,江谦在南高师师资管理中还体现出严谨的工作作风和科学细致的考量,体现出人文关怀的另外形式,成为留住师资及稳定师资队伍建设的重要因素。这一点通过柳诒徵于《自传》中提及的其不肯续任两江优级师范学堂教职的亲身经历,可得到印证。

　　　因为我在商业学堂讲历史为人所称道,因此两江师范监督李梅庵先生(瑞清)特请我兼两江师范历史教员。此席系继刘申叔(师培)之后,我就去担任了一学期。该校习惯,会计不送教员的薪水,要教员自己到账房去领。我逢课到校授课,但绝不找会计要钱,到暑期时即坚辞不去。李先生不知,只知挽

---

① 陈敬之:《首创民族主义文艺的"南社"》,成文出版社,1980 年,第 222 页。
② 左惟等编:《大学之道——东南大学的一个世纪》,东南大学出版社,2002 年,第 35 页。
③《弘一大师全集(第 8 册)》,福建人民出版社,2010 年,第 277 页。

留。我只说身体不好，不愿多教功课，李先生不能相强，也就罢了。后来托崇辉山（朴）再访问我不去的缘故，我告诉崇氏。崇氏说我错怪了李先生，李先生实在不知。回报李先生，痛责会计，将半年束脩送来（曾符按：据《劬堂日记》，后送来银元三百），李先生特别道歉，仍要请我到校，我力谢不往，只允随时可以演讲。到了辛亥这年，李先生又来请我，我又去担任到八月。①

这段记录真实还原出柳诒徵因会计不送薪水，需教员亲自去账房领薪，觉得有辱斯文而不愿再任两江优级师范学堂的真实原因。里面固然有知识分子的清高作祟，但侧面折射出两江优级师范学堂在学校管理方面的诸多漏洞和监管缺失。细观南高师 1917 年 9 月与美国教员祈屋克签订的聘用合同不难发现，南高师付给教师的薪水是按月奉送给教员，"受聘员薪俸每年三千六百元，自到职之月起，每月由校致送中国银币三百元"。②柳诒徵后辞去另一教职，专心任教于南高师，应源于其心理上对南高师教育管理理念的认同。其被江谦聘为南高师教授国文后，曾有如是记载："我更常听到江先生许多名论，可惜他因病辞职，在校时间不久，否则他的人格感化，造成南高学风，真是了不得的。"③字里行间透露出柳诒徵对江谦的敬佩和辞职的惋惜，只可惜柳诒徵先生并未一一记下江谦的名论，里面一定糅合了江谦的诸多教育理念。

南高师以人为本的管理理念孕育了浓浓的人文情怀，和而不同的老师在这里可求同存异，和谐相处。如柳诒徵和王瀣两位硕儒，他们在性格、学问方面有诸多不同，然而他们能克服彼此之间的差异，相互包容，在教学相长上乐此不疲。陈训慈对此记忆深刻，柳诒徵与王瀣两位大师，"为学与性行有殊，而相处甚契"。④民间琴师王燕卿在来南高师之前生活并不如意，但来南高师后，生活安宁而快乐，与教员柳诒徵、王瀣多有交往，还曾替王瀣修理过明益王琴。有人曾言南高师自然环境优美："南高所处之自然与都市环境，朴而不华，实而不浮，以语波兰之壮阔，虽远逊于今日之首都，而衡诸环境之陶冶，容有胜于今日之繁华。"⑤环境的雅致固然能使人身心愉悦，但自然与人文环境有机结合的管理风格应是南高师及后来东大

① 柳诒徵：《自传》，柳曾符、柳佳编：《劬堂学记》，上海书店出版社，2002 年，第 14—15 页。

②《聘请美国人祈屋克为体育主任合同》，南京大学编辑：《南京大学校史资料选集》，南京大学出版社，1982 年，第 75 页。

③ 柳诒徵：《自传》，柳曾符、柳佳编：《劬堂学记》，上海书店出版社，2002 年，第 12 页。

④ 柳诒徵：《自传》，柳曾符、柳佳编：《劬堂学记》，上海书店出版社，2002 年，第 76 页。

⑤ 陈训慈：《南高小史》，《国风（南京）》，1935 年第 7 卷第 2 期，第 62 页。

涌现出一大批名师大家的重要缘由。

（二）厚培师资

江谦对师资队伍建设十分上心。除了经常聘请教育界名人来南高师演讲，开阔广大师生眼界外，南高师还特别注重给教师提供各种学习参观、教育考察，包括出国深造机会。对于优秀人才，江谦厚培之心更甚，如对留美学生郭秉文、陈容等的特殊栽培。1915年南高师筹备创办之时，工作千头万绪，急需人手，但江谦于同年4月派郭秉文和陈容赴济南、天津、保定、北京等处考察教育状况，前后历时一个半月；同年6月又派郭秉文、陈容赴日本考察教育状况，足足一月；1917年1月，再派郭秉文与北高师校长陈宝泉、武昌高师校长张煊、江苏教育会副会长黄炎培等前往菲律宾及日本考察教育状况。为使郭秉文与陈容尽快熟悉中国教育现状，吸收世界各国先进教育理念，江谦不惜耗费捉襟见肘的办学经费，派送这两名留美学生去各地学习和考察，器重和厚培之意显而易见。除对留美师资培养重视，江谦对本土师资的成长也格外关切。1917年，南高师派英文教员张谔赴美国哥伦比亚大学留学，学习教育和英文；1918年，派体育教师卢颂恩赴美国留学，专攻体育等。这些举措，极大拓展了教师思维，有利于克服沉闷和闭塞的保守环境，使南高师教师始终处于教育活跃的最前沿。江谦十分器重和栽培的郭秉文不负众望，成为其于南高师的得力助手。尤其是在其生病期间，郭秉文始终支持左右，确保了南高师的稳步发展和长足进步。郭秉文日后从教务主任升为代理校长、校长，离不开江谦的信任与支持。正是在诸多教育界人士包括江谦等的支持下，郭秉文成功在南高师基础上建成更高层次的综合性一流学府东大，江谦曾连续两届担任东大校董以示支持。1923年，在郭秉文主校南高师发生校园口字房失火事件时，江谦特去信给予安慰。若非1925年东大"易长风波"，郭秉文势必会有更好发挥。江、郭二人于教育理念、教学管理上有诸多共通之处，彼此互相扶携，最终成就了南高师—东大媲肩北大的教育辉煌。

（三）高薪待师

高薪待师，是南高师师资管理的另一大特色。为聘请"一时英秀"，在学校财政竭蹶的状况下，作为校长的江谦，不惜以月薪远超其本人的特殊待遇吸引和留住人才。依据民国五年（1916）一月江苏省对省立各学校职教员薪水调查内容可知，彼时南高师校长江谦月薪220银圆，教务主任郭秉文300银圆，学监主任陈容260

银圆。^①教务主任和学监主任薪水都远超校长,这在民国绝无仅有,即使是当今高校,也难觅踪迹。若与两江优级师范学堂监督李瑞清三百两(相当于428元银圆)^②的月薪相对照,江谦的薪水仅近其一半,更是远低于时任北大校长蔡元培600银圆的月薪。在彼时月薪8元就能养活一个人的年代,超出的数额显然是一笔不菲的收入。根据民国教育相关条例规定,江谦担任校长时月薪应为500银圆,其220银圆的月薪是其考虑办学经费拮据现状,主动降薪的结果。

清末学堂初兴时,确有外聘美人薪水远超监督(校长)的现象,如1896年南洋公学委以监院重任的美人福开森博士,每月工资350两银子,远超校长盛宣怀100两的月薪。^③但此种情况在民国后几无所见,即使是与同期北大相比,郭秉文与陈容的薪水待遇都算很高。郭秉文的月薪甚至超出了同期北大教授280银洋(合今约2.8万元人民币)的最高待遇,与1919年担任北大文科"学长"的陈独秀月薪300银洋(合今约3万元人民币)相当。1916年蔡元培执掌北大时,聘请留美学生胡适为北大教授的月薪为260大洋,因为距离北大最高教员薪水只差20大洋,胡适倍感压力巨大,蔡元培还亲自带茶叶上门表达对他的高度信任,助其减压。^④南高师薪资向一线教师倾斜指向十分明朗,如国内硕儒王瀣月薪150银圆,比柳诒徵于两江优级师范学堂担任教习时的120银圆月薪多出30银圆;^⑤还有教员月薪达到160银圆。江谦在师资聘用方面花费巨金,甚至不惜自降薪金,足见其高薪聘师的管理理念及高风亮节。1920年,中国最早的四大高等师范之一成都高等师范学校教职员的薪俸最高额为二百八十元(此处元应为银洋。笔者注),^⑥由此不难发现江谦办学的魄力之大。实际上南高师办学经费极为拮据,虽为国立,但费用均由江苏省出。陈训慈曾感慨南高师"教授待遇与行政各费之搏节"^⑦。根据南高师历

①《省立各学校职教员薪水一览表》(中华民国五年一月调查),《江苏教育行政月报》1916年第3期,第1—31页。

②《江苏咨议局调查两江师范学堂报告》,《教育杂志》,清宣统三年(1911)第3年第3期,第31页。

③ 章玲苓:《福开森与南洋公学》,《上海档案》2001年第3期。

④ 段奇清:《蔡元培送茶叶》,《知识文摘》2016年第1期。

⑤ 柳曾符、柳佳编:《劬堂学记》,上海书店出版社,2002年,第9页。

⑥《成都高等师范学校七年度周年概况报告》,璩鑫圭、童富勇等主编:《中国近代教育史资料汇编·实业教育　师范教育》,上海教育出版社,2006年,第1057页。

⑦ 陈训慈:《南高小史》,《国风(南京)》,1935年第7卷第2期,第58页。

年收支情况[①]及苏云峰介绍的"三（两）江师范历年经费（含附属中小学）"[②]比较可知，南高师办学经费十分窘迫，经费预算本该有 10 万，但实际领到的只有 5 万，且属滞后性分批支付；常年办学经费平均大约勉强维持在每年 5 万。而两江优级师范学堂情况截然不同，办学经费 30 万，足足是南高师的 6 倍，充裕阔绰；常年办学经费维持在 10 万元以上，是南高师的 2 倍。显然，两江优级师范学堂的资金充沛状况为南高师望尘莫及。在学校经费如此窘蹙的状况下，江谦在师资聘用方面可谓"奢侈"至极，展示出江谦办好南高师、振兴江苏教育的决心与魄力，是其"教育救国"赤子之心的充分体现。

由此可见，"南高师成立之初，延师颇重专才硕学"[③]。曾毕业于南高师的著名地理学家胡焕庸对此印象深刻，新创办的南高师"聘请了大批从国外回来的青年专家学者，大部分是从美国回来的，少数也有从欧洲各国回来的，再加许多国内学有专长的名儒学者，济济一堂，学校名誉大振"。[④]如果说"南高、东大最成功之处，当是在国内外延揽了一大批著名的教授，使每个科系均具有国内一流的学术领导人才，各门学科都形成了自己的特色"[⑤]的话，那么值得注意的是若无江谦有效、科学而人性化的管理，很难想象南高师在中国高等教育近代化的过程中能够留下浓墨重彩的一笔。需要特别注意的是，南高师当是近代史上以最少经费举办最优质高等教育的成功典范，这亦是江谦的过人之处。南高师曾流传，"想当官的上北京，想发财的去上海"，许多教师却以"唯我甘愿留南高"自勉。[⑥]这种氛围的形成其实是很令人感慨和激动的。在民国人才奇缺的环境下，高薪待遇固然是吸引良教员的重要原因，但南高师形成的传统教育氛围中兼具现代化教育自由、民主、科学的浓厚学术氛围和人文关怀何尝不是能够留住师资的重要因素，这与江谦以身示范的崇高威望、富有感染力的人格魅力及其灵活而不失人性化的管理是分不开的，也生动诠释了大师与管理有效结合方能成就一所大学的重要道理。在当今高校高度注重优秀师资的今天，这些经验仍可以照耀千秋，给予当下的我们以深深的启迪。

---

① 朱斐主编：《东南大学史（第一卷）》（第 2 版），东南大学出版社，2005 年，第 36 页。
② 苏云峰：《三（两）江师范学堂：南京大学的前身 1903—1911》，南京大学出版社，2002 年，第 36 页。
③ 陈训慈：《南高小史》，《国风（南京）》，1935 年第 7 卷第 2 期，第 59 页。
④ 胡焕庸：《治学经历述略》，《中国科技史料》1991 年第 1 期。
⑤ 王德滋等主编：《南京大学百年史》，南京大学出版社，2002 年，第 95 页。
⑥ 龚放、冒荣编：《南京大学》，湖南教育出版社，1995 年，第 31 页。

第三节 南高师招生与学科设置

南高师在招生方面,除了高度重视学生学业成绩,对学生思想品德和身体素质均有严格要求;在学科设置上努力满足社会发展需要,"倾向专门研究"。[①]这与南高师培养目标经历三次跳跃有关。南高师初期"以养成师范学校、中学校职教员为宗旨";[②]继而"以养成教育学教员及学校行政、教育行政人才"[③]为目标;后因江谦认为,"国家的富强有赖于科学,实业的发达有赖于教育作基础",[④]遂提出"实科教育"的理念,增加高级科技、经贸人才的培养。南高师相继设置了体育、工艺、农业、商业、英文和国文专修科等,其学科设置居海内外之冠,其中体育学科的设置开全国高等师范教育风气之先。

一、南高师发展规划与招生要求

南高师初创时期的学校章程明确了学校未来的发展层次、修业年限及学期安排。在发展层次上,设置预科、本科、研究科,同时增设专修科及选科,逐级推进,不断提高发展层次的意味明显,规划明确,为南高师发展指明了方向。在修业年限上,预科一年,本科三年,研究科一年或二年,专修科、选科二年或三年。学期安排主要把一学年分为三学期,1月至3月为第一学期,4月至7月为第二学期,8月至12月为第三学期,并设有寒暑假。这与美国一年分为三学期十分类似。

南高师招生关注点主要集中于三方面,即身体健康、品行端正、学业合格,三者缺一不可。在南高师简章中,学校把学生身体健康与品德要求放在同等重要的首要位置,各科学生入学,"须身体健全,品行端正"。在学校招考简章里也有明确规定,所有符合学业的应试者"均以身体健全,品行端正者为合格"。对于入校后才发现学生身体和品行有问题者,校长会行使退学权,"学生有身体羸弱、品行不良、学力劣等者,校长得命其退学"。[⑤]对于学生品行的关注和培养,自古有之,但对学生身体健康的关注度如此之高,固然是国事日衰下救亡图存之所需,实际对于引

---

① 陈训慈:《南高小史》,《国风(南京)》,1935年第7卷第2期,第59页。

②《南京高等师范学校简章》(1915年6月订),南京大学校庆办公室校史资料编辑组、学报编辑部:《南京大学校史资料选辑》,南京大学印刷厂,1982年版,第29页。

③《南京高等师范学校报告(节录)》(1918年4月),璩鑫圭、童富勇等主编:《中国近代教育史资料汇编·实业教育 师范教育》,上海教育出版社,2006年,第1039页。

④ 尹文:《东南大学艺术教育史1902—2002(第一卷)》,东南大学出版社,2016年,第42页。

⑤《南京高等师范学校简章》(1915年6月订),南京大学校庆办公室校史资料编辑组、学报编辑部:《南京大学校史资料选辑》,南京大学印刷厂,1982年版,第31、33页。

领社会、学校和学生重视体育锻炼、培养良好的社会风范具有积极引导意义。1915年8月,江谦于学校开办状况报告书里曾对此特地进行了详细阐述:"考试手续如各科程度合格,须受口试及体格检查,而尤以体格为最重。盖以师范为教育事业,教育为精神事业,非有完全强健之躯干为真实之基本,则毕业后,科学程度纵有可观,而孱弱之肢体不足以发展其文明之思想,对于应尽之职务,即未易收良好之效果,此其隐微之损失,于教育前途影响甚巨。故本校招考,并请中西医士严行检查体格,凡体弱者,概行汰去,籍以警觉学生注重体育之心,以冀养成精神强健之师范,次录取学生资格之状况也。"[1]身体是人存活于世的根本之根本,皮之不存,毛将焉附。南高师招生对学生身体健康的高度关注最终内化为江谦的教育实践,开启了全国首设体育专修科的先例。

南高师开办之初只设两部一科。学校对于所招学生学历和流程均有统一要求和规定,各方面均较规范。在南高师1915年招收的学生中,学生数量的多少依次为中学毕业生、师范毕业生及中学以上学校修业者。同年8月招考之时,报名者达534人,录取为126人,录取率为24%,实际报到者110人,实际录取率为21%,充分体现出南高师宁缺毋滥的招生原则。根据1918年7月《申报》记载的南京高等师范新生考取情况介绍可知,该年南高师除去各省分派的收新名额,学校直接录取的新生为25人,因江苏招新的10名新生数额亦纳入学校直接录取之列,故招新名额共为35人,但实际报名投考的学生多达250余人,南高师在社会上的受欢迎程度由此可见一斑。"故各科试题极为深难,口试及体格检查亦极详细。"正因为此,"此次录取各生,既具优美之学识,复具强壮之身体","各生程度佳者极多"。[2]南高师招生竞争之激烈,侧面反映出其卓越的办学成绩及受欢迎程度。学生生源以江苏最多,其次为安徽、浙江、江西、广东、四川和贵州等省。生源显然以南方为主。随着南高师的快速发展,民国八年(1919),南高师学校面积由1911年的两江优级师范学堂的200亩扩大至370亩,增加了几近一倍。教职员94人,学生共416人,是办学初期人数的3倍多。生源仍以江苏最多,占比57%,浙江次之,占比20%,增加了湖北、湖南、山东等生源,但数量较少。健康事关个体的立世之根本,品德事关个体的人生走向,学业事关个体的能力塑造,江谦对育人的排序与当今教育品德第一、学业第二的做法虽无本质区别,但有细微差别,体魄健康放在招生首位似乎

---

① 《南京高等师范学校简章》(1915年6月订),南京大学校庆办公室校史资料编辑组、学报编辑部:《南京大学校史资料选辑》,南京大学印刷厂,1982年版,第35页。

② 《高等师范考取新生志》,《申报》,1918年7月25日,第7版。

自古未有,其对体育健康的认知显然达到了前所未有的高度。

二、南高师学科设置

南高师成立时,新文化运动正酣,随着 1915 年美国教育家杜威实用主义教育理论在华的广泛传播及国际国内战乱的发展,江谦教育救国的愿望更为强烈,"今日之欧战剧烈,若是人各相违也,中国近数年来咎由亦非小可也。各人自扫门前雪,不管他家瓦上霜,此为我国最大之弊",江谦因此更为注重"实科教育"。"南京高等师范学校特设机械专科,一以改良家具,一以抵制外货⋯⋯学校自明年亦将有农林专科之设立也。至言商,则高等师范亦将特设专科。"① 这些均反映了江谦对科学的重视。1916 年江谦于通师校友会发言时,再次强调了自通师时就产生的以"国学为根本,实业为应用"② 的教育思想。专业建设需与社会经济发展相适应,强烈的国家危机感铸就了江谦脚踏实地的实干精神,这些在南高师专业设置方面也得到了充分体现。

南高师学科设置并未墨守成规,在时代发展中体现出推陈出新的面貌。相较于通师与两江优级师范学堂,南高师专业学科设置更多,出现了具有现代意义的新学科,格外注重应用性。建校初期,南高师始设两部一科,两部即国文和理化部,一科即国文专修科。各设一班,每班各 40 人。首年共招收 110 名学生,比计划少 10人。两部预科各一年,国文专修科为两年。1915 年 12 月,南高师设置体育专修科,为全国高校首创,比紧随其后设置体育专修科的北高师要早一年有余,并于次年春季实现首次招生,录取学生 39 名。1916 年秋增设工艺专修科,1917 年秋增设农业、商业专修科和英文专修科,1918 年 6 月,又增设教育专修科。至此,学校已变为两部七科。农、工、商专修科的设置,是南高师提倡和重视"实科"教育的重要标志,此举"实开全国之先"。③ 1919 年学校将国文部改为国文史地部,理化部改为数学理化部,"先后所设专修科之多,海内各高师(如北京、武昌、成都等高师)殆无出其右者"。④ 至此,南高师学科设置之多为海内高师之冠,即使与 1925 年一些国立大学的学科设置相比较,1918 年南高师在学科设置种类和数量方面亦毫不逊色。如国立大学北洋大学,"只有法、工两科",山西大学,"有四科"。⑤ 南高师两部七

---

① 江谦:《校友会演说词(速记稿)》,《南通师范学校校友会杂志》1917 年第 7 期,第 13—14 页。

② 江谦:《校友会演说词(速记稿)》,《南通师范学校校友会杂志》1917 年第 7 期,第 12 页。

③ 孙文治主编:《东南大学校友业绩丛书》,东南大学出版社,2002 年,第 18 页。

④ 陈训慈:《南高小史》,《国风(南京)》,1935 年第 7 卷第 2 期,第 59 页。

⑤ 王玉生:《蔡元培大学教育思想新探》,电子科技大学出版社,2014 年,第 6 页。

科的学科设置更加多样化和专业化,较为完善的学科设置为日后南高师发展为较高形态的综合性大学奠定了学科基础。继南高师之后的东南大学在学科设置方面不断完善,学科也更趋专业化,最后走向分系发展,江苏高等教育快速迈向近代化。

三、南高师体育学科设置

相对于传统教育对德育与智育教育重视的约定俗成,江谦对军国民主义的重视和把握,最终演变为对体育教育设科的设想,并开全国风气之先。江谦率先于南高师设置体育专修科,极大促进了中国体育教育事业的近代化;首次倡导并践行"终身体育思想",成为中国近代史上"终身体育思想"提出第一人。这些充分展现了江谦于教育领域开拓创新的勇气和魄力,体现了其对体育教育的超前认知。

(一)体育专修科设置背景

江谦对体育的重视有其现实来源与理论来源。时代民族危机是南高师体育专修科设置的现实来源,国内教育家的经验积累及国外欧美体育教育思想的影响则构成其理论来源。

一是近代民族危机的刺激。近代中国社会饱受帝国主义铁蹄蹂躏,"东亚病夫"称号刺激着国人的神经,瘦弱之躯显然是人才未来才能发挥的极大限制。1900年八国联军侵华之战,中国人创痛巨深,尚武精神与军国民主义教育应运而生。梁启超在《新民说》中言:"立国者苟无尚武之国民,铁血之主义,则虽有文明,虽有智识,虽有众民,虽有广土,必无以自立于竞争剧烈之舞台"。"有健康强固之体魄,然后有坚忍不屈之精神"。"欧西诸国,靡不汲汲从事于体育",正因为此,"务使举国之人,皆具军国民之资格"。[①]蔡元培提出,"强邻交逼,亟图自卫。而历年丧失之国权,非凭借武力,势难恢复……则所谓军国民教育者,诚今日所不能不采者也"。[②]尚武精神和军国民主义逐渐成为一种社会思潮,最后成为民间社会团体与清政府的共识。1906年清政府提出,"凡中小学堂各种教科书,必寓军国民主义",要"人人有振武之精神,而自强可恃"。[③]自此,忠君、尊孔、尚公、尚武、尚实成为清政府的教育宗旨。振兴武备,须有尚武精神,尚武精神在学校的体现,自然落在了体育教育课程的设置。自此,体育成为清末学校教育普遍兴起的课程,兵式体操成为清末学校体育教育的重要内容,长期奋战在教书育人第一线的江谦对此并不陌生。正是基于对国情危机的深刻认知,始有江谦于南高师时期对体育教育

---

① 梁启超:《新民说·论尚武》,《饮冰室合集·专集(四)》,中华书局,1989年,第108页。
② 高平叔:《对于新教育之意见》,《蔡元培全集》,中华书局,1984年,第130—131页。
③《光绪朝东华录(五)》,中华书局,1958年,第5492—5497页。

大刀阔斧的改革。

二是江谦始终立足于教育最前沿,受到世界先进教育思想的熏陶和欧美体育思想的影响。早在南洋公学求学时期,监院福开森基本使用欧美教育制度,倡导体育,经常诱导或强迫学生参加锻炼,[①]给身体羸弱的江谦留下了深刻印象,这是其对欧美体育教育的亲身体会和最早接触。毕业后的江谦投入通师教育事业,并逐渐在教育界和政治界崭露头角。南高师创办之时正逢新文化运动发起,西方民主、科学等思潮纷纷涌入国内之际。主校南高师时期的江谦已是教育名家,资政院议员、江苏教育司司长、通师校长的经历无不历练着江谦,南高师校长的身份,与教育大家、社会名流张謇、蔡元培、黄炎培等广泛交流的良好人脉,为其能够站在教育最前沿,参加由教育部、省教育厅及地方各团体组织的教育会议,接受最新教育理念提供了重要条件。1915 年 2 月,身为南高师教务主任的郭秉文,曾于南京路惜阴公会受邀讲演体育兴则教育兴等最新之学说,其有关体育的最新理论对江谦应有影响。1915 年 9 月,江谦参加了江苏教育会第四次会议,此次会议有诸多中外教育名家分批次就中外教育内容进行演讲,其中对西方体育教育多有涉及,如加入游美实业团,足履美国二十余州的江苏教育会副会长黄炎培演讲了"美国学校课程实地考察"情况,其内容虽多涉及美国教材及教授法,[②]但不乏西方体育教育的新思想和新学说,并引起了江谦的格外关注:"黄韧之(黄炎培)君游美考察学校归,谓美人大学问家、大事业家无不精力强盛、体格壮伟,而吾国学问愈高,事业愈大者,体格亦愈疲弱,则体育不讲之过也。"[③]西人精力强盛与素有"柔弱书生"之称的中国知识分子形成鲜明对比,江谦由此悟出,皆因中国"体育不讲之过也"。江谦曾言:"国学、实业根本应用二方面俱备矣,更有欲与诸君者,则关于体育者是也。我国之人,素不讲究体育,学校虽有体操一科,视同具文,课则操,课下则不操,阴雨则不操,星期则不操,毕业后则更不操。夫体育者,吾人生存所必要者也。"[④]从中可知,江谦已意识到国人对体育的轻视,其对体育教育的关注点也已从课内转为课外,从校内转为校外,从短期转向长期,并认为体育锻炼不该仅仅局限于课堂,应延伸至学生毕业后乃至一生,其终身体育锻炼的概念呼之欲出。与此同时,民国初年各学校在校生出现较多死亡的现象亦引起了身为校长的江谦高度重视。"年

---

① 章玲苓:《福开森与南洋公学》,《上海档案》2001 年第 3 期。

②《江苏教育会议第四次讲演会详纪(续)》,《申报》,1915 年 9 月 6 日,第 6 版。

③《南京高等师范学校体育专修科旨趣书》,《京师教育报》1916 年第 26 期,第 3 页。

④ 江谦:《校友会演说词(速记稿)》,《南通师范学校校友会杂志》1917 年第 7 期,第 14 页。

来学校学生死亡者颇多,在女子尤然,盖其身体尤弱于男子也",[①]并因此"抱痛久矣"。[②]江谦认为,功课繁多,加之学生体弱导致疾病丛生,以致出现较多英才学子死亡之憾事。强身健体的重要性不言而喻。受欧美体育教育思想的影响,江谦于南高师在"开办之初即注重体育"。[③]正因为此,南高师才有了近代高等教育中最早的"三育并举"教育思想和体育专修科设置的创举。

三是国内体育教育经验多年的积累。1903 年,《癸卯学制》首次将体育课程纳入学校教育,开近代学校教育体育课程设置之先河,也是中国近代体育课程发展的重要历史机遇。1905 年科举废除,学堂纷设,新教育开始逐渐取代旧教育登上历史舞台。培训体育师资的专门学校和体操专修科开始涌现,体操学校、体操科虽然是时人对体育的理解和诠释,但真正的体育科并未出现。1912 年民国成立,学堂改为学校,监督改为校长,优级师范学堂改为高等师范学校,新教育以前所未有之势在全国迅速发展。自鸦片战争以来数十年对教育的思考、探索和尝试,中国长期积弱而产生的学校体育教育欠缺现象,终引起了教育家们必要的关注,并对其经验积累进行了必要的反省,其中就有对体育教育片面理解的反思:"今日学校与体育,其尚未得正确之理解乎。所谓体育,大率以体操当之。所谓体操,大率濒乎机械,作用未足以尽体育之量也。有教育经验者,亦已渐悟其非而痛切言之矣。"[④]可见,当时有识之士对体育仍限于"体育即体操,体操即机械"层面的肤浅理解已开始痛思,这也引起了江谦的重视,故其主校南高师时就已经"深明所谓体育者,仅以体操当之实未足以尽体育之量"[⑤]。更可喜的是全国有经验的教育者和教育团体们已经意识到问题之痛,并开始纠正这一误识,采取了切实措施。1916 年时,全国教育会联合会提出重视体育的议案;全国师范学校校长会议继之,部令乃有课外运动之规定;江苏教育行政会议亦提倡,令各县设公共体育场所,潮流鼓荡,趋向斯变。[⑥]显然,当时全国上下,从教育部到教育厅,乃至地方行政机构在体育教育方面开始有所作为,这应是中国近代教育领域一项重要的改革举措。更为重要的是,在全国教育会中一向比较活跃且影响重大的江苏教育会在此次教育改革中依然走

---

① 江谦:《校友会演说词(速记稿)》,《南通师范学校校友会杂志》1917 年第 7 期,第 15 页。

②《致南通师范教职员书》,《阳复斋文集(下册)》,上海佛学书局,1933 年,第 251 页。

③《南京高等师范学校体育专修科旨趣书》,《京师教育报》1916 年第 26 期,第 3 页。

④《南京高等师范学校体育专修科旨趣书》,《京师教育报》1916 年第 26 期,第 3 页。

⑤《省牍　咨浙江江西安徽山东各巡按使(据南京高等师范学校详遵饬规画增设体育专科由)》,《江苏教育行政月报》1915 年第 12 期,第 15 页。

⑥《南京高等师范学校体育专修科旨趣书》,《京师教育报》1916 年第 26 期,第 3 页。

在了时代前列。江苏省教育会于1915年附设体育传习所，是"鉴于中国以积弱故不可不重体育"的具体表现。传习所的开学仪式格外隆重，出席仪式的有省巡按使代表、省教育厅代表、江苏教育会会长、各校校长及学界代表，来宾甚众。江谦被邀以来宾代表身份做了以"注重以身作范，为改良社会教育之要旨"[1]为主题的演讲。其认为，师范为教育事业，教育事业属精神事业，强健躯干是精神事业赖存之基。离开了健康体魄的根本，精神事业就成了无源之水、无本之木。自此，江谦的体育教育思路更为开阔，南高师"最大的目的是希望社会上人人有健康之体格，而后求学治事均有真实之精神"。[2]故在南高师开办近一学期时，江谦打破惯例，克服时局限制，破天荒地在南高师首设体育专修科，并把体育课程规定为所有学生的必修课程，托起了改良体育教育的大旗，"又倡全国之先"[3]，实为惊世骇俗之举。江谦在教育实践中身体力行，注重改良教育，忠实地践行着"教育救国"理念，始终"知行合一"，是务实教育家的标杆。

（二）体育专修科设置及招生状况

南高师体育专修科设置于1915年年底，1916年4月正式开办。其宗旨明确，目的是培养体育管理人员，"以养成中等以上各学校、地方公共体育场体育主任及管理员"[4]，首期拟招聘学生数为40人。"今欲养成此项人才，则又苦于教育难得方法，不完教者无以为施，而学者无以为受"。[5]师资本已难聘，又因南高师遵循"唯欲造就体育师资，计非专家不获用"[6]的高标准用人原则，聘请体育外教与国内名家成为首选。故南高师在开办之初即聘请了美国体育专家麦克乐（Charles Harold McCloy）及国内研究体育名家张士一，麦克乐由此成为南高师第一任体育系主任，也是中国近代史上首位体育系外国主任。1917年其因事务繁忙辞职，由美人祁屋克接替为主任。民国后，由外国人担任高校行政要职，在当时的国立高校实属罕见。后因师资十分缺乏，南高师选聘了时于上海刚举行的第二届远东运动会上表现优异的中国运动员张信孚和卢颂恩担任助教。美国知名体育专家的加入，有利于开拓我国近代体育专业教育的学术视野。与此同时，南高师在派英文教员赴美深造

①《纪体育传习所之开学》，《申报》，1915年11月27日，第10版。

②《省牍　咨浙江江西安徽山东各巡按使（据南京高等师范学校详遵饬规画增设体育专科由）》，《江苏教育行政月报》1915年第12期，第15页。

③ 孙文治主编：《东南大学校友业绩丛书》，东南大学出版社，2002年，第18页。

④《南京高等师范学校体育专修科简章》，《京师教育报》1916年第26期，第5页。

⑤《南京高等师范学校体育专修科旨趣书》，《京师教育报》1916年第26期，第3页。

⑥《南京高等师范学校体育专修科旨趣书》，《京师教育报》1916年第26期，第4页。

外,也不忘送体育教员卢颂恩赴美学习,足见江谦对体育师资的重视和培养。

在招生方面,体育专修科招生简章与南高师招生简章内容几近一致,"身体坚强、品行端正"仍然是首要条件,但在某些方面也具备了体育专修科的自身特色,相对于南高师招生简章中规定的学生除了必须是中学毕业或师范学校毕业(或有同等学力者),体育专修科删除了"同等学力者"的报考条件,显然招生条件依然十分严格。本科修业期限定为两年,短于正常本科1(预科)+3的学制。南高师体育专修科的设置,开启了我国体育专业人才培养的大门,是对近代高等教育的重要贡献。体育专修科的招生采用"各省巡按使保送合格学生到校试验"[①]及广告招生报名两种方式。然而尽管体育专修科的学生享受和其他师范生同等的免学费和膳宿费待遇,但从南高师投放大量招生广告来看,体育专修科的招生并不顺利。南高师于1916年1月11日至3月15日之间,在上海《申报》发布南高师体育专修科招生广告达30次之多,相对于南高师初创时期于1915年6月17日至7月24日在《申报》所投放的16次招生广告,体育专修科的招生广告无疑周期长,次数多,体育专修科招生广告几近南高师招生广告的双倍,反映出体育专修科招生难度之大。故南高师体育专修科当年只招收到23人,远少于预招40名学生的计划,后通过在主流媒体刊登缺额广告的方式逐渐增加到39人。继南高师后于翌年设置体育专修科的北高师,其第一年招生预招50人,实际只招到10人,反映出体育专修科在彼时为"社会轻视、学子抛弃"的不争事实,足见体育专修科设置初期江谦承受的压力之大、任务之艰。南高师体育专修科初始修业年限为2年,1918年改为3年,1921年改名为东南大学体育科,学制为5年(预科1+4),1927年又改名为国立中央大学体育科,1929年改为体育系,学制4年,后又几经变迁,一直开办到新中国成立初期。显然,体育专修科自创设后得到了延续发展,乃至于发展到当今在各高校独立成院。

(三)体育专修科课程设置

南高师体育专修科课程由学科和术科两部分构成,日后北高师体育专修科课程设计如出一辙,显示出南高师体育专修科身为鼻祖的身份。学科课程主要有伦理、心理学、教育原理、体育哲理、体育管理、兵学等共27门课程,主要学习公共课程及与体育相关的基础理论知识。术科课程主要有柔软体操、中西技击、中西拳术、田径赛运动等14门课程,重运动与训练。南高师体育课程的设计体现出与其宗旨

[①]《省牍 咨浙江江西安徽山东各巡按使(据南京高等师范学校详遵饬规画增设体育专科由)》,《江苏教育行政月报》1915年第12期,第15页。

一致的五个特点，即"实习与理论兼全；以健康为体，以技能为用；取各派体育之精华；与德育、智育为共同之发达；兼有军事常识，得发展军国民精神"。①该课程的设计，军国民主义教育思想最为突出，体现出体育教育为"强国"之本质，但也反映出对自然主义体育思想与国粹主义体育思想兼收并蓄的态度。与清末学堂以兵式体操为体育课主要内容不同，南高师体育课程增加了很多体育教育原理课程和西式体操课程，既可了解学生生理和心理特点，努力克服"各校体操运动，止重实习不及理论，或稍及理论亦偏而不全"的弊端，也可通过游戏舞蹈、柔软体操、中西拳术（西方部分主要是瑞典拳）等增加体育课的活泼性，真正体现出"实习与理论兼全""取各派体育之精华""兼有军事常识，得发展军国民精神"。②《体育哲理》《体育管理》属体育基础课程，由麦克乐执教，体现出欧美体育教育的最新理念。祁屋克还专门为南高师体育专修科创编了《体育史》《童子军》《游戏运动及游戏运动场》《游戏读本》《个人运动之选配》等课程，融汇了欧美体育专业教育学术传统、学术理念于一体的独特课程谱系，成功实现了相关体育专业课程的本土化。在教材缺乏的情况下，南高师教授还自编讲义。据统计，教授们自编讲义的课程达到18门，占全部课程的47%。③南高师"对活泼多样的西方近代体育运动项目进行价值审视和推广，大幅改革体育专业课程体系，对我国近代体育专业教育进行学科制度规训，重视体育专业学生的人文素养、师范技能和运动技能的培养，推进了我国近代体育专业教育的正规化、科学化"④。中西互补并收的体育课程内容，有利于体育教育的近代化。

南高师体育课程既包含了术科中体现军国民体育思想的兵式体操，又包含了国粹主义思想中以中国武术为代表的民族传统体育，还有反映自然主义体育思想的田径和游戏，课程设计注重体育原理、体育哲理、体育管理、体育建筑及体育设备等新课程。日后北高师体育专修科的开办课程设置方面亦包含了自然主义体育思想，除受到胡适等留学欧美的北京学者影响，受南高师影响痕迹明显。五四运动后，南高师体育课程理念被继任校长郭秉文继承和发展。东南大学时期，郭秉文实行主辅系的课程设置改革，学生除了主学本系课程，还须选一辅系并修其一半课程，

---

① 《南京高等师范学校体育专修科旨趣书》，《京师教育报》1916 年第 26 期，第 4—5 页。

② 《南京高等师范学校体育专修科旨趣书》，《京师教育报》1916 年第 26 期，第 4 页。

③ 陈主素：《南京高等师范学校体育专修科各学科教授大纲》，《教育公报》，1918 年第 5 卷第 11 期，第 125—135 页。

④ 马彦：《学科规训制度与我国近代体育专业教育》，《体育文化导刊》2009 年第 11 期。

进一步推动了体育课程设置的科学化和近代化。

（四）体育人才培养取得的成就与意义

南高师体育专修科的设置为近代中国培养了大量体育专业人才，取得了杰出成就。该科（系）曾是中国南部培训中等以上学校体育师资的主要场所。[1]随着时间的推移，南高师体育教育成效显露，"据诸生自述，旧疾获愈合，体瘦转丰，脑力渐强者甚多"。[2]优秀而卓越的体育人才陆续涌现，南高师"毕业生在体育界居于领导的地位甚多"[3]。根据学者马卫平等对民国时期60位体育家的研究可知，出生地在全国位居前三位的分别是江苏（30%）、浙江（16.7%）、河北（13.3%）。[4]其中江苏体育家数量比第二名的浙江多出近一倍，这与南高师重视体育教育在地区的辐射不无关系。在对48位体育家的毕业院校统计后发现，毕业于南高师的最多，达7人，毕业于东南大学和国立中央大学的分别有4位和6位，而时与南高师齐名的北高师仅有1位体育名家。[5]东南大学和国立中央大学皆为南高师的继续与发展，完全可算是一脉相承的结果。照此推算，民国时期毕业于南高师的体育家占了35%，充分体现出南高师在民国时期全国体育优秀人才培养方面的一枝独秀及统领作用。1918年6月，南高师第一届体育专修科32人毕业。[6]在早期中国体育优秀人才培养方面最为突出的吴澂、吴蕴瑞和徐英超3人中，除徐英超为北高师毕业（1919年6月），吴澂[7]、吴蕴瑞[8]皆为南高师第一届体育专修科毕业生。毕业于南高师的邵汝干和须家祯还分别创办了南京体育师范学校和私立中华体育学校。近代专业体育人才在总结体育教育学原理、宣传体育教育理念、普及体育教育等方面发挥了重要作用。

与此同时，专业体育师资队伍开始出现。南高师体育专修科的设置在全国

---

[1] 成都体育学院体育史研究室：《中国近代体育史简编》，人民体育出版社，1981年，第37—38页。

[2]《南京高等师范学校体育专修科旨趣书》，《京师教育报》1916年第26期，第3—4页。

[3] 左惟等编：《大学之道　东南大学的一个世纪》，东南大学出版社，2002年，第184页。

[4] 马卫平等：《民国时期体育家群体研究》，《中国体育科技》2016年第2期。

[5] 马卫平等：《民国时期体育家群体研究》，《中国体育科技》2016年第2期。

[6]《南京高等师范学校校友会》，《南京高等师范学校校友会杂志》1918年第1期，第5—6页。

[7] 吴澂（1896—1974），江苏江阴人，毕业于东南大学，任教于上海体育学院，后曾留学德国。民国时期于《体育与人生》《体育季刊》刊物发表文章数十篇，擅长体操和手球，撰有体育专著《小学体操教材》等。

[8] 吴蕴瑞（1892—1976），江苏江阴人，南高师毕业后留校任教，后曾留学美国，中国近代著名体育家，撰有《中、小学体育教授细目》《人体机动学》《体育教学法》《体育原理》（与袁敦礼合著）等多部体育学专著，并成为1935年创刊、1937年停刊，由上海勤奋书局发行《体育季刊》的负责人，是中国体育理论研究的奠基人、中国体育学术研究领域权威。

起了引领作用,拉开了全国高校体育专修科设置的序幕。继南高师首设体育专修科后,翌年,我国创立最早的国立北高师亦设立体育专修科,以"养成完全体育教员"[①]为开办宗旨。其专业体育教师的培养恰与南高师体育管理人才的培养形成了互补。正是在南高师带领下,全国各高等师范学校开始陆续设立体育专修科,如成都高等师范体育专修科、金陵女子大学体育系等。体育系毕业生更是供不应求。据南高师毕业生蔡绍逢回忆称,不少同学毕业前已被其他学校预聘。1918 年 6 月南高师体育专业毕业的 32 人,"当近毕业之时,已由各中学及师范预先函聘"。[②]自此,中国逐渐拥有了自己的专业体育师资队伍。体育课程设置的专业化、科学化,为造就中国最早的体育师资队伍提供了重要条件,有力促进了中国体育事业的近代化和现代化发展。

南高师体育专修科的设置在中国近代教育史上具有划时代的意义。无论是古代官学、私学,还是隋唐以来的科举制度,无一不把学业成绩放在录取人才和培养人才的首位。"自古柔弱是书生"更是近千年来中国知识分子的典型写照。民国时期有学者曾指出,"中国向来不重视体育,科举时代如此,当今时代亦是如此;受教育者如此,未受教育者也如此;大概他们对于体育的价值尚存误解"。[③]这真实地反映出体育在古今教育中一贯遭受忽视的历史事实。江谦一改旧教育轻体育的常态,把体育教育放到前所未有的高度,改写了教育的基本面貌,构成当今教育注重德智体美劳的最早主体,改变了人们对体育的认知。南高师设置的诸多体育会、运动及各类球类竞赛活动等,有力助推了校园体育文化建设;学校还经常组织体育专修科学生于校内宣传各种体育知识和体育比赛;鼓励学生积极参加江苏省联合运动会、全国各项体育等赛事;更有南高师体育教员走出校园,频频担任省联合运动会裁判等。不仅如此,南高师体育理论研究也走在了时代前列,体育专修科师生曾创办体育研究会,发行会刊一期,"虽不是中国最早的体育期刊,但从学术性来讲,却是中国早期最重要的体育学术期刊"。[④]南高师还注重传播"自然体育"思想,通过发表评论、编写教材专著、出版学术刊物、举行演讲辩论等重构我国近代体育专业教育的课程资源系统。[⑤]体育专修科的设置使近代中国首次具备了专业体

[①]《陈宝泉北京高等师范学校报告》,《退思斋诗文存》,协成印书局,1933 年,第 37 页。

[②] 南京大学校庆办公室校史资料编辑组、学报编辑部:《南京大学校史资料选辑》,南京大学印刷厂,1982 年版,第 55 页。

[③] 李芸:《体育与社会》,《体育》,1927 年第 1 卷第 2 期,第 58—61 页。

[④] 李期耀:《论中国高等体育师范教育的起源》,《北京体育大学学报》2015 年第 3 期。

[⑤] 马彦:《学科规训制度与我国近代体育专业教育》,《体育文化导刊》2009 年第 11 期。

育课程、专业体育师资队伍和专业体育管理人员。南高师"体育专修科开全国风气之先,毕业生在体育界居于领导的地位甚多,这是公认的事实"。[①] 1916 年,体育界人士孔廉白,以极大的热诚对南高师在纷繁复杂的国内外环境中,不迎合社会心理,能以少有的定力在全国高校中独树一帜,不惧社会流言和不解,勇于认清教育之本给予了充分肯定,"处世不立根本,则结果渺茫。该校不计其他,犹独经营此社会轻弃之体育专修科,果何为而若是欤?迨亦求之于根本耳"。[②] 其对南高师率先设置"社会轻视、学子抛弃"的体育专修科,只为"强国"培养人才的宗旨发出了由衷钦佩,"该校创设斯科,为发扬体育之先导,不得谓非有心国是者矣",[③] "谋未来之幸福,求之根本,始自体育","其热诚勇敢、孤诣苦心,殊令人望风钦佩";其对南高师体育专修科的设置更是给予了极高赞誉,"若夫识见之高超宏远,更非一般社会所可臆及也"。[④]

不可忽视的是,南高师强调体育专修科的开设是"以健康为体,以技能为用","要使学者与于身、于社会、于国家实收其益",[⑤] 故需养成"终身运动习惯",[⑥] 以达强身健体之效。江谦的"终身运动习惯"实指学生终身体育锻炼意识的培养,包含了体育锻炼的体系化、整体化和常态化目标,其实质应表现为终身体育思想。故"终身运动习惯"应是江谦"终身体育思想"的具体体现。1916 年江谦于通师校友会演讲时,特地呼吁大家重视体育教育,改变国人素不讲究体育之陋习,注重培养学生体育锻炼的意识和习惯。其以南高师体育教育实施为例,呼吁大家仿效之,对从事女子教育者,还着重给予了提醒:"诸友有办女子教育者,尤当注意,至于师范学生毕业出任教育,尤极劳苦,一不注意于此,便至病亡牺牲,一身而不得稍乐。不亦惜乎。故本校及南京高等师范每晨有二分间体操。一年以来收效颇著,学生自称习惯,颇好为之。斯事诚轻而易举,望诸校友试为仿行于各学校焉。"[⑦] 学界普遍认为,终身体育思想起源于西方,20 世纪 80 年代传入我国,随后一直成为我国体

---

① 左惟等编:《大学之道　东南大学的一个世纪》,东南大学出版社,2002 年,第 184 页。
② 孔廉白:《对于南京高等师校添设体育专科之感言》,《京师教育报》1916 年第 26 期,第 10 页。
③ 孔廉白:《对于南京高等师校添设体育专科之感言》,《京师教育报》1916 年第 26 期,第 12 页。
④ 孔廉白:《对于南京高等师校添设体育专科之感言》,《京师教育报》1916 年第 26 期,第 10 页。
⑤ 《南京高等师范学校体育专修科旨趣书》,《京师教育报》1916 年第 26 期,第 4 页。
⑥ 《南京高等师范学校体育专修科旨趣书》,《京师教育报》1916 年第 26 期,第 4 页。
⑦ 江谦:《校友会演说词（速记稿）》,《南通师范校友会杂志》1917 年第 7 期,第 15 页。

育理论界的研究热点。^①其实江谦早在 1916 年就提出了"终身运动习惯"的理念，当之无愧是中国近代体育教育改革第一人，是近代历史上提出并践行"终身体育思想"的第一人。这一点很值得学者们去挖掘和研究。南高师体育专修科的设置及"终身运动习惯"的提出，是江谦通师教育思想的继续和发展，对后世功不可没。但令人遗憾的是，江谦于体育教育方面的开拓精神及贡献显然一直未能得到学界的重视和应有的评价。

当然，南高师体育专修科的设置并非完美无缺，如 1916 年学科初设阶段，学生须在短短 2 年时间内完成 27 门学科和 13 门术科的学习，课程设计虽然全面，但学习年限短，造成学生感觉"课程门类多，学习情绪紧张，似有顾此失彼之感"^②。但瑕不掩瑜，南高师体育专修科的设置在促进中国近代体育师资队伍建设、专业体育人才培养及体育教育近代化等方面具有划时代的意义。在人类面临新冠病毒肆虐的今天，强身健体的重要性不言而喻，我国更是提出了建设体育强国的目标，把对体育教育的重视提高到亘古未有的高度。江谦于民国时期对体育教育的认知，现实意义不可估量，足见其于体育教育认知的先知先觉和高瞻远瞩。

第四节　南高师校风建设

校风建设涵盖了教风和学风。注重校风建设是江谦一贯的教育理念，其于通师时就主张"能耕能读、力田孝弟"的两汉学风。南高师名师荟萃，以江谦为首的大儒带动了集中国传统儒学与西学于一体的众多良教员，于南高师发挥了重要的"人格感化教育"之效，形成了南高师独有的"诚、爱、勤、俭"校风，在人才培养、推动民国诸多学校校风建设方面发挥了重要引领和示范作用，对日后东南大学优良校风的形成具有重要奠基之功。南高师因而成为儒学复兴运动的策源地。

一、南高师优良校风的形成探究

南高师优良校风是学子们毕业后津津乐道并引以为傲之处，也是江谦留给南高师的宝贵遗产。江谦于通师时，曾特作《两汉学风》传示全校，弘扬务实、朴学之风，足见其对校风建设的高度重视。其于南高师，"循循善诱，以诚感人，终使莘莘

---

① 万茹、毛振明：《体育学力内容结构的理论与实证分析——以终身体育为视角》，《北京体育大学学报》2010 年第 9 期。

② 北京师范大学校史编写组：《北京师范大学校史（1902—1908）》，北京师范大学出版社，1984年，第 23—24 页。

学子铭记在心,从而形成南高的诚朴风尚"①。南高师优良校风的形成离不开江谦人格感化教育的以身示范及诸多良师的身体力行。在通师期间就对江谦十分佩服的柳诒徵,在提及1919年江谦辞职离开南高师时曾表达了"他的人格感化,造成南高学风,真是了不得"的感慨和遗憾。短短数字,揭示出江谦人格感化教育对南高师的重要影响。著名史学家、南高师学生王焕镳在《谈南高学风》中,对于江谦于南高师塑造的优良校风给予了高度评价,字里行间透露出其对江谦高尚人格的赞誉和钦佩,从中亦可窥见江谦欲靠教育"拨乱世而反之正"的拳拳爱国之心。

> 先是江易园先生为校长,提倡阳明之学。所聘师儒,多以讲求义理实学为事。故其严义利之辨,则以事干谒为无耻;明诚伪之分,则以营虚声为可羞。使举校之人暗焉奡焉埋首钻研于学问,而不以外事乱其中。苟于学焉一有所获,极天下可欣可慕之事举无以易之。虽有惑世诬民之说,足以倾动一国之人,而不为其所动。虽有高官显宦,欲利诱青年以为爪牙,而无所施其伎俩。虽办学者或周旋于要津,以图学校之发展,而舆论匡正其峻,不使其支蔓。积一校师弟子千百人之力,不自知其不足,锐焉欲拨乱世而反之正,与妄人邪人相抗拒,遭困踬,蒙讪讥,而无所于悔。虽所就未能尽如其所期,固已皎皎铮铮,不苟同于习俗矣。斯我南高之学风也。②

江谦于南高师提倡阳明之学,身体力行,聘用"讲求义理实学"之师,诚伪分明,举校之人皆"埋首学问",不被"天下可欣可慕之事""惑世诬民之说"或"高官显宦之伎俩"等乱了心境。此环境的获得是江谦不惜"与妄人邪人相抗拒",虽"遭困踬,蒙讪讥",而"无所于悔"的结果。为捍卫乱世之中南高师的学术净土,作为校长的江谦用自己羸弱的肩膀为南高师师生撑起一把遮风挡雨的巨伞,因而保持了南高师的清净和雅致,故"举校之人暗焉奡焉埋首钻研于学问,而不以外事乱其中"。这是何其难能可贵,何尝不值得身处和平年代的当今教育者们深思和借鉴。江谦承受的压力之大可想而知,但南高师校风建设自此奠定了深厚的根基。1919年入校,后成为地理学家的学生张其昀(1901—1985)在回忆母校南高师时曾指出:"南高师给我们的究竟是什么,舍枝叶而求根本,便是南高的精神,南

---

① 黄进:《鞠躬尽瘁毕生事教——我国早期师范教育的创业者江谦》,《光明日报》,2002年8月9日,第13版。

② 王焕镳:《因巢轩诗文录存》,上海古籍出版社,2005年,第66—67页。

高的学风。"①南高师"诚实、朴茂"的校风和精神"发始于老校长江谦,郭秉文校长起了继承和发展的作用"。②这一观点也得到了学者朱斐的认同,"在南高的精神和学风建设中,起了特别重要作用的,是它的前后两任校长江谦和郭秉文以及郭秉文的助手刘伯明"③。江谦于南高师倡行的人格感化教育,通过无数良师如柳诒徵、李叔同、刘伯明等传播给诸多学生。南高师"学者贵在能自得其乐,南高师成立之始,名师荟萃,他们对中国儒学富有研究,一切教法皆能以身先之,注重人格的感化"④。南高师独特的人格感化教育在当时的高校可谓独树一帜,最终铸就了南高师的优良校风,营造了良好的校园氛围。

"柳诒徵在南京高师担任国文和历史教授时,很爱护学生,上课时非常认真,声音宏亮,学生的作文都亲自批改。态度庄严潇洒,为人注重修养,课余喜带学生游山玩水,咏诗作对,与学生同乐"⑤,深受学生爱戴。吴宓更是将南高师诸如学风建设等成绩归功于柳诒徵"一人多年培植之功"⑥,足见柳诒徵以身示范的人格魅力及严谨的治学态度对南高师校风影响之大。李叔同于南高师的人格感化教育堪称典范,其甚至被誉为"在南高师因其非凡的才调学识高尚德行而被颂为最有权威的老师,实行人格感化的大教育家"⑦。李叔同向来视《世典》中"士先器识,而后文艺"为育人宗旨,时常告诫弟子:"应使文艺使人传,不可人以文艺传。"欲使学生有"器识",必先使己有"器识"。对学生"器识"培养的高度重视,使李叔同成为南高师"身体力行""不言之教"的育人楷模。李叔同的"人格感化"教育如春风化雨,时刻表露于育人的一言一行之中。其著名弟子丰子恺先生在《怀李叔同先生》一书里曾叙述过相关小故事。对于课堂上随地吐痰的学生,李叔同下课后会严肃而郑重地请学生留下,在无旁人的情况下,和气地对学生说:"下次吐痰不要吐在地板上。"说完微微一鞠躬。学生可以出去了,但其脸也红了。对于下课后有学生无意中把门碰撞发出巨大响声的行为,李叔同会追出教室外,叫回学生,用很轻而严肃的声音说:"下次走出教室,请轻轻地关门。"说着对他一鞠躬,送他出门,

---

① 龚放、冒荣编:《南京大学》,湖南教育出版社,1995 年,第 31—32 页。

② 朱斐:《东南大学史 1902—1949(第一卷)》,东南大学出版社,2012 年,第 50 页。

③ 龚放、冒荣编:《南京大学》,湖南教育出版社,1995 年,第 32 页。

④ 潘维和:《张其昀博士的生活和思想(上册)》,中国文化大学出版社,1982 年,第 431 页。

⑤ 张其昀:《吾师柳翼谋先生》,《传记文学》,第 12 卷第 2 期,1968 年版,第 39—41 页。

⑥ 吴宓著,吴学昭整理:《吴宓自编年谱(1894—1925)》,三联书店,1995 年,第 228 页。

⑦ 孙文治:《东南大学校友业绩丛书(第 1 卷)》,东南大学出版社,2002 年,第 23 页。

自己轻轻把门关了。①李叔同"不言之教"的感化方式虽是在训导学生,但其体现出来的修养常令学生不安和羞愧,印象自然深刻,其带有南高师"人格教育"特点的教育方式,无形中对学生起了良好的教育效果。丰子恺对其十分敬仰,"李先生的人格和学问,统治了我们的感情,折服了我们的心。他从不骂人,从来不责备人,态度谦恭,同出家后完全一样,然而个个学生真心的怕他,真心的学习他,真心的崇拜他。我便是其中之一人。因为就人格讲,他当教师不为名利,为当教师而当教师,用全副精力去当教师。"②李叔同作为音乐和绘画教师在南高师的出现,改写了南高师以往只注重国文、英语,轻视音乐课程的现状。以言行代替训斥,和蔼而不失严肃,其举手投足间散发出的人格魅力,潜移默化地感染、熏陶着学生的精神世界,亦是南高师"诚"的体现。其得意弟子丰子恺、刘质平、吴梦非后创办"私立上海艺术师范学校",于教育领域践行着李叔同身教重于言教的人格感化教育和艺术教育事业。南高师有"高标硕望,领袖群伦"之称的刘伯明对"人格感化"教育更是十分注重。陈训慈曾指出,刘伯明于南高师"施教(教授哲学等)于智识传授之外,独重人格之感化。"③1919年求学于南高师的学生张其昀因亲身沐浴于南高师人格感化教育的熏陶氛围,对南高师人格感化教育铭记于心。他认为,"大学教授的责任有两种,一是学术的传授,一是人格的感化"。南高师刘伯明的"办学方针,最重人格修养"④。刘伯明认为:"人之精神,需寄托于理想,校风之养成,亦赖于理想之养成"。"一个对自己的民族失去信心的人能爱国吗?是中国人吗?对祖国文化长处全抹,缺点大夸……公平吗?科学吗?是国家之幸吗?"⑤源于校风建设事关学生理想之养成的认识,刘伯明毕生洁身自好,注重人格修养是其教育的核心内容。梅光迪用朴素的语言对此作了总结,他认为刘伯明的人格感化"亦无若何特殊之德育训练,而其静穆和易之貌,真挚悱恻之言,自使人潜移于无形之中"。⑥育人不重说教,而是融教育于无形之中,这应是人格感化的最高境界,也是南高师优良校风得以形成的重要原因。

---

① 丰子恺:《怀李叔同先生》,史芊芊编:《读者最喜爱的散文》,百花洲文艺出版社,2013年,第44页。

② 陈星:《晴空朗月——李叔同与丰子恺交往实录》,百花洲文艺出版社,1997年,第18页。

③ 陈训慈:《南高小史》,《国风(南京)》,1935年第7卷第2期,第62页。

④ 张其昀:《教育家之精神修养——刘伯明先生纪念演讲》,《国风(南京)》1932年第9期,第59页。

⑤ 龚放、冒荣编:《南京大学》,湖南教育出版社,1995年,第37页。

⑥ 梅光迪:《九年后之回忆》,《国风(南京)》1932年第9期,第26页。

二、南高师优良校风的具体表现

名师荟萃的南高师塑造了充满活力、学术氛围浓厚、充满民族气节的优良风气，对人才培养发挥了不可替代的作用。陈训慈将"诚、爱、勤、俭"总结为南高师所具备的独有佳风，颇为贴切。

南高所处之自然与都市环境，朴而不华，实而不浮，以语波澜之壮阔，虽远逊于今日之首都，而衡诸环境之陶冶，容有胜于今日之繁华。肤略以言当时共通之佳风，曰诚曰爱曰勤曰俭，殆皆为今时所不能逮。（一）以言乎诚，则上下相接，往往出之真诚；虚矫不发诸当局，浮动稀见乎学者。教授于授课之外，颇多"身教"之功，至诚感乎，其效以渐。同学之中，虽少殷勤周洽之作态，常存坦白诚挚之真情。（二）以言乎爱，则真诚互感、互爱斯生。师生之间，多课外之联络，或访谒请益，或同乐谈话，相处既迩，相接常频，而同学之间，慨以级别（自九年行学分制后，虽同异稍多，但分级无改，以至于结束始已）。同级之间，弥见款洽，饮食起居，休戚与共，守望相助。即异科各级之间，亦赖自治会与各研究会之媒介，颇多往还互助之乐。（三）次则为勤，勤于治学，固为当时极普遍之学风。（四）次则为俭，尤为大多数生活之共态……高师之设，由国家供其食宿，故来学子弟，强半清寒；间有富者，习与俱化，节用惜物，感染成风。故当时求学费用之低，初非全由于免费，而实在于生活之简朴……盖当时北方海上之大学，已多浮奢成风也。①

儒家之"诚"位于校风之首，构成南高师良好校风之根基，充分体现了饱受儒家文化浸染、具徽商之诚的江谦于南高师教育实践中对"诚"的坚守，是对传统儒家优秀文化的传承和发扬。南高师人与人之间无虚矫和浮言，教师身教重于言教，以诚感染学生，同学之间更是诚挚待人而不矫作。"教师间、学生间、师生间皆以诚相待，言发于心。社会上种种殷殷阿谀的佯态，唯南高校园中无以藏生。"②恰如润物细无声，南高师于潜移默化中完成了教书育人之工作，实属难能可贵。师生、同学之间"以言乎爱"，多"互助之乐"更是南高师爱心教育的体现。南高师学生的勤奋好学更是有口皆碑，"每日自号声响起，即开始一天紧张的生活。晨操一毕，即朗读国文英文，弦诵之声，遍布校园。课堂井然有序，寂然无声，鲜有迟到者，视

① 陈训慈：《南高小史》，《国风》，1935 年第 7 卷第 2 期，第 62—64 页。
② 朱斐主编：《东南大学史 1902—1949（第一卷）》，东南大学出版社，2012 年，第 58 页。

旷课为劣迹。图书馆人满为患,诸生皆乐于在知识的海洋中,寻寻觅觅,以求新知。晚自修电灯熄灭后,多半学生焚膏继晷,微光继续,勤耕不息"[1]。"三更灯火五更鸡,正是男儿读书时"。俭朴的传统美德之风更是盛行于南高师。江谦十分赞赏李瑞清"嚼得菜根,做得大事"的校训,并题于木匾,悬挂于为纪念其而建的梅庵门首,自己躬身示范,师生相行相效。南高师学生"布衣布履,自成习惯;洒扫劳作,演为自然;勤奋好学,蔚然成风"。不少学生几度寒暑,从未进过戏院、酒馆。偶尔上街买一包花生米、几块茶干,或每人凑一角钱到梅庵开一次"同乐会",还说"又奢侈了一回",以致当时社会上常有"南高学生老夫子气足矣"之说。[2]南高师学生文史必修,孔孟、朱子、阳明、曾文正公书等蕴含的传统文化精髓清晰可见,正是在传统文化的熏陶之下才孕育出以"诚、爱、勤、俭"为主的南高师优良校风。南高师学生"不慕权贵,耻于奔竞,不嗜铜臭,蔑视浮华",对精神生活的重视远超物质,"仰钟山而怀先哲,过城垣而思故国","江山重叠争供眼,风雨纵横乱入楼,已觉是精神上之一大享受"。[3]南高师名儒云集,大师荟萃,俨然是全国人本主义大本营,中国传统文化复兴的策源地,这正是江谦教育思想中"以国学为根本"的重要体现。需要强调的是,坚守传统文化并非意味着对西方文化的排斥与否定,南高师在注重文化传承的过程中亦不墨守成规,古今结合、中西融合,"南高师讲学的宗旨,在于远承孔孟之遗言,旁汲欧美之思潮,融合洞彻,焕然大明,以创造中国之新文化"[4]。正因如此,南高师优良校风为潜心于学术殿堂的学子营造了风清气正、静心好学的良好氛围。

从张其昀日后对中央大学学风发出严厉批评,足见南高师于学风建设方面的楷模和示范作用。"中央大学的学风比起南高时代,差得远了,现在大学生既缺乏良师又缺乏益友,其实谈不到学风了"。"学生对于教员除了照常上课以外,可说是莫不相闻。教育对于学生,除了专门知识以外,也顾不到什么公共训练,南高师时代满堂师生的盛会,振起学风的宏论,久已不可得闻。又自选修课制实行以来,同学彼此之间,竟可不相认识,除了办理欢迎欢送等例行手续以外,更无精神上的结合"。且这不仅仅是当时中央大学一校的弊端,而是全国的通病,"不仅中大如此,全国学校滔滔皆是"。究其原因,是因为"现代教育的最大缺点,就是缺乏人格修

---

① 朱斐主编:《东南大学史 1902—1949(第一卷)》,东南大学出版社,2012 年,第 59 页。
② 龚放、冒荣编:《南京大学》,湖南教育出版社,1995 年,第 32 页。
③ 朱斐主编:《东南大学史 1902—1949(第一卷)》,东南大学出版社,2012 年,第 58—59 页。
④ 张光陆:《张其昀教育思想研究》,浙江大学出版社,2015 年,第 7 页。

养"①。犀利的批评中肯尖锐,睿智的分析言之凿凿,但这又何尝不是当今高等教育急功近利之弊及普遍存在之象?南高师"诚、爱、勤、俭"的朴实校风,在当今高校,无疑依然值得提倡和借鉴。

三、南高师优良校风的建设意义

以江谦为中心、众多良师"不言之教"的人格感化教育,汇成南高师优良校风的涓涓细流,并作为独特的育人理念被继任校长郭秉文继承,成为南高师发展的一大特色。不仅如此,江谦还将人格感化教育理念延伸至南高师附小、南高师附中,并通过其所培养的学生辐射至中国大陆各校,乃至台湾地区等。南高师毕业生、教育家周邦道对此曾有明确记载:"五年,南京国立高等师范学校校长江易园创办附属小学(即现在的南师大附属小学前身),请维城(即周维城,江谦通师学生。笔者注)为主事,试行人格感化教育。"②1919年,陈训慈曾发出南高师"人格感化之深,求之今日大学,信不易得也"③的感慨,盛赞南高师对全国各地教育产生的深远影响:"此种遗产,与学校四年师授自学之所得,同时浸吾南高八百余人之生活中,以分布于全国,迄今个人犹受用不尽,而各地中小学学生之受其感染以益智进德者,殆犹未可尽言。"④张其昀本人不仅获益于南高师人格感化教育,并将之贯穿于日后于大陆乃至台湾地区的教育事业发展,其于台湾担任教育部门负责人后,"人格教育"成为其通才教育的核心。⑤人格感化教育是江谦育人的重要方式,亦是当今社会仍值得继承和发扬且无可替代的宝贵遗产。

南高师良好的校风构筑起和谐的师生关系,有利于师生教学相长。早在通师时期,江谦就格外注意良好师生关系的构筑,善于采纳学生的建言。彼时曾有学生向江谦建议,"学校之中教师意见可以与学生言之,学生有意见可以与先生言之,如斯则庶几无隔碍之虞",江谦闻言"甚然之",立即召集大会,向大家作"临时训话"。对同学之间的关系则号召"重在与同学联络,盖一己之智识有限,此长彼绌,借同学联络之功庶可互换其所善"⑥。通师顺利度过学潮离不开良好师生关系的营

① 张其昀:《教育家之精神修养——刘伯明先生纪念演讲》,《国风(南京)》1932年第9期,第60—61页。

② 周邦道:《近代教育先进传略》(初集),中国文化大学出版社,1982年,第18页。

③ 陈训慈:《南高小史》,《国风(南京)》,1935年第7卷第2期,第62页。

④ 陈训慈:《南高小史》,《国风(南京)》,1935年第7卷第2期,第64页。

⑤ 蔡玉鑫:《张其昀之大学通才教育思想初探》,《高医通识教育学报》2009年第4期。

⑥ 夏企贤:《江谦》,南通市教育局,南通市教育史料征集编写办公室编:《南通市教育史料　南通市教育界　人物传略　供征求意见用1919—1988年》,1988年版,第66页。

造。在民国前后的不少学校,常因新旧思想和文化方面的冲突导致教师间人际关系紧张,如三(两)江师范学校曾经发生过两次教师间矛盾冲突的风潮,但南高师是"留学生和国学大师的合作"[①],学者沉醉于学术研究中自得其乐,学生则徜徉于知识的海洋中不断进取。当时知识界中谋官求仕之风甚盛,南高师和东大教授却"不为燥湿轻重,不为穷达易节",独"秉持士林气节,保持朴茂学风","耻于奔竞"而重学育人,倾心于教育和科学事业。[②]在恶劣的环境中远离尘嚣喧扰,师生醉心于学术殿堂,故南高、东大毕业的学生数以千计,其中佼佼者既能继承师业,又能开拓新绩者,颇不乏人。[③]

南高师优良校风的建设最终构筑起南高师人文与科学共存的办学特色。南高师成立时期,正值新文化运动如火如荼发展之际,传统文化受到巨大质疑和挑战。北大以陈独秀、胡适为代表的学者,创办《新青年》杂志,提倡新文化运动,构筑起以北京大学为中心的"新文化运动大本营"。南高师则举起护卫传统文化的大旗,与北大处于对峙状态,如何看待中国传统文化成为南高师与北大对峙的重心,南高师对传统文化如孔孟、朱子、阳明等学说在批判中继承,对西方文化有选择性地吸收,立足传统文化之根,在创新中不断融合中西。故至1919年时,南高师已是"人本主义大本营,中国传统文化复兴的策源地"[④]。张其昀曾指出,在新文化运动兴起之时,南高师师生并未盲目跟风,他们认为不应该完全否定中国传统文化而全盘西化,主张融贯新旧,综罗百代,承东西之道统,集中外之精华,因此俨然有中流砥柱的气概。[⑤]创办于南高师基础上的国立东南大学成立后,吴宓于1921年发起成立《学衡》,成为维护中国传统文化的道统阵地。从建校初期就已被江谦网罗麾下的柳诒徵与刘伯明成为《学衡》的核心成员来看,彼时的南高师早就已构筑起"人本主义大本营"的人才储备。"虽然当时的南高师仅仅是国立高等师范学校之一,可是它的学术地位很高。"[⑥]更为壮观的是,中国留美学生1915年于美国成立、以"传播科学知识,促进实业发展"为宗旨的科学社于1918年整迁回国,并以南高师校园为其社址,足以进一步彰显南高师早就酝酿成熟的良好学术风气。坚持古今融通、旁汲欧美、中西融合,是南高师人文与科学得以融合并进的重要基石,也是江谦

---

① 龚放、冒荣编:《南京大学》,湖南教育出版社,1995年,第35页。
② 龚放、冒荣编:《南京大学》,湖南教育出版社,1995年,第31页。
③ 胡焕庸:《治学经历述略》,《中国科技史料》1991年第1期。
④ 张光陆:《张其昀教育思想研究》,浙江大学出版社,2015年,第6页。
⑤ 张光陆:《张其昀教育思想研究》,浙江大学出版社,2015年,第7—8页。
⑥ 张光陆:《张其昀教育思想研究》,浙江大学出版社,2015年,第7页。

以"国学为根本,实业为应用"教育思想的进一步发展。

　　南高师良好校风建设对于维护稳定校园秩序、保持活泼校园文化、维持旺盛学术活力和推动高质量人才培养发挥了建设性的作用。正是基于对此种遗产的继承,才有了东大的诞生。"东南大学继承了南高师物质和精神上的一切,扩变为大学。"[①]南高师能够媲美北大也就不足为奇了。"自南京高师成立以来,北大、南高隐然为中国之两大重镇,时人对北大与南高有'南北对峙'的看法。"[②]江谦饱受世乱之苦,痛心国势日衰,南高师优良校风的成功建设及推广,反映出身处救亡图存洪流之中的江谦责无旁贷的教育使命及知识分子的救国良知,是其致力于"教育救国"事业的生动写照,足以彪炳史册。如果说通师的教育是晚清书院制度向现代教育制度的过渡,那么南高师的教育则是江谦传统教育思想向近现代化教育思想的迈进。其诸多教育实践至今仍是教育精华,值得借鉴和参考。

---

① 陈训慈:《南高小史》,《国风》,1935 年第 7 卷第 2 期,第 61 页。
② 张其昀:《张其昀先生文集(第 9 册)》,"中国文化大学"出版部,1988 年版,第 4362 页。

第五章　江谦教育思想的主要内容

江谦从 1902 年任职于通师,到 1919 年辞去南高师校长职务,其人生近 20 年最年富力强的大好年华一直驰骋于中国中高等师范教育领域,在教育界从崭露头角到耀眼璀璨,使通师与南高师成为彼时国内中高等师范教育界的翘楚,有力助推了中国教育近代化,是中国教育近代化循序渐进发展艰难历程的真实写照。其教育思想十分丰富,其教育理念具有开启近代教育思想的诸多先进性。对其教育思想的主要内容进行诠释与剖析,可为当今和未来教育服务。江谦于中国近代史上首次确立德智体"三育并举"的教育宗旨、坚持以儒学为核心的"国学立德之本"的人才培养观、重视改进教学方法及学习方法以加强人才培养等理念构成江谦教育思想的主要内容,体现出其融贯古今、中西兼收并蓄和传承与创新发展的精神,为当今教育发展提供了诸多有益启示。

第一节　确立德智体"三育并举"的教育宗旨

江谦始终站在教育的最前沿,在博通古人教育思想的深厚底蕴中,以博大的视野兼吸西学,在历经新旧教育转型的艰难探索后,拨开古今教育迷雾,首次确定了具有近代意义的德智体"三育并举"的教育宗旨,并具体论证了德智体"三育并举"的教育内容和实施方法。

一、提出德智体"三育并举"的教育宗旨

主政南高师是江谦教育事业最辉煌时期。彼时国际欧战正酣,国内洪宪帝制正演,军阀混战,民不聊生,新文化运动刚拉开序幕,各种主义蠢蠢欲动。江谦在纷繁复杂的国内外环境中气定神闲,在尝试变革传统道德哲学与政治哲学教育思想之时,不忘借鉴西方科学之内容,不断丰富和发展其于通师就已形成的"国学为根本,实业为应用"的教育理念,并于 1916 年明确提出体育应"与德育智育为共同之发达"的"三育并重"[①]思想,明确了南高师德智体共同发展的"三育并举"办学宗

[①]《南京高等师范学校体育专修科旨趣书》,《京师教育报》1916 年第 26 期,第 4 页。

旨,最终形成具有近代化内涵的教育思想。其"三育并举"教育思想的最终确定既是其个人丰富教育经验的积累及对先进教育理念吸收之果,亦是彼时新式人才培养发展之需的产物。

（一）德智体"三育并举"教育思想的提出背景

通师办学经验的丰富积累。江谦于20世纪初即投身于中国教育实践活动,于通师任教并管理,积累了丰富的教育实践经验。其于通师虽没能提出德智体发展的明确口号,但透过其具体教育实践活动及有关小学教育改良内容不难看出,其潜意识中早就形成了有关德智体发展的思想萌芽。在小学教育改良四案中,江谦视国学为根本,是因"根本即道德修养"[①]。其视德育为教育之根本,并置于教育首位,努力从国学中汲取德育养分,以发挥德育教化功能。正因为此,江谦还特别注重德育教育的实际效果,故其反对修身科教育的纯粹说教,倡导理论与实践相结合的教授方法的改良,最后发展为南高师日后训育即德育教育实施的具体举措,并以此类推至智育和体育教育的实施。智育是教育的内核,江谦于通师对合声简字的推广使用,注重数学教育中的"实用"性,开设农科、测绘科、工科、蚕科培养能农、能工、能商之学生,无不是智育教育在时代发展之需中的重要体现。和恩师张謇一样,江谦很早就已意识到体育教育在学生成长中的重要性,故其于通师时,对军国民主义教育一向重视有加,如让学生养成"每晨有二分间体操"的锻炼习惯,积极鼓励学生参加各级运动会等。这些实践与认识均成为江谦于南高师时把体育置于与德育、智育同等高度的重要原因,为其于南高师首设体育专修科、提出"终身体育思想"提供了可能。江谦关于德育、智育和体育的改良思考,最终形成了其于南高师实施的较为完善的"三育并举"教育思想,是中国近代最早提出并实施"三育并举"思想的教育家。

同时代社会先进人物进步思想的影响。民国初年,共和成果被袁世凯窃取,教育总长如走马换灯,教育思想更是混乱不一,但江谦始终在教育乱象中保持着难有的定力与睿智,在新旧教育体制转型、中学与西学思想交织中始终保持着自己的独立思考。江谦将西方科学思想与儒家传统文化相结合,并努力贯穿于南高师的教育实践中。其于南高师的教育实践彰显出其立足于中国社会发展实际,不忘吸收、融合同时代先进人物进步思想并落实于教育实践的重要特点。彼时中国著名思想家严复、学者王国维、教育家蔡元培思想中的诸多精华皆被江谦吸收,最终丰富和

---

① 夏企贤:《江谦》,南通市教育局,南通市教育史料征集编写办公室编:《南通市教育史料　南通市教育界　人物传略　供征求意见用1919—1988年》,1988年版,第65页。

发展了其于通师就已形成的"国学为根本,实业为应用"的理念,构成其"三育并举"的办学宗旨。

严复（1854—1921）,作为近代中国较早留欧学生的一员,是较早引介西方政治学、古典经济学、哲学乃至自然科学至国内的重要引领者,其翻译的赫胥黎的《天演论》,使达尔文的进化论思想最早传至民族危机深重的中国,启蒙了身处困境中的中国人民。严复结合中国发展实际加以发挥,指出国家、民族若想避免天演淘汰,关键在于提高国民素质。严复认为国民素质,应具备"血气体力之强""聪明智虑之强"和"德行仁义之强"[①]三个特征,提高国民素质的方法即为"鼓民力""开民智""新民德"。"鼓民力"即要民众"气体强健","开民智"实指"为学有用","新民德"就是要"摒封建礼教",倡"自由、民主、平等"等新道德风尚。江谦与严复同为资政院议员,二人都参加了近代史上于京举行的第一次资政院会议。从江谦撰写的《审查采用音标试办国语教育案报告资政院书》提案由严复提交资政院大会并获通过可知,严复对江谦于国语统一中提出的注音音标方案显然持赞成意见,为江谦注意吸收其先进思想为己所用提供了契机。在"忠君、尊孔、尚公、尚武、尚实"根深蒂固的清末教育宗旨仍有极广泛影响的背景下,为达"开明智"目的,严复的"气体强健""新民德"等开明思想成为江谦教育实践借鉴和吸收的重要来源,有助于其"三育并举"思想的形成。王国维（1877—1927）,中国近代著名学者,曾于1900年有短暂的留日经历,其于教育理论的尝试对中国近代教育影响深远。由于深受西方康德和叔本华哲学思想的影响,基于"哲学是教育学之母"的认知,王国维在宣扬西方科学教育基础上,强调要消除传统儒家经典文化中所固有的政治哲学与道德哲学对新兴教育的束缚与制约,并因此提出真善美"完全之人物"培养的教育宗旨。他认为:"人之能力,分为内外二者。一曰身体之能力,一曰精神之能力。"[②]王国维关于"完全之人物"的培养显然包含了两个方面,即体能和精神,并认为身体健康是人才培养之基石,离开了健康体魄,人才培养几成无源之水、无本之木,"完全之人物"的培养也就成为一句空话。王国维对学生体魄健康的高度重视,对传统科举教育中过于重视学生的智识能力而忽视体能健康之锻炼无疑有着巨大的冲击,其思想对于曾经共同任职于通师的江谦必然有着直接影响。二人曾于通师共事一年有余,加之年龄相仿,同住于通师,在通师专门师资仅有5名的境况下,二人于教学

① 王栻:《严复集（第1册）》,中华书局,1986年,第18页。
② 姚淦铭、王燕王:《王国维文集（下）》,中国文史出版社,2007年,第32—55页。

上互相切磋显然有着天然条件,擅长学习的江谦受王国维思想潜移默化不无可能。王国维不仅倡导智育、德育、美育教育,还倡导"三者并行,而得渐达真善美之理想,又加以身体之训练,斯得为完全之人物,而教育之能事毕矣"[①]。把体育纳入与德育、智育和美育并肩的"四育"教育宗旨,显然是王国维教育宗旨之所在,这是中国近代教育史中倡导"四育并举"的首次。其"四育"思想引起江谦教育思想上的诸多共鸣显然不难理解。蔡元培(1868—1940),近代伟大教育家,其于民国初年担任教育总长,时长半年。1916 年至 1927 年任北大校长。在民初担任教育总长之职虽短,但对中国近代教育发展起了重要引领作用。蔡元培于教育总长之位上提出"军国民主义教育、实利主义教育、公民道德教育、世界观教育和美感教育",后人据此归纳为最早的"五育并举"思想,对近代教育影响巨大。比较教育思想中蔡元培的"五育"与王国维的"四育"之区别,"德、智、体、美"为二人的共同之处。蔡元培提出的"军国民主义教育",最早由留日学生介绍至国内,实为体育教育的最早倡导。蔡元培曾言:"以教育界之分言三育者衡之,军国民主义为体育。"[②]由于蔡元培教育总长的身份及其宽阔的教育视野,"军国民主义教育"呼唤着近代教育家对体育的重新认知。江谦自通师始就高度重视军国民主义教育,对体育在教育中的本质地位有着深刻的认识,蔡元培"五育并举"思想对江谦显然具有借鉴意义。1912 年,担任教育总长的蔡元培曾邀江谦到教育部任普通教育司司长,从中不难体现出蔡元培对江谦的欣赏,而对西学兼容并包的江谦对具有深厚留德背景的蔡元培教育理念极为关注也就顺理成章了,但江谦因报师恩,未离通就任,二人后来一起成为国立东南大学董事。仔细研究不难发现,江谦"三育并举"教育思想与第一任教育总长蔡元培的"五育教育思想"有诸多共通之处。

民国时期新式人才培养的需要。1912 年民国成立,清王朝退出历史舞台,旧教育逐渐被新教育所取代,新式人才亟须培养。曾经担任民国教育总长的蔡元培在任期间制定的《大学令》,作为教育方针对全国各类教育起了重要指导作用。针对清朝学部 1906 年提出的"忠君、尊孔、尚公、尚武、尚实"五大教育宗旨,蔡元培努力改革,融入西方科学自由、民主法治的理念,于民初提出新的五大教育方针,

---

① 王国维:《论教育之宗旨》,佛雏编《王国维学术文化随文》,中国青年出版社,1996 年,第 146—148 页。

② 蔡元培:《对于新教育之意见》,高平叔编:《蔡元培全集》(第 2 卷),中华书局,1984 年,第 135 页。

即军国民教育、实利主义教育、公民道德教育、世界观教育和美感教育,成为《大学令》中最大的亮点。所谓"军国民教育"即体育,指注重学生强身健体以达强国之目的;"实利主义教育"是指重视开发学生智力,发展实业,以利国计民生;"公民道德教育"即指德育,强调教育须以道德教育为本,培养爱国情怀。"世界观教育"无疑是培养学生的全球性眼光和思维,"美感教育"培训学生的高尚情操。蔡元培于1912年起草的《大学令》明确规定了大学教育的宗旨,"大学以教授高深学术,养成硕学闳材,应国家需要为宗旨"[1],清晰地表述了大学教育回归"学术本位"的思想。同年,教育部依据蔡元培主张,公布了民国教育宗旨,即"注重道德教育,以实利教育、军国民教育辅之,更以美感教育完成其德。"显然,民国教育部改变了清末学部主张"中体西用"以达到"忠君尊孔"的教育宗旨,转向以"学术本位"为中心,注重科学自由和民主法制,倡导德智体美的教育思想呼之欲出。江谦顺应时代发展潮流,为满足新式人才培养之需,吸收了教育总长蔡元培的教育精华,逐渐形成自己德智体"三育并举"的教育宗旨。蔡元培于1912年1月19日颁布的《对于教育方针之意见》中提出的"教科书必须合于民国的共和宗旨""学校注重兵式体操"等思想,是对根深蒂固的封建教育秩序的极大震撼,这些均被江谦内化为其在通师和南高师的教育实践,其办学宗旨愈加清晰与明朗。

(二)德智体"三育并举"教育宗旨的提出

中国自古重视德艺教育,"立德"思想可追溯到先秦。"先德行次文艺"更是被默认为中国教育历来的指导方针。虽然先秦时期,中国也曾有过重视体育教育的传统,然汉代以降,专门的体育教育不复存在,"德育"和"智育"牢牢占据着教育的主导地位,此种现象绵延至清。唐朝初年,礼部尚书裴行俭曾说:"士之致远,先器识,后文艺。"[2]"器识""文艺"即是指品德与学识。清朝对士人更是提出了"德先艺后"的次第要求,并被列入祖训,体现于教育上德育第一、智育第二的历史传承。近代鸦片战争爆发,国人遭受系列耻辱之败,蒙受"东亚病夫"痛心之呼,西学东渐中,西方体育教育思想乘风而来,体育教育再次引起国人重视。显然,在我国教育中,德育与智育一直占据着主要地位,体育教育则经历了一个断层的发展过程。古代教育显然属于以德育、智育为主型的不完善教育。

"德智体"教育思想是民国时期新教育诞生后的产物。江谦对"德智体"教育思想的提出实际经历了一个发展过程。任职通师时,江谦主要秉承张謇于1902提

---

① 王玉生:《蔡元培大学教育思想新探》,电子科技大学出版社,2014年,第52页。

②《铜梁·安居乡周氏宗谱·卷一·训规》,清光绪十二年刻本。

出的"国家思想、实业知识、武备精神三者"①的教育大纲。随着国民政府新教育思想的颁布,"军国民教育、实利主义教育、公民道德教育"开始渗透于各学校教书育人之中,通师亦不例外。江谦本人在教育上亦有了个人发挥,并逐渐形成自己的教育思想。在德育上,其认为教育的根本在于学生道德修养的培养,"修养为精神上的","精神犹天空之光与气,人之动作,多于光中行之,夜则停止"。其指出大学之道中的"在明明德"的首个"明"字,应为"修养之功夫",第二个"明"字则为本体,即"胸中之光"。只有胸中有浩然正气的人方可以感化、教化他人。②此正气实指高尚之品德。江谦对彼时学校修身教育的单一形式提出批评,"小学修身,非编定作法,实地训练,而徒讲故事、尚理论,则知行永分,而德育无效"。正因为此,其指出师范生"出为人师,须能使所接触者受感化,而引出其心地之光明也"。不仅如此,江谦认为智育上,学生不仅要学基础知识、基础理论,而且要学应用知识;至于体育,他认为师范生毕业后任教师"尤极劳苦",故学校增设"每晨有二分间体操",学生自成习惯,颇为好之。③显然,江谦在通师的教育管理中已十分注重学生德育、智育和体育的关注,虽未明确提出"德智体"三育并举的教育主张,但实际已在实行德智体教育之实,其"三育并举"的教育理念已呼之欲出。至主政南高师时,江谦在1915年8月《关于南京高等师范学校开办状况报告书》中明确提出的"训育之主张""教授之主张""注意体育之目的"实为"德智体"教育思想的最早雏形。1916年,其在《南京高等师范学校体育专修科旨趣书》中明确指出,"体育专修科设置的宗旨之一即为体育","与德育智育为共同之发达","三育并重,其发达宜相资,不独公共卫生之于公德,各种运动之于五官,敏捷活动为有关于德育智育而已","有体育而后德育智育得以完全"。④江谦"三育并举"的教育宗旨正式形成。把体育教育提高到汉代以后前所未有之新高度,并落实于实践教育,江谦实为近代第一人。德智体"三育并重",即为江谦具有现代意义的"三育并举"办学宗旨于南高师的具体体现。

二、论证德育教育内容和实施方法

德育教育的名称在南高师经历了一个发展过程,最初称为"训育之主旨",后演变为"训育"。训育即为德育教育。江谦视道德教育为三育之首,并对孔子之忧

① 张謇:《师范章程改定例言》,曹从坡、杨桐:《张謇全集》(第四卷),江苏古籍出版社,1994年,第17页。

② 江谦:《前题(临时速记稿)》,《南通师范学校校友会杂志》1916年第6期,第56—58页。

③ 夏企贤:《江谦》,南通市教育局,南通市教育史料征集编写办公室编:《南通市教育史料 南通市教育界 人物传略 供征求意见用1919—1988年》,1988年版,第65—66页。

④《南京高等师范学校体育专修科旨趣书》,《京师教育报》1916年第26期,第4—5页。

"德之不修,学之不讲,闻义不能徙,不善不能改"亦十分忧虑,故其十分赞成孔子
"修身为本"之正见。[①]正因为此,南高师训育实施目的清晰明了,即"注意于道德,
实利军国民美感诸要目,以养成国民模范人格为目的"[②]。江谦有关训育即德育的
概念在此亦得到了清晰的展示。

对于德育教育的内容和实施方法,江谦于南高师开办状况报告书中有明确论
证。至于何为德育教育内容,江谦指出:"所谓训育者,亦既受之有素。"[③]显然德育
应是培养有素养的人,即培养学生的"国民模范人格"。在清朝科举制度人才培养
中,常出现过于强调能力而忽视品德的弊端:"科举制是清王朝维护纲常的重要载
体,具有道德教化和文化传承的功能,清末学堂教育与取材选官则较多强调办事能
力,忽视做人品质的培养。"[④]在现实生活中,更是常出现一种不良教育,即"上等者
唯知教子弟获取科第功名,而不及道德;次等者教之杂字柬笺以便商贾书计;下者
教之状词活套,以为他日刁滑之地"[⑤]。显然,德育历来虽然被视为教育最重要之内
容,然而常流于形式。如何使德育教育不流于形式,德育实施的具体办法尤为重要。
江谦认为,德育教育实施应采取积极有为的管理,遵循循序渐进的原则,主动提前
介入,并提出了重要的实施办法。一是德育教育尤重教师身体力行。"拟求积极之
方法,务须训勉学生以自己之言行表示规则,勿以有限之规则制裁言行"[⑥],"修身
以躬行实践为主,兼讲古今圣者之嘉言懿行,尤须教师拒绝烟酒赌奢放逸之俗好。
修养勤俭敬爱笃实之性行,以倡导之"[⑦]。二是提出以渐进方式推进学生德育培养:
"以渐次扩张学生责任之观念,服务之范围,使自向所定之目的进行,以求完善"[⑧]。
循序渐进,逐渐加强学生对国家、社会和人民的家国观念和责任使命,逐步推进学
生自我品德走向完善。"为定程序使循序渐进,庶几无躐之苦,而积久亦自可深

① 江谦:《读书及处事方法》,《阳复斋文集(上册)》,上海佛学书局,1933年,第5页。
② 南京大学校庆办公室校史资料编辑组、学报编辑部:《南京大学校史资料选辑》,南京大学印刷
厂,1982年版,第36页。
③ 南京大学校庆办公室校史资料编辑组、学报编辑部:《南京大学校史资料选辑》,南京大学印刷
厂,1982年版,第36页。
④ 关晓红:《终结科举制的设计与遗留问题》,《中山大学学报(社会科学版)》2011年第5期。
⑤《家训十条》,《金城颜氏家谱》,清光绪十二年印本。
⑥ 南京大学校庆办公室校史资料编辑组、学报编辑部:《南京大学校史资料选辑》,南京大学印刷
厂,1982年版,第36页。
⑦ 江谦:《小学教学大纲》,《阳复斋文集(上册)》,上海佛学书局,1935年,第11—12页。
⑧ 南京大学校庆办公室校史资料编辑组、学报编辑部:《南京大学校史资料选辑》,南京大学印刷
厂,1982年版,第36页。

造。"①三是推进学生从"自利"走向"利他",从"自觉"走向"觉人"的责任过程培养。南高师训练学生品行修养主要采取推己及人的方式,再由本校推及他校,逐步提高学生个人的品行修养。可分四步骤完成,即对于自己之品行行为负修养之责任;对于同学之品性行为负规劝之责任;对于本校校风负巩固培养之责任;对于本校附属学校之训练管理负协助之责任。②江谦希望通过对学生"既以自利,复当利他"③"既以自觉,还当觉人"④思想的培养,不断扩大学生修养之责的对象和范围,以己及他人,次由学校及社会,逐步增强学生对国家和社会的责任感,从而"以养成对于国家负责任之国民"⑤。

不仅如此,随着江谦于南高师教育实践经验的积累,其德育教育内容和实施方法不断走向细化和完善。德育的教育内容明确为培养对国家负责且人格和身心健康的学生,南高师"对于本校附近社会之风俗负改良之责任"⑥,训育内容的增加,凸显出德育教育的责任感和学生身心平衡发展的重要性。与此同时,德育实施办法也更为科学和具体,从学生和教师的角度,特别强调学生内在修养的提高和教师服务意识的增强。一是修养方面,尤重感化与考察。"有学生省察表。每周由学生记载,学监调阅一、二年级,因以审知学生之性行而诱导之。有职员考察册,每学期由各职员记载汇交学监处,因以品评学生之性行而劝勉之。"⑦二是服务方面,侧重实践与研究,职员则重示范与检查。学校通过学生自我省察和职员的有效监督,如职员可通过团体方式解决共性问题、通过单独劝告或勉励解决个性问题,最终达到对学生"训育"即德育的教化目的。三是南高师实行全员育人方式,即全体教职工皆有育人责任,涵盖了专任职员和专任教员。"专任教员授课外,皆兼负训育责

---

① 南京大学校庆办公室校史资料编辑组、学报编辑部:《南京大学校史资料选辑》,南京大学印刷厂,1982 年版,第 49 页。

② 南京大学校庆办公室校史资料编辑组、学报编辑部:《南京大学校史资料选辑》,南京大学印刷厂,1982 年版,第 36 页。

③ 江谦:《论语学而时习之章讲义》,《阳复斋文集(上册)》,上海佛学书局,1933 年,第 7 页。

④ 江谦:《觉斋说》,《阳复斋文集(上册)》,上海佛学书局,1933 年,第 8 页。

⑤ 南京大学校庆办公室校史资料编辑组、学报编辑部:《南京大学校史资料选辑》,南京大学印刷厂,1982 年版,第 48 页。

⑥ 南京大学校庆办公室校史资料编辑组、学报编辑部:《南京大学校史资料选辑》,南京大学印刷厂,1982 年版,第 40 页。

⑦ 南京大学校庆办公室校史资料编辑组、学报编辑部:《南京大学校史资料选辑》,南京大学印刷厂,1982 年版,第 40 页。

任。"①江谦于南高师的德育教育体现了教与育的合二为一,彼此融合而不割裂,依然是当今学校值得提倡的重要育人方式。

三、论证智育教育内容和实施方法

南高师对智育之称呼初始为"教授之主张",后直接明确为"智育"。对于智育教育内容,明确培养学生以探究智识本源之思考能力,达到学以致用、解决问题之目的。"能思想以探智识之本源,能应用以求智识之归宿。"②江谦有关智育的实施方法也经历了一个逐步发展和日趋完善的过程。南高师建校初期,智育的发展着重于教授法的关注,即注重学生分层教学及自学研究能力的培养,有利于学生独立思考能力的提高,但相对比较单薄。分层教学源于南高师初期针对生源水平参差不齐的现状而采取的具有针对性的教学措施。把学业成绩不佳的学生在升入本科之前组班进行集中补差,在学生成绩达到均值后顺利进入本科,以确保本科的育人质量,充分体现了因材施教的特点。对学生自学研究能力的培养主要体现为重视对学生的科学指导,如教师参考书籍的提供、阅读方法的指导、课堂笔记记录方法要求、检查、考核等,其中注重学生科学记录笔记是江谦于教育实践中的一大特点。至1918年时,南高师智育实施方法已从单纯的教授发展为多维性培养,如通过按需设科、改革教授法、注重试验、研究、实习和参观等方法更好地培养学生智识能力,并取得了突破性的发展。学校提倡质疑法与试验法;更加注重对学生启发式思维的培养;重视理论与实践结合的教学法,以养成学生应用之能力,显示出江谦"重应用"的教育理念。"重启发不重注入,重自修不重听讲"③成为重要的授课方式。与此同时,各种研究会纷纷设立,重实习、参观、试验等特点进一步显现,有利于学生自学研究能力的培养和提高。

四、论证体育教育内容和实施方法

体育教育名称在南高师最初称为"注意体育之目的",后直接称为"体育"。对于体育教育内容,南高师指出"以养成坚强之体魄,充实之精神"④。如何实施体

---

① 南京大学校庆办公室校史资料编辑组、学报编辑部:《南京大学校史资料选辑》,南京大学印刷厂,1982年版,第54页。

② 南京大学校庆办公室校史资料编辑组、学报编辑部:《南京大学校史资料选辑》,南京大学印刷厂,1982年版,第50页。

③ 南京大学校庆办公室校史资料编辑组、学报编辑部:《南京大学校史资料选辑》,南京大学印刷厂,1982年版,第51页。

④ 南京大学校庆办公室校史资料编辑组、学报编辑部:《南京大学校史资料选辑》,南京大学印刷厂,1982年版,第52页。

育教育方法主要有三,一是设立养护所,以培养元气;二是设立锻炼所,以操练筋骨;三是设置医治所,以矫正体格。追求身体与精神平衡发展,体现出江谦主张身心发展均衡的人才培养观。江谦于通师就十分注重军国民主义教育,自南高师建校初,就把体育教育放在了十分重要的位置,体现其对体育教育独特而超前的认知。因秉持"使个人之生理,有自然之发育,行根本之锻炼,为各种体操之基本"的观点,锻炼成为南高师体育的根本,故设有体操正课、兵操、拳术和课外活动等;米勒氏五分钟呼吸运动及每日十五分钟早操更是从未间断。南高师要求学生"每日晨起盥洗后,一律练习米勒氏之呼吸运动法",以便学生养成"终身晨起运动之习惯"[①]。米勒氏五分钟呼吸运动[②]既是江谦于通师培养学生"每晨有二分间体操"锻炼习惯的延续和发展,亦是南高师日后进行十五分钟体育运动的必要准备。该运动共有 9 项动作,"行此数月后,乃授十五分钟体操"[③]。对于丹麦体育家米勒"晨起运动之习惯"的观点,江谦以教育家少有的敏锐加以发展,提出了"终身晨起运动之习惯"。"终身晨起运动之习惯"应为近代中国"终身体育思想"的最早萌芽,对于当今教育有着重要的启示意义。相较于德育、智育,体育教育有其自身特点,故南高师除建立必要的体育设施,在膳食荤素搭配卫生方面均有讲究,考虑十分周全。为更好地激励学生加强体育锻炼,南高师还设置体育会,作为学生体育课之余的补充,并鼓励学生积极参加校内外、省内外各种体育赛事。1915 年年底全国高校第一本体育专修科学术期刊于南高师设立,意味着南高师体育理论研究的加强,这一切均为南高师首设体育专修科提供了可能。1918 年时,南高师更是视"体育为德智二育基本"[④]:"欲求德智高尚,苟使身体孱弱,不徒任重道远难以负担,且不足以表示优秀国民之完全人格,故本校对于体育极力注重。"[⑤]

　　江谦于南高师办学之初即形成了德智体"三育并举"的办学宗旨,是其教育思

　　① 南京大学校庆办公室校史资料编辑组、学报编辑部:《南京大学校史资料选辑》,南京大学印刷厂,1982 年版,第 37 页。

　　② 米勒氏呼吸运动法为丹麦体育家米勒(J.P.Miller,1866—1916)所创,民国时期被介绍至中国。米勒创造了五分钟呼吸运动和十五分钟体育运动,因其有助于学生身体自然之锻炼,加之其实施环境和条件较为便利,因此被引进南高师。(米勒氏呼吸运动具体内容可参见《米勒氏五分钟呼吸运动》,《圣教杂志》,1919 年第 8 卷第 11 期,第 488—491 页)

　　③《米勒氏五分钟呼吸运动》,《圣教杂志》,1919 年第 8 卷第 11 期,第 488 页。

　　④ 南京大学校庆办公室校史资料编辑组、学报编辑部:《南京大学校史资料选辑》,南京大学印刷厂,1982 年版,第 52 页。

　　⑤ 南京大学校庆办公室校史资料编辑组、学报编辑部:《南京大学校史资料选辑》,南京大学印刷厂,1982 年版,第 52 页。

想的重要体现,其倡导并践行德智体三育并举的时间几乎与青年毛泽东著名论文《体育之研究》发表时间相同。有学者认为,今日教育事业倡导的德智体全面发展思想,"就其渊源关系而言,南京高等师范学校的早期实践功不可没"[①]。这实际并不全面,江谦实为集理论与实践于一体的德智体全面发展的首倡者和实践者。把德育教育置于育人首位,既是源于对近代教育思想的准确把握,更是其对中国近代人才培养的期许。其视"道德修养为根本",培养具有家国情怀的人才承担起挽救民族危亡的大任,这是身处国难之中的江谦教育救国思想的集中体现。具体的德育实施方法有效避免了纯粹说教的弊端,体现出江谦对德育教育效果重视的一贯思维。智育教育中抛弃传统灌输性方法,重启发和实验教学方法、注重学生自学能力培养,无不是江谦于教育领域勇于改革与开拓精神的体现,亦是其吸收西学中实用主义思想,注重教育"实用"性的有力佐证,具有深刻的时代烙印。对体育的高度重视更是江谦对近代教育内涵的敏锐把握。其视体育"与智育为共同之发达",重视"三育并重",强调"有体育而后德育、智育得以完全"的教育理念,率先于南高师设置体育专修科,在近代教育史上无不具有开拓性意义。培养德智体全面发展的学生,是江谦彼时的救国心愿:"有圆满体育之知识与能力,更求军事学以广其用,而军国民之精神出矣","告学者,国弱救之以强,才乏兴之于学,将使吾举国前途康强逢吉"。[②]值得注意的是,在南高师"三育并举"办学宗旨中,"以诚为本"贯穿于训育、智育和体育的始终。"诚"是儒家伦理之起点,既为"天之道",亦为"人之道",合则为"天人之道"。身为耆德硕儒的江谦在南高师教育中对天人之道、孔孟之"诚"的传承和发展在这里得到了极好体现。"三育并举"中"诚"之育人根本,既有对传统优秀文化的坚守、传承和创新,又有对先进教育理念的选择、吸收和消化,是江谦"国学为根本,实业为应用"的重要体现。南高师围绕"诚"之本实施的德智体"三育并举"的办学宗旨已经完全具备了近现代教育思想的早期雏形,并早已成为当今教育的重要组成部分。江谦具有前瞻性的开放教育思想使其走在了时代前列,促进了中国高等教育的近代化。

第二节　坚持"国学为育德之本"的人才培养观

对以儒学为核心的传统文化的坚守与传承,是江谦教育思想中的重要内容。

---

① 左惟等编:《大学之道——东南大学的一个世纪》,东南大学出版社,2002年,第35页。
②《南京高等师范学校体育专修科旨趣书》,《京师教育报》1916年第26期,第5页。

彼时西学东渐、新学兴起，传统儒学遭受质疑与冷遇，江谦始终保持着少有的冷静和定力。其视国学为根本，认为国学为育德之根本，故对彼时全国各类教育完全废经现象表达了不满和深深忧虑："今时学人，废经不读，畏其深也，畏其繁也。经者正学之源泉，而圣贤之宝藏也。废经则非圣蔑伦之邪说兴，而残杀流离之大乱作，可不惧哉。"[①]江谦大胆师法日美，在新文化运动如火如荼开展之际，其既未以西学为偶像，更未弃儒学于不顾，而是在有选择学习西学基础上，理性传承以儒学为核心的传统文化精髓。江谦以儒家之"诚"为核心纽带，几乎覆盖了教育的全方面；其深谙阳明之道，不忘传承和弘扬"能读能耕，孝弟力田"的两汉学风，坚持"知行合一"，真正做到"心中有良知，行为有担当"；主张以"正宗文化"授之于学生，显示出其坚持"国学为育德之本"的人才培养观。

一、以"诚"为育人之根本

以儒学为核心的传统文化是江谦教育思想取之不尽的源泉，儒家之"诚"早已渗透于从小饱受徽州文化和家学浸染的江谦之骨髓，并内化为其教育思想的重要组成部分，以"诚"为育人之根凸显。"诚"是指道德上的自我完善和知识上的明达物理，包含着对国之忠诚和为人之真诚。儒家之"诚"是天道之"诚"与人道之"诚"的统一。江谦在论述《教学简说》中曾提出教学之道有"三要四本"之说，其中"诚""毋伪"[②]构成三要的重要内容，且"诚"为三要之首，足见江谦对于儒家伦理道德规范的体认。正因为此，儒家之"诚"于校训、校歌、校风之中得到了具体体现，并贯穿于德智体教育的全过程。南高师强调"本校校训所用诚字""实为教育精神之根本"，"本校以诚为训育之本，亦以诚为智育之本"；强调"中庸言诚，包智、仁、勇三达德"[③]。从通师校训"坚苦自立、忠实不欺"到南高师"诚"之校训、"诚"之校歌，无不彰显出江谦传承儒家之"诚"为育人之根本的决心和信念，是其坚持以传统儒学"诚"之精髓育学生之德的重要表现。

南高师在建校初期，就以"诚"为校训。"本校校训所用诚字，诚者自成，所以成物；先圣至言，实为教育精神之根本。演言之诚，则有信心、有信力。有信心，乃知非教育不足以救国；有信力，乃知非实行教育不足以救国。"[④]江谦认为，诚涵

---

①《诸经首章大义会编序》，《阳复斋文集（上册）》，上海佛学书局，1933 年，第 55 页。

② 江谦，《教学简说》，唐大圆：《东方文化》，第 2 卷第 3 期，1927 年，第 9 页。

③ 南京大学校庆办公室校史资料编辑组、学报编辑部：《南京大学校史资料选辑》，南京大学印刷厂，1982 年版，第 36、50、52 页。

④ 南京大学校庆办公室校史资料编辑组、学报编辑部：《南京大学校史资料选辑》，南京大学印刷厂，1982 年版，第 36 页。

"知、仁、勇",故倡导并实行以"诚"贯穿"德育、智育、体育"三育之始终。江谦以"诚"为校训,不仅因"诚"为儒家精神之髓,更因他相信"诚"之教育,乃是实行教育救国的精神之本与个体立世之本的有效结合与必要融合,最终可达到王阳明知行合一的教育之旨。人立足于世会因"诚"更为自信,更有信力,中国教育救国必然有望。南高师倡导全体教职员工和学生"以诚植身,以诚修业,以诚健体,以诚处世,以诚待人",凸显出"诚"之校训的用意及以"诚"育德之深意。"诚"亦成为日后相继建立的南高师附属中学、小学之校训。显然,南高师建校初期"诚"之校训的确立,使儒家之"诚"构成学校之"魂","诚"也构成贯穿江谦教育思想的灵魂纽带。

在"诚"之校训引领下,1916 年,南高师还诞生了由校长江谦作词、李叔同作曲的南高师"诚"之校歌。透过歌词,可以一窥南高师校歌的大气磅礴和"诚"在南高师育人以德理念中的核心和灵魂地位。

> 大哉一诚天下动,如鼎三足兮,曰知、曰仁、曰勇。千圣会归兮,集成于孔。下开万代旁万方兮,一趋兮同。踔海西上兮,江东;巍巍北极兮,金城之中。天开教泽兮,吾道无穷;吾愿无穷兮,如日方暾。[①]

首句"大哉一诚天下动",是千百年来儒家之"诚"对国家发展和个人立世产生深远影响的生动体现,凸显出南高师"诚"之立校之根和校园文化建设之"魂"。托起儒家之"诚"深刻内涵的应为"智慧""仁爱"与"勇敢",且"千圣会归兮,集成于孔",即"知、仁、勇"皆来自千年儒教,是儒学代代相传之精髓,是儒学思想构成的重要内核。众所周知,儒家希望通过教育培养社会精英人士,故教育是国家发展之希望。以"诚"为贯穿教育之纽带,表达出江谦继承儒家"诚"之内核以贯穿教育的深刻用意。但坚守儒家内核并不意味着江谦的故步自封、盲目排外,自此有了"踔海西上兮,江东;巍巍北极兮,金城之中"的南高师。江东是指江西九江至南京地区,实指主要为江苏、安徽、江西培养师资、位于南京北极阁的南高师;"踔海西上",即向西方学习先进教育理念。歌词鲜明地表达出江谦教育理念中既要坚持和传承中国传统儒学"诚"之精华,同时亦不忘学习西方,以达中西并蓄的教育理念,故其寄希望于其亲手于金陵城中创设的南高师承担起"教育"之责任,担负起"救

---

① 江谦作歌、李叔同制谱:《校歌》,《南京高等师范学校校友会杂志》,1918 年第 1 卷第 1 期,第 30—31 页。

国"之重任。"天开教泽兮,吾道无穷;吾愿无穷兮,如日方暾。"学校教育一旦覆盖天下,中国发展之路将会充满希望,显示出江谦勇敢承担起南高师教育重任的决心,坚信未来的中国必然会如初升之太阳熠熠生辉。显然,江谦对南高师的未来发展寄予了深深的厚望,其教育救国的理想不言而喻。江谦的作词与李叔同的谱曲犹如珠联璧合,词内涵深刻,寓意深远,曲雄浑苍劲,浑厚有力,构成南高师于乱世之中以诚育人才之德的深刻内涵。

"诚"之校训与"诚"之校歌融为一体,构成了南高师浓浓的"诚"之文化氛围。教师以"诚"教书,学生以"诚"学习;师生以"诚"做人、以"诚"待人。儒家之"诚"贯穿于南高师德智体始终,有助于沐浴在"诚"之知识海洋和文化氛围里的学生"诚"之内涵的养成,极大推动了南高师人才培养的质量。南高师通过培养学生自学研究能力、教师以身示范及必要的监督以达到学生慎独的"诚"之教育目的,师生自觉遵守道德要求,践行于言行之中,又助推了南高师良好校风的形成。南高师"诚"之教育理念后被继任校长郭秉文继承和发展,其强调以诚为训,以德为高,以达"止于至善",并被后续东南大学、中央大学乃至如今的南京大学等传承。百年之后,"诚"之校歌再次大放异彩。2002年,南京大学举行百年校庆之时,再次把近百年的老校歌"诚"作为当今南大之校歌;在南高师附属小学基础上发展而来的南京大学附属丁家桥小学,一百多年来,"诚成教育"主张始终未曾改变,学校至今还坚持"诚"之校训。儒家之"诚"理应成为教育过程中永远传承和发扬的宝贵思想,当今社会亟待构筑诚信体系的需求再次验证了"诚"的独特魅力。

二、以良知情怀践行"知行合一"

江谦一生受阳明之学影响至深,其曾从王阳明心学具有代表性的哲学著作《传习录》中悟得精髓,并带领通师顺利度过学潮期。对于知与行之关系,江谦认为"教育之要不在说而在行。言论不过发表意思,而成就之效果尤赖实行"。知行不仅要统一,且某种程度来说,"行"重于"知"与"言"。故若"知行合一",那么"吾人高瞻远瞩,步步前驱,积土成山,不弃一篑;若徒言而不行,终成画饼。而实行之要,尤在于人"。[①]故其对师生发出了倡议:"我们知道了这个办法,就要去实行。所以我希望诸位要知行并进,目足双运,理事兼修。"[②]发挥人的主观能动性,行显然比言更为重要。"知行合一"思想在其教育思想中体现得酣畅淋漓。江谦深好

---

① 江谦演讲,吕伟书、汪振生记录:《人所不见之教育谈》,《东方文化(上海1926)》1927年第3期,第1页。

② 程考宜:《江易园居士在通州师范学校演讲佛性》,《弘法刊》1935年第30期,第44页。

致良知学,以身示范"尽有良知,行有担当",培养学生"知行合一"的良好品德。

　　江谦践行的"知行合一"首先体现于其本人在坚守教育初衷上的"知行合一",以身示范育人之德特征明显,其秉持的"三不敷衍"思想就是最好的见证。柳诒徵于自传中对江谦的"三不敷衍"思想曾有详细记载,对其"极度倾倒",并深受启发。"三不敷衍"思想是江谦于通师管理时就已树立的教育准绳,既指自己做事须坚守"三不敷衍",也指培养学生需做到"三不敷衍";在教育中对"自己""古人""今人"均须负责。"三不敷衍",代表了一种态度、良知、责任和担当。"一不敷衍自己",表明江谦对自己要求严格,实际反映了其在教育领域有所作为的志向和心愿;"二不敷衍古人",表达出其对传统文化的继承和发扬,不辜负古人、建设美好国家的愿景;"三不敷衍今人",教育务必结合社会实际,为"挽救危亡"时局培养适合社会发展所需之人才。受张謇"教育救国"思想的感召及其为国事奔波巨大人格魅力的影响,江谦以病弱之躯于乱世中勇挑教育重任,用朴素的良知投身于早期教育事业,责无旁贷地履行起应尽的职责。"尽有良知,行有担当"体现得淋漓尽致。正是在其孜孜耕耘的基础上,其"知行合一"的言传身教默默熏陶着通师的教习和学生。江谦在生活与工作中更是身体力行。[①]因节俭劳累等诸多因素,江谦妻子汪含章积劳成疾,年仅50便不幸病逝。在清季民初民智未开的状况下,面对社会发展实际,江谦胸怀大志,勇于担当,无疑是"心里有良知,行为有担当"思想的重要体现。江谦的"三不敷衍"思想深刻影响了国学大师柳诒徵。柳诒徵在日后南高师乃至东南大学的教育生涯中,始终把它作为自己的治学准绳并贯穿于教书育人之中,因此受到了学生的爱戴与欢迎。柳诒徵在《论大学生之责任》一文中,认为大学生的责任应体现为三部分,即"对于今人之责任""对于前人之责任""对于世界之责任"。[②]这显然是其对江谦于"自己""古人""今人""三不敷衍"思想的继承与发挥。在柳诒徵看来,大学的责任是培养学生改革进取的精神、继承古人传统和扩充前人事业的精神,同时还必须取西人之长,共同造就未来尽善尽美世界的精神。面对"今日吾民族生死存亡之关头","士不可以不弘毅,任重而道远。仁以为己任,不亦重乎?人惟不仁,方视世界国家与己无异"。[③]在挽救民

---

① 江谦:《梦游记恩诗》,上海道德书局,1942年,第8页。

② 柳诒徵:《论大学生之责任》,左惟等编:《大学之道　东南大学的一个世纪1902—2002》,东南大学出版社,2002年,第58—64页。

③ 柳诒徵:《论大学生之责任》,左惟等编:《大学之道　东南大学的一个世纪1902—2002》,东南大学出版社,2002年,第64页。

族危亡的时刻，"三大责任"的育德之效不言而喻。

江谦重视"知行合一"思想的育德之本还体现于人才培养中，明确要求学生必须做到"知行合一"。江谦经历了师从张謇教育理念到逐步形成自己独立教育思想的过程。在通师任职时，江谦在教育人才过程中注重理论课程与实践课程的有效结合，倡导培养"能耕能学"人才，实为"知行合一"思想的具体体现；至南高师时其"知行合一"思想更为耀目。南高师确定的"训育""智育""体育"三育有一个共同点，即每部分都包含了"标准""方法"和"实施"环节，这使得"三育"不仅仅停留于理论层面，还具备了现实可操作性。如"训育"内容中就明确指出："本校训育取训练与管理兼重主义。训练注重启发，使知其所以然，管理注重实践，使行其所当然，二者交相为用，以期知行合一。"[①] "训育"是为德育，实施往往流于形式化。对此，南高师给出了德育教育的方法，既注重从思想上对学生进行启发理解式的教育，让学生从理论层面知道其原因，又注意从实践上指导学生加以践行。理论上的理解是为了让学生心中存有正义良知，行为上的践行是培养学生责任担当。如此理论与实践的有效结合，德育教育的成效自然显著。德育教育的务实性一览无余，自然也形成了南高师在培养学生方面使学生都能做到"心中有良知，行为有担当"的育人宗旨，此即为"知行合一"育人之德的具体体现。

三、以"正宗文化"授之于学生

所谓"正宗文化"，南高师学生张其昀对此曾有说明，其认为南高师是对中国正宗文化的继承。"北大是新文化运动的策源地，而南高则是人文主义的大本营，提倡正宗的文化。Classics一字，一般译为经典，南高大师们称之为正宗。从孔子、孟子、朱子、阳明，一直到三民主义，都是中国的正宗。"新文化运动风靡之时，"南高师生，主张融贯新旧，综罗百代，承东西之道统，集中外之精神，俨然有砥柱中流的气概"[②]。形象地展示出南高师对中国以儒学为核心的正统文化的坚持、传承和弘扬及以国学为育德之本的体现。江谦于通师及南高师积极倡导教学改革，于课程设置、专业设置、师资聘用等方面无不显示出其开放吸收、中西并包的教育理念，但即使在新文化运动如火如荼开展之时，其亦未放弃"正宗"文化的传授。除了必要古典内容的教授、指定学生必须阅读学习王阳明《传习录》《曾文正公家书》《求

---

① 南京大学校庆办公室校史资料编辑组、学报编辑部：《南京大学校史资料选辑》，南京大学印刷厂，1982年版，第48页。

② 张其昀：《华冈学园的萌芽》，《张其昀先生文集》第17册，中国文化大学出版社，1989年，第9038—9039页。

阙斋日记》等"正宗"书籍,江谦还于通师亲授"段氏说文"。通师另外一名讲解"段氏说文"的老师"比不上校长江谦的影响大"[①]的历史记载,清晰地展现出江谦对传统儒学领会、把控的透彻性和传承的坚定性,为南高师日后拟"昌明国粹,融化新知"的《学衡》诞生创造了必要的文化氛围。江谦奠定了南高师弘扬传统文化的基调,并在日后得到了继承和发扬。这些与江谦本人向来坚持"国学为育德之本"的人才培养理念是分不开的。在人类社会处于百年未有之大变局的节点,面对国际形势复杂多变的今天,重新审视并区别对待西方文明,重拾中华文明自信显得格外重要。历史事实雄辩地说明,一味复古、保守固不可取,但在人类文明高度发达、亟须构建人类命运共同体的今天,中华传统文化之精髓不仅需要代代相传,还需广为宣传,走向国际。江谦秉持的"国学为育德之本"人才培养观对当今教育仍有诸多启示意义。正是因为中国历史上有着以江谦为代表的坚守优良传统文化的知识分子,世界才有了唯一一个五千年文明绵延不衰的中华文明。

第三节　重视教学方法和学习方法的改进

　　江谦主要接受的是系统的传统儒学教育,而文正书院师从张謇、南洋公学早期师范教育的熏陶足以使其摆脱封建传统"老夫子"思维,对新教育的接触和始终活跃于教育第一线的躬身实践,潜移默化中开拓了江谦的视野,使其成长为锐意进取、不断创新的教育改革家。江谦曾言:"过去对学生的教育,多采用消极的防范措施,虽属需要,效果并不理想,故拟作积极之改进。务须勉励学生用自己的言行来表示规则,勿使有限的规则去裁制学生的言行。"[②]故其于教学方法上格外重视理论与实践相结合、根据学科特点探究步骤教学法及注重建立于方法指导基础上的环节学习法等,于教学实践中效果显著,体现出江谦除旧布新、积极探索教育改革的创新思维和进取精神。

一、理论与实践相结合的教学法

　　清末民初新旧教育转换之际,新教育师资极其缺乏。通师从日本先后聘请了8位教员,这些日籍教师成为通师初创时期学校教学的重要支柱;南高师创办初

---

　　① 中国人民政治协商会议江苏省南通市委员会文史资料研究委员会:《文史资料选辑(第2辑)》,江苏人民出版社,1982年,第83页。

　　② 朱斐主编:《东南大学史 1902—1949(第一卷)》,东南大学出版社,1999年,第39页。

期,师资同样面临紧缺状态,如"国文、理科教员均感缺乏"①。在新式教育领域从事教育工作的绝大部分是脱胎于传统封建教育的士人,他们大都传统守旧,固定而僵化的授课法必然会影响教育质量。江谦对此格外关注,不仅大力提倡教学改革,尤其注重教学方法的改进,提出理论与实践相结合的教学法,有力助推了教学水平的提升。

江谦于通师时期充分利用日籍教师的优势,注意从其身上吸取较为先进的教育理念及教学方法,逐渐形成理论教育与实践相结合的教学法,并贯穿于南高师教育实践的全过程。美国孟禄博士来华考察教育时,曾于1922年宁、沪谈话时指出当时中国高等师范存在的两大弊端,"教法和教材不对,教材太偏于书本和理论方面了,教法太偏于演讲和注入方面了",但特别指出"中国现在的高师,南高师例外"②。这与江谦注意不断改革各科的僵化教育方法是分不开的。江谦于通师时期,曾大力倡导对于事关学生生计的珠算的学习,适当调整珠算与笔算的授课时长,鼓励学生加强练习;建议张謇于通师建立可供学生实习的农场,并很快建成。其十分赞赏理论教育与实践相结合的教学法,充分利用日籍教师的丰富经验,有效提高了通师学生实习试讲环节,建立并完善了学生见习和实习制度,戒除了学生袖手空谈等诸多弊端。对于南高师1918年已设立的两部七科,江谦除了"均注重教育学、心理学、教授法,以养成良好教师适应社会需要为标准"③,改革力度更大。故其于南高师在培养不同学科学生时,尤其注重结合学科特点,在教学方法上注重理实结合"各科教法,皆授以本科不可少之智识技能,斟酌缓急,定授时间多少"④,"于国文部讲明文字声音通转之轨,以为识字读书明理之源。其余各部各科,除学理外,兼重实验","理化部每周实验时间均有四小时";农科有各种实验,如"土壤实验、植物实验、作物试验,每周六小时,而农工商各科并重实习,农场实习每周两次,每次两小时"⑤。由于江谦在教授法上有自己深刻的见解,1916年曾于由江苏教育会对各所附设小学召开的小学教员暑期补习学校中,与沈恩孚、余日章等担任教授法

①《南京高等师范学校报告（节录）》(1918年4月),璩鑫圭、童富勇等主编:《中国近代教育史资料汇编·实业教育　师范教育》,上海教育出版社,2006年,第1039页。

②《谈话会纪事在南京高等师范学校谈话(一月四日)》,《江苏省教育会月报》,1922年1月,第27页。

③《南京高等师范学校报告（节录）》(1918年4月),璩鑫圭、童富勇等主编:《中国近代教育史资料汇编·实业教育　师范教育》,上海教育出版社,2006年,第1039页。

④《南京高等师范学校报告（节录）》(1918年4月),璩鑫圭、童富勇等主编:《中国近代教育史资料汇编·实业教育　师范教育》,上海教育出版社,2006年,第1039页。

⑤《南京高等师范学校报告（节录）》(1918年4月),璩鑫圭、童富勇等主编:《中国近代教育史资料汇编·实业教育　师范教育》,上海教育出版社,2006年,第1039页。

等方面的讲师。显然,江谦能够根据学科特点,注重理实结合,摒弃单调而僵化的传统纯理论灌输的教学法,有效提高了教育质量。

二、四步骤教学法

四步骤教学法是江谦对国文教学方法改革的成果,江谦曾提出国文学习应分为识字、读书、习字、作文四步骤。鉴于"以国学为根本""本立而道生"的教育理念,江谦认为:"凡事不培其本而徒务枝叶,则劳而寡效。故论国家,则教育是本;言教育,则师范是本;言科学,则国文是本。"[①] 为改变彼时国人"醉心欧化,鄙夷国学",导致"国文衰"[②] 等现状,加之感慨于国文教师的勤奋与辛苦,江谦于国文教育锐意进取,努力改革国文教授法以适应逐渐取代旧学的新教育。其利用通师校友会平台对通师全体校友发起了国文教育改革的通告征求,明确就"国文之选择法、国文之授读法、国文之作法和其他辅助之法"[③] 提出四点探讨,得到了学界诸多国文教师的热烈响应,掀起了国文教学改革的探究热潮,颇有现代学术研究探讨的意味。正是在集思广益的基础上,江谦经过自己的独立思考,最终形成了"识字""读书""习字""作文"的"国文教授四步骤",并在通师作为教学方法推而广之。在新旧教育转换之际,"国文教授四步骤"犹如及时雨,有效改变了当时国文教师教学不得法、教育效果欠佳的状况,其诸多探讨方式及内容依然可以给予当今教育以一定启迪。

视国文为科学之本的江谦,深刻感受到"国文之旧式教法已不适今日应用,期速改良国文教授法,要使学者能真识字、能自由读书,以明理达意"[④]。国语授课法的改革势在必行。"自宋以后,大率入手便读书作文,不讲究识字。研究形声,不识字而读书作文,只是盲读,只是妄作。其病在'忘本',而致其病之因在'欲速'。其结果则终其身不能达。"[⑤] 针对彼时国文教学"舍形声训诂不讲"[⑥] 的诸多弊端,江谦提出国文学习首要在于识字,"言国文,则识字是本。今一般教育界多谓国文

① 江谦:《北方学务状况考察》,《江苏省教育会讲演会纪要》,《申报》,1915年6月11日,第10版。
② 周宏燨:《复江会长论国文教法书》,《南通师范校友会杂志》1914年第4期,第8页。
③ 徐九锦:《通告征求高等小学以上之国文教授方法代江副会长作》,《南通师范校友会杂志》1914年第4期,第8页。
④《南京高等师范学校报告(节录)》(1918年4月),璩鑫圭、童富勇等主编:《中国近代教育史资料汇编·实业教育 师范教育》,上海教育出版社,2006年,第1039页。
⑤《江谦与汪蠡安论教师范生国文书》,《新学制中学国文教科书高中国文(第二册)》,南京书店出版社,1931年,第15页。
⑥《江谦与汪蠡安论教师范生国文书》,《新学制中学国文教科书高中国文(第二册)》,南京书店出版社,1931年,第6页。

教授之无善法,北方所见大抵相同,不知其病即在不识字。忘其根本而专培枝叶,安能有效?故愚谓教授国文当从识别形声入手"①。正因为此,江谦"三四月来,无日不与他人言形声训诂之事,以为求治文字,更无捷径优过于此者"②。"求治文字"为学习国文之本,故学生读书应先"识字",然后"切音"。江谦指出,学生务必通晓每个字的形声训诂,直至通贯二三千字的形声训诂,如此,"终身读书作文,用之不能尽矣"③。南高师因此"于国文部讲明文字声音通转之轨,以为识字读书明理之源"④。为此,江谦自1916年还一直受江苏省教育会委托讲授声音学。江谦对于传统科举越过识字环节,直奔读书作文提出了尖锐批评,认为此举违背国文教育之本而走向与国文学习背道而驰的道路。有鉴于此,江谦提出国文学习应从形声训诂开始,在识其音、会其形、理其意的基础上,最终达到融会贯通,从而实现自由读书、表达自由之思想的终极目的。"仆以为学者但识二三千字之形声训诂,又读四书通熟,伺候中国之道德、伦理、政治、文学,皆能自求得之,无事教师之句句而读之,事事而授之,又不但文字一端而已。此之谓本立道生。"⑤显然,江谦有关国文教授法的改革已趋向近代化国文教学方式的转变。正是建立于教授法改革的基础之上,1918年代理教务主任的陶行知持续推进了教学改革,"主张以教学法来代替教授法",并于五四运动后于南高师实现"教学合一"。⑥自此,南高师教学改革步入新阶段。

三、三环节学习法

江谦对学生"自治"能力的培养分外重视,十分注重方法指导。课前预习、课中科学记录笔记、课后独立自学的三环节学习法是江谦于教育中培养学生"自治"能力、发挥主观能动性的主要方式。江谦认为"师逸而功倍,师劳而功半,能否注意根本是已"⑦。三环节学习法在当今教育中已司空见惯,在新教育刚起步阶段却

---

① 《江苏省教育会讲演会纪要》,《申报》,1915年6月11日,第10版。

② 《江谦与汪蠡安论教师范生国文书》,《新学制中学国文教科书高中国文(第二册)》,南京书店出版社,1931年,第15页。

③ 《江谦与汪蠡安论教师范生国文书》,《新学制中学国文教科书高中国文(第二册)》,南京书店出版社,1931年,第15页。

④ 《南京高等师范学校报告(节录)》(1918年4月),璩鑫圭、童富勇等主编:《中国近代教育史资料汇编·实业教育　师范教育》,上海教育出版社,2006年,第1039页。

⑤ 《江谦与汪蠡安论教师范生国文书》,《新学制中学国文教科书高中国文(第二册)》,南京书店出版社,1931年,第17页。

⑥ 王一心:《最后的圣人陶行知》,团结出版社,2010年,第298—299页。

⑦ 记者:《江易园先生讲演国文教授之根本》,《教育研究部(上海)1913》1915年第24期,第6页。

是极有意义的教学改革成果。

所谓"自治",即学生学习方法与自学能力的培养。孟禄在提及教学方法改良时曾提出,"教法须使学生能自觉、能自学、能应用"[①],学生"能自觉、能自学、能应用"实际即指学生的"自治"能力,这与江谦的观点如出一辙。江谦认为,"大抵教授之法,注重养成学生之自动力"[②]。江谦于教育中实行严慈皆备、宽严相济的教育方式。他十分反对"我教你学,我讲你听"的僵化模式,始终强调启发学生的自觉自悟。"以期自思、自行之效。"[③]如何指导学生做到自觉自悟,在学习方法上给予学生指导十分必要。对学生"自治"或"自动力"能力的培养,如同去鱼给渔,有利于学生未来可持续发展,三环节学习法就此诞生。

"教授前重预习"于通师时期就已成为学生学习的重要一环,其重要性不言而喻。至南高师时,从课前预习延伸至课堂内如何指导学生学习,其中指导学生科学做笔记就是重要体现。南高师对学生笔记记录有明确要求,反对机械性记录,强调根据课堂教师授课内容进行概括、归纳,以准确表达教师的授课思想。不仅如此,教员会随时检查学生笔记内容进行评分,并作为平时考核成绩记录于册。学法指导与检查考核相结合的方式,不仅可提高学生上课注意力,亦可培养学生融会贯通之能力,有助于进一步提高课堂授课效果。对学生课后复习、独立自学方法的指导也是江谦于教育中格外关注之点,其有关学生"自治"能力的培养思路还得到了通师日籍教师的支持,他们利用课余时间在学生自习室为学生答疑解惑。通师于1914年就开始举办的暑假作业成绩展览,以展促学用意更为明显;1915年暑假作业成绩的成功展览更是学生自思、自行学习之效的成功体现。南高师时,江谦对彼时教育界存在的"学校中每日功课钟点太多,学生自修不及"的流弊深感不满,给学生一定时间自修是其一贯主张。故南高师特别重视培养学生阅读自修习惯,并对学生阅读自修方法和目的等提出明确要求。在方法上,教师为学生提供系列参考书籍,作为自力研究之辅导。"知识浩瀚如烟海,然亦有门,唯有自学能力者,方如掌握其钥匙,得以启门而入。"[④]江谦本人就多次向学生推荐阅读书籍,如《曾文

---

① 《谈话会纪事——在南京高等师范学校谈话(一月四日)》,《江苏省教育会月报》,1922年1月,第27页。

② 《南京高等师范学校报告(节录)》(1918年4月),璩鑫圭、童富勇等主编:《中国近代教育史资料汇编·实业教育 师范教育》,上海教育出版社,2006年,第1040页。

③ 朱斐主编:《东南大学史 1902—1949(第一卷)》,东南大学出版社,1999年,第39页。

④ 《江谦关于南京高等师范学校开办状况报告书(1915年8月)》,南京大学校庆办公室校史资料编辑组、学报编辑部:《南京大学校史资料选辑》,南京大学印刷厂,1982年版,第35—36页。

正公家书》《传习录》等；另外对于课外阅读和自修，学生亦必须记录学习心得，与笔记一样，不可原文照抄，仍需通过自己的理解概括大意，并可和同学互相探讨，以备教师随时查阅和评分。如史学、国文教师柳诒徵在讲授中国史时，会给学生指定若干参考书，令学生自阅后写出心得体会，并会逐字逐句批阅。东南大学在学生研究能力基础上继续发展，自学终成为学生的自觉自动。仔细观之，不难发现，江谦在教学方法、学习方法等方面已形成一套具有近代意义的教育指导体系，有力提高了教学水平和育人效果。

第六章　江谦教育思想与实践特点和启示

江谦教育实践发生于新旧教育转换之际，教育救国的强烈呼唤，民族危亡痛楚的深深刺激，成为江谦教育思想形成的文化之基和时代背景。其教育思想虽不可避免带有旧教育的痕迹，但其于开拓进取中形成的丰富教育理念，使其于教育领域作出了独树一帜的贡献。总结其教育思想与实践特点，可为当今和未来教育提供理性借鉴和有益启示。

第一节　江谦教育思想与实践特点

江谦辛勤耕耘于中国近代第一所民办师范院校通州民立师范学校，并承担了江苏最高学府南京高等师范学校创办和发展的重担，其于教育领域精进进取，享誉全国，其具有哲理的"三不敷衍"思想更独具匠心。其教育思想与实践特征主要体现于教育理念、教育目标、教育内容、教育方法及教育行政管理等方面。

一、教育理念

受时代影响，身为知识分子的江谦于教育领域积极除旧布新、不断开拓进取，孜孜以求"教育救国"美好愿景的实现。具有"身负'救亡'大任"[①]教育理念的江谦全力以赴支持困境中的张謇于通师的教育事业，高度重视国学教育，主动放弃南高师校长高薪，长期抱病坚守教育事业等，体现出中国士人所固有的忠诚、担当和奉献精神。

对张謇与通师的忠诚。江谦是张謇的得意弟子，早期得张謇提携，投身于教育事业，自此协助张謇发展教育不遗余力。江谦于通师任劳任怨，屡次抵制外界聘为教育高管、教育高官的诱惑，直至张謇鼓励其接受教育部、江苏省教育厅任命主政南高师。江谦任职于通师时期，由于出色的国文教学水平，邀请其就职的苏皖教育界人士络绎不绝，如安徽优级师范学校校长姚叔节请其去担任教务主任，安徽高等学堂教务长姚仲实甘愿让贤，邀其担任教务长等。江谦为报师恩，皆婉辞。江谦担

---

① 周新国、丁慧超：《异彩夺目与殊途同归——孙中山与张謇》，《扬州大学学报》2003 年第 6 期。

任监理后,由于教育管理成就显著,聘约更是不断,但其忧张謇"实业救国"事宜繁忙,无暇顾及通师教育事业,且没合适人选接替其于通师的监理工作,故仍坚拒皖都督孙毓筠任命其为安徽教育司长、婉拒学部要其担任国语统一局主事、婉拒蔡元培选其担任教育部普通教育司司长等职。江谦于通师教育管理兢兢业业,对张謇教育事业的大力支持有效解除了张謇的后顾之忧,通师发展因此获得了质的飞跃。直至 1914 年,通师梯队式管理人才培养有成,加之张謇面谈,殷切期盼其能够承担起江苏高等教育发展的厚望,江谦才接受江苏省教育厅任命,担任南高师校长之职,开创了近代江苏高等教育的新局面。张謇的教育事业离不开江谦的得力支持,江谦因张謇赏识与厚爱快速成长;江谦教育思想多有对张謇教育思想的继承和创造性发挥。江谦与张謇彼此崇慕与欣赏,二人因此结下了深厚的师生情谊,共同推动了江苏教育乃至中国教育的近代化,堪称近代教育史上的典范。

对国学的关注与坚守。坚持"以国学为本"是江谦教育思想与教育实践的重要特征。江谦认为,教育之根本在于坚持国粹,只有在坚持传统文化之基上,方可吸收外来文明。"何以吸收外国之文明,则国粹是本。"[1]国粹乃国学,即以儒学为核心的传统文化。面对汹涌而来的东渐西学,江谦以为,西方政艺固然值得学习,但是国之精神务必保留和传承。如果抛弃了传统文化,一味鉴西,培养的人才势必如空中楼阁,无法立足于本国国情,也因此无法达到教育救国的预期目的。与"国脉""国运"紧密相连的则是"非国文之谓"[2]不可的国文教育,故江谦始终坚持以儒学为核心的传统文化之本,主张为人才培养立下宽厚的儒学文化之基和道德之基。

在通师时期,江谦特别强调师范生应"注重根本与应用二者"[3],此根本即为"国学"。国文教育在通师经历了地位不断加固的过程。首先在课时上,按需逐步减少英文课时,延长国文课时。其次在国文教学内容上,"读书以《学》《庸》《论》《孟》为主,选读他经子史及杂文为辅";另以王阳明《传习录》授诸生,以修炼学生心灵,达到"知行合一",即"致良知"的目的。再次,在教授方法上,通师特别注重教学方法的改革,国文教授法更是江谦关注的重中之重。江谦对国文教授之

---

① 记者:《江易园先生讲演国文教授之根本》,《教育研究部(上海)1913》1915 年第 24 期,第 6 页。

② 徐九镛:《通告征求高等小学以上之国文教授方法代江副会长作》,《南通师范校友会杂志》1914 年第 4 期,第 6 页。

③ 夏企贤:《江谦》,南通市教育局,南通市教育史料征集编写办公室编:《南通市教育史料　南通市教育界　人物传略　供征求意见用 1919—1988 年》,1988 年版,第 65 页。

根本提出了自己独特的理解和研究。国文教授中明确规定必须坚持"识字""读书""习字""作文"四步骤,内容由浅入深,循序渐进,注重课内学习和课外阅读的有效结合,并成为通师国文教员的通用教授法。另外,江谦在通师时,还经常邀请国内教育大家前往校内演讲,如1912年4月,国学大师章炳麟受邀至通师,向全体师生发表演说。江谦倡导的两汉学风,有力摒除了袖手空谈之陋俗,塑造了通师耕读结合、理实相融的务实学风。

江谦主政南高师时,正值新文化运动发端,西方民主、科学等思潮纷纷涌入之际,但其始终坚持"以国粹教育、自然教育为训练方法,曾未数月,成效大著。进步之速,使人暗惊"[①]。民国后教育部明文规定,以国文科取代读经科。从1915年最早发表于《安徽教育杂志》的江谦《与汪蠡安论师范生国文书》可知,江谦对国文教授一直有着自己的思考。其与汪蠡安有关国文教授法的讨论内容被选为1934年和1935年高中语文教材的内容。江谦本人对科举内容的僵化本就深恶痛绝,对经科的废除是支持的,但对于彼时国文教授内容完全抛弃古代儒家四书,只授唐宋以后的"经史古文"不甚赞同。其认为儒家四书有其不可替代之优势,如"《大学》《中庸》《孟子》之文,皆坦荡爽朗,如平原大陆;《论语》简核,无浮文浪语,指示学者,最为平易"[②]。不仅如此,四书里还包含着传统道德、人伦等思想精髓,值得传承和研究。但是江谦也明确对于儒学中存在的华而不实之处应予以抛弃,"王阳明先生《传习录》、李二曲[③]先生《四书反身录》、朱子《近思录》,皆助修养之书也……国学与小学、理学、经学、文学不同……再学理学,则当躬行实践,以程朱陆王为则;文学则当举科学时之浮华、架空、繁杂之文字概去之,而趋于简朴之途。吾人当辨明也"[④]。在以"民主、科学"为旗号的新文化运动兴起的背景之下,江谦仍坚持于南高师指定学生阅读《传习录》《曾文正公家书》及《求阙斋日记》等。其本人曾亲授段氏的《说文解字注》《曾文正公家书》等,并深受好评。故1918年南高师《现行简章》中明确规定,学生入学考试必考国文;在学校设置的两部六专修科的课程设置中(国文专修科后停招),国文和国语教育均赫然在列,即每个学科都必须学

---

① 胡止澄:《致江易园先生书》,周文甫:《斯文正脉:胡晋接先生纪念文集》,黄山书社,2012年,第88页。

②《江谦与汪蠡安论教师范生国文书》,《新学制中学国文教科书高中国文(第二册)》,南京书店出版社,1931年,第16页。

③ 李二曲(1627—1705),名颙,字中孚,陕西周至人,世称二曲先生。明末清初著名思想家、教育家。其终身致力于程朱理学与陆王心学之间的调和,对佛老学说亦有批判继承。

④ 江谦:《校友会演说词(速记稿)》,《南通师范校友会杂志》1917年第7期,第12—14页。

习国文和国语,英文专修科和体育专修科亦不例外。①对于国文和国语内容,不再拘泥于四书五经之范畴。为与教育部规定的"教科书必须合于民国的共和宗旨"相一致,教师可根据不同学科的学生自编讲义为教材。表面看来,这似乎是复古守旧的一种表现,但在彼时掀起新学狂潮之际,对国学的坚守无疑是传统士人对传统文化精髓的传承和发扬。不仅如此,南高师"各科授业初期,皆添有国语教授"②。故在南高师建校之初,不仅有璀璨耀眼的国学大师柳诒徵、王瀣等,还拥有良好的儒学之基,同时国学与西学并包的留美师资郭秉文、刘伯明、陶行知等,为南高师推行"以国学为本"的教育理念提供了重要的先决条件。如王瀣早期在南高师讲授四书,由于其活讲四书,旁征博引,说理透彻,学生听其课感觉"如坐春风"。从王瀣讲授的课程《大学古本》大纲内容可知,儒家宣传的"明明德""修身齐家治国平天下"仍是南高师国学授课的重要内容。

相较于同期北大更注重于倡导"民主""科学"反封建精神的宣传,南高师主张在学西中不忘倡导国粹,似乎具有浓厚的文化保守主义色彩,却为营造南高师浓厚的人文氛围奠定了良好的根基、创造了必不可少的条件。细观 20 世纪 20 年代在南高师－东大之所以能够诞生以"论究学术,阐求真理;昌明国粹,融化新知"③为宗旨的学衡派,与南高师一向坚持以儒学为核心思想的传统文化氛围是分不开的。学衡派是由南高师教员梅光迪发起,吴宓、刘伯明、柳诒徵、胡先骕等人参与组成的学术派别,目的是与以北大胡适、陈独秀为代表的新文化派相抗衡。国学功底深厚、在南高师深得众望的柳诒徵成为学衡派中仅次于吴宓的第二号人物,其和"柳门弟子"则构成学衡派的中坚力量。学衡派反对新文化派对传统文化的全盘否定及废文言兴白话之主张,并激烈抨击之。新文化运动宣扬民主、科学,带着新时代特有的气息涌向全国,成为众多高校和先进知识分子张开怀抱拥抱之事。作为接受过西方教育的南高师教员,本应在接受和参与新文化运动方面更具主动性和前卫性,出现"反对"新文化运动的学衡派,显然与南高师对优秀传统文化坚守的浓厚氛围是分不开的,这也正是学衡派孕育和诞生的重要土壤。反对新文化运动废文言兴白话,固然表现出学衡派落后的一面,然而其坚决反对新文化派对传统文化的全盘否定,表明学衡派貌似保守,实则守中有进,主张倡西过程中坚守传统

---

① 《现行简章》,中国第二历史档案馆藏,全宗号:五;案卷号:2142,第 8—12 页。

② 《南京高等师范学校报告（节录）》（1918 年 4 月）,璩鑫圭、童富勇等主编:《中国近代教育史资料汇编·实业教育　师范教育》,上海教育出版社,2006 年,第 1040 页。

③ 吴宓:《吴宓自编年谱（1894—1925）》,三联书店出版社,1995 年,第 230 页。

文化精髓。学衡派的出现,活跃了南高师–东大的学术氛围,有力保存了国粹,是传统文化活力和魅力之佐证,更是江谦等传统士人对国学坚持的重要体现。

抱病坚持教育事业。江谦在 1902 年至 1919 年于通师及南高师教育实践中由于劳累过度,长期饱受疾病之困扰。通师时期,随着张謇"实业救国"事业的发展壮大及其政治事务的日益繁忙,通师的具体事务实际是由江谦负责。一方面,江谦彼时为教育新手,毫无教育经验可言,身负张謇"教育救国"期望与信任,承受的压力显然非常人所能体会。另一方面,作为民办通师,办学经费有限,如何用有限的经费办好教育,对于江谦来说无不是考验。除此之外,中国封建教育正向新教育转型,这固然是江谦展示自己教育才能的重要机会,但面对当时国内无任何可直接借鉴和参考模式的现状,如何在全国教育界兴起的师法国外教育氛围中摸索出一条适合通师、通州、江苏乃至中国的教育道路,顺利实现教育转型,没有一般的智慧显然是很难实现的。通师的教育固然有诸多旧教育的痕迹,如教学内容传统化痕迹明显、教学方法存在僵化等现象,但其于全国师范教育界的引领作用不容否认。这一切与江谦抱病坚持通师教育事业是分不开的。张謇对江谦身体长期染疾深表关切。在二人书信往来中,张謇更是频频对江谦的身体、饮食健康乃至中药调理等多有指点和叮咛,关切之情溢于言表。无奈因江谦位置无人可替代,通师离不开江谦,为此张謇曾多次向江谦表达歉意。因忧其身体不支,张謇特为其配备助手一名,并嘱其不必每日到校,隔一日到校即可。正因江谦对张謇教育事业的鼎力协助,师徒二人通力合作,最终使通师享誉全国,这与江谦身负"救亡大任"的教育理念是分不开的。

江谦主政于南高师,应是众望所归,也是江苏高等教育之幸事。张謇、黄炎培、韩国钧等教育界翘楚对其愿意承担江苏教育的重担皆有如释重负之感,身为江苏省巡按使的韩国钧竟然发出"为江苏全省教育界致谢"的感言,足见江谦于教育界的崇高威望。由于江谦教育使命强烈、责任感强,加之其教育经验丰富、教育能力出众,其于南高师的创建与发展可谓得心应手。但因诸多因素的叠加,南高师的创办可谓举步维艰。一是彼时军阀混战,国内形势混乱,影响到南高师校园的创建,这极大加深了江谦办学的艰难。二是南高师校园内的驻军始终耍赖不肯迁出,极大影响了江谦创办南高师的进度,耗费了其过多时间和精力。三是于两江师范学堂旧址上创办南高师更为不易。因两江师范学堂的校室、校具、校园等已被毁坏殆尽,修复难度极大,所需人力、物力和财力非一般创校所能比。四是因时局纷乱、江苏省省长更迭,本有一年的筹备创校时间缩至半年,这对江谦来说难度甚巨。五是南高师面对的经费极其艰窘的创办现状。南高师创办经费由预算 10 万最后降到 5 万，只有三江师范学堂创办经费的六分之一，且要分 3 批下拨。这些犹如雪上加霜，使南高师的创办难上加难。民间向来有"巧妇难为无米之炊"的说法，故江谦在创建南高师之时，"每闻人叩门声，心辄惊悸"[①]。令人称奇的是，江谦克服了重重困难，南高师不仅实现了如期开校，而且在创办之初就走在了高起点、高质量的发展道路上，最后在同类师范院校中独占鳌头，直至比肩北大。这一切均是江谦抱病坚守的结果，后其身体健康每况愈下，以致积重难返。1916 年暑假其身体就出现久烧不退，长期服药不愈的状况；1917 年其曾在暑假关门谢客，利用中药进行调理，但效果不显；直至 1918 年其身体实在难以支撑，才不得已因病请假。江谦于教育领域的艰难前行与其始终负有"教育救国"大任的教育理念是分不开的。

除此之外，江谦于南高师经费捉襟见肘的状况下，不惜以高薪吸引留美学子，聘请优秀师资，其本人作为一校之长，则主动降薪，月薪甚至降到规定的一半不到，乃至教务主任的薪水都高出其三分之一；其还积极推动教育普及，以议员身份在推动国语统一方面发挥了核心作用，并于文字改革尤其是音韵学方面成就卓越。江谦于教育领域的成就与贡献没有奉献和担当的精神实难做到。显然，救亡大任的教育理念是江谦执着于耕耘教育事业、力图实现"教育救国"愿望的强大动力。

二、教育目标

在古代教育中，德育、智育教育一直占据主导地位，体育教育基本处于边缘化状态。基于"学而优则仕"是千年封建科举制度最终目标的社会现实，德育教育客观上仍有形式大于实质的风险。面对 19 世纪末 20 世纪初国弱被欺的社会现实，江谦立足于亟待自强的旧中国，于新教育领域提出"三育并举"的教育宗旨，把体育提到与德育、智育发展相同的高度，其提出教育需要培养身体健康、具有良好道德修养及责任担当为一体的平衡发展的教育目标，并认为培养对自己、对家庭、对社会、对国家有担当和负责任的新式人才十分重要。

江谦最突出的也是值得后人关注的重要点在于，其终身践行"知行合一"，并于教育实践中率先示范，严格落实了自己的育人目标。其认为体育是"吾人生存所必要"[②]，而道德事关做人之根本，面对外欺内乱的旧中国，国人不可"各人自扫门前雪，不管他家瓦上霜"[③]，培养学子的担当精神甚为迫切，三者融合方能培养出

---

① 程翼云：《尊闻记（选录）》，《佛光社社刊（第二期）》，1927 年，第 316 页。

② 江谦：《校友会演说词（速记稿）》，《南通师范学校校友会杂志》1917 年第 7 期，第 14 页。

③ 江谦：《校友会演说词（速记稿）》，《南通师范学校校友会杂志》1917 年第 7 期，第 13—14 页。

能够承担起国家富强和振兴的新式人才。有学者指出，"尽管近代教育家们大都提出过和谐发展、均衡发展、全面发展的见解，但在实质上，除卢梭、福禄贝尔等少数教育家之外，绝大多数近代教育家所重视的是知识的传授、智力和理性的发展。当他们说到人的能力的多方面、均衡发展时，他们实际上强调的是，人的各方面能力发展是以智力为中心，以理性为基础"①。这实际上很形象地概括出中外教育在现实发展中存在的重要弊端。由于对德育、体育教育的评价及考核方式无法像智育教育那样完全量化，导致现实中一些急功近利的教育出现了口实不一的现象，有违教育培养全面发展人的初衷。江谦是中国近代史上少有的较早对体育教育有正确认知的教育家，其还将体育教育与道德构建、责任担当融为一体，并因此成为其于教育领域人才培养的重要目标。

基于教育需解决社会现实问题的认知，江谦始终秉持教育需为社会服务的理念。其认为，羸弱之躯不能从事繁重的师范教育事业，故为社会培养人才势必成为一句空话。只有融合体育、道德及责任感的人才能承担起彼时社会建设和发展的重任，也才能托起挽救国家危亡的希望。当部分教育者还沉迷于旧教育不能自拔，或以新教育之名施旧教育之实，或心知新教育之重却无力承担新教育之累之时，江谦早已秉持自己对新教育的超前认知，于体育、德育、智育教育领域详细论述了自己的教育内容和实施方式，切实把培养全面发展的人的理想付诸现实，有力促进了中国教育的近代化。

三、教育内容

以"实业为应用"是江谦于通师和南高师期间践行的重要教育内容，这注定了其对实用主义的重视。江谦在人才培养中，注重学生生活技能的培养；在学科建设方面，注意结合当地经济发展需要，使教育为地方经济发展服务。故其坚持在不破坏传统淳朴懿粹固有之道德基础上，主张"输入我国关于生活上必须之思想智识"②。

通师时期，江谦"注重根本与应用二者"③；南高师时期，更强调"国学为根本，实业为应用"④的思想。其于《教学简说》中提出教育之道"三要四本"时明确指出，

---

① 张斌贤等：《西方教育思想史》，四川教育出版社，1994年，第571页。

② 胡止澄：《致江易园先生书》，周文甫：《斯文正脉：胡晋接先生纪念文集》，黄山书社，2012年，第88页。

③ 夏企贤：《江谦》，南通市教育局，南通市教育史料征集编写办公室编：《南通市教育史料 南通市教育界 人物传略 供征求意见用 1919—1988年》，1988年版，第65页。

④ 江谦：《校友会演说词（速记稿）》，《南通师范学校校友会杂志》1917年第7期，第12页。

教育须讲究"简易切用"①，真实地再现了洋务运动开展以来经世致用教育思想的时代特征，也是彼时美国实用主义思想对中国社会影响的具体体现，带有时代发展的深深烙印。

学科设置注重满足地方经济发展人才培养所需。在江谦担任监理工作后，通师经历了质的飞跃性发展阶段，不仅注重智育教育要"学应用知识"②，还根据地方经济发展需要附设多样化学科。1906年后，通师测绘科、工科、农科和蚕科等学科的先后附设，既是张謇实业教育发展急需人才的现实需求，亦是地方经济发展所需。通师灵活的人才培养思路，有助于地方实业教育和地方经济的发展。测绘科、工科、农科国内均没有合适师资，通师全部聘用日本教习，完成了最早相关领域人才的培养。日本教习宫本几次郎甚至一人独自承担了测绘科的所有教学任务，这在当今教育领域几乎是难以想象之事。测绘科、工科、农科等专业培养的人才投身南通建筑领域、导淮工程领域、南通测绘等领域，发挥了重要骨干作用；在助力张謇垦牧事业、地方实业发展的同时，促进了南通地方经济的发展和社会的近现代化。南高师学科设置从1915年的两部一科扩大为1918年的两部七科，学科设置之多、发展速度之快实居当时各高等师范学校之首。细观其学科建设，"实科教育"占了多数，如为了改良家具、抵制外货而设的机械专科即工科；为发展农林业等而设立的农科；为发展商业而设立的商科等，开"全国之先"。农、工、商"实科"的设置，为社会经济发展培养了大量急需人才，适应了当时社会农、工、商等事业的发展需要，是江谦注重"实业为应用"的重要体现。另外，江谦向来反对科目繁冗无用，曾对通师提出批评，"今之学校有教授而无学问，实由科目太多，精力时间，无自动之余地。无异同故设限制，使不得成学，不得成材，甚至疲病以"，并因此提出"务请诸君子本所经验，准以良知，简定切实课程，详白教厅及教部，请于变通试验，逐年报告利弊及改进之方，当可见许。试验有效，人将效之，利益全国"③。反对泛而空的课程建设，注重课程的切实有效性，倡导学以致用，在社会经济发展人才急缺的民国时期显然是值得肯定的。无论是任职于通师时对日本教育的模仿，还是主政南高师时对美国教育模式的借鉴，江谦均突破了自己作为单纯传统儒者的形象，兼具了当时先进教育者所具备的中西兼收并蓄思想，其教育开拓进取者的形象十

---

① 江谦，《教学简说》，唐大圆编《东方文化》，第2卷第3期。1927年，第9页。

② 夏企贤：《江谦》，南通市教育局，南通市教育史料征集编写办公室编：《南通市教育史料　南通市教育界　人物传略　供征求意见用1919—1988年》，1988年版，第65页。

③《致南通师范教职员书》，《阳复斋文集（下册）》，上海佛学书局，1933年，第251页。

分鲜明。鉴于时代发展的不同,当今教育固然仍需提倡实用主义教育,但有必要克服教育中"惟实用主义"的工具性倾向。

四、教育方法

对传统文化的坚守固然是江谦的教育之本,然这并不意味着其对西学的排斥和反对,更非其保守、僵化和教条的象征。反之,理应被视为传统教育家的江谦却有着接受时代新教育理念的开拓精神,其于教育方法中十分重视对西学的吸收与理性借鉴。通师时,其理性师法日本;南高师时,师法美欧,在促进中国中高等师范教育走向近代化的过程中留下了恢宏的印迹。

江谦于通师时期,理性师法日本。通师创办时,正值国内旧学未废,新学未建,师法日本氛围正浓之时,"取法泰西,获效最著者莫如日本"[1]。通师办学理念、课程设置,乃至建筑设计等无不留下了日本师范的痕迹;地理、数学、理化、博物等近代化课程的开设,诸多日本教习的聘任显示出日本教育影响之深。张謇曾利用考察日本之机,多途径延聘了多位日本教习。通师前后聘请的日本教习共有 8人,各自对通师的发展发挥了一定作用。江谦颇为欣赏 3 位日籍教师的教学工作,认为"西谷虎二、木村忠治郎、宫本几次郎三君,教泽最优"[2]。1906 年江谦任通师监理,与三位日籍教师相处时间较长,尤其是西谷虎二,因两家同住通师通明宫多年,家属相处亦甚为融洽,双方还结下了深厚友谊,这给江谦开展教育管理工作带来了诸多便利。

在教学管理中,江谦注意通过日籍教师吸收日本较为先进的课程内容和教授方法,如通师的实践教学活动就得益于木村忠治郎的指导,有利于纠正中国传统教育向来只重视理论学习而忽视实践锻炼的弊端。理论与实践为一体的教育显示出通师教育近代化的重要特征,这一教育方式日后在江谦主校的南高师同样得到了很好实施。江谦于通师十分注重实践教学,张謇听其建议,于 1906 年建成了可为师范生提供重要实习场所的通师附属小学。正是在日籍教师木村忠治郎身体力行的指导之下,通师因经验缺乏致使实践教学举步维艰的窘境得以改观,第一届本科生最终完成了见习、实习过程。通师自此"开始有了从理论学习到见习、实习的完整的教育课程教学"[3]。木村忠治郎还把国外流行的德国哲学家、教育家赫尔巴特

---

① 天津图书馆、天津社院历史研究所编,廖一中、罗真容整理:《袁世凯奏议(中)》,天津古籍出版社,1987 年,第 577 页。

② 江谦:《梦游记恩诗》,上海道德书局,1942 年,第 7 页。

③ 朱嘉耀主编:《南通师范学校史(第一卷·纪事)》,南京师范大学出版社,2012 年,第 177 页。

的"五段教学法"介绍至通师。显然,江谦于通师为我国师范实习制度的建立和完善,作出了有益的探索。正因为此,江谦对教学法格外关注,其对国文教学法的改革,显示出其善于学习和借鉴日本先进经验的开放胸怀,有效提高了教学效果。

主政南高师时,江谦开始了由师日转向师美的教育模式转变。1914年江谦担任南高师校长时,民国已成立三年。忠君、尊孔、读经逐渐退出历史舞台,民主共和成为时代发展之潮流和趋势。江谦在牢守传统文化阵地的基础上,在师资聘用方面,一改通师和南高师前身三(两)江师范学堂模仿日本教育模式的做法,大量聘用优秀留美学子,展露出师美教育模式的迹象,与传统教条而保守的旧知识分子形成鲜明对比。通师时期积累的丰富而有效的教育管理经验使江谦主政南高师时于教育管理方面更为驾轻就熟。身为校长的他熟谙办学的核心之所在,牢牢把握了南高师创设所需的三大要素即良师、管理和教学设施,对于办学重中之重的师资更是格外关注。在用人方面,留美学生进入其视野,其十分有眼光地将中国近代史上第一位留美教育学博士郭秉文召入其教育管理团队。郭秉文的加入使南高师如虎添翼,使南高日后转变为国内仅有的两所综合性一流大学之一的国立东南大学最终成为现实,并因此与另一所综合性大学北京大学南北辉映,成为最早推动中国高等教育近代化的两驾马车。江谦对留美博士刘伯明的聘请,是其慧眼识珠的又一体现。刘伯明不仅品行、学问过硬,且在南高师有着极好的人缘和人际关系协调能力,对于南高师优良校风塑造、维护学校良好运转等立下汗马功劳。作为后来全国知名教育家的陶行知也经江谦慧眼识珠。显然,江谦在建校初期,就已经为南高师的长远发展构建起良好的人才梯队,促使南高师日后以质变的方式跃上教育发展新台阶。如郭秉文任教务主任期间,协助江谦不遗余力,二人强强联手,不仅构筑起南高师浓厚的人文底蕴,还搭建起综合性学府该有的宽厚学科根基。在江谦病辞校长之职、郭秉文继任校长后,担任教务主任的陶行知在教学改革方面大刀阔斧,成绩卓著,刘伯明则成为郭秉文的得力助手,最终出现留美学子于南高师熠熠生辉的别样景象。至1918年2月江谦病休前,南高师已经聚集了不包括2名美国教员在内的共13位留美学生,占据学校教员的近二分之一,其师资队伍之强在当时国内各高等师范学校中实属罕见,几无可匹敌。南高师在民国军阀混战时局中出类拔萃,江谦敏锐的师资队伍建设意识在今天依然可以给予高等教育更多的有益启示。

显然,在南高师创设初期,江谦就确定了聘用留美学生为主的用人指导方针。大量留美学生的聘用,为南高师—东大日后的辉煌做了必要的人才储备,必然会带来美国彼时较为先进的教育理念,因此奠定了南高师师美教育模式的基调。1917 年中国科学社发起人任鸿隽等被聘来南高师执教,1918 年其将原设于美国的中国科学社总部迁入南高师显然就是师美的继续。南高师具有近代化特征的课程开设、专业设置及分科细化等,无不体现出美国实用主义的特征,是以西学为鉴的重要体现。作为从未走出国门,甚至连举人身份都未获得过的江谦,其身边聚集着诸多时代骄子,留美博硕士、耆学大儒等荟萃一堂,若无卓越的领导能力和管理能力,显然是无法凝聚人心,带动南高师向前发展的。事实证明,江谦领导的南高师,无论是师生之间,还是师资之间,乃至学生之间,均是极为和谐有序,这与其所具备的崇高个人魅力是分不开的,并因此形成了"北有北大,南有南高"[1] 的民国教育奇观。这些与江谦得当的教育方法均是分不开的。

五、教育行政能力

教育管理事关学校发展大局,江谦虽没能留下明确的教育管理理念,但从其主持通师及主政南高师的教育实践及突出教育成就可知,江谦于教育管理方面权责分明,角色定位清晰,充分发挥管理者的各自优势,于密切配合之中实现了教育高质量的发展,显示了江谦"权责分明、各展所长"的教育行政能力。

一方面江谦对自己有着十分清晰的角色定位,十分清楚作为学校主要管理者和负责人所要承担的责任,并因此独自承受了学校发展过程中来自外界的诸多压力,为学校师生撑起了一把遮风挡雨的巨伞,服务学校发展、服务师生理念凸显。其独特的人格魅力,应是其能够凝聚、团结诸多师生于一体的重要因素。其于南高师时自降校长薪水,乃至远低于教务主任;面对社会不理解体育设科的重重压力,江谦独自坚守,为教育事业呕心沥血;其力排众议,阻挡一切可能会影响南高师师生学习、研究的浮躁、奢侈之风,有效克服了功利主义教育弊端,保持了南高师难得的学习净土;其"三不敷衍"思想更是对国学大师柳诒徵等产生了深远影响。

另一方面,江谦在教育管理中充分放手,积极发展教职员工的各自优势,为学校发展尽忠职守。1919 年,已辞去南高师校长之职的江谦在得知通师领导层颇有意见不融之说时,立即去信一封,"此后任重致远,端在诸贤,务期互相宝爱,吐露忠诚。划清权限,各展所长,同成一事,不胜厚望。君子期于能和,无妨于不同也"[2]。其强调管理人员应注重"划清权限,各展所长",并指出"和中不妨存异",是其教

---

① 朱斐主编:《东南大学史》,东南大学出版社,1994 年,第 23 页。
②《寄敬之罜吾怡生逸航诸友书》,《阳复斋文集(下册)》,上海佛学书局,1933 年,第 228—229 页。

育管理经验的生动诠释。南高师宽松的管理氛围，不仅于人才培养方面比肩北大，在造就名师方面更是独树一帜。

于通师时期，江谦成功培养出一支梯队式的管理人才队伍，如于忱、顾公毅、缪文功等，他们对通师的后续发展功不可没；在南高师时期，江谦以人为本、厚培师资、高薪养师的师资管理模式，更是建立了一支高质量的稳定师资队伍，留洋学子及国学大师围绕在秀才出身的校长江谦身边，恪尽职守，任劳任怨，和谐而融洽。在江谦主持通师及主政南高师期间，从未出现有影响和谐局面的校园罅隙问题，反倒是在其不在其位后，通师出现了管理者不和现象，东大更是因教师之间的矛盾最终出现了"倒郭"风潮，南高师前身三江师范学堂时期还曾出现日本教习之间的冲突，直接影响了师资队伍的稳定和学校发展。在经费极端拮据的恶劣环境中，江谦协调各方力量，高效创办出优质高等教育，是其"权责分明，各展所长"教育行政能力的重要体现。

第二节　江谦教育思想与实践启示

江谦晚年虽皈依佛门，但其于教育领域耕耘近 20 年，足迹涉及中高等师范学校领域，且通师为中国近代第一所民办师范学校，南高师是江苏最高学府，对江苏乃至中国近代教育新局面的开创性贡献有目共睹。通师时期江谦教育思想必然离不开对张謇教育思想的继承和发展，南高师时期江谦形成了富有时代精神的教育思想。江谦教育思想虽然诞生于百年之前，但其在中国近代教育领域的影响并未因时代久远而黯然失色，其中其对师资队伍培养的重视、对学生终身体育锻炼思维的培养、对以学校为主导的互动型师生关系构建、以人格感化为基的优良校风建设等诸多教育思想对当今教育依然有着重要的启迪作用。

一、教育应重视师资队伍培养

重视师资队伍建设在当今各级各类学校已司空见惯，但在一百多年前，江谦不仅已意识到优秀师资引进的重要性，还十分注重对师资队伍的培养，这在当今社会依然极具启发意义。由于南高师在建校之初就秉持非"良教员"不聘的无形约定，故其初始就拥有一支出色的师资队伍，优秀留美学子与国学大师济济一堂，江谦在办学经费十分窘迫的状况下，于聘请师资方面可谓十分"奢侈"。更令人称奇的是，南高师在培养名师方面也非常引人瞩目，在建校之初聘请的优秀师资大多成长为某些专业名师或专家，如柳诒徵及进校之初不自信的王瀣均在南高师成长为国学大师；郭秉文、陶行知、刘伯明等于南高师则成长为知名教育家；周仁等还当选新中国第一届科学院院士；已近50岁的落魄琴师王燕卿则于南高师成长为梅庵琴派创始人；张准、邹秉文等则成为著名化学家、农业学家等。南高师不仅是培养优秀学子的摇篮，显然还是名师成长的"基地"，并吸引了各方优秀师资，乃至形成"孔雀东南飞"的壮观场景。稳定的优秀师资队伍为助力南高师日后发展为综合型大学奠定了必要的人才基础，这与江谦系统开展师资队伍培养是分不开的。

一是江谦十分重视"提高教师者的道德修养"。师者，传道授业解惑者也。江谦通过自身"三不敷衍"、以身示范的人格感化教育，于通师、南高师树立了重要典范。其倡导的人格感化教育影响了南高师大批名师，构成南高师教育中独有的亮丽风景，并因诸多教师的合力实施造就了南高师教师于品德修养方面的洁身自好、学术研究的纯净繁荣，最终营造出朴实高洁的校园文化氛围，于乱世之中为师生徜徉于知识的海洋提供了一片难得的学术净土。南高师教师甘于清贫，专注于教学工作和学问研究，不被外界虚无浮夸、奢靡物质所诱惑，这与江谦重视师德熏陶不无关系。另外江谦还提倡通过让教师阅读国学典籍的方式弥补道德教育的缺憾。其曾对"未读过四书五经的通师生实施补教"，于通师设立"经课"，推崇"不事考据，专重性理"的教法，以此提高"教师者的道德修养"。[①]师德师风建设是当今教育界常抓不懈之事，江谦于民国时期对此就已十分注重，足见其于教育思想与实践方面的先知先觉。

二是江谦于师资深造方面可谓毫不吝啬，甚至"十分大方"。南高师办学经费十分窘蹙，常年运营费更为有限，但为培养师资，江谦不惜花费"巨资"，利用江苏教育会或学部学习、培训机会，多次派遣办校之初引进的留美博士郭秉文、学士陈容去日本、菲律宾等地考察、学习；北京、天津等国内诸多教育名校亦留下了郭秉文等的调研足迹。面对民初新教育师资极为缺乏、人手十分紧张的境遇，江谦于通师、南高师曾多次派遣教师去日本、美国留学深造。长短结合的师资国内外学习、考察培训方式，有效提高了师资队伍质量，有利于师资队伍的稳定及教学质量的提高。

三是给师资提供较为宽松和自由的发展空间。江谦对于在外校兼职的南高师教师，不仅设身处地为对方着想，还采取切实有效的协助办法，如授课内容安排相对自主、课程时间安排相对集中、必要助手配备灵活等，其人性化的管理有效解决

---

① 夏企贤：《江谦》，南通市教育局，南通市教育史料征集编写办公室编：《南通市教育史料 南通市教育界 人物传略 供征求意见用 1919—1988 年》，1988 年版，第 65 页。

了兼职教师的后顾之忧,并因此收获了诸多教师对南高师的热爱与奉献、高水平授课及高质量的学术回报;同时还获得一批名师辞去他职,专职任教于南高师的"意外惊喜"等。正是在此种氛围下,通师与南高师师生实现了自由发展和自我价值的高度实现。当然这种自由并非为所欲为、无拘无束的绝对自由,而是马克思所认为的有条件、受到一定现实关系制约的相对自由。

除此之外,邀请名师来校演讲,开阔教师视野更是常事。章炳麟、黄炎培等名人曾于通师、南高师演讲,这些无不是江谦精心于师资队伍培养的悉心考量。江谦于民国混乱之际创办南高师,实际上从其办校之初就十分重视引进优秀师资并注重培养时起,就决定了南高师办学的高起点、高水平和高质量,也决定了其未来会成为南方唯一一所可以与北京大学并驾齐驱的名校,足见师资队伍质量的高低对学校发展的影响之重,师资培养的重要性不言而喻。

二、教育应重视学生终身体育锻炼思维培养

江谦是中国近代"终身体育思想"的首倡者,其关于"终身体育锻炼"的思想在当今社会充满了人性的光辉,对当今教育有着重要的指导意义和实施价值。树立终身学习的教育理念正逐步深入人心,但罕有听到要学生终身锻炼的呼声。毛泽东曾有"身体是革命的本钱"的名言,足见身体健康于培养全面发展的人的基础性和关键性作用。

江谦于南高师时,为克服学生"体弱多病,偏于用脑"之弊端,使毕业生能以"强健之身躯行教育之事业",主张于南高师养成学生每日锻炼习惯,为养成学生终身锻炼习惯作准备。其关注的重点不是体育锻炼本身,而是学生终身体育锻炼习惯的培养,这种理念深深植根于江谦教育实践中,在当时应该极具前瞻性和超前性。江谦明确规定南高师体育教育的宗旨即为"以强健的身躯行教育事业","教育事业是精神事业,有赖完全强健之躯干作基础。否则科学程度纵有可观,而孱弱的肢体不足以发展其文明之思想,而于应尽之义务,亦不能收到良好之效果,这种看不见的损失,对教育事业及其前途影响甚巨","学生用脑过多,非教育之幸"。[①]故南高师对学生的体育教育遵循由初级至高级逐步推进的原则。初始阶段实行米勒氏五分钟呼吸运动,逐步过渡到每天十五分钟体操运动。江谦的过人之处在于敏锐地意识到学生的体育锻炼不能局限于校内,而应在学校养成锻炼与养护习惯的基础上,延伸至校外,纵使学生身份发生变化,依然能自然为之,最终使每个个体

---

① 朱斐主编:《东南大学史 1902—1949(第一卷)》,东南大学出版社,1999 年,第 30 页。

都能养成终身锻炼的习惯。其在谈及南高师设立体育专修科时曾明确指出："本校既设体育专修科,以研究实习体育之学理及技术,而于全校学生之体育亦自十分注重,以锻炼与养护二者调和,使其愉快健康,以为智德发育之基本。除每周按时教授体育功课外,每日晨起六时左右,全校学生各于室外举行十五分钟早操,无间寒暑,以养成终身晨起自由运动之习惯。"①江谦从提出"晨起运动之习惯"到"终身晨起运动之习惯"的发展变化,是其"终身体育思想"形成发展过程的生动体现,实为中国近代第一人。南高师体育专修科的设置、学生每日进行的米勒氏呼吸运动及举办的各类体育赛事,有力助推了学生"晨起运动之习惯"的养成,为学生养成"终身晨起运动之习惯"提供了可能,也是现代"终身体育思想"的有效实践。

在物质生活条件越来越丰富、人工智能化日益普及、社会发展速度不断加快及社会竞争日趋激烈的今天,极有必要于学校教育、家庭教育、社会教育中大力普及终身体育锻炼思维,加大对个体进行终身体育锻炼方式、锻炼方法、锻炼强度、时长安排、科学饮食等方面的指导,以达到科学增强体质之效。养成终身体育锻炼的习惯亦是对学生个体意志的培养。终身体育锻炼不仅是新时代人才培养的需要,亦是和谐、稳定、健康社会构筑的必须。2020年全球暴发的新冠疫情再次验证了体质健康的重要性。2018年9月10日,在全国教育大会上,习近平总书记指出:"要树立健康第一的教育理念,开齐开足体育课,帮助学生在体育锻炼中享受乐趣、增强体质、健全人格、锻炼意志。"江谦的"终身体育锻炼"思想在我国全面建成小康社会、实现现代化建设过程中,显然有着重要的现实意义。

三、教育应重视以学校为主导的互动型师生关系构建

良好而和谐的师生关系方才有利于人才的培养,深谙教育存在的"师生离隔太甚"之弊,江谦提出应建立以学校为主导的互动型师生关系。所谓"以学校为主导的互动型师生关系",实际是指由学校制定规章制度,要求教师与学生之间定期或不定期就相关问题进行双向主动沟通、联络等,从而促进师生交流、增进彼此了解、帮助学生成长、促进高质量人才培养的一种方式。

清末民初的教育延续了封建旧教育的师生主从关系。尊师重教固然应该,但刻意保持师生间的疏离客观上易形成人为障碍,影响教育质量。江谦对此有先见之明,其曾指出,"先生与学生不能常集之一处,致有隔碍之虞"②,此当为当时教育

①《南京高等师范学校报告(节录)》(1918年4月),璩鑫圭、童富勇等主编:《中国近代教育史资料汇编·实业教育 师范教育》,上海教育出版社,2006年,第1041页。

② 江谦:《临时训话》(速记稿),《南通师范校友会杂志》1917年第7期,第3页。

界三大弊病之首。"查学校之弊病,在职员与学生关系离隔太甚,无精神上之联络,彼此隔阂,相见以文,以致一校之设施,行为大都迁率强制,无共同自然之趋向,而施教与被教成为一种机械之作用,学校之内,遂无活泼之生气可以涵濡而长养,此种缺点,危害最大。"[①]故无论是担任通师监理、代校长和校长,抑或是南高师校长期间,江谦对学生意见均十分重视与尊重,对于学生提出的合理意见亦乐于接受。在近代教育经历以教师为中心向以学生为中心的转变后,注重良好师生关系的培养已不足为奇,但在旧教育向新教育转变之际的清末民初,江谦突出"以学生为中心"的教育主体地位显然罕见。其注重对师生关系的调整是实质性的,而非流于表面。其曾言:"前日,某生造余言,假期中读四书,有感于子路问志之章。且言学校之中,教师有意见可以与学生言之,学生有意见可以与先生言之。如斯,则庶无隔碍之虞。余闻其言,甚然之。"[②]正因为此,1920 年,虽早已辞去南高师校长之职但仍身兼通师代校长职务的江谦,对于已更名为代用师范学校的原通师本科二年级学生提交的"分科教授意见书"十分重视,并复函批示:"二年级学生所上分别教授意见书,于良教育之要素颇有味,殊可采取。"[③]足见江谦对学生意见的尊重和采纳。

江谦主张建立以学校为主导的互动型师生关系,于南高师尤为突出,主要体现为老师对学生于学业、生活等方面的关爱、指导及学生对老师的慰问、尊重等双向联络。教师关爱学生主要表现为:一是南高师学生到校分班后,师生即展开会谈,教师需与学生"行种种之谈话",目的是"俾知学生过去之状况,以及将来之所自许",最终达到"考察品性,以定个人各别之方针,师生之情意既通,乃能起信仰之心,而行指导之法"。[④]二是师生谈话每周至少两次,在熟谙学生过往知识结构的基础上,教学生做人,为其人生发展指点迷津。此种培养方法即使在当今美国各类高等院校仍十分常见,足见江谦育人方式的超前性。三是南高师采取的是"全员育人"模式,即所有教师还均需肩负学生的"训育责任",专任教员每周更是必须与学生会谈"若干时"。在提倡教师尊重学生、关爱学生的基础上,南高师对学生"尊师重教"亦提出了明确要求。除了学生主动与老师联系,学校还经常组织学生

① 朱斐主编:《东南大学史 1902—1949(第一卷)》,东南大学出版社,1999 年,第 30 页。
② 江谦:《临时训话》(速记稿),《南通师范校友会杂志》1917 年第 7 期,第 3 页。
③ 朱嘉耀主编:《南通师范学校史(第一卷·纪事)》,南京师范大学出版社,2012 年,第 39 页。
④《江谦关于南京高等师范学校开办状况报告书》(1915 年 8 月),南京大学校庆办公室校史资料编辑组、学报编辑部:《南京大学校史资料选辑》,南京大学印刷厂,1982 年版,第 36 页。

去看望老师,新型"尊师爱生"风气逐渐在南高师形成。

江谦曾用"后生可畏"激励学生勇于进取:"诸生方年轻力强,正有为之时,加之以学圣贤之学,则前程之远大,定未可限量。"[①]缘于希望培养青年以实现救国、强国的强烈责任和担当,江谦于教育领域驰骋改革、锐意进取。南高师老校友曾著文回忆道:"南高的师生情,如沐阳光,如润春雨,果实自成"。"母校的师生情,校友的母校情,梅庵的六朝松,将可永远作证"。"南高学校生活确乎是整体的,教授与同学的努力好像有完全的协调,有深切的内心的统一,这实在是南高教育的成功。"[②]清华校长梅贻琦曾指出"良好的师生关系实际上是一种潜在课程,对学生产生潜移默化的影响"[③]。在当时传统、保守、僵化教育思想依然占主导地位的历史条件下,江谦能克服封建旧教育束缚,始终坚持"良善教育"和对学生与社会负责的"良心教育"[④],着眼于教育救国之宗旨,其重视以学校为主导的新型师生关系的建构与重塑的先进教育理念,无疑已超越了同时代诸多教育名家。在高等教育日益普及、大学发展规模已远超旧时教育的今天,其师生之间一对一周期性的谈话教育方式虽很难实施,但足可以给予我们更多的教育启迪。健康的新型师生关系应是良好互动的双向性交流,而非固化僵硬的单向性说教,江谦有关新型师生关系的构筑理念,对当今教育仍有着重要的现实指导意义。

四、教育应重视以人格感化为基的优良校风建设

江谦于通师时期特别注重塑造耕读结合、理实相融的务实学风,有力摒除了袖手空谈之陋俗,其编辑的《两汉学风》更是广为流传。其于南高师塑造的优良校风更是令学子痴迷、怀念,并通过南高师学子传播至全国各地的教育界。朴实不失本真、务实而不僵化的校风使人文与科学于南高师并存,并使南高师成为"人本主义大本营"和"科学社"整迁回国之地,这一切均建立在以人格感化为主的基础之上,颇值得当今教育借鉴。

南高师"诚、爱、勤、俭"优良校风的形成离不开教授授课之外的"身教"之功,"至诚感乎,其效以渐"。从校长、教务主任到教授,乃至普通职员,人人克勤克俭、诚挚爱生。循序渐进,以身示范,是南高师人格感化教育极其成功之处,以致学子发出了南高师人格感化之深,今日大学实难觅踪迹的感慨。后担任台湾教育部门

---

① 江谦:《临时训话(速记稿)》,《南通师范校友会杂志》1917年第7期,第3页。
② 朱斐主编:《东南大学史1902—1949(第一卷)》,东南大学出版社,1999年,第42页。
③ 吴立保:《中国近代大学本土化研究》,华东师范大学博士论文,2009年,第154页。
④ 江谦:《前题(临时速记稿)》,《南通师范学校校友会杂志》1916年第6期,第56—58页。

负责人的张其昀更是把"人格教育"作为通才教育的核心。正因如此,南高师同学之间休戚与共,守望相助,无阿谀奉承之殷勤,唯有"坦白诚挚之真情";师生之间,课外多联络,"或访谒请益,或同乐谈话","相处既迩"。正是在优良校风的熏陶中,南高师教师甘坐冷板凳,不问政治,大都醉心于学术研究和教书育人工作,有力助推了南高师的高质量发展。南高师能够脱颖而出,实力堪比北大,也就不足为奇了。

营造良好的校园学习和科研环境,倡导以人格感化为基的校风建设不仅有利于人才培养,对于克服功利性主义人才培养的短视弊病,有效应对社会上存在的奢侈之风、享乐之风、物质至上等也大有裨益。以人格感化为基的校风建设在当今仍值得大力提倡。

第七章 江谦晚年佛学活动（1920—1942）

经过近五年的艰辛跋涉，江谦创办的南高师已发展成为管理有方、师资雄厚、学科齐全、校风优良、综合实力堪比北大的特色名校。江谦完全可以在南高师舞台上更有所作为，然而在教育事业进入巅峰之际，其毅然遁入佛门，于 1918 年冬至信佛，1919 年 9 月辞去南高师校长之职，潜心研究佛学，融合诸宗归于净土，致力于佛学研究、佛学教育与佛学文化宣传的"佛学救国"事业，直至生命最后。江谦人生以 1919 年为界，于新民主主义革命前后分别于致力于不同领域救国之道的实践探索。其晚年视佛学为革新中国途径，致力于佛学事业，主张和平改革社会。其佛学活动主要表现为：1920 年至 1924 年于婺源倡导地方自治、1925 年至 1934 年于江湾创办佛光社、1935 年至 1942 年于南通创办灵峰学社。江谦是民国时期著名佛学家，于上海极具影响力，更是由教育家转变为佛学实修派的鲜有人物，对近代居士佛教振兴影响深远。探究其皈依佛门动机及晚年佛学救国的具体实践活动，是深入研究江谦必不可少的重要组成部分，也是全面了解和综合评判其历史定位的重要内容。

第一节 江谦晚年皈依佛门之路探析

近代中国有诸多政治名流、教育大家后期转向佛学研究，如龚自珍、魏源、康有为、梁启超、谭嗣同、章太炎、蒋维乔等，在佛教理论方面亦有很深造诣，但鲜有像江谦一样，从教育家转为佛学家后，不仅佛学理论成果显著，且于实践领域执着耕耘，影响甚巨者。江谦皈依佛门后，其父母、一双儿女、四孙子三孙女在其影响下也都先后加入佛门，全家潜心向佛，乃至于家里的佣使也都加入念佛行列，着实令人讶异。综合考察江谦遁入佛门之因，既有当时清季民初中央政府对社会管控能力减弱致使佛教复兴、佛教救国思潮兴起的深层次外因；亦有其自身长期顽疾缠身、无力从事世俗教育事业的潜在内因；利用佛学救亡图存则是其皈依佛门之道。探究江谦遁入佛门动机及皈依佛门之道，既是综合研究江谦之需，亦是从侧面窥见清季民初之际,诸多名人皈依佛门或从事佛教深层次研究的社会现象之契机。

一、皈依佛门之外因：清季民初佛教复兴

佛教自西汉末年传入我国,在努力融入本土文化的过程中,与黄老、儒家激烈碰撞,历经浮沉,曲折前行。清季民初,佛教于国事日衰中走向复兴。在民族危亡的时代困局中,佛教救国思潮顺势兴起。这些均成为江谦皈依佛门的外在诱因。

（一）佛教与儒道的融合与斗争发展

佛教自汉传入我国,其信徒经历了从初始以帝王与王公贵族为主的上流社会阶层,逐渐扩大至以民间普通百姓为主的中下阶层的发展历程;在其努力融入本土文化的过程中,与黄老、儒家既有融合,又有斗争,最终儒佛趋向融合。佛教在传入之初,就尝试与占卜、祠祀、方技、黄老相附会、相解释,初步显示出佛教与本土文化融合的迹象;至汉魏时期,佛教与儒家两种异质文化融合迹象日趋明朗,"虽儒典之格言,即佛教之明训也"[①]。东晋时期中国佛教界出现了道安、鸠摩罗什和慧远三位关键人物,由于译经更为准确,佛学遂走向玄学与世俗化。佛教在汉初与道教、汉魏时期与儒家尝试融合后,逐步发展壮大,并不可避免地在三家激烈碰撞与斗争中演变。正因如此,佛教在隋唐时期走向鼎盛,形成了隋朝时期的天台宗、三论宗和三阶教三大主流宗派。唐初,玄奘创立唯识宗,此后华严宗和禅宗相继出现,三宗均属佛教中大乘有宗的范畴。大乘有宗基本理论宣扬存在即合理,其教义对宋明理学产生了重大影响。禅宗宣称人人都有佛性,人人均可成佛,"心外无佛""佛向性中作,莫向身外求",可"顿悟成佛",对中国文学、艺术等方面影响深远。佛教发展的强劲势头,促使唐朝加强了对佛教的管控。为求生存和发展,儒家化倾向的佛教开始出现,佛堂成了李唐王朝的宗教翻版,即"封建的中华佛国"[②]。基于统治需要,唐后期兴起的反佛教运动遂又演变为政治斗争,唐武宗"会昌灭佛"对佛教各宗打击甚巨,佛教发展趋于衰微,但在民间发展仍影响巨大。经受哲学和政治斗争的佛教趋于与民间信仰水乳交融,一向处于庙堂之高的中国佛教开始走下圣坛,成为民族大众心理构成的重要组成部分。宋明以降,佛教主动倡导三教合一,为迎合社会发展之需力求改变自己,却因此几近模糊了自身特性而岌岌可危。门派发展之需必然会使儒释道出现信仰资源与生存空间的激烈竞争。清初朝廷取消试僧度牒制,导致僧侣宗教素养急剧下降;清中期尊崇理学,儒学治世为主、佛道劝世为辅的现象面临改变。朝廷改变政策之外,因自身腐朽,佛教在清初时已不可

① 郭朋:《汉魏两晋南北朝佛教》,齐鲁书社,1986 年,第 227 页。
② 李泽厚:《美的历程》,文物出版社,1981 年,第 116 页。

避免地走向衰落。

中国佛教经历了隋唐时期大规模佛典翻译、宋代禅宗主流地位的确立及明代后期世俗化转向发展的大脉络。尽管佛教从印度传入之初就经历了中国化转变，但晚明佛教的入世转向，是中国传统文化现代转型的重要组成部分，它为清代经世致用思想的形成，为近代"人间佛教"的产生，都起了缘助性的作用。[①]佛教在传入初始，就以外来文化身份尝试打破汉以来儒家一统天下的局面，努力建立新的"道统"，对中国社会政治、经济和文化等领域产生重要影响。在现实社会中，佛教的出世理论不但为严酷官场斗争中失意的士大夫提供了隐遁的退路，同时也为自己制造了"方外之宾"的身份，从而重新成为各派势力争取的对象。"佛教既给落魄者创造了一个足以自慰的精神境界，也创造了一个可以实际避难的场所。陶渊明的桃花源只是主观的向往，而佛教开辟的山林，却是举足可至的现实。士大夫有了这样的退路，在相当程度上钝化了统治阶级的内部矛盾，也有利于文化知识的保存和积累。"[②]佛教在中国的发展虽步履坎坷，屡遭打击，但依然生存顽强，在本土化发展过程中，形成了中国化的佛教文化，构成中国传统文化的重要组成部分。

（二）清季民初居士佛教的兴盛

晚清佛教在精神与组织上几近失去自身特有的独立、趋向没落之时，一些爱国爱教僧侣产生了强烈的挽救佛教和革新佛教的愿望和要求。[③]彼时中国社会内忧外患，清朝八旗与绿营在外敌和农民起义面前溃不成军，难以支撑起晚清摇摇欲坠的大厦，以曾国藩、李鸿章、张之洞、左宗棠、胡林翼等为首的汉族地主在镇压太平天国运动中乘势崛起，皇权日益收缩，地方督抚势力不断壮大，清政府对地方的管控能力大大下降，给佛教的复兴，尤其是佛教世俗化发展提供了空间。与此同时，近代以来清政府屡遭痛打的屈辱现实使知识分子深刻意识到封建科举教育制度的落后，废除科举、培养新式知识分子成为朝野人士的共识。传统儒学地位的动摇，给异质文化发展提供了契机，佛教乘势得以复兴。

佛教在重振时，注意到中国国情的变化，努力融佛教思想与传统儒学于一体，以更好地满足社会发展之需。刘固盛等在《论梁启超的老学思想》中明确指出，在近代中西文化的交流与激荡中，佛教界涌现出一股思潮，可称为佛教本位的文化融合，即以佛教为中心去融会中国固有的儒道文化及西方文化。随着知识分子对传

---

① 周骋：《明清之际中国佛教的入世转向》，《宗教学研究》2014 年第 4 期。

② 杜继文：《中国佛教的多民族性与诸宗派的个性》，《中国社会科学》1990 年第 6 期。

③ 何建民：《民初佛教革新运动述论》，《近代史研究》1992 年第 4 期。

统儒学的质疑，佛教开始进入他们的视野，众多知识分子的加入，无形中促进了居士佛教的振兴。所谓"居士"，有广义和狭义之分。广义上的居士是指所有的居家佛教信徒，狭义上的居士则是指富有家产、社会地位较高，或者有着较高文化素养、信仰佛教、通晓教义的居家信众。"居士佛教"是相对于"寺院佛教"而言，指居士们的佛教活动与组织形式，包括居士们的佛教信仰、佛教思想、佛教组织与佛教活动等。① 杨仁山② 被公认为是中国近代佛教"复兴之父"③。1866 年其于南京成立金陵刻经处，数十年刻经演教、育才研究，直接推动了中国佛教的近代复兴，使居士佛教走向兴盛。彼时于政界极为活跃的梁启超认为，杨文会对近代居士佛教振兴居功至伟："晚清所谓新学家者，殆无一不与佛学有关，而凡有真信仰者，率归依文会。"④ 梁启超本人极力主张以佛教因势利导，铸造国民之新信仰。视佛教为新信仰，显然是把佛教置于了一个新高度。在太虚大师、欧阳竟无、赵朴初等著名佛教人士的努力改革及推动下，佛教尤其是以知识分子为主的居士佛教又把目光聚焦于佛教教育。"近代居士对佛教文化传播与佛教教育非常重视，并用讲经说法替代了晚清盛行的经忏香火"。显然，讲经说法成为佛学教育与佛学文化传播的重要形式。唐忠毛以民国上海居士佛教为例，研究了居士佛教近代转型及其社会内容，认为近代居士佛教应分为两大类型，一种为各种形式的佛学研究会，主要兴趣集中于佛学研究、佛学教育与佛学文化传播，旨在义学层面振兴近代佛教；第二种类型是常以"居士林""净业社"等命名的大型综合性居士组织，主要侧重于佛法修持、佛教弘传，以及参与各类社会慈善事业，旨在从信仰实践层面振兴近代佛教。⑤ 纵观江谦皈依佛门后致力于婺源地方自治、创办佛光社与儒佛合一研究会等诸多举措，以讲经说法代替经忏香火是其佛学实践活动的主要方式，致力于佛学研究、佛学教育与佛学文化宣传等是其实践重点，其以居士身份进行的社会活动显然应属

---

① 有关居士佛教的发展历史可详参潘桂林先生所著的《中国居士佛教史（上下册）》，中国社会科学出版社，2000 年。

② 杨文会（1837—1911），字仁山，安徽石埭人，清季民初著名佛学家。近代佛教振兴的倡导者和实践者，力倡振兴佛教、刻经传教，对近代佛教振兴厥功甚伟。"少曾佐曾国藩幕府，复随曾纪泽使英，夙栖心内典，学问博而道行高，晚年息隐金陵，专以刻经弘法为事。至宣统三年武汉革命之前一日圆寂。文会深通法相、华严两宗，而以净土教学者，学者渐敬信之"（梁启超：《清代学术概论》，上海古籍出版社，1998 年，第 99 页）。

③〔美〕霍姆斯·维慈（Holmes Welch）：《中国佛教的复兴》，上海古籍出版社，2006 年，第 1 页。

④ 梁启超：《清代学术概论》，上海书籍出版社，1998 年，第 99 页。

⑤ 唐忠毛：《居士佛教的近代转型及其社会——以民国上海居士佛教为例》，《华东师范大学学报》2012 年第 5 期。

于"义学"的范畴。与此同时，一批著名学者、居士，纷纷在大学开设佛学课程。如梁漱溟、汤用彤在北京大学先后讲授佛学和佛教史，蒋维乔在东南大学讲授《百法明门论》，唐大圆、张化声在武汉大学开讲《唯识三十颂》，景昌极、李证刚于东北大学宣讲《唯识论》，梁启超在清华大学开讲佛学，王恩洋在成都大学开讲佛学等，使佛学研究走向高等学府的讲坛。[①] 佛教走进普通大学课堂，在知识界蔚为显学，佛教世俗化影响由此可见一斑。

梁启超在《清代学术概论》曾语："晚清思想家有一伏流，曰佛学。……故新学家多兼治佛学。谭嗣同从之（指杨文会——笔者注）游一年，本其所得以著《仁学》，尤常鞭策其友梁启超。启超不能深造，顾亦好焉，其所著论往往推挹宗教。康有为本好言宗教，往往以己意进退佛说。章炳麟亦好法相宗，有著述。"[②] 新学家兼治佛学俨然是时代潮流，以梁启超、谭嗣同、章太炎等为代表的诸多时代要人助推了居士佛教的振兴和发展。故民国时的居士佛教甚为活跃，上海知名居士江味农、范古农、黄涵之、关炯之、胡厚甫等，就经常在不少居士组织中讲经说法，黄涵之、关炯之还曾在上海佛教电台上领众诵经。[③] 江味农[④] 与蒋维乔关系甚好，缘于蒋维乔的引介，江味农成为江谦皈依佛门的引路人。江谦日后与黄涵之、范古农、黄涵之、关炯之等人关系密切，并通过关炯之与赵朴初熟识。民国时期居士佛教努力克服佛教长期给世人带来的消极处世色彩，促进儒、佛会通，沟通"世间法"与"出世间法"，倡导以出世之心来做入世之事，显然获得了较大市场。

（三）清季民初佛教救国思潮的发展

清季民初居士佛教展示出强劲的生命力，主要源于近代社会饱受帝国主义欺凌和压迫的知识分子在探索救国救民的道路上，由于屡遭洋务运动、戊戌变法等失败挫折，备受煎熬与苦闷，在对儒学怀疑、西学救国亦无望的境况下，遂转向佛教领域，以寻找救国之道的社会现实。近代中国思想史上举足轻重的政治人物康有为、梁启超、谭嗣同、章太炎等更是在学西的过程中转向从佛学中吸取救国的理论养分。在19世纪末20世纪初社会转型期，资产阶级改良主义思潮兴起，以梁

① 学诚：《金陵刻经处与近现代佛教义学》，《世界宗教研究》2016年第4期。
② 梁启超：《清代学术概论》，上海古籍出版社，1998年，第99页。
③ 唐忠毛：《居士佛教的近代转型及其社会——以民国上海居士佛教为例》，《华东师范大学学报》2012年第5期。
④ 江味农（1872—1938），名忠业，字味浓，法名妙煦，江苏江宁人。中年丧偶，悟人世之无常，遂潜心学佛。精研佛乘，一生最得力《金刚经》，曾任省心莲社社长。晚居上海，专弘净土，是引导江谦走向佛门净土宗的关键人物。

启超为代表的资产阶级改良派，因对传统儒学能否满足当时救亡图存之需秉持怀疑，遂转向用西学批判中国传统文化。为此，梁启超特于 1918 年至欧洲考察一年，力图从西学中汲取营养，寻找救国良方。彼时第一次世界大战正酣，欧洲战火弥漫，满目疮痍，本欲从西方寻找有力救国良方的梁启超在目睹了欧洲社会的种种弊端后，最终失望地发现"科学并非万能"的道理，其思想发生了巨大变化，遂把救国目光从西方转回中国。鉴于儒学正身处困境的社会现实，佛学思想自然进入了其救国视野。自此，以梁启超为首的资产阶级遂力倡佛教救国思想，在清末民初产生较大影响。梁启超认为，"佛教之信仰，乃智信而非迷信，乃兼善而非独善，乃入世而非厌世"[①]。视佛教为信仰，从佛教中吸取营养，成为梁启超探寻救亡图存的另一种尝试，代表了同时代转向佛教研究的知识分子的共同心声，这应该引起了长期秉持"国学为根本，实业为应用"思想的江谦的注意。西方实业虽然强大，但其给欧洲人民带来的依然是战争和灾难，西学显然不能从根本上挽救中国。鉴于儒学在现实面前已不具说服力，作为传统文化一部分的佛学自然成为江谦关注的落脚点。彼时高僧太虚大师（1890—1947）在杨文会佛学基础上已提出"人间佛教"理论，明确用佛教理论来改良社会，在人间建设净土，佛教遂成为苦寻救国良方的有识之士的思想武器。谭嗣同的"仁学"体系贯穿着大乘佛学"无我""无畏"思想，以冲破封建罗网的精神发出"我不入地狱，谁入地狱"的舍身成仁之呐喊；章太炎倡导"用宗教发起信心，增进国民道德"的革命，强调反抗社会黑暗统治除佛学外别无他途。[②]显然，在举国兴起救亡图存的强音之中，居士佛教未袖手旁观，他们兴起佛教救国之愿望，汇入救亡图存时代最强音的洪流，担负起一定的时代使命，迎合了以江谦为代表的知识分子对救国于危难的渴盼与需求。1912 年4 月，江谦曾以通师代校长身份对应邀前来演讲的章太炎进行采访，二人曾有过近距离接触。章太炎曾经努力从古文经学的角度对今文经学派康、梁的学术观点表示怀疑，他本人不信佛但努力兴佛。近距离接触推崇佛学研究的国学大师，势必冲击一向崇儒的江谦视佛教为异端的思想。在佛教被视为非主流文化的时期，资产阶级改良派企图从佛教理论中寻找救国武器，寄希望于佛教救亡图存的呼声，势必会成为一种社会风向标，对处于山河破碎、风雨飘摇的江谦产生重要影响。

显然，在历经明清长期转型发展后于清季再次振兴的佛教，注意贴近当时社会国弱被欺、社会亟待振兴的社会现实，在时代发展救国之需的洪流中兴起"佛教救

---

① 梁启超：《论佛教与群治之关系》，《新民丛报》1902 年第 23 期，第 58—68 页。

② 黄夏年编：《近现代著名学者佛学文集——章太炎集》，中国社会科学出版社，1995 年，第 4 页。

国"等思潮,对江谦影响至深。时局蜩螗,生民涂炭,面对乡里习尚之弊愈演愈烈之混乱局势,江谦开始对佛教寄予希望,"今日村人富庶,已大逊于盛时,而习尚之弊,有愈趋愈下之慨。见微知著,防患未然,倡导佛法,不容缓者矣。"[①]其佛学救国思想随之产生,"当知今日世界残杀之劫,非佛莫能救"[②]。民国时期居士佛教的兴盛及其佛教救国的呼喊,应对江谦皈依佛门,尝试另类救国道路产生了重要作用。

二、皈依佛门之内因:顽疾缠身之躯

江谦出身于贾而好儒之徽商家族。自其曾祖始,家族形成长子继承祖业经商营业,次子攻读科举获取功名之传统。传至江谦一代,依然如此。长兄江澍经商,江谦与弟江樾均从事教育事业。江谦爷爷江兴仁因刻苦攻读不幸英年早逝。正因如此,子孙健康成长成为担任抚育重任的江谦奶奶詹太夫人的第一要务。江谦在17岁顺利考中秀才之前身体康健,其身体有疾应是年少结婚之后,并因此终身饱受疾病之困扰,时局混乱之际长期担负教育重任,则加剧了其顽疾缠身的羸弱和苦痛;加之朋友引介,共同构成江谦皈依佛门不可忽视的内在诱因。

(一)体弱多病之体

从通师同仁对江谦外貌描述可知,江谦书生特质明显:"眉清目秀,身材不高,清瘦,完全是一介书生模样,素不强健。"[③]江谦自己在《梦游记恩诗》中有三次大病记录,并将此归结于早婚之弊。江谦首次大病是在19岁即1893年冒暑前往南京参加乡试期间,"冒暑南闱入病乡","病暑误服补剂,十夜不眠"。[④]考前已病,考期严重失眠,虽如此,江谦还是坚持挺过了三场九天的考试,结果却因"三场卷草稿末,多写数字"[⑤],不合规范而遗憾落榜,并因此专门至上海崇明祖业庙镇元和店养病。虽然对科举功名并不热衷,但奶奶、父亲和家人的殷殷期盼,对于十几年"终年一卷一灯具"[⑥]的江谦来讲,也的确具备向举人冲刺的动因。况彼时江谦已身为人夫、人父,爷爷、父亲皆止于秀才,怀揣家族三代人的殷殷期盼,江谦应是压力过大,没有得到很好调节,加之未能对症下药,导致神经官能衰弱症。此次重病,

---

① 江彦雍代撰,江谦修正:《灵湾盂兰盆会诵经会序》,《阳复斋文集(上册)》,上海佛学书局,1933年,第38页。

②《江湾萧江宗祠内设佛光社之说明》,《阳复斋文集(上册)》,上海佛学书籍,1933年版,第93页。

③ 夏企贤:《江谦》,南通市教育局,南通市教育史料征集编写办公室编:《南通市教育史料 南通市教育界 人物传略 供征求意见用1919—1988年》,1988年版,第66页。

④ 江谦:《梦游记恩诗》,上海道德书局,1942年,第3页。

⑤ 江谦:《梦游记恩诗》,上海道德书局,1942年,第4页。

⑥ 江谦:《梦游记恩诗》,上海道德书局,1942年,第2页。

为江谦埋下了体弱多病的种子。

江谦第二次大病是在1899年至1900年于南洋公学读书期间。在其如饥似渴遨游于知识的海洋之时，却因病无奈肄业。"予己亥春入师范班，庚子秋因病请假回徽……因病中止"。若非实不得已，必然不会中途辍学，病情之重不言而喻。江谦对此曾有详细记载，病状初期表现为咳嗽，后因误服沪上名医之药，"内热畏寒，夜眠盗汗，食减体瘦，如是半年"，后自读张景岳医书，"主温暖扶脾，依此调养"，"至春而愈"。^①此次生病甚至出现"病危"之兆，年轻的江谦饱受病痛折磨长达一年半之久。从其日后效力通师期间"屡罹重病"，张謇经常对其嘘寒问暖可知，其身体应该长期处于透支状态。

江谦第三次重病是在其主政南高师期间。南高师创校之初过度紧张的经费、刻薄刁难的驻军、百废待兴的校园等艰辛工作应该过多损耗了江谦的健康。另外，其于南高师时期的大胆改革也使其饱受压力，如唯优秀师资不聘、因开创性设置被世人轻视的体育专修科而导致的社会不理解等，致使其于混乱时局中常"与妄人邪人相抗拒，遭困踬，蒙讪讥"等，损耗了其本就羸弱的躯体。长期积压的负荷终于1916年暑假期间，在江谦受邀于上海江苏教育会所在地给百余人主讲音韵学后暴发，身体出现发热、持续眩晕等症状。虽长期服药，仍久治不愈，但其依然带病上班，自此饱受顽疾缠身之苦。蒋维乔将其症状总结为"神经衰弱症"^②，应与其长期精神压力过大有关。此后，江谦虽曾利用1917年暑假专门"避暑狼山僧立小学，杜门绝客"^③，进行调理，但其病症并未减轻。因病体进一步加重，1918年3月19日，江谦不得不提出"为休养病体暂请代理"的长假申请，考虑其实际病情，江苏省省长齐耀琳令其"以资调养"，由南高师教务主任郭秉文暂代行职权。^④江谦疾病之严重由此可见一斑。

正是在身体长期有疾，多方治疗无效的境况下，被推荐从佛学中尝试获得治疗之方成为江谦病急频投医的意外收获，佛教因此得以进入江谦的生活，念佛病愈成为其从教育救国转向晚年佛学救亡图存的转折点。江谦曾在给黄炎培的信中提及

①　江谦：《梦游记恩诗》，上海道德书局，1942年，第5页。

②　蒋维乔：《江易园居士传》，卞孝萱、唐文权编著：《民国人物碑传集（卷十二）》，凤凰出版社，2011年，第839页。

③　江谦：《梦游记恩诗》，上海道德书局，1942年，第12页。

④　南京大学校庆办公室校史资料编辑组、学报编辑部：《南京大学校史资料选辑》，南京大学印刷厂，1982年版，第45页。

此事:"谦以病缘,得闻佛法。"[1]其师印光法师对此亦有言及,江谦于"民国十年,遂成笃疾,上海诸医,皆莫能治","一友悯其病,劝以吃素念佛",其"信受奉行,则不药而愈,感激之极,悉心研究"。[2]显然,使其身体出现奇迹恢复的,正是江谦歪打正着不经意间接触的佛教,其甚至从一佛教居士的修持中,得出佛教"能以哲学为人疗病,不用服药"[3]的观点。虽然其有关"哲学能治病"的观点值得商榷,体病是否"服药"仍需遵循科学治疗方法,但江谦因念佛病愈,确是其决绝皈依佛门,转向佛学救国的重要内在诱因。

(二)朋友引介之因

江谦"自幼受学圣贤治世之书,汉宋儒家之略",并视佛教为异端,"崇儒教,黜异端,尊科学,破迷信,自信甚力"。[4]其对佛教的最早接触应始于通师多位居士对其的劝诫,但其显然未对佛学产生兴趣。据其晚年讲演时所讲,早年曾有 2 位居士先后劝其阅读佛教经典《楞严经》《大乘起信论》等,但"均不能明"[5];后遇"南京王伯元先生劝读莲池大师《竹窗随笔》,乃稍了解,苦于没时间"[6]。1917 年大病,久治未愈,佛教再次进入江谦视野:"丁戊之岁,因病谢事,医药不效,乃读佛经,如蒙童习诵,但借消遣。"[7]正是第三次大病持续未愈期间,缘于朋友引介,借助佛经消遣之机,佛教正式引起了江谦的关注。

在江谦第三次大病期间,张謇和同学刘厚生前来探望,二人无意中谈及曾任江苏巡抚的程德全[8]在"在沪念阿弥陀"之事,江谦对此"颇异之"。阿弥陀佛,梵语中指无量光明、无量寿命之意。说者无意,听者有心。不久当江谦再次遭受"病虐发热,如堕火中"之时,模仿口念"阿弥陀佛"四字,竟出现了神奇一幕:

---

①《寄黄任之先生书》,《阳复斋文集(下册)》,上海佛学书局,1935 年,第 176 页。

② 释印光:《程筱鹏居士宏化日记序二》,《世界佛教居士林林刊》1927 年第 18 期,第 10 页。

③《致王伯沆先生书》,《阳复斋文集(下册)》,上海佛学书局,1933 年,第 223 页。

④ 江谦:《劝请续藏经启》,《申报》,1923 年 3 月 27 日,第 15 版。

⑤《沈宅寿堂二次讲》,《江易园居士演讲集》,苏州宏化出版社,1936 年,第 168 页。

⑥《沈宅寿堂二次讲》,《江易园居士演讲集》,苏州宏化出版社,1936 年,第 168 页。

⑦ 江谦:《劝请续藏经启》,《申报》,1923 年 3 月 27 日,第 15 版。

⑧ 程德全(1860—1930),字纯如,号雪楼,四川云阳人。1888 年国子监肄业。早年与黑龙江正白旗人寿山相从甚密。1900 年,程德全在抵抗八国联军侵华与瑷珲战争中,表现英勇,获朝廷赏识,1901 年以直隶州知州用,赏戴花翎加三品卿衔,后赏加副都统,署理齐齐哈尔副都统并专任垦荒事务。两年后,委署黑龙江将军,打破二百余年在东北行旗制任旗员的定制。1907 年,东北改设行省,程德全为黑龙江巡抚。后因受总督节制,志不得酬,1908 年称病奏请开缺。1909 年后又先后任奉天、江苏巡抚。1911 年,辛亥武昌起义,苏州独立,程德全被推为江苏军政府都督,后任江苏都督、南京临时政府内务总长等职务。1913 年退出政界,寓居上海,晚年皈依佛门,闭门诵经。1930 年病逝于上海。

"以阿弥陀佛四字为深呼吸，渐觉清凉自在，火不能烧，汗出病减而愈"。[①] 从中医角度来讲，汗出有散热之用，故有清凉之感，符合科学解释，但江谦将之归结于念佛有治病之效，应与心理学中的心理暗示有关，这与江谦认为"佛学大心理学"[②] 相一致；与梁启超在《佛教心理学浅测》中指出的"大乘瑜伽家说的百法"，主要"说明心理现象"[③] 相吻合。1936 年，早已是佛门弟子的江谦曾言："医学可以治身病，佛学确治心病。心病愈而身病即愈，身心并治。"[④] 这应是其后来执着于佛门的重要因素之一。江谦请假后移家至沪调养，开始自行敬诵彭际清的《无量寿经起信论》，对佛教所宣传的西方极乐世界、普度众生的阿弥陀佛等有了初步认识，"心意廓然，不复以病为念"[⑤]。较为巧合的是，与江谦同居于沪哈同路民厚里寓所的有佛教界活跃人士江味农、赵云韶等，为其日后归宗净土提供了方便之门。

张謇与同学闲聊的念佛之事是病中江谦无意间关注佛教之始，后其自觉接触佛教著述《无量寿经起信论》则是首次主动接触佛教之举，好友蒋维乔为其引介佛教界人士应是其最终皈依佛门净土宗的直接推力。长期服药医治无效，江谦曾写信给在京的好友蒋维乔，欲从其自创"静坐法"中，获得"静坐却病之法"。[⑥] 蒋维乔年少体弱医治无方，后自创呼吸静坐养生法，体魄逐渐康健。其于 1914 年撰写的《因是子静坐法》，曾畅销全国乃至东南亚及欧美诸国。因江谦长函紧急求助，彼时蒋维乔正就职教育部，且已皈依佛门，加之京沪遥远，故情急之下介绍江谦前去谒见与其居住于同一公寓的江味农居士。自此，江谦因江味农的引导直接皈依佛门。"味农以净土法门引导之"，江谦"晚年弘扬净土，乃于此发轫"。[⑦] 其曾因此致信蒋维乔以示谢意："以公介绍，得交味农居士，亲承开示，净念益坚。"[⑧] 江谦自此走上了佛教净土道路，"此为予老实念佛，蒙佛加被之始"[⑨]。1918 年，江谦"冬

① 江谦：《梦游记恩诗》，上海道德书局，1942 年，第 12 页。

②《致胡止澄先生书》，《阳复斋文集（下册）》，上海佛学书局，1933 年，第 46 页。

③ 梁启超：《佛学研究十八篇》，上海古籍出版社，2011 年，第 394 页。

④ 江谦：《介绍创设观音救苦会国医陈其昌居士》，《弘法刊》1936 年第 32 期，第 164—165 页。

⑤ 江谦：《梦游记恩诗》，上海道德书局，1942 年，第 12 页。

⑥ 蒋维乔：《江易园居士传》，卞孝萱、唐文权编：《民国人物碑传集（卷十二）》，凤凰出版社，2011 年，第 839 页。

⑦ 蒋维乔：《江易园居士传》，卞孝萱、唐文权编：《民国人物碑传集（卷十二）》，凤凰出版社，2011 年，第 839 页。

⑧《致蒋竹庄先生书》，《阳复斋文集（下册）》，上海佛学书局，1933 年，第 33 页。

⑨ 江谦：《梦游记恩诗》，上海道德书局，1942 年，第 12 页。

至起信"[1]，号阳复斋居士。彭绍升居士的《无量寿经起信论》成为江谦人生中正式阅读的首部佛学著作，江味农的引导则开启了其日后走上佛门终身致力于净土研究的道路。江谦皈依佛门后，曾袒露自己的学佛之因，"学佛之动机，实由病苦。每闻人叩门声，心辄惊悸。在沪养疴数年，医药均不见效。一日至有正书局，请得《无量寿经》读之，日从事于念佛，病果渐愈。后晤江味农居士，于净土信心益坚"[2]。此应是江谦皈依佛门的重要内因。

三、皈依佛门之路：倡导佛学救国

鉴于代理校长郭秉文校内工作"条理井然，循此精进"，[3] 1919 年 8 月，江谦正式辞去南高师校长职务，彻底皈依佛门。"风尘厌倦便孤还，儒墨商量一例删，直向西方求净土。"[4] 江谦自净土入门，后融合各宗，复归净土。其自 1917 年夏初始接触佛教，1918 年"冬至起信"，1919 年辞去南高师校长，后皈依印光，经历了初触佛教、始信佛教和坚定皈依佛门的心路历程。江谦皈依佛门的决心从其率全家人念佛可见一斑："自吾学净土，而家人皆喜念佛；自吾学《法华》，而家之人皆喜听《法华》"；"今则上自吾母，中而吾妻，下至儿女，乃至男女佣工，夜则聚集一堂，开法华会，读者、听者、讲者，皆各欢喜"。[5] 自此，江谦"专修净土，八风不动，万牛莫挽"[6]。

江谦皈依佛门之时，"欧战告终，尚争之果，惨痛已极"[7]。第一次世界大战虽已结束，但世界仍面临残杀之劫。"政教式微，世界黑暗，丛生祸机。"[8] 国内军阀混战，局势混乱不堪，各地匪徒众多，烧杀、抢掠时有发生，百姓深受疾苦，江湾一带亦未幸免。江谦对国家前途和民族未来充满忧虑："尘途扰扰，幻海茫茫，举世虚妄，一切无常。"[9] 究其原因，皆因"欧化东渐，物欲纷乘，孔老道衰，泪灭性灵"[10]。江谦认为，世界范围内广泛流行和传播的欧美思潮如自由主义、激进主义、民族主义、空想

---

① 江谦：《梦游记恩诗》，上海道德书局，1942 年，第 12 页。

② 程翼云：《尊闻记》(选录)，《佛光社社刊(第二期)》，1927 年，第 316 页。

③ 南京大学校庆办公室校史资料编辑组、学报编辑部：《南京大学校史资料选辑》，南京大学印刷厂，1982 年版，第 62 页。

④ 江谦：《秋夜读佛经有怀》，《世界佛教居士林林刊》1928 年第 20 期，第 6 页。

⑤《寄南通法华会诸君子书》，《阳复斋文集(下册)》，上海佛学书局，1933 年，第 218 页。

⑥ 江谦：《梦游记恩诗》，上海道德书局，1942 年，第 12 页。

⑦《上张季直先生书》，《阳复斋文集(下册)》，上海佛学书局，1933 年，第 8 页。

⑧ 耀堂：《佛光社成立祝词》祝词六，《海潮音》，1925 年第 6 卷第 8 期，第 18 页。

⑨ 江应蛟：《佛光社成立祝词》祝词三，《海潮音》，1925 年第 6 卷第 8 期，第 18 页。

⑩ 江祖彝：《佛光社成立祝词》祝词五，《海潮音》，1925 年第 6 卷第 8 期，第 18 页。

主义等是造成国内外局势动荡的根本原因。"现在世界各种学说，好比百戏杂陈，衍招游客，但多是异端谬说，害世诬民"。世人"信奉种种邪说，以及尘俗扰攘的竞争不息……生出许多的虚妄事业来"，导致"世间正学不明，邪说披狂"。①江谦以为正因各种邪说的存在，致使人心混乱，世风日下。佛教向来提倡以慈悲为怀、诸恶莫作、劝人为善，显然，能正人心者，莫若佛教。"惟念今世邪说纷炽，若火燎原，虽一滴之微，傥承佛威神，其于救助，或当有助。②"对欧美文化救国失望，被梁启超视为"新的信仰"的佛教给江谦极好的启发。从传统孔老道中寻求良方，正人心、匡邪说，视佛教为"新信仰"，是"沉疴亦渐愈"③的江谦开辟佛学救国思想的最早萌芽。

　　江谦痛恨对国家有难，只会熟视无睹、袖手旁观者，"事穷则变，岂可熟视结舌，陷国于危亡"④。故其力证佛学救国的可行性："欧化既败，亚化将兴。孔老释耶，皆亚产也"，"日本佛教，本自吾国，我若复振，光照尤远"⑤，"佛氏所谓人民以善业自卫国家，与今欧西之妄想民治主义，固不可同日而语矣"，佛教中"自度度人救世之福音"，才是"真民治之嚆矢也"。⑥如今，"茹苦至深，舍出佛法，更无救药"，"即科学之致用，亦知重生去杀、务实去欺矣"。⑦佛教中"以善业自卫国家"的理念成为江谦佛学救亡图存的不竭动力。江谦认为我国古代《大学》早就昌明"明德于天下"、要"止于至善"，如今国事动荡，民心浮躁，不过"虚存此说"，"二千余年矣，真欲明明德于天下，非昌明佛教不可；真欲止于至善，非修净土不办"。⑧江谦佛学救亡图存思路日渐清晰和坚定。不仅如此，其还认为彼时蜂拥而入的西方"平等""自由""科学"等思想，离开了佛法昌明，很难实现。"今日人言共和平等，言自由解放，……崇拜科学，……唯佛乃真实共和平等，……唯佛乃真实自由解放。不为名利臣奴，不受轮回管束，……唯佛乃为正觉。"⑨显然，在江谦眼里，只有鼓吹无私利之心、不受轮回约束的佛学才能实现真正的平等、自由和科学，从而救国

　　① 江谦：《云湾佛光社大会演词》，《海潮音》，1926 年第 7 卷第 3 期，第 3 页。
　　②《致尤雪行居士书》，《阳复斋文集（下册）》，上海佛学书局，1933 年，第 24 页。
　　③ 蒋维乔：《江易园居士传》，卞孝萱、唐文权编：《民国人物碑传集（卷十二）》，凤凰出版社，2011 年，第 839 页。
　　④《致胡止澄先生书》，《阳复斋文集（下册）》，上海佛学书局，1933 年，第 50 页。
　　⑤《上张季直先生书》，《阳复斋文集（下册）》，上海佛学书局，1933 年，第 8 页。
　　⑥《戒杀放生集序》，《阳复斋文集（上册）》，上海佛学书局，1933 年，第 45 页。
　　⑦《复李锦章县长书》，《阳复斋文集（下册）》，上海佛学书局，1933 年，第 126 页。
　　⑧ 江谦：《上张季直先生书》，《阳复斋文集（下册）》，上海佛学书局，1933 年，第 3 页。
　　⑨ 江谦：《上张季直先生书》，《阳复斋文集（下册）》，上海佛学书局，1933 年，第 3 页。

民于水火之中。至此，他不愿"熟视结舌，陷国于危亡"，乃身体力行，投身于佛学救亡图存的实践活动，成为近代佛学救国的伟大实修者。

江谦曾言，学佛"一不是要出风头；二不是要消遣时日"[1]。可见，江谦在教育事业蒸蒸日上之际决然皈依佛门，既非对乱世的消极避世，亦非其人生教育伟业高潮时的急流勇退，虽然其中含有些许其对教育救国事业的不易引起的内心矛盾纠葛，但归根结底实为清季民初中央政府管控能力减弱时期佛教走向复兴、居士佛教致力于佛教救国探索的外因与个人顽疾缠身导致其无法从事世俗教育事业之内因合力之果。与此同时，其并未卸下世俗教育之责，仍积极支持继任校长郭秉文在南高师基础上筹建国立东南大学，时刻关注学校发展，对通师发展指导更是毫不松懈。1919年，当得知通师领导层"颇有意见不融之说"时，江谦深为忧虑，曾致信以于忱为首的通师诸友，诚恳劝诫诸人抛弃前嫌，团结一致。另外，随着身体日渐康复，江谦认为，"张（謇）先生的期望，还没有圆满发展，不过将来总有成功圆满的一天"[2]。基于此，其不断践行佛学救国之道，责无旁贷地以居士之躯行救亡图存之责，渴望实现"齐家治国平天下"之愿景。其通过婺源地方自治、创办佛光社与灵峰学社，致力于佛学救国之道，在佛教界影响深远，这应是其皈依佛门后于佛学领域尝试开辟的另类救亡图存之道。

值得注意的是，清季民初外欺内乱中的政府统治无力，国衰民弱，给居士佛教发展提供了契机。深层次的社会环境变化使居士佛教得以逆势而起，其因注重佛教教理发展，尝试改良社会，重视佛教世俗化践行，因而吸引了众多知名人士皈依佛门，这是值得当今学者思考并研究的现象。佛教倡导"以出世心来作入世事"以达改良社会的理想与江谦救亡图存的理念甚相吻合，对江谦有重要吸引力。事实证明，皈依佛门是江谦人生事业的转折点，强烈的民族危机感是其以病弱之躯进入佛学领域实施救亡图存之道的另类尝试。受蕅益大师、印光法师及梁启超等以佛释儒思想的启发，江谦努力从传统文化中汲取营养，致力于儒释互阐，以佛释儒，倡导儒佛一体的佛学救国宏愿，也是其思想由中西兼收并蓄向传统文化转变的自觉复归，显示出传统文化的生机和活力。1936年江谦于南通金沙居士林演讲时曾指出："今日的国家危险极矣，正望一般吃素念佛止恶修善的人，都用佛化来办理国家教育政治实业慈善诸事，则家齐国治天下平不难矣。"[3]在其晚年的佛学活动中，

① 江谦：《上张季直先生书》，《阳复斋文集（下册）》，上海佛学书局，1933年，第5页。
② 程考宣：《江易园居士在通州师范学校演讲佛性》，《弘法刊》1935年第30期，第44页。
③《金沙居士林佛七第一日讲》，《江易园居士演讲集》，苏州宏化出版社，1936年，第62页。

江谦于义学层面兴办佛学研究会,集中于佛学教育、佛学研究和佛学文化宣传。不可"各人自扫门前雪,不管他家瓦上霜",其强烈的爱国主义情感令人动容。20 世纪 20 年代到 40 年代的江谦不仅是"非常具有活动力的佛教居士"[1],而且其对居士佛教的振兴及影响亦不可小觑,其佛学救国事业理应得到肯定。

第二节　江谦晚年佛学实践活动之一

——婺源地方自治

佛教的因果报应、赏善惩恶、普度众生等思想给予江谦重要启示。利用佛学来改变世俗和人心,探索佛学救国之道成为江谦皈依佛门后的重要事业。"居山中,乃有自治之计划。"[2]1920 年 4 月 10 日,江谦利用其父 70 大寿宴席之费开启了婺源地方自治的大幕,致力于于江湾老家创办集植林与建学于一体的报恩学林等系列活动,倡导儒佛融合的地方自治。1924 年因时局变化,江谦婺源十年地方自治计划中途夭折,但婺源自治是其视佛教为新信仰,"以善业自卫国家"的首要实践。其希望融合儒释道思想陶冶公民道德修养,夯实我国德治基础,也是其尝试佛学救国的初步尝试,为日后佛光社与灵峰学社的创办积累了丰富经验。

一、婺源地方自治背景

江谦由净土入门,后广泛涉猎密宗、显宗诸经,充分感受到佛学中"敦伦尽分、闲邪存诚、诸恶莫作"的巨大魅力,最终复归净土,于佛学救亡图存事业不遗余力。随着江谦于佛学领域的精进,其深厚的佛学知识、张謇于南通地方自治的卓越成就、政府倡导地方自治发展之需,以及其于婺源地方广泛弘法氛围的营造,为江谦实行婺源地方自治提供了重要理论、实践及现实条件。

（一）理论条件：佛学理论知识的深厚积淀

江谦于佛学领域刻苦钻研,佛学理论精进十分迅速,其友曾如是评价,"易园尤一日千里,数日不晤,则君必思想一新"[3]。相较于过去亲孔远佛,甚至视佛教为异端的行为,江谦以新的视角审视佛教时发现,佛教普度众生的救助功能令其十分叹服:"孔说中,佛说圆,理实一致而相得益彰。孔悟易,佛悟无常,无常即易,易即

---

① 范纯武:《"崭新菩萨宜今世,科学欧文都了晓":试论 1930、40 年代上海佛教居士扶乩团体"来苏社"》,《民俗曲艺》2008 年第 12 期,第 182 页。

② 张謇:《张啬公与江易园书》,《海潮音》1920 年第 8 期,第 25 页。

③ 宝莲华庵:《寄怀江易园刘灵华海上》,《海潮音》1920 年第 7 期,第 45 页。

无常。故知轮回因果，即消长屈申。而佛说法之神力，赏善惩恶之充量，救度之愿普及一切众生，实为一切宗教国法之所不及。"[①]江谦认为世乱之因有二，即"心乱"及"不信因果"。解决世乱之现状亟须"正人心""信因果"。在这方面，佛学与儒学相比，显然有过之而无不及。其认为佛法的宇宙观远比其他哲学要宽广、深远。佛教广含三世，即前世、今生和来世，且佛家的"万事万物皆在我心内"的心观，打破了普通人所谓"人各有一心"的理解。江谦认为"心观"大小直接关系着世界秩序和格局。"心观大，则世界大同；心观小，则世界战争"，"现在世界之所以纷乱如此者，即由个人之心观狭小"，"故欲世界和平，必须待世界人类之心观放大"。但"常人心观狭小，故体大而用小"，"佛家心观最大，故其见地亦深远"。[②]不仅如此，佛教的心观之大，还体现于其认为天地万物皆唯心造，即"天地万物，皆其内心之物"。正因如此，江谦认为，"《中庸》唯天下至诚为能尽其性。能尽其性，则能尽人之性。能尽人之性，则能尽物之性。能尽物之性，则可以赞天地之化育"；而"佛家之大心，即大乘。大乘者，大车也。盖言天地万物，无所不载之义"，"明此大乘心，则人我合一，万物合一。人痛即我痛，杀人即杀我"。[③]基于江谦对"心观"大小影响着世界格局的认知，佛教超越儒学的心观见解等对其产生了极强的吸引力。江谦把佛学提高到了极高地位，认为"佛学，一切学术之渊海也，亦为一切学术之源泉；一切学术之资粮也，亦为一切学术之医药。佛学昌明，开一切学术之光明"。[④]江谦努力从佛教中寻找救世理论支撑，以求以佛援儒，通过教化的德治方式正人心、治乱世，应是其过度拔高佛教之深意；但其于潜移默化中已自觉将佛学与儒道思想中的天命观、心性之说等思想相互补充和援释，此既是从明末高僧憨山德清、蕅益智旭、云栖袾宏等倡导儒释道三教融合思想中获得启示的体现，亦是其儒佛融通初显的表现。深厚的佛学理论知识、儒佛融通的思想认知为江谦实行婺源地方自治提供了重要理论支撑。

（二）实践条件：张謇南通地方自治的启示及地方自治之需

受张謇南通地方自治的实践启示，为有效"自卫国家"，选择婺源地方自治之"善业"成为身体日渐康复好转、佛理研究日趋深入的江谦首选。1920年，在《上张退公书》中，江谦自治理念初步显现，"地方自治之源泉，挽救人心之上药，无以

---

① 《与张啬庵师书》，《阳复斋文集（下册）》，上海佛学书局，1933年，第231页。

② 江谦：《佛法之宇宙观人生观心观》，《海潮音》，1924年第5卷，第1—2页。

③ 江谦：《佛法之宇宙观人生观心观》，《海潮音》，1924年第5卷，第1—2页。

④ 《劝请续藏经启》，《申报》，1923年3月27日，第15版。

逾此,非南通无可望。他日自治,必为世界模范"①。显然,张謇于南通"建设一新新世界雏形"的地方自治强烈吸引着江谦,并成为其婺源地方自治的实践源头。张謇拟通过地方自治,以实现南通的经济发展、社会文明、生活富庶、民智尽开及各项社会事业的兴盛。②此"地方自治"即为"村落主义",创办实业是其地方自治之本,亦是其地方自治之关键物质基础。张謇的南通自治是在政府腐败无能,无力救助苦痛至极人民之际的有益尝试。1919 年前后,张謇的南通实业、教育、慈善等各项事业发展如日中天,地方自治事业如火如荼,"新新世界"已然展现。作为张謇南通大有晋盐垦公司股东的江谦,仅 1917 年于公司的股息分红就达 4000 银圆,1918 年股息分红为 4500 银圆。③江谦还拥有张謇赠与的三余镇广运乡自垦田 200 亩地,以及通海垦牧公司的 600 亩出租田（只拥有底权）,④侧面可窥见张謇地方自治事业发展的兴盛繁荣。张謇的南通自治正以"模范县""自治模范"乃至"全国模范之雏形"为人所称道。有别于张謇在南通集"实业、教育、慈善"等于一体的自治路径,江谦于婺源自治计划中增加了"宗教"一项。故其于婺源的计划乃是集"教育、宗教、实业、慈善"自治于一体,倡导佛教融于地方自治,这是其与张謇地方自治之区别,亦是其居士身份所决定的结果。

民国时期社会流行的自治之风及当地政府的自治倡导为江谦于婺源实行地方自治提供了重要实践条件。清光绪三十四年（1908）,清政府颁布的《城镇乡地方自治章程》总纲第一条便明言:"地方自治以专办地方公益事宜,辅佐官治为主,按照定章,由地方公选合格绅民,受地方官监督办理。"⑤江谦的地方自治既符合地方政府治理需要,亦与其"合格绅民"身份有关,这从江谦在《致婺源县父老书》中提及地方政府曾与其商讨县自治问题可得到印证。在江谦皈依佛门回归乡里后,婺源县县长葛韵芬⑥先生曾亲来江湾,与江谦商谈县自治筹备事宜,拟实行"森林、教育、

① 江谦:《上张退公书》,《海潮音》1920 年第 12 期,第 35 页。

② 马斌:《"南通自治"样本追忆》,《民主与法制时报》,2013 年 7 月 15 日,第 16 版。

③《大有晋公司发付丁巳（1917）股息册》《大有晋公司发付戊午（1918 年）股息册》（由南通邮政广告公司副经理黄为人先生提供）。

④《汪文渊口述》,姚谦调查整理,张謇研究中心、南京大学海外教育学院编:《张謇农垦事业调查》,江苏人民出版社,2000 年,第 185 页。

⑤《城镇乡地方自治章程》,《北洋法政学报》1909 年第 91 期,第 1 页。

⑥ 葛韵芬,生卒不详。字声斋,廪生,江西丰城人。1917 年任婺源县知事（县长）。在江谦归隐乡居念佛后,曾邀其任事,江谦因身体之因婉拒。二人常有书信往来,葛韵芬经常与江谦商讨县乡发展之事,江谦也经常向葛韵芬广宣佛法。

贫民教习所"三项内容。江谦认为这些是"地方自治中最重要之事"①,故十分赞同。垦山造林符合婺源多山区的特点,既可为婺源自治和地方教育提供经费,亦可为当地百姓解决生计问题。这与其一向倡导的"经当致用,业尤重实验"②相吻合。江谦为此还提出了具体方案,即召开县行政会议,首先解决筹款问题,足见江谦对婺源地方自治有着较为缜密的路径考察。有关该县自治的情况已不复知之,但江谦在婺源的地方自治仍有迹可循。

(三)社会条件:广泛弘佛宣传营造了浓厚的佛学氛围

1920 年,归乡的江谦便联合众人修建家乡灵山碧云古寺,并不断扩大弘法宣传,"近期于朋辈乃至长者少者,必劝读佛书"③。甚至还"申请江苏省教育会开会请人讲《法华经》"④,劝张謇念诵《法华》以救度国家。"吾师当假《法华》精神,救度全国。"⑤其还身体力行,"以推广慈悲学说于军界要人"⑥;向各地捐助大量佛教书籍。江谦曾自购上百册《无量寿经起信论》赠与张謇及诸位友人,包括各级各类学校图书馆;频频向婺源县政界、学界等诸要人推荐自印佛教书籍及《印光法师文钞》等;对于有佛学救国思想的佛教界人士更是大力宣传。印光法师是江谦皈依佛门后终身力推的佛教名士,而同样怀有"佛学救国"宏愿、十分欣赏南通地方自治的江苏省立第七师范学校校长刘灵华⑦居士亦是江谦推崇人士。1920 年,江谦在与南高师王瀣先生通信时,主张把《法华经》纳入高等师范教科书,请其与"鸿声(郭秉文)、行知(陶行知)诸公商之"。⑧江谦广泛弘法,营造了浓厚的佛学氛围,为地方自治营造了必要的社会条件。

二、婺源地方自治经过

婺源地方自治启动于 1920 年 4 月 10 日,以林业为基,主要发展教育和慈善等

---

① 《致婺源县父老书》,《阳复斋文集(下册)》,上海佛学书局,1933 年,第 236 页。

② 《致胡止澄先生书》,《阳复斋文集(下册)》,上海佛学书局,1933 年,第 51 页。

③ 《寄王晋蕃先生书》,《阳复斋文集(下册)》,上海佛学书局,1933 年,第 224 页。

④ 夏企贤:《江谦》,南通市教育局,南通市教育史料征集编办公室编:《南通市教育史料 南通市教育界 人物传略 供征求意见用 1919—1988 年》,1988 年版,第 66 页。

⑤ 《与张嵩庵师书》,《阳复斋文集(下册)》,上海佛学书局,1933 年,第 231 页。

⑥ 宝莲华庵:《寄怀江易园刘灵华海上》,《海潮音》1920 年第 7 期,第 45 页。

⑦ 刘灵华(1884—1938),字仁航,又名登瀛,佛学家。江苏邳州坊上村人,两江师范学堂毕业。曾受教育总长蔡元培之邀请,于徐州就任江苏省立第七师范学校校长。受张勋迫害,留学日本。回国后曾任江苏省视学,主办上海中华模范自治讲习所,任山西阎锡山督军府参议,继胡适后讲学于洗心社等。后皈依佛门,崇奉观音,以家产布施,致力于弘扬大乘佛教,终生热心救世。1938 年,在湖北宜昌被敌机炸死。著作颇丰,主要有《孔教辨惑》《近世美学》《东方大同学案》等。

⑧ 《致王伯沆先生书》,《阳复斋文集(下册)》,上海佛学书局,1933 年,第 223 页。

事业,倡导"儒佛合一"的教育内容。

（一）婺源地方自治的启动

婺源四处皆山,交通不便,农耕是此地的祖传基业。利用山区优势,因地制宜,通过广泛植树造林,为教育、慈善等地方自治事业提供经费是江谦初步计划。1920年,江谦与江知源商量修建宗祠时曾提到此事,"江湾四至山场,广兴垦种,十年以后,每岁可数万元生息,一切应为之事,皆可兴举"。[①] 植林建学、以慈善为补充是江谦实行婺源自治的主要内容,其中植林建学与地方政府倡导的森林、教育自治内容相吻合。所谓植林建学即江谦所称的"报恩学林"。1920 年,江谦利用其父寿诞宴席之费拉开了婺源地方自治的序幕,"以家君七十寿诞宴席之费,移办报恩学林"。[②] 同年 4 月 10 日,江谦发表报恩学林开山祝词,标志着其婺源地方自治事业的正式启动。

> 中华民国九年三月十八日,云湾山民江谦等,谨昭告皇天后土之灵。伏以山民大利,莫过农林。教育所资,首需实业。本生财之道,植学校之林,为登高之呼,期众山之应。伏冀山灵之默佑,庶几百谷之用成。莘莘学子皆带经而锄,濯濯童山启无穷之藏。师老氏之尚朴,锦绣被于山河;法管氏之理财,衣食生夫礼仪。山山有木,心心有佛,人人务本,各各报恩。[③]

报恩是佛教修行的重要思想,与皈依佛门后的江谦相信"佛言万行,统于报恩"[④] 有关。报恩学林实指通过招收学员植树建林,学子带经而锄,条件成熟后建立报恩学校,最终形成林场和学校相依相存的壮观场景。江谦指出,人与环境需相得益彰,植林建学不可图虚荣,需先"农治而及工商","山民大利,莫过于农。教育所资,首需实业。本生财之道,求社会之良,为登高之呼,期众山之应。则而效之,吾与其乡人是望"。[⑤] 以实业为基,是江谦与张謇地方自治异曲同工之处;于农于学,再及工商,体现出江谦于婺源自治审时度势、循序渐进的原则。

---

①《与知源书》,《阳复斋文集（下册）》,上海佛学书局,1933 年,第 232 页。

②《寄沈信卿先生书》,《阳复斋文集（下册）》,上海佛学书局,1933 年,第 101 页。

③ 江谦:《附录云湾报恩学校林开山行礼祝辞》,《本社社员江易园君谦致黄任之沈信卿二君书》,《教育与职业》1920 年第 19 期,第 4 页。

④《寄于敬之诸友书》,《阳复斋文集（下册）》,上海佛学书局,1933 年,第 221 页。

⑤《歙邑罗守恒先生赞》,《阳复斋文集（上册）》,上海佛学书局,1933 年,第 55 页。

（二）婺源地方自治的主要活动

婺源地方自治"包孕教育、宗教、实业、慈善自治融为一冶"[①]。报恩学林的成立受到众多名流人士的关注与赞扬，其中不乏教育界名流如黄炎培、沈信卿等，这与江谦于教育界的崇高社会地位、良好社会关系及极强组织能力是分不开的。江谦婺源地方自治规划十分详尽，从其1920年给时任同济大学校董（校长）沈恩孚的信中即可窥知：

> 谦必往复孔老佛三教之义，而知世界之良教育三，曰诚、曰相生相养、曰简易切用。恶教育反是，曰伪、曰相残相杀、曰繁难无用。今日世界之教育，果于二者何居。久于其道，必能知之。……近顷方为山民教育之鼓吹，即以家君七十寿诞宴席之费，移办报恩学林。……其办法先招年及弱冠农资为学生，令开山种植，暇则教习书算。以孔之古本《大学》、老之《道德经》、佛之《阿弥陀经》《观世音普门品》为受持最要之书，兼采两汉学风及近人教科书可择选者，而以天然声母，反切法、《说文》部首、阳明咏良知诗为导入门之用。俟二年后山有小利，再给薪俸，此时但给膳杂费而已。又俟学林岁入较厚，再办报恩学校；入又较厚，再办第二林场、第二学校。无初等中等高等之名，质言之，即古之所谓小学大学而已。其教本无某年级之别，终身受持读诵解说书写而已。其所取义，则自《法华经》之《说法品》《药草喻品》，所谓一味之雨，而大树小树、大草小草受润不同；一味之水，而河渠江海取用各别。而以半日读书，半日治事，集三余读书法，为行有余力则以学文之实行。[②]

视植林为实业，以其经费办教育等事业，是江谦婺源地方自治的重要理念。"鄙人所经营之报恩学林，分年投资，渐次扩张，不致失败。俟林有余利，即当设报恩学院。"[③]并"俟报恩林办有实效，当续办厚生林，以发展地方之人民生计"，拟采用"酌量招股办理"[④]之法。招收学生，"开山种植、教习书算"，待学林建成，遂建报恩学校；再次第建成第二批林场与学校，依次类推。学校不分级别，集初、中、高等于一体，学生"半日读书，半日治事"。毕业学生可从事林业建设，既可解决生计问题，

---

① 《复知源书》，《阳复斋文集（下册）》，上海佛学书局，1933年，第212页。

② 《寄沈信卿先生书》，《阳复斋文集（下册）》，上海佛学书局，1933年，第100—102页。

③ 《致胡止澄先生书》，《阳复斋文集（下册）》，上海佛学书局，1933年，第51页。

④ 胡晋接：《过江湾访江易园先生纪事（录日记）》，《黄山钟》1922年第2期，第1—4页。

又可发展林业获取更多利润,多办报恩学校,培养更多地方人才,促进地方经济建设,最终形成良性循环发展的婺源地方自治。需要注意的是,作为居士的江谦所倡导的教育显然并非单纯佛教内容的传授,倡导三教之义,融孔之古本《大学》、老之《道德经》、佛之《阿弥陀经》等为一体的学林教育,应是江谦利用儒道释三教主张在思想道德层面强化对学生教化作用,也是其认为"世乱在于心乱",故"正人心"乃为救世教育根本要义的重要体现。其良教育中"诚"实为儒家之基,"相生相义"包含了佛家的因果关系,"简易切用"又透露出教育需服务于民生的实用性。显然,融儒释道为一体的传统文化教育是江谦佛学救亡图存思想的重要内容。江谦认为:"佛圣之理,深广无际,奥妙难穷。世智迷惑,孰可思量。必假入世之道,而为方便之缘。故儒佛两教,合则双美,离则两伤。此儒佛所当合一也。"①江谦"儒佛合一"思想应运而生,并成为其宣扬佛学救亡图存的重要思想。鉴于江谦极其尊崇的蕅益大师把道教归为儒教的范畴,强调儒佛一宗,"老与孔皆儒,儒佛皆一宗"②,故江谦的"儒佛合一"思想实际是指儒释道三教合一思想。江谦认为,儒学与佛学实质即为世间法与出世间法的区别,但佛法实际上又离不开世间。"佛法在世间,不离世间觉。离世觉菩提,恰如求兔角。"③显然只有儒佛合一方能挽救世间之劫,故江谦希望借助于学林建设,"使族人不必弃乡而谋生、弃乡而求学",最终实现地方百姓"少有所长,壮有所用,老有所养,命终知所规"的自治理想。

悉除一切科条枝节细目。其校长学监,金像数尊而已。其学生,无年龄大小、程度高低、出身行业之限,来者不拒。但须自家起信发愿,去者不追,若乐此不愿去,则终老是中可也。学生烹饪拾柴浣衣种菜开山,皆自为之。每人量力领地若干亩,其所种树,归学林。其逐年所收之杂粮,归学生。若由学林给膳费者,则亦归学林。……种植之暇,戒杀茹素,礼拜诵经,念佛写经,取孔老佛之要者,终身诵读受持。……使少有所长,壮有所用,老有所养,命终知所规。使族人不必弃乡而谋生、弃乡而求学。乐于远游者,他日退有所守,约略如是。……谦自矢此十年中,愿全力进行此事,不遑他顾,若得吾贤同心携手,

---

① 兴慈:《儒佛一宗主要课讲义序》,游有维记,江谦讲:《儒佛一宗主要课讲义》,上海佛学书局,1947 年,第 1 页。

② 江谦:《灵峰学社缘起》,《佛学半月刊》1940 年第 211 期,第 7 页。

③《儒佛合一研究会商榷书》,《宏法刊》1936 年第 32 期,第 165—166 页。

则进行更速。[①]

在婺源地方自治中,江谦身体力行,率先示范,"督儿辈为农夫,树模型于学子,鸠工垦荒"[②]。其于婺源不遗余力从事植树、兴学等事业,如在萧江宗祠旁广植树木,为家乡铺桥、修路、捐资赈灾等。自治初始十分艰辛,"报恩学林,今尚岑寂,农夫一人,幼树三万而已"[③]。但江谦并不气馁,经历三年发展之后,自治活动尤其是植树建林取得了重要成效。江谦好友安徽二师校长胡止澄在1922年5月至婺源参观报恩学林创办情况后大为赞叹:"此林距江湾三里许,所植有桐、有漆、有柏子、桱子等树。桐树最多,现已成果。三年获利,可谓至速。易公造林,计划极佳。每年以二百元做资本,约种树一万株,一年一林,十年可造成十林。现已造第四林矣。"[④]婺源林业建设呈现出蓬勃生机。不仅如此,江谦于婺源"树木还期更树人"[⑤]。对于学林学生的数量、资历、学习时长等均无要求,"学生有无多少,来去久暂,一切资格,都无限制。校不取费,亦不给养。学则唯三要四本,无他科条,与今之官学,殊途不触,相辅不随"[⑥]。学林免费、灵活的学习方式虽不利于系统性知识的学习,但无疑可以弥补战乱时期官学之不足,提高当地百姓识字率。不仅如此,江谦还开启了于世俗学校倡导儒释道一体教育的新模式,对由其与江知源共同创办,彼时早已"成绩斐然,人才辈出"的江湾中心小学进行了课程改革。其一改该校力行白话文教育后罢习经书的状况,"精采经史子集,以端养正之基"[⑦]。江谦认为,只有融合孔老佛三教之义的教育,才称得上是世间的"良教育"。因此,其主张学子们以"孔之古本《大学》、老之《道德经》、佛之《阿弥陀经》"等为授课内容,倡导"带经而锄"的授课方式,主张学以致用,以达到"山山有木,心心有佛,人人务本"的理想自治。

(三)婺源自治的结果

婺源自治之初的建学事宜实际并不顺利,但这并未影响江谦于婺源自治事业的雄心,其报恩学林的开办得到学界诸多好评。胡止澄对江谦创办报恩学林"至

---

① 《复知源书》,《阳复斋文集(下册)》,上海佛学书局,1933年,第212—213页。

② 《歙邑罗守恒先生赞》,《阳复斋文集(上册)》,上海佛学书局,1933年,第55页。

③ 《答穆君书》,《阳复斋文集(下册)》,上海佛学书局,1933年,第105—106页。

④ 胡晋接:《过江湾访江易园先生纪事(录日记)》,《黄山钟》1922年第2期,第1—4页。

⑤ 程翼云:《驱车至博村赠森林局长程霄羽居士》,《黄山钟》,1927年第6/7期,第293页。

⑥ 《答穆君书》,《阳复斋文集(下册)》,上海佛学书局,1933年,第105—106页。

⑦ 《江湾小学教课改组宣言》,《阳复斋文集(下册)》,上海佛学书局,1933年,第189页。

为钦佩"，认为"此等有益社会之事业,尤为可风"，[①]并曾于《教育月报》以"婺源号"刊登婺源自治事宜,影响较大。1920 年,张謇得知江谦于南方实行自治后,十分高兴,曾寄资为助,"易园于江湾寓书知源,植林建学,慨然有经营村落之举"，"吾道南矣,可胜欢喜。属知源为寄二百银圆为尊公寿,助贤兴筑"。[②]张謇本就有着以南通自治推广至全省乃至全国的渴望,故对弟子有意向南方推广自己的自治经验甚喜;但对自治的艰辛感同身受,遂附诗一首以示激励:"闻说山中业,艰辛吾道南。地良滕不小,天远衍能谈。诟耻书生洒,仁方佛典参。尽多商榷事,待子意潭潭。"[③]更为难能可贵的是,江谦地方自治的植林计划得到了森林局长程霄羽居士等人的响应,并开启了"每年栽树百万"的计划,江谦曾赞"惟尊处实开其先,又为全徽森林发祥之地"。[④]然而,正当江谦努力展望前景之时,20 世纪 20 年代初,张謇事业因爆发棉纺织业危机面临困境,其于通州的自治事业遭受重挫,南通地方自治的光辉逐步走向暗淡。1924 年,江谦立志十年的婺源自治救国理想至此中断。

三、婺源地方自治意义

江谦拟于婺源移植南通自治经验,先农后工,工、学结合,以"实业"带动"教育",以传统文化塑造人心,最终在婺源实现经济发展、民风淳朴、社会有序的美好自治愿景。理性分析来看,江谦于地方的初始自治归根结底是建立于农业基础上集教育、慈善等于一体的地方自治,与张謇南通自治建立于近代工业基础上开展集教育、慈善等于一体的实践有所不同,这与地方经济发展情况及多山地理条件是分不开的。但婺源地方自治中地方林业事业的大力发展,客观上为地方绿色生态环境建设作出了卓越贡献,现在的婺源绿树成荫、植被茂盛应离不开江谦当初开辟的植树建林之功;其教育内容虽然倡导融儒释道一体的传统文化,但客观上有利于提高当地的识字率、扫除文盲,且寓教于植林建设,希望于乱世之中建立一方净土、保一方民安,值得肯定;佛教慈善事业等的实施开展,有助于为身处困境的中下层百姓解决实际困难。作为张謇的得意弟子,江谦目睹了恩师实业救国、教育救国的艰辛历程,见证了其于南通自治救国的伟大成就,然民国成立后内乱依旧,民生凋敝,张謇在艰难险阻中的伟大救国之举仍未能实现挽救民族危亡之险境。婺源地

---

① 《致江易园先生书》，《安徽省立第二师范学校杂志》1919 年第 6 期,第 10 页。

② 张謇:《张啬公与江易园书》，《海潮音》1920 年第 8 期,第 25 页。

③ 张謇:《张啬庵先生与江君易园书》，《柳竹山房诗文钞》(此书为江谦之孙江宏达女婿、婺源江湾江加榜先生提供,未刊)。

④ 《复程霄羽居士书》，《阳复斋文集(下册)》,上海佛学书局,1933 年,第 28 页。

方自治是江谦后期皈依佛门后追随张謇脚步,借助于居士之躯,以出世间法行入世之事,寻找"善业自卫国家"的佛学救亡图存之道的首要尝试。

在婺源地方自治的初步尝试中,江谦再次感受到了传统儒释道文化的强大魅力,开启了其"德治救世"的序幕。江谦认为,吾国最重要之事并非法治,相反德治为社会之基,理应置于首位,这与其前期教育中首倡德育教育功能如出一辙。"世人竞言法治国,而轻蔑道德。不知无道德,法且不立,而况于能司能行,又乌能治,治乌能久","无道德则生存不久"。① 江谦以为,只有建立于德治基础上的社会方能发展与繁荣,德治,唯有儒释道融合发展。因为只有将"孔之切近,老之精微,佛之广大圆满"② 融合发展,方能整治人心。显然,江谦从儒释道融合中看到了传统文化中强大的德治教化力量,是其"以国学为根本"教育思想于佛学实践活动中的反映和扩展。"儒佛合一"自此成为江谦佛学救亡图存的重要思想。婺源地方自治事业虽半途而终,却坚定了江谦立志于佛学救亡图存事业的志向。"我辈今日,实是在苦海中,以世间法言之,圣神不作,邪说横行,民生憔悴。以出世法言之,生死轮回,三途难免。苦恼无穷,学者觉也。于此而求学,必须将出风头、遣时日、虚浮悠忽之心,扫除尽净。"③ 婺源地方自治有利于佛学文化宣传,为江谦日后的佛学救亡图存事业积累了丰富经验。

第三节　江谦晚年佛学实践活动之二
——创办佛光社

随着佛学研究日益精进,面对世间新旧学说依然纷扰,天灾人祸层出不穷,弘扬佛教早已内化为江谦的不懈追求,"以善业自卫国家"的理念愈发强烈。1925年,江谦于江湾灵山创办规模宏大的佛光社,设立图书馆、佛经流通处、佛光社社宇等系统机构。社员众多的佛光社因运营有序,前后繁盛长达十年之久,为"全国莲社之冠"。1934年,江谦因地区时局动荡不得不避匿于杭,江湾佛光社运转被迫中断。佛光社是江谦实施佛学救亡图存的重要实践,影响辐射全国,对家乡乃至皖南社会风俗和民风建设影响甚巨,是其晚年最辉煌的佛学事业。

① 《新闻报三十年纪念序》,《阳复斋文集(上册)》,上海佛学书局,1933年,第53页。
② 《新闻报三十年纪念序》,《阳复斋文集(上册)》,上海佛学书局,1933年,第54页。
③ 《与天水张晴麓居士书》,《阳复斋文集(下册)》,上海佛学书局,1933年,第106页。

一、佛光社创设背景

20世纪20年代,科技、物质的进步并未给世界带来更多的平和与宁静,反之国际上霸权当道,倚强凌弱现象此起彼伏,世道更为黑暗。江谦认为是各种"邪说"盛行,导致人心混乱的结果,根本之因与佛法不昌有关。当时世界"邪见更深,为虎作伥,都由不读佛书,不明佛理,譬如深夜行路,无明灯的引导,自然被鬼魅磷火所诱惑,或误入荆棘泥淖的里面"[①]。因此有必要终结各种"邪说",以正视听。根本的"救济之法,只有昌明佛法",树立佛教"新信仰"的权威。"近年来各处都有天灾人祸,受苦无穷,吾人固然没办法,即各种新旧学说也都不能挽救,唯有这救苦救难的佛法可荷负这重大责任。"[②]江谦于《佛光社第一次社友大会演词》中对此曾有详细阐述:

> 试看世人,信奉种种邪说,以及尘俗扰攘的竞争不息。无非因为知见中,这四种相不能消灭,生出许多的虚妄事业来。因果轮回,永远沉溺生死海中,不能超脱。现在世界各种学说,好比百戏杂陈,街招游客。但多是异端谬说,惑世诬民。就是一班自命为学者的人,邪见更深,为虎作伥,都由不读佛书,不明佛理。譬如深夜行路,无明灯的引导,自然被鬼燐鬼火所诱害惑。或误入荆棘泥淖的里面。

> "盲人骑瞎马,夜半临深池"。世间正学不明,邪说被狂的危险情形,正合这个譬喻。现世物质文明,虽较进步,但罪恶祸害的事更多。时局反益扰乱,人民反益困苦,国际国内的战争,如暗藏的爆药,有触即发,都是这些异端邪学蔓延的结果。欲讲究根本的救济办法,只有昌明佛法,日暖冰消,灯明暗除,异端邪说,不辨自息。……现世政治家民治的提倡声浪很高,试问研究民治成绩效果怎样,仍是空中楼阁的理想。政治黑暗,暴民专横,选举运动的丑状,党派的倾轧,阶级的斗争以及国际强弱侵凌的剧烈,世界各国,那一国能有真正的民治。不知惟有佛学昌明,方可有真正的民治。世俗的人,多以佛法为出世的学问,偏于禅寂,不问人事,实是错解。不知佛法多谈人事,大乘普度众生、能够治世的道理。

> 五戒十善,已足为民治的基础。如果多人更能发大乘心,同抱普度众生的誓愿,还忧政治不致于善良么?况且现受果报的苦乐,皆由自己业因造成的。

---

① 《南通唐闸佛教居士林讲摘抄》,《江易园居士演讲集》,苏州宏化出版社,1936年,第80页。

② 《南通唐闸佛教居士林讲摘抄》,《江易园居士演讲集》,苏州宏化出版社,1936年,第80页。

不明这理,想尽他种逃苦趋乐的策,来避免水火刀兵的劫运,不可得的。就是见效,也不过头痛医头、脚痛医脚的枝叶治疗。惟有皈依佛法,广行佛事,可以消禳现时灾祸,可种未来善因。是真正挽凡骨返入仙胎无上妙药。由上所讲的话综合起来,佛法可以度己度人,治地方、治国家、治世界。现在最急最要事业,没有能过于提倡佛法的。提倡佛法,既有这样的重要,佛光社当然是一种伟大的事业。[①]

江谦认为正是各种异端邪说的存在,混淆了人们的是非观念,导致国际上强弱侵凌加剧,国内党派倾轧,阶级斗争此起彼伏,民治结果也如空中楼阁,令人失望。这一切均是因为缺乏正人心、去人欲、为人善的社会环境,而能够普度众生的治世良方唯有佛法,佛教的因果福报正是对当世的最好解释。其在给友人的信中提出了强烈的呼吁:"救国根本之图,无过此者(即佛教。笔者注)矣。"[②]江谦认为贪婪与欲望是造成世乱、国乱的一切根源,佛教的五戒十善有助于抑制人类邪恶的膨胀,国民若人人做到自度度人,国家自然会富强强大,世乱自然会随风飘散。多年涉佛研佛,普及佛法,振兴佛教,加之婺源地方自治的初步尝试,江谦对"新信仰"佛教的哲理更加叹为观止,"佛法广大,哲理甚深"。[③]其佛学救亡图存理念更为坚定,以全部精力投身于自利利他的佛学救国事业也更为执着,"此身在世,当以作功德救众生为专务"[④]。各种新旧学说混杂的复杂国内外形势促使江谦以从事佛学研究、佛学教育和佛学文化宣传的佛光社为"善业",以达"自卫国家"之宗旨。佛光社的酝酿由此萌生,婺源地方社会的久旱无雨则直接成为佛光社创设的最佳契机。

二、佛光社创办经过

婺源向来有民间祈雨的活动。1925 年夏,江湾两月不下雨,天干气燥,庄稼缺水,江谦以此为契机,促成了佛光社的创办。按往年惯例,百姓一般会远道求雨,以保丰收。是年,江谦一改往年远道求雨之旧习,邀请丙宗法师于江湾灵山、茶培山两处就地念佛,祈祷求雨。幸运的是天公作美,继小雨溟蒙后,大雨三日。久旱迎雨,庄稼解渴,民众甚欢。江谦归之于念佛之功,群众深以为然。祈雨活动为江谦

① 江谦:《佛光社大会演词》,《世界佛教居士林》1926 年第 13 期,第 18—19 页。
②《复魏振华居士书》,《阳复斋文集(下册)》,上海佛学书局,1933 年,第 94 页。
③ 江谦:《云湾佛光社大会演词》,《海潮音》,1926 年第 7 卷第 3 期,第 2 页。
④《复印光老法师书》,《阳复斋文集(下册)》,上海佛学书局,1933 年,第 12 页。

成立佛光社作了思想上的动员。1925 年 7 月 21 日（乙丑年农历六月朔日），[①]在前期成立诵经、放生等会的基础上，江谦于萧江宗祠内正式创立婺源江湾佛光社，即为佛光社总社。佛光社以"宣扬佛化，利益众生"[②]为目的，被江谦视为"伟大的事业"[③]，得到了印光法师等高僧及教育界诸多名人的大力支持。佛光社初始入社信徒达230人，[④]后"信仰加入该社者，亦日众"[⑤]，"本社组织成立，本意各尽力所及，宣扬佛法，很希望各村各乡各县各省乃至各国，都能闻风兴起。"[⑥]让佛法走出江湾，广泛普及佛法，弘扬于全国乃至全世界，以培养全国、全世界人民之善良、刚正之心，必能避免祸患相争，显然是江谦借佛光社行救国救世的伟大宏愿。江谦寄希望于佛光社的建立，以实现"饥者得饮（饱）、渴者得浆、痛者得息、苦者得康、缚者得脱、愿者得偿、老者得养、病者得强、夭者得寿、灾者得祥、恩者得报、怨者得忘、迷者得慧、秽者得净、恼者得凉、修者得证、魔者得降"[⑦]的世界。带领民众求雨成功是佛光社创办的重要机缘，佛光社是江谦力振佛教复兴，意图通过佛学实践救亡图存的重要探索，为其实行佛学救亡图存事业提供了必要的载体和平台。

三、佛光社组织建构

佛光社有健全的组织机构和完整的会社章程。章程明确规定"以昌明佛教，自度度他为宗旨"[⑧]，设立了领导机构、部门组织，规定了入会方式、活动内容、运营经费筹措形式、佛教道场举办等，还创办了图书馆、佛经流通处及佛光社社刊，这些对于办学经验极其丰富的江谦来讲完全是驾轻就熟。基于印光法师的亲自指导及佛学界人士在经费方面的大力支持，佛光社的创办和发展较为顺利。继婺源佛光总社成立后，佛光分社也在各地纷纷设立，遍及江浙沪皖甘等地。佛光社延续十几年，兴盛达十年之久，在全国各地莲花社中非常活跃，且异常突出，影响深远，俨然为皖南佛教中心。这与江谦曾在教育界的知名度及其对佛光社的领导有方有极大关系，也属"物望所归"。

① 江谦：《佛光社组织纲要》，《海潮音》，1925 年第 6 卷第 8 期，第 17 页。

② 《江易园先生组织佛光社》，《学风（安庆）》，1934 年第 4 卷第 1 期，第 1 页。

③ 江谦：《云湾佛光社大会演词》，《海潮音》，1926 年第 7 卷第 3 期，第 3 页。

④ 《佛光社之发达》，《新闻报》，1926 年 1 月 22 日，第 9 版。

⑤ 《婺源佛光社先后成立经过屡获感应（续）》，《佛教日报》，1936 年 5 月 12 日，第 2 版。

⑥ 江谦：《云湾佛光社大会演词》，《海潮音》，1926 年第 7 卷第 3 期，第 4 页。

⑦ 江谦：《五十生年供佛修斋忏罪施食度生瑜伽道场疏》，《黄山钟》，1927 年，第 6/7 期，第 283 页。

⑧ 《江易园先生组织佛光社》，《学风（安庆）》，1934 年第 4 卷第 1 期，第 1 页。

（一）领导机构

根据《佛光社组织纲要》[①]可知,佛光社设有领导机构,领导成员由社长、副社长、董事长、社董、名誉社董组成。社长 1 名,由印光担任,负责主持正见,每年正、六两月开大会时,赐训词一篇,平时以《印光法师文钞》为讲习内容;副社长 2 名,是佛光社的实际管理者和组织者,江谦和方振民居士担任,就近代理社务;社董若干名,"每年捐款二十元以上,或一次性捐助一百元以上,或年募捐一百元以上者"[②]可为社董;名誉社董一般请"佛学深邃、德望超卓之居士"[③]担任,弘一法师、唐大圆、江味农、尤雪行、胡止澄等佛教界名流均为名誉社董,每年正、六两月开大会时,寄示训词一通,平时随机开导,藉资教益。董事长 1 名,"统领本社一切社务",虽未见明确安排,但从佛光社的运转来看,实际应是江谦本人担任。所有职员包括社长在内以一年为一任,均为义务工作,不领薪水。社长、董事长每月定期召集职员开会一次,每年举行大会两次。另外江谦侄儿江有传襄理佛光社事务。印光和弘一法师分别为近现代净土宗和律宗泰斗式人物,他们的加入,无疑是佛光社的响亮名片,扩大了佛光社的知名度。拥有"不下十余万人"[④]弟子的印光法师,还特地在佛光社创立之时发来《佛光社开大会颂词》[⑤],强调佛法"自利利他"之效。唐大圆、江味农等也是当时佛教界十分活跃和有影响力之人。佛教界大师和知名居士的支持,对扩大佛光社影响,吸引佛教界人士在经费支持、助力佛光社发展等方面发挥了重要作用。

（二）部门组织

佛光社组织由宏化部和总务部两部分构成。其中宏化部包括宣讲团、莲社、诵经会、济生会、图书馆、精进团和编辑处共七个部门。宣讲团是佛光社的重要组织部门,由佛教大师、专家或社友组成,负责于本社或至各街市乡村讲经说法,实际发挥了佛学文化宣传功能;莲社主要职责为组织社友念佛往生;诵经会负责于诸菩萨圣诞日等诵经念佛,以超度一切亡灵;济生会即组织众人尽力参加救助弱势群体的慈善活动;图书馆设立的目的是搜集各类佛教经典以供社友学习和参考之用;精进团实际是为培养佛学宣讲人才而设,鼓励有志于佛学之士从事佛学研究,以

---

① 《佛光社组织纲要（附细则）》,《佛化策进会会刊》1927 年第 2 期,第 130—132 页。
② 《佛光社组织纲要（附细则）》,《佛化策进会会刊》1927 年第 2 期,第 131 页。
③ 《佛光社组织纲要（附细则）》,《佛化策进会会刊》1927 年第 2 期,第 131 页。
④ 印光:《印光大师永思集》,宏化出版社,2010 年,第 137 页。
⑤ 印光:《佛光社开大会颂词》,《世界佛教居士林林刊》1925 年第 13 期,第 129 页。

资广弘佛教；编辑处主要负责编辑佛光社社刊及弘法护教，为佛学文化宣传服务。总务部由款产处、会计处、交际处、文牍处、庶务处组成，主要负责财务、联络各佛教团体、管理往来信函、发布开会布告及购置佛教器具等。日后凰腾宣讲部成立，是佛光社加大佛学文化宣传的重要表现。佛光社部门齐全，分工明确，覆盖了佛学教育、佛学研究和佛学文化宣传等方面；从储备人才到人才培养；从内部发展到外部联络；从部门运营到财务管理，可谓细致入微，周到齐全。较为完善的组织机构有力确保了佛光社的良好运转，为佛光社的长远发展奠定了牢固的组织基础。

图书馆与编辑处的设立。作为佛光社必要的组成部分，图书馆和编辑处设于佛光社成立之初。图书馆的设立为佛光社从事佛学实践活动提供了重要佛学教材，是佛光社佛学人才培养、弘法诵经、扩大宣传的有机组成部分。江谦对图书馆建立的目的、藏书种类、图书馆功能等都有重要的界定。图书馆的创办是为了"惟崇正教""利生弘法"。"本图书馆，趣亦别众，惟崇正教，深戒多歧，利生弘法"，"佛乃医王，因病说法，随众生心，为无上药"。[①]江谦借助佛光社救治乱世之人心的愿望一目了然。鉴于图书馆所藏典籍是传承文化、启迪智慧的重要载体，"文字载道，典籍启智"[②]，图书馆对于藏书种类，明确规定不拘泥于佛教经籍，亦可是圣哲要著。在江谦眼里，圣哲乃"菩萨化身，真僧应世"，可"垂训后世，资裨人群"。[③]孔子是我国古代的圣人，视孔圣人为"菩萨化身"，江谦融合儒佛的理念日趋明显。寄希望于传统文化传承，通过弘法利生以救国民于乱世之中，显然是江谦佛学救亡图存的思想宗旨。图书馆藏书主要来源于社会各界人士，尤其是佛教界居士的捐助。馆内确切的藏书量已无从考证，但从其广泛接受社会捐书及经常向各级学校图书馆、佛教机构及佛教人士捐赠来看，其藏书量显然不容小觑。印光大师、慈觉大师对图书馆的藏书支持不遗余力，印光法师的得力助手真达法师更是发挥了重要的穿针引线作用。编辑处的主要任务是编辑出版佛光社创办的《佛光社社刊》及一切弘法护教之作品，为佛经流通提供了重要条件。图书馆的创办为佛光社社友提供了丰富的佛经、圣哲经典和要著，为佛光社从事佛学教育、佛学研究和佛学文化宣传提供了重要材料；编辑处的成立为传播佛光社思想、扩大佛光社影响提供了条件，《佛光社社刊》成为佛光社对外宣传的重要窗口和媒介平台。

《佛光社社刊》的创办。为更好开展佛光社佛学研究、宣传儒佛融通思想、扩

[①]《佛光社图书馆募捐图书启》，光和南、方新：《大云》1927年第12期，28—29页。

[②]《佛光社图书馆募捐图书启》，光和南、方新：《大云》1927年第12期，27—28页。

[③]《佛光社图书馆募捐图书启》，光和南、方新：《大云》1927年第12期，第30页。

大江湾佛光社影响，江谦于1926年4月创办了《佛光社社刊》，并亲任杂志社社长和主任，居士江雪惺任编辑，由上海大公印刷公司印刷。《佛光社社刊》于1926年、1927年、1928年和1932年各出一期，前后共发行4期。前3期每年一期，后因经费拮据和时局混乱而中断，第5期出刊计划受时局影响未能实现，故1932年1月第4期出版后社刊走向终结。社刊前三期的栏目设置较为固定，有论坛、文苑、传记、讲演、通讯、杂俎、特载、社务等；第4期的社刊编辑、印刷局、栏目设置等皆发生了改变。阳复子（即江谦）为鉴定者，编辑由齐用修担任，总发行所和印刷变为上海佛学书局和上海国光书局。栏目设置变为经典、古德文选、时贤文录、古德诗偈、教育改良、礼俗改良、讲说、灵应纪实、今往生传、分社载要、附录等。栏目设置显示出对传统礼俗的重视，"教育改良"栏目的出现凸显出江谦于佛学教育领域的努力。办刊经费大多来自社董，亦有社友和社会人士捐款。民国时期东亚和东南亚地区所办佛教期刊种类繁多，达200种。[①]显然，《佛光社社刊》的创办，既是时代潮流所需，亦侧面反映出佛光社自身发展的壮大。杂志刊登的文章以江谦、印光大师作品为主；二人之间的信函往来及与其他居士的书信往来更是占了主要篇幅，其中不乏江谦有关教育和教育改良之内容；谛闲、弘一大师、太虚法师也有来稿；还刊登了佛教界活跃居士聂云台[②]、唐大圆[③]、马一浮和江谦好友黄炎培、蒋维乔等人之文；另有佛教经典选摘。该期刊虽是专门弘扬净土法门的刊物，但也有对当时佛教界发展现状的记载，凸显出佛教界强烈的忧患意识，是了解江谦传承中国传统文化，倡导家庭教育、少儿教育，宣扬因果报应、提倡儒佛合一，致力于佛教振兴、佛学救亡图存事业的宝贵资料，也是了解民国时期佛教整体发展概况及历史发展变迁的重要窗口。

---

① 黄夏年：《文献编纂的一项重大工程——〈民国佛教期刊文献集成〉出版的意义》，《法音》2007年第1期。

② 聂云台（1880—1953），名其杰，字云台，湖南长沙人。曾国藩外孙，基督教徒，民国企业家。1917年与黄炎培发起成立职业教育社，赴美参观考察。曾任上海总商会会长，全国华商纱厂联合会副会长，与张謇关系密切，是张謇"棉铁主义"的追随者。1924年病后皈依佛教，提出"大粪主义"的救国方法，毛泽东称其与胡适、黄炎培为"非革命的民主派"。1953年病逝于上海，享年73岁。

③ 唐大圆（1885—1947），湖南武冈人，印光法师弟子，起初弘扬净土，后精研唯识，近代著名居士。1923年任武昌佛学院教务主任，先后在中华大学、长沙佛学会、武汉大学、汉口文化学院等处执教。东方文化的有力倡导者。1926年曾联合学界名流章太炎、章士钊、蒋维乔、欧阳竟无、黄侃、柳诒徵等组织"东方文化集思社"，主编《东方文化》，并于1934年创立"汉口东方文化学院"，是太虚法师早期弘法的重要助手之一。蔡元培对其"欲以东方文化挽救人心"钦佩有加。著有《唯识的科学方法》《唯识方便谈》《唯识研究述要》《唯识三字经释论》等多部著作。

佛光社社宇建设。佛光社创办初期，一直以江湾萧江祠为活动场所，缺乏自己的固定佛法道场。随着入社人员的不断增加，佛光社的发展壮大亟须建立起可供社友"念佛、诵经、集会、修持"及"聚集办事"的固定场所，以便"增进精神之团结"；加之江湾萧江旧祠需进行修缮，影响了佛光社佛法道场的举办。故在佛光社成立8年后，即1933年春，在众人的期盼声中，江谦于江湾昔日没落大族滕氏家族祠堂旧址创建佛光社社宇，翌年春建成。建成后的佛堂纵横各五丈，形如方印，能容广众。加之四山环拱，满望平畴，目旷神怡，可谓天然净景。佛光社社宇的建成，使佛光社活动摆脱了外在束缚，拥有了自身独立活动的固定基地，标志着佛光社发展达到鼎盛时期，体现出佛光社于混乱时局中傲立于世、发展繁盛的客观现实。

（三）佛光分社的设立

佛光社的成立，为乱世中的人们带来了心灵慰藉和精神寄托，暂时满足了饱受战乱之苦的人们亟须减轻过重精神压力的需求，加之地方人士因"江先生德高望重，从者极为踊跃"[1]"入社善男女，既踊跃异常，不但本乡本邑的人，多乐于加入，还有异县异省，甚至偏远的省，亦有函加入"[2]。显然，佛光社不仅对当地的人们产生了影响，还对外地人士产生了强大吸引力。从佛教界熠熠生辉的佛学大师接受佛光社聘任可知，佛光社的成立得到了佛、俗两界的大力支持，大法师、大居士如印光法师、弘一法师、唐大圆、尤雪行等，均应邀担任社长、社董职务；地方官长亦有惠临。[3]随着婺源江湾佛光社组织和规模的不断壮大，佛光社社员，尤其是江谦佛教弟子队伍不断壮大，佛光社逐渐显示出强大的影响力，主要表现为"渐分其社于四方"[4]，从农村到县城乃至城市，佛光分社遍及江浙沪皖等省。1933年，印光就曾指出："婺源由江易园居士提倡以来，一方人士，群起而合，所有分社，已有数处"，"今则县城亦设分社"[5]；"婺源佛光社，即平民式之佛化机关也。创始于江湾，渐及于各乡邻县，及各大名山都市"[6]。遥远的甘肃竟然也有分社设立，"以甘肃兰州临

①《江易园先生组织佛光社》，《学风（安庆）》，1934年第4卷第1期，第1页。

② 江谦：《云湾佛光社大会演词》，《海潮音》，1926年第7卷第3期，第2页。

③ 江谦：《云湾佛光社大会演词》，《海潮音》，1926年第7卷第3期，第2页。

④ 游有维：《先师岳父江易公生西记》，江谦：《佛儒一宗主要课讲义》，上海佛学书局，1947年，第2页。

⑤《婺源县内成立佛光分社发隐》，释印光：《印光法师文钞（下）》，宗教文化出版社，2008年，第1190页。

⑥《白岳设立佛光社并征书报》，《佛学半月刊》1937年第152期，第19页。

洮之分社为最远"①。佛光分社一般由江谦弟子及佛光社社友创办,有专人负责指导。1930 年,加入佛光社学佛两旬的社友张惠帮居士回杭州创办甲道分社,"数年间劝化三百余人"②;1934 年由汪时中、王肖岩两居士于浙江开化县发起成立佛光分社,并得到县政府的立案保护;1934 年,安徽黄浒镇池阳狮子山开觉佛光社创办,主修净土;1934 年,江谦弟子齐用修居士于安徽齐云山(即白岳)设立佛光社;1934 年,杭州佛光分社成立。佛光分社的具体设立情况见表 7-1。

表 7-1 佛光分社一览表

名　称	创办时间	地　点
甲道分社	1930 年	浙江杭州
开化分社	1934 年	浙江开化
开觉分社	1934 年	安徽黄浒镇池阳狮子山
齐云山分社	1934 年	安徽齐云山(即白岳)
杭州分社	1934 年	浙江杭州
临洮分社	时间不详	甘肃兰州

显然,佛光分社由婺源向外省扩散,不断增多,1934 年是其广泛设立时期。其规模之大,影响范围之广,从佛光社鼎盛长达十余年之久并呈现不衰之态势可见一斑,这应与江谦设专人听松庵丙宗比丘③领导佛光分社有关。除了各地成立的佛光分社,佛光社还吸引了外省的众多人士,"远至陇西,被其化而来归者千万人"④。成千上万人受到佛光社感化,在交通闭塞的民国时期,实令人叹为观止。婺源佛光社自建立初始,"每六斋、十斋、佛圣诞日必开会,开会必讲。以《龙舒净土文》《安士全书》《印光法师文钞》《阳复斋诗偈集》为主要讲书"⑤。从江谦以讲经说法形式进行佛学文化宣传到形成广泛影响,覆盖江浙沪甘等地,可窥见彼时婺源佛光社位居"全国莲社之冠"之实,皖南佛教中心更是名不虚传。若非婺源匪乱,江谦被迫离开家乡,佛光社的影响力势必更为强大。对于佛光分社的运转,江谦本人也会通过信件方式亲自提供相应指导和必要援助。以甘肃临洮佛光分社为例,透过江谦

---

① 《婺源江湾佛光社联》,《宏法联语集》,第 7 页。

② 江谦:《梦游记恩诗》,上海道德书局,1942 年,第 24 页。

③ 《哀诔联》,《宏法联语集》,第 21 页。

④ 游有维:《先师岳父江易公生西记》,江谦:《佛儒一宗主要课讲义》,上海佛学书局,1947 年,第 2 页。

⑤ 江谦:《梦游记恩诗》,上海道德书局,1942 年,第 26 页。

给该分社袁荆山居士的指导信件，可窥见各地佛光分社的弘法运行情况。

> 临洮可但称佛光社。前复杨显泽先生书已言之。光光一体，无可分也。办法之要，约有数端。一专修。正行助行，必须分明。以持念六字洪名为正行，《阿弥陀经》《往生咒》为助。其于经咒及作一切功德，皆助行也。正行不可间断，助行则随力为之。二示范。五戒必须勉持，随时有过，随时忏悔。心净则土净也。三开解。斋日开会，依念佛仪规课诵毕，必须依书开讲。讲书以印师《文钞》《嘉言录》《龙舒净土文》《安士全书》为最宜多讲。他书及净土诗偈辅之。此间佛光社开会，约在午后二时至四、五时。以午前女居士多不得暇。女人多有相夫教子之责任，必须予以学习机缘。且诚敬有恒，或过于男子，坐则男左女右。绕佛经行，男先女后。开会又在日间，光明正大，有益无弊。但常到会者，以长老女人为宜，年少者可偶一到会，而以常在家念佛为宜也。女人学《阿弥陀经》，初颇畏难，告一切众生皆有佛性，苦于自缚耳。今则五六七十素未识字之女人，能捧诵者已数十人矣。至于念佛，要合节拍，拜跪经行，要有法则。近处有清净比丘，可请其教示。[①]

显然，各地佛光社并不以分社名之，直接以地名以示区分，分社有专人与总社联系，随时请教分社中出现的问题。江谦在亲自指导临洮佛光分社具体弘法过程中，对于其正行、助行规定严格；如何示范、开解及弘法教材的选择，乃至于弘法开会时间的选定等都提出了具体建议，可谓细致入微。其还强调了弘法循循善诱的重要性。有关众多女性因念佛而识字的描述侧面反映出佛光社对于社会普及识字应该发挥了一定作用。当然，该内容中尚未明确临洮佛光社是否需要定期向总社汇报，对于其经费的筹集和管理等如何监管均无涉及，但从中也可以看出总社对分社具有重要指导功能。

四、佛光社运转概况

佛光社对于社员的加入有完整的流程和规范的管理；社员年费和社会捐款成为维持佛光社运营的主要经济来源；通过固定讲经说法及系统佛学课程以宣传"儒佛合一"思想成为佛光社的主要活动。

---

① 《复袁荆山居士书》，《阳复斋文集（下册）》，上海佛学书局，1933年，第91—92页。

（一）佛光社社员入社方式

佛光社对于社员入社有完整流程要求。社员没有地域限制，需由社友介绍，填写入社志愿书、允诺遵守会社宗旨和社章即可入社。志愿书内包括姓名、别号或法名、籍贯、年龄、职业、认捐数额、通信地址及入社介绍人[①]等。江湾佛光社位于穷山僻壤之中，吸引的基本都是当地农村老百姓。村民识字率偏低、文化水平普遍不高。所有入社社员皆可获得佛光社颁发的证书，并明确规定"此项证书不得籍以募捐及谋私图等事"，彰显出佛光社的正规性、严肃性及严谨性。章程对于违背社章或毁坏会社名誉之人亦有"自行忏悔"或"勒令忏悔"的明确惩戒要求和措施，凸显出佛光社有序和高效的管理水平。入社志愿书的填写使得入社之人皆有记录，学员来源、经费账目一目了然，较为规范，便于统计和管理。从佛光社社员名录来看，初期参加的近百位会员以婺源江湾江氏宗亲为主，其中从事教育、实业、记者等居多；[②]另外还有地方官员、缙绅之流，但更多的是平民百姓，缁素皆具。社员数量的多少直接关系到佛光社的发展命运及其社会影响，佛光社创办之后的首要使命便是吸纳更多社员加入。江谦把前期教育经验直接运用于佛光社运转，并形成了一套完整吸纳社员的方法和策略。

第一，通过弘扬净土法门的佛教理论吸引人们入社。婺源地处偏远山区，国内动荡的环境、土匪和军队的长期骚扰，在教育较为落后且尚未普及境况下，佛光社的成立为地方百姓寻求寄托提供了重要精神食粮。佛教的因果报应、三世轮回之说对于社友和当地人民有着强大的吸引力，有利于人们为当下的苦难找寻合适的开脱理由，把对美好生活的希望寄托于来世；佛教的慈悲为怀、止恶为善、自利利他思想又有利于社会淳朴民风的营造。佛光社成立不到一月，"两旬之间，善信男女老少书名入社者，已百数十人"[③]。

第二，充分发挥社员的主观能动性，以面诚、书诚或入户宣传等方式，吸引乡村社员加入。佛光社通过宣扬劝人入社数量的多少来判断社员福报的层次和达到的境界，无形中成为社员积极劝人入社的强大动力。社员引介入社人数越多，福报越高。"能劝一人修，比自己精进；劝至十余人，福德已无量；如劝百与千，名为真菩萨；又能过万数，即是阿弥陀。"[④]江谦本人身体力行，在吸收社员方面发挥了重要示范

---

① 根据《佛光社入社志愿书》统计而成。（《海潮音》，1925年第6卷第8期，第17页。）

② 《佛光社社刊（第一期）》，吴承记印刷局，1926年，第54—64页。

③ 《上印光法师书》，《阳复斋文集（下册）》，上海佛学书局，1933年，第23页。

④ 《程筱鹏居士宏化日记序》，《阳复斋文集（上册）》，上海佛学书局，1933年，第49页。

作用。其亲自通过多种方式劝人入社，且成果丰硕。对旧时师友、校友、学生、乡人等劝诫不厌其烦、不遗余力，曾利用书信劝说恩师张謇、教育家蔡元培、南洋公学同学王植善（字培荪）、乡侄江知源、南高师—东大学生等修持佛法；去信劝说各高校校长寻找机会进行佛学教育更是家常便饭。江谦于1934年在向蔡元培推荐弟子王纶去蔡元培主持创办的国立中央研究院研究历史语言时，亦不失时机劝蔡元培弘佛。该弟子毕业于南高师—东大，后曾向江谦学习大乘净土。江谦信中指出，"世乱国危极矣，然世乱实由心乱，心乱实由学乱。则研究学术，实为拨乱出治之枢机。而阐扬心性，尤为整理学术之根本。阐扬心性之圆妙，无过于佛"，"望于先生之弘扬之"。[①] 受江谦影响，成功皈依佛门的不乏教育界诸多校长、会长等，如南通平潮市小学校长、教育会会长马炳藜，兰州师范学校校长杨显泽，江湾廪生、两等小学校长江任铨等。江谦曾透露，佛光社成立"数年以来，族戚朋好，乃至见闻有缘，亦多信佛"[②]。一老儒王道行避地来江湾后，"闻净土深法，举家九人朝夕勤行之，发愿归时，以是劝化其邑人"[③]。1933年，江谦还招收了日后成为其女婿的得意弟子游有维[④]。江谦众多遗著能够出版，多亏游有维整理和募捐刊印，是后人研究江谦乃至了解民国佛教事业发展概况的第一手宝贵资料。其中，江谦的《论语点睛补》获得近代学者钟茂森的高度赞赏，并成为其《论语讲记》的重要参考来源；《江易园居士演讲集》是后人了解江谦创办灵峰学社、弘法讲道及其儒佛合一思想的重要资料；在《阳复斋丛刊》17种遗著中，诸多著作成为学界、佛学界教材，并广泛流通，影响深远。江谦成功吸收入社的紫阳中学教师程筱鹏日后在吸收社员方面发挥了重要标杆作用。程筱鹏起初对佛教修持有怀疑态度，认为与迷信无异，对佛教极为抗拒。为解程筱鹏疑惑，江谦以面诚方式，引经据典，成功劝化。"近取诸身，远取诸物，证之以经，印之以心，不遗余力，委屈训诲。彼遂如浴时雨，如坐春风，随即息心研究。"[⑤] 1926年，程筱鹏皈依佛门，加入佛光社。其在地区弘佛、吸收社员入社

---

① 《致蔡孑民先生书》，《阳复斋文集（下册）》，上海佛学书局，1933年，第99页。

② 《致江味农居士书》，《阳复斋文集（下册）》，上海佛学书局，1933年，第14页。

③ 《寄汪礼安居士书》，《阳复斋文集（下册）》，上海佛学书局，1933年，第171页。

④ 游有维（1917—1990），字祥科，江西婺源人，近现代佛教居士，江谦得意弟子。15岁即师学江谦，研学佛学与儒学，佛学造诣深厚，对净土宗尤精。1949年任《弘化月刊》主编；1956年任上海佛教书店经理。历任上海佛教居士林林长、上海佛教净业社负责人、上海市佛教协会副会长等职。主编《阳复斋丛刊》（共17种单行本），著有《上海近代佛教简史》《国际的宗教与和平》《佛教的新形势》等多部佛教著作。一生爱国爱教，为弘扬佛教及编写佛教史料作出卓越贡献。

⑤ 《程筱鹏居士宏化日记序》，《阳复斋文集（上册）》，上海佛学书局，1933年，第49页。

方面极为出色，是佛光社在吸纳新社员方面的成功典型案例。其首先成功劝诫自家人全部皈佛，后又不畏辛苦，通过入户宣传方式，"遍历各乡，次及各县，访求高明宏毅信望所归之士"，[①]不遗余力广泛发展新社员，足迹遍及婺源、休宁、歙县、黟县和祁门，几及除绩溪之外的整个徽州。"一月而得信者百余人。"[②]半年后，行路一千余里，凭一己感化之力，使"风气未闻"[③]的安徽各地，有四百多人加入佛光社。佛光社日后建立宣讲部，与程筱鹏的建议亦有密切关系，"劝设宣讲部，昌明念佛戒杀持斋力善之义，以挽劫运而救人心"[④]。江谦对其十分欣赏，与其频繁通函达90余封，"以重其行"[⑤]。程筱鹏著有《程筱鹏居士宏化日记》，叙述了自己于兵荒马乱之际亲身弘法的所见所闻，江谦与印光先后为其书作序，对该书均给予高度评价。透过程筱鹏成功劝其家人、村人及邻村人入社的方式，可窥见佛光社吸纳社员的途径。除此之外，佛光社还出现了更多弘法典型，如被江谦赞叹为"佛光社分灯宏法，功成身去见弥陀"的弟子齐用修居士，曾成功设立白岳佛光分社；被称为"多年戒净皆修，为佛光社老成女范"[⑥]的弘法典范程坤意女居士；上海商人李锦堂在佛光社社友张惠邦居士所劝下信佛，日后在上海提供开办佛光社道场的场所等。值得注意的是，佛光社社友中很多人不仅自己皈依佛门，还拖家带口加入，举家入社更是常事。

第三，主动与政界、教育机构密切联系，采取自上而下宣传方式，不断扩大佛光社自觉累积效应和巨大辐射功能，吸引人员入社。1934年，江谦曾致信时任西南政务会主席的陈济棠，对其主张恢复学校读经表示欢迎，并希望能够"忠告中央，遍行各省"，指出当前"救国之道虽多，而此当为基本"[⑦]，同时附寄佛光社流通的众多佛学经典。也曾寄信于江苏省教育会，希其提倡"诚、相生相养、简易切用"的"良教育"，反对"伪、相残相杀、繁难无用"的"恶教育"，并能"采录而广布"佛光社书籍，最好推广至"教育部及各省教育厅、教育会，南北大学"等。[⑧]江谦显然是

---

① 《致程筱鹏居士书》，《阳复斋文集（下册）》，上海佛学书局，1933年，第66页。
② 《程筱鹏居士宏化日记序》，《阳复斋文集（上册）》，上海佛学书局，1933年，第49页。
③ 《程筱鹏居士宏化日记序》，《阳复斋文集（上册）》，上海佛学书局，1933年，第50页。
④ 《程筱鹏居士宏化日记序》，《阳复斋文集（上册）》，上海佛学书局，1933年，第50页。
⑤ 释印光：《程筱鹏居士宏化日记序二》，《世界佛教居士林林刊》1927年第18期，第10页。
⑥ 《哀诔联》，《宏法联语集》，第22页。
⑦ 《寄广东陈主席济棠暨西南政务会书》，《阳复斋文集（下册）》，上海佛学书局，1933年，第100页。
⑧ 《致江苏省教育会书》，《阳复斋文集（下册）》，上海佛学书局，1933年，第105页。

想通过教育界上层广泛弘法，融佛学教育于世俗教育，以扩大佛光社影响力。印光法师对佛光社吸收社员之法赞赏有加，认为江谦方法得当、富有策略，"极力提倡于其乡"，"教有不可思议之事"。[①]佛光社成立之初的第一年，入社社员仅有200余人，三四年后，佛光社信佛者甚众，周围黄山、白岳地区的百姓也纷纷加入。1928年时，已"将八百人"[②]。十余年后，各地佛光社总入社社员已多达上万人。佛光社日后能发展成"全国莲社之冠"，显然名不虚传。

（二）佛光社经费主要来源

部门齐全的佛光社俨然一所学校，正常运转离不开充足经费支撑。从江谦与印光法师挚友真达法师的通信中可知，佛光社正常运营每年需数百元，但必须有数千元的发展储备基金才能确保佛光社持续发展。"预计每岁常支需数百元，亦需有数千元之的款基金，方能持久。"[③]佛光社的经费主要来源于社员的年费及社会捐助。前者是佛光社运转的主要收入来源，后者主要用于图书馆、佛经流通处及刊物出版。对于社员年费，《佛光社组织纲要》附设细则有明确规定。年费分三种，根据家庭经济收入情况上缴年费一元或五角，贫者可免。同时，对于分发给社员的弘法书籍，社员需另缴纳一元或两元，也可根据自愿原则上缴数元。从江谦与友人的信函中不难得知，经费筹措实际非常困难，"徽地寒瘠，一时实难集"[④]。因此，除了社友年费收入，社会捐款也成为佛光社运转的重要收入来源。真达法师对佛光社曾多有捐助，"助常年费银二十四元，外助特捐银百元"[⑤]，捐款数目不可谓不大。经费的使用亦很透明，《组织纲要》规定，"各项捐款指定用途者不得移作他用；经常开支不得超过预算十分之二；特别用费三元以上者须董事长之同意盖章，由干事员签字，领取零星之用由款产处签字可也"[⑥]。如对于真达法师高达百元的捐款，江谦在充分征求或听取捐款人意向的基础上，努力做到专款专用。江谦曾为此事致书印光法师，请其一并决定。"现为弘法计，拟附设一佛经流通处。书限切要易读者三四十种，款限三四百元，庶几轻而易举。此次师（指真达法师。笔者注）所捐助之资，即请尽数购办经典、善书，其种类部数，即求法座与印公定之。"[⑦]不仅如

①《程篾鹏居士宏化日记序》，《阳复斋文集（上册）》，上海佛学书局，1933年，第49页。

②《致印光法师书》，《阳复斋文集（下册）》，上海佛学书局，1933年，第70页。

③ 江谦：《复真达大师函》，《海潮音》，1927年第7卷第12期，第2页。

④ 江谦：《复真达大师函》，《海潮音》，1927年第7卷第12期，第2页。

⑤《真达法师与佛光社》，《海潮音》，1927年第7卷第12期，第2页。

⑥《佛光社组织纲要（附细则）》，《佛化策进会会刊》1927年第2期，第132页。

⑦ 江谦：《复真达大师函》，《海潮音》，1927年第7卷第12期，第3页。

此，从 1933 年 10 月 12 日蔡元培依江谦嘱托，借致信蒋介石、宋子文、戴季陶等人提及赠送佛光社佛学书籍之机，提请蒋委员长等对佛光社"酌予补助"[①]可知，江谦还曾寄希望于政府层面的经费支持，足见佛光社基金来源的多样性。必要而充足的经费是佛光社长久存在的根基，固定的年费收入是佛光社稳定发展的基本保障，灵活的收费方式有利于吸引更多下层人士的加入，接受社会捐助成为助推佛光社扩大影响力不可或缺的有力补充，有效的经费管理是佛光社持久运转的必要手段，这些均显示出江谦本人高超的组织能力和管理水平。从佛光社繁盛发展情况来看，其运营经费应较为充足。

（三）佛光社佛学实践活动的主要内容

佛光社佛学实践活动主要通过说法讲经来完成。其具体活动主要表现为："甲（宣讲），十斋及诸圣诞期；乙（莲社净课），十斋及诸圣诞期；丙（诵经），斋期；丁（济生），代社友办放生、施衣药、送经；戊（图书馆），指导入门书籍以便选修；己（精进图），负宏化法事；庚（编辑部），选印法宝；辛（佛七），定夏历十二月初旬；壬（分销处），代社友办佛学局经籍法品。"[②]佛光社在六斋日、十斋日、佛菩萨圣诞日统一开大会、念佛、宣讲，举办佛七道场，同时兼办印经、施药、放生、慈善事业等，以宣扬净土法门。斋戒日说法讲经是佛光社的主要活动之一，后佛七道场根据需要进行了调整，"省去大会虚文，定为春、夏、秋季各举方便佛七一次"[③]，并会根据需要召开"研究会"[④]。宣讲内容主要为《安士全书》《龙舒净土文》《印光文钞》《印光大师嘉言录》《阳复斋诗偈集》等，同时还通过专题方式专门讲授戒杀放生、因果报应等内容，并随时印送简易佛书。佛光社活动明确且规范，给饱尝世乱之苦的百姓，尤其是中下层人士于劳作之余提供了精神寄托和安慰家园，佛教所宣传的人人均能通过修行成佛又给其以一定的安抚和希望。佛教因果报应、慈悲为怀等思想的宣传有利于淳朴乡风的塑造；佛光社的慈善活动有助于部分解决急需救济民众的切实困苦。江谦以佛光社为载体，通过讲经说法的形式在弘扬佛教经典教义的同时无形中宣传了自己的佛学教育理念，其力主对现有教育进行改良，倡导佛学教育与世俗教育有机结合，在师资、教材、内容等方面提出了自己的改良主张，并获得了成功实践，是其"儒佛合一"思想得以发展的重要表现。

---

① 高平叔、王世儒编：《蔡元培书信集（下）》，浙江教育出版社，2000 年，第 1603 页。
②《江易园先生组织佛光社》，《学风（安庆）》，1934 年第 4 卷第 1 期，第 1 页。
③《复胡敬庵书》，《阳复斋文集（下册）》，上海佛学书局，1933 年，第 67 页。
④《复胡敬庵书》，《阳复斋文集（下册）》，上海佛学书局，1933 年，第 68 页。

江谦融佛学于世俗教育的教育改良思路十分清晰，其认为弘扬佛法应从普及小学佛教开始，故应先创设佛教师范，培养合格师资；次设佛教小学和初中，逐渐达到普及目的。江谦尝试把从事教育事业的丰富经验运用于佛学实践活动中，即通过设立佛学师范讲习所培养佛教小学师资，在每村创办一所佛教小学，以解决佛教师资问题，继而从小学开始达到普及佛法的目的。或把佛教师范培养的师资派到各所世俗学校，各校增设佛教课程，亦能起到普及佛法之目的。在江谦眼中，每一所佛教小学就相当于一个佛光社，佛教普及必然有望，佛学救亡图存的愿望也必然能够成为现实。江谦有关佛法普及的内容被广泛刊登，其中包括在佛教界影响甚广的《海潮音》，并因此引起了"人间佛教"理念创立者太虚大师的关注。其对于江谦"从智识阶级入手，改革现在教育，及就假期设佛学师范讲习所，招小学教员以肄习之"等倡导普及佛学教育的思路，给予了高度赞赏和充分肯定，并主动向沪上佛化社积极引介江谦于江湾佛光社实行的"佛化改良教育之捷径"[1]，试图将其推广至整个佛教界。

佛学教育师资方面，吸收智识阶级入社，是江谦改良现有教育的重要内容，也是江谦为实现世俗教育与佛学教学有机融合所作的人才储备。江谦于佛光社创立大会发言中对此有明确提及。

> 又鄙人对于宣扬佛法的方法，尚有一种意见、提议，就是先从智识阶级入手，改革现在教育，而后社会人众，有模范可以效仿。鄙意我县人士，多能崇尚佛化。地方长官对于佛法，也很信仰，正可以协力做一桩弘扬佛法的教育事业。但是有怎么样的办法呢，就是我县可设一佛学师范讲习所，由县官招考录取，或者就送在灵山学院，听受佛学。毕业期限，可依暑假期定为二月。毕业后，由县署给与文凭，就可办理佛教小学，或者令其在各乡村小学担任增教佛学。照这样看起来，一村有一小学，就是一村有一佛光社，佛法的普及不是很容易么。但是这事的提倡不能不希望有热心弘法的地方贤长官，及大兴居士，加以赞助。详细办法可行商酌。[2]

江谦在云湾佛光社成立之初，对于佛光社的未来走向就有着十分清晰的规划和思路，发动知识分子尤其是教育界人士加入，争取地方长官支持，大力弘扬佛学

① 《太虚法师致江易园居士书》，《佛光社社刊（第二期）》，吴承记印刷局，1926 年，第 289 页。
② 江谦：《云湾佛光社大会演词》，《海潮音》，1926 年第 7 卷第 3 期，第 5 页。

教育事业,最终实现佛学教育与世俗教育融为一体的近代教育。基于此,佛光社成功吸收了众多教育界人士。佛光社社员中,不乏大、中、小学校长及普通教师的身影,如名誉社董中有担任安徽省立第二师范学校校长的胡止澄;社员中有历任南通平潮市小学校长、教育会长、第二区学务委员及劝学员的马聊庵,江湾两等小学校长江任铨,中学教员程筱鹏,江湾小学教员、后于当地县教育局任职的齐用修等。知识分子的加入,大多受江谦佛学救亡图存思想影响,寄希望以佛学富国强民。众多教育界人士的加入,为扩大佛光社影响发挥了重要作用,同时为江谦于世俗教育中宣传其佛学教育思想开启了方便之门,提高了佛光社社员的层次和水平,是江谦改良现有教育得以践行的重要条件。这与江谦曾于教育界有着极高的知名度和威望是分不开的。需要注意的是,这些知识分子在皈依佛门后,仍然从事世俗教育工作,这应是民国时期特有的社会现象,也是民国居士佛教复兴的又一佐证。

佛学教育教材方面,江谦亦有明确指导,并提出了系统的融佛学于世俗教育的佛学教育课程,主要以其本人的佛学著作为主,辅之以蕅益大师的佛教著述和《印光法师文钞》等。1930年后,江谦密集出版的佛学著作《正学启蒙三字颂》《小学养蒙三字经》《阳复斋诗偈集》《佛儒合一救劫编》《安徽佛门龙象传》,皆本着灵峰蕅益大师宗旨,成为各类学校可歌可诵之书。其中江谦撰、齐用修笺注的《正学启蒙三字颂》,更是"遍行海内外"[1]。江谦希望《小学养蒙三字经》能够作为教材在全国推广,"以供儿童歌颂"。其认为儒佛是通晓一切宗教、哲学、科学、精进圆满的重要通道,故其植根应"始于小学","君子以果行育德","养成认同因地之道心","积小成大,积善成圣",故曰"蒙以养正"。[2]其著作《正学启蒙三字颂注》"略述儒佛立教觉世之大旨","得以尽伦学儒、尽性学佛,经世出世合而为一"[3],"儒佛合一"思想凸显。对于佛学教材的学习顺序,其弟子、女婿游有维曾有说明:先熟读《小学养蒙三字经》《正学启蒙三字颂》《阳复斋诗偈集》,再熟读《四书蕅益解》《阿弥陀经要解》《儒佛合一救劫编》,然后进一步诵读《灵峰宗论》,则儒佛之道,可一以贯之。[4]为更好地解决世俗教育学校佛学教材问题,佛光社还努力向大、中、

---

① 江谦:《募印小学养蒙三字经注解缘起》,《小学养蒙三字经》,上海法云印经会,1941年版,第1页。

② 江谦:《募印小学养蒙三字经注解缘起》,《小学养蒙三字经》,上海法云印经会,1941年版,第2页。

③ 印光:《正学启蒙三字颂发刊序》,《正学启蒙三字颂·阳复斋诗偈集合编》,佛学书局,1932年,第4页。

④ 游有维:《自题》,《小学养蒙三字经》,上海法云印经会,1941年版,第7页。

小学等推荐大量佛学著作，一般以捐助图书馆的方式进行。其中仅《印光法师文钞》一书，一次性捐赠就达到 2000 部，包括给彼时执政的段祺瑞分拨 1000 部、南京东南大学高师毕业同学会 300 部、南通师范 200 部、休宁万安师范 200 部、徽州第三中学 100 部、婺源县初级中学 60 部等。[①] 捐赠力度不可谓不大，其他的小型捐赠更是数不胜数。客观上有利于江谦融佛学于世俗教育计划的实施。

　　弘法内容方面，佛教的因果报应、儒佛合一思想是江谦于佛光社佛学教育活动中重点宣传的理论。从佛光社社员中出现众多一人皈佛、全家人皆入佛门的现象及江谦对甘肃佛光分社指导过程中特别提出女性学佛注意事项可知，印光的家庭教育与重视母教的思想也是江谦于说法讲经中一直注重的理论。这从印光法师与江谦于信中反复提及家庭教育中需重因果学说可得到佐证。"有始终应注意者，为因果轮回及家庭教育。家庭教育者，母教尤重。若与儿女初开知识时，其母即以因果报应及做人之理事为训，则大时便知好歹，……而为一贤人善人。若小时任性娇惯，大则无主宰，便随邪说耳糜，欲其反正，百难得一矣。当今之时，若不以因果报应为救国救民之专剂，则纵有作为，无大功效。以彼不以实行为事，但以空谈敷衍了事。因果乃标本同治之法"。[②] 为确保佛教长远和可持续发展，江谦十分注重对儿童佛学思想的灌输，也是其倡导普及佛法教育于小学的重要原因，因果报应是其宣传的重点内容。江谦认为，因果之说不仅存在于佛学之中，古今中外概莫能外。中国古代圣哲先贤的儒家学说中，更是处处体现出因果之关系。"因果之说，非惟佛氏言之。中国古昔圣贤，垂教劝善，经籍具载，屡示斯指"。因果之关系密不可分，"因之与果，一而二，二而一也。如形之影，如响于声"，故"欲坚世人之信念"，须"慎于善恶之因"。面对"世界劫运，天灾人祸"的社会现实，因果之说无疑是"救世之良药"。[③] 世间混乱之果源于"心乱"之因，因此治乱世之法莫若正人心。"世界治乱之关，第一是人心，第二是生业。而二者又互因互果，人心之善恶邪正，尤为生业成败果中之真因"，[④]"信因果与不信因果，又世间治乱之大源也"。[⑤] 儒佛皆有正人心之用，儒学对于正人心不言而喻："国家之复，自人心始。人心之复，自孝弟

　①《复印光老法师书》，《阳复斋文集（下册）》，上海佛学书局，1933 年，第 12 页。

　② 印光：《复江易园老居士书》，《世界佛教居士林林刊》1926 年第 11 期，第 12 页。

　③ 江彦雍代，江谦修正：《因果录序》，《阳复斋文集（上册）》，上海佛学书局，1933 年，第 45—47页。

　④《复黄任之先生书》，《阳复斋文集（下册）》，上海佛学书局，1933 年，第 173 页。

　⑤《拟改曾文正公圣哲画像记末后一段》，《阳复斋文集（上册）》，上海佛学书局，1933 年，第 63 页。

始。人心之复,则天地之心复可见也。"[1]儒学中的"种瓜得瓜,种豆得豆"有因果含义。佛教中的因果报应、止恶修善、戒杀放生可以发挥教人为善、正人心的重要作用。积极以儒家之孝道推动佛学教育,也是江谦的着力点。显然,儒佛二者相互结合,正人心效力必会更甚。基于此,江谦认为,"心是作佛,是心是佛""亦即实行儒者致知尽性、参赞、化育之学。儒释之道,一以贯之,更能以是心求生西方"。[2]1931年10月江谦于港口演讲时指出:"佛是正学,能破邪学;佛是大学,能通儒学;佛是正信,能破迷信;佛是真修,能破盲修。"[3]江谦深信念佛吃素戒杀放生,"能救刀兵水火瘟疫一切之难,能免生死轮回堕落恶道之苦"[4]。故当时佛光社被人们认为"修身、齐家、改良社会、消灾获福之道,无过此者"[5]。江谦"儒佛合一"以救国的目的显而易见。在信仰缺失的年代,江谦的儒佛合一思想为苦难中的地方人士带来了一剂良药,犹如黑暗中点燃的一丝亮光。从江谦与太虚大师通信内容可窥知江谦在融佛于世俗教育改良方面的实践努力。

忽颁手教,尤慰渴怀。承询招集小学教员,为佛学师范讲习所办法,此事本拟今年暑假期间为之,旋以他事变化,遂令中阻。盖因缘虽具,而时节未至,无如何也。惟关于佛化教育应议之点,请就管见所及言之,以备裁择。第一,预备人才。今中等学校毕业而无力升学、无事可就,及未入学校而旧学明通之人,亦颇不少。若各省能设一佛教大学,招纳此辈入学,不取学费膳费,则来者必多,或于暑期设讲习科,俾从事学校生活之人,亦得来学,或更用通函教授之法,以广其传,人才盛则声应气,求所办易就矣。第二,编定教本。所谓佛化教育者,一方是就原本佛经讲授;一方是以佛化为一切教育之中心。举今学校所有之各种教科,一一皆归纳于佛化范围之内。喻如家常菜饭,加入少许醍醐,皆成上味,则各科教本讲义之编定,须集众思以成之也。第三是游化欧美日本,今中国教育办法,县承于省,省承于部,部则仰承于时髦新学。而新学之士,又须仰承于欧美日本,此无可为讳者也。故今日教育之引擎、动力,远在异邦,而我为机轮,随顺转动。此次大师远涉各邦,弘扬佛法,于我国留学生徒最多之

---

① 江谦:《敦复堂题记》,《教育季报》,1923年第7卷第2期,第23页。
②《念佛仪》,《阳复斋文集(上册)》,上海佛学书局,1933年,第127页。
③《救劫弥灾修身化俗之简要方法》,《阳复斋文集(上册)》,上海佛学书局,1933年,第130页。
④《救劫弥灾修身化俗之简要方法》,《阳复斋文集(上册)》,上海佛学书局,1933年,第130页。
⑤《佛光社之办法》,《江易园居士演讲集》,苏州宏化出版社,1936年,第401页。

著名大学,尤当加意接引。①

江谦努力倡导教育改革,融佛学教育与世俗教育于一体,并在现实教育中取得了重要成果。现以其与安徽省立第二师范学校（以下简称徽二师）校长胡止澄密切配合的成功实践为例。胡止澄（1870—1934）,讳晋接,字子承,号梅轩,晚号止澄。安徽绩溪县城东人。曾创立思诚小学,掌东山学堂。1913年创办安徽省立第五师范学校并担任校长,1914年学校更名为安徽省立第二师范学校,1928年辞去校长职务告老还乡。"被称为安徽省教育先进","成绩卓著"。②其办学一贯主张:"办道学科学之体用,学孔佛之尽伦尽性","尤以沟通孔佛为其职志"。③儒释道融合教育思想特点突出。其担任的徽二师教育宗旨为"尽性学佛,尽伦学孔,道学为体,科学为用","二师毕业生之升学者,多为东南各大学之高材生"。④通师与南高师为徽二师输送了不少优秀师资,离不开江谦的功劳。虽然胡止澄倡导儒释道一体的教育主旨有违教育主流,但其办事认真的做法及教育成果值得肯定。胡适在为其长子择校时,就特地选择了徽二师。胡止澄于徽二师实行融儒释道于一体的教育思想与江谦倡导佛学教育世俗化的教育改革是分不开的。

江谦与胡止澄同为安徽人,二人在教育领域皆属出类拔萃。担任过安徽省教育会会长、安徽省议员的江谦与担任徽二师校长的胡止澄曾是上下级关系,频繁的信件交流反映出二人彼此之间交情匪浅。江谦对廪生出身的胡止澄担任徽二师校长的工作给予了大力支持,对胡止澄于徽二师推行佛学教育有诸多指点,并对其小学教育改良内容甚为赞叹;胡止澄对于在师范教育中推行佛化教育之事多向江谦请教,其于徽二师的得力助手教务、庶务、工程部主任方振民、胡子敬、程铁华等都是通师毕业生,他们带来了通师先进的办学经验和教学改革理念,对徽二师影响甚巨。江、胡二人于教育理念方面有着诸多共鸣,胡止澄主掌的徽二师因此成为江谦融佛学教育于世俗化的重要实践场所。具体来看,江谦对于胡止澄执掌的徽二师佛学教育影响主要体现于以下几点。一是建议胡止澄进行教育改革,于学校实行融佛学于世俗的教育。20世纪20年代,随着新文化运动的兴起及西方科学、民主等思想的传入,新旧教育体制交锋激烈,西学乘势而兴,传统儒学面临挑战。江谦

① 江谦:《复太虚法师书》,《佛光社社刊（第二期）》,吴承记印刷局,1926年,第289—290页。
② 胡广治:《学风（安庆）》,1934年第4卷第8期,第1页。
③ 胡广治:《学风（安庆）》,1934年第4卷第8期,第5—7页。
④ 胡广治:《学风（安庆）》,1934年第4卷第8期,第6页。

认为传统儒学亟须改革,但改革并非废经不学,而是应专于一经,"经正则庶民兴,庶民兴斯无邪慝矣"①。其对于当时学校教育仍沿袭科举虚文等恶习深恶痛绝,"今之学校,尚沿恶习。敝精神,损德性,莫此为甚,安得明诚之君子"②。佛法倡导戒杀放生、吃素念佛,江谦认为此即为修行要法,救世良方。"今日若言世界教育,舍此(佛学。笔者注)更无他妙法矣。"③只因"佛学昌明,则孔老伦理之学,因之光大"④。基于此,江谦提倡学校教育应融合儒释道之学于世俗教育。"处学校之中,实行念佛,必多开方便"⑤,"全国学校毅然改之。改之而后,有真人才、真文章出。真文章者,学识经验,酝酿既久,自然流露。非可强为之也"⑥。江谦秉持儒佛融通之人才是真人和真才,才能挽救国家和民族于危难的观点,故希望通过徽二师实行融佛学于世俗教育的典型示范,逐渐推广至全国。为解决徽二师佛学师资短缺问题,江谦主动提出可推荐比丘一名,担任徽二师专门讲经师。二是提出融佛学于世俗教育的具体办法。知行合一向来为江谦所推广,江谦认为弘佛的目的是让学生学做真人、善人,免去世界相杀之祸,即"慎终追远胜残去杀之道也"⑦。如何在世俗学校里弘扬佛教,在时间安排上,江谦提出"或于朝暮课前课后,或于星期,或年假暑假,或归在家庭,或散居社会。若致绵密默念之功,于隐微独修之地,不睹不闻,谁誉谁毁,如人饮水,冷暖自知。但办肯心,更无难境"⑧。对教师、学生重视思想上对佛法的引导,"勿以法令强之"⑨,"学佛须坚信愿,尤重行持。校中同志,若能于星期日,实行礼拜念佛诵经,讲演《安士全书》,按条勉行,集素食会,持六斋或十斋,放生会于佛菩萨生日及父母自身生日买放鱼龟之属。师范如此,异日善人必多"⑩。为更好地落实学生的弘法行为,江谦建议学校把学生的弘法结果与其德育教育挂钩:"令学生于暑假还乡时,担任劝导之责。各立一簿,记录信受修行人姓名、地址,于开学时,呈缴校长,即以是为诸生操行第一成绩。"⑪方法指导可谓细腻、可行。三是建

①《致胡止澄先生书》,《阳复斋文集(下册)》,上海佛学书局,1933年,第45页。
②《致胡止澄先生书》,《阳复斋文集(下册)》,上海佛学书局,1933年,第47页。
③《致胡止澄先生书》,《阳复斋文集(下册)》,上海佛学书局,1933年,第45页。
④《致胡止澄先生书》,《阳复斋文集(下册)》,上海佛学书局,1933年,第45页。
⑤《复胡止澄先生书》,《阳复斋文集(下册)》,上海佛学书局,1933年,第48页。
⑥《复胡止澄先生书》,《阳复斋文集(下册)》,上海佛学书局,1933年,第48页。
⑦《致胡止澄先生书》,《阳复斋文集(下册)》,上海佛学书局,1933年,第49页。
⑧《复胡止澄先生书》,《阳复斋文集(下册)》,上海佛学书局,1933年,第48页。
⑨《致胡止澄先生书》,《阳复斋文集(下册)》,上海佛学书局,1933年,第49页。
⑩《复胡止澄先生书》,《阳复斋文集(下册)》,上海佛学书局,1933年,第44页。
⑪《复胡止澄先生书》,《阳复斋文集(下册)》,上海佛学书局,1933年,第41—42页。

议学校建立藏经阁,及时把弘法著作推介至其校。对于胡止澄拟于学校建图书馆之事,江谦建议其可于学校先行建设藏经阁。与此同时江谦积极、主动为学校提供更多佛学著作,以供师生阅读、念诵,如经常请佛教界人士聂云台居士等将《印光法师文钞》、自己的佛学著作及佛界著名刊物等邮寄其校等。江谦于徽二师的弘法实践与胡止澄的教育理念十分吻合,可知融佛学于该校教育实践的成功。故在太虚大师向江谦提出要于徽设立佛化教育办事处时,江谦推荐胡止澄,指出其"提倡佛化教育数年矣,若引为徽属之将伯,必有助也"[①]。从胡止澄辞去校长之职后,"该校四年四易校长,校风大坏"[②],亦可知胡止澄教育的成功。1920 年,徽二师甚至将佛学作为学生修身课的主要内容。省教育厅虽然认为此举"似与部令未合",但最终也容许了徽二师校长（即胡止澄）坚持己见。[③]这些固可说明政府对当时教育管理的松散,但亦可窥见江谦佛学思想对徽二师的影响之大及其对世俗化教育领域推广佛学教育的成果之显。胡止澄多次在致江谦的信中表达其所陈述"与鄙见适合"[④]。

另外,江谦对于地方世俗化小学教育中的佛化教材选择亦有详细指导,如倡议把佛教的"三皈五戒"作为小学生入佛之门的初始教育内容,并认为净土宗为"生取办唯一之法门",并在《小学精选经史子集教材说略》中对小学教材之选取作了详细说明。

> 三皈五戒,当为初级小学普及之教育。而净土一宗……即生取办唯一之法门。《阿弥陀经》《无量寿经》之四十八愿,《观无量寿佛经》之九品往生,另外《法华》之《观音普门品》,《楞严》之《大势至念佛圆通章》,《华严》之普贤十大愿王,《地藏经》之《利益存亡品》《地神护法品》,般若之《心经》及《往生咒》《大悲咒》,皆当一次讲授之。至于弘扬佛法之文诗,如《阴骘文》《莲池戒杀放生文》《西方发愿文》等,及醒世赞佛赞净土之诗歌偈颂,皆为儿童最优之读品。以是为教,则正学日明,善人日多。善人日多,则事治功成,灾消富集,而国焉有不兴者乎。[⑤]

---

①《复太虚法师》,《阳复斋文集（下册）》,上海佛学书局,1933 年,第 34 页。

②《复周孟由居士书》,《阳复斋文集（下册）》,上海佛学书局,1933 年,第 139 页。

③ 方光禄、许向峰、章慧敏等:《徽州近代师范教育史（1905—1949）》,安徽师范大学出版社,2013 年,第 87 页、101 页。

④《致婺源江易园先生书》,《安徽省立第二师范学校杂志》1920 年第 7 期,第 13—14 页。

⑤《小学精选经史子集教材说略》,《阳复斋文集（上册）》,上海佛学书局,1933 年,第 17 页。

细考之,江谦于佛光社活动中融佛学与世俗教育为一体的教育改良不可为不缜密,并在一定程度上影响了区域性的世俗教育。在助推民国居士佛教振兴及倡导"儒佛合一"世俗化教育方面,江谦应是近代第一人。

五、佛光社社会影响

民国时期,居士佛教的振兴助推了佛教的繁盛和发展,各种佛社、莲社、佛教协会等组织众多。据不完全统计,20世纪二三十年代,全国佛化机关不谋而同、不督而起者已达"五百七十余处"[①],反映出民国时期佛教发展的强劲势头和繁盛状况,但像佛光社这样立足于当地中下层人士,并产生广泛辐射和影响的佛教团体实属罕见。江谦认为"此皆感受时艰,发诚自动。曙光一线,久必偏照高平"[②]。佛教界人士大有以佛教一统全国乃至全世界的普遍宏愿。民国二十二年,印光曾言:"其一方之人,服易园之说,如七十子之服孔子也。"[③]这应是对江谦创办佛光社的极高评价,也是江谦于当地影响与威望的体现。费范九先生于1928年时曾特地写诗一首,由衷赞叹江谦的佛光社,并发出了"佛光今见满江湾"[④]的感叹,足见佛光社发展的空前盛况。佛光分社突破婺源一村一地之局限,在各地县城、都市纷纷设立,分布于江浙沪皖等省,其辐射面积之广,远至八千里之外的甘肃兰州临洮,乃至连澳门也有佛光社社友。曾经派学生前来通师学习的兰州师范学校校长杨显泽(杨汉公)即受江谦影响,皈依佛门。在江谦1932年给印光大师的信中可知,"起信者岁月有加","记名者千数百人","尤以每年春、冬两季佛七,精进最为勇猛"。[⑤]十年后仅江湾佛光社书名入社社员就达4000余众,出现了一人入社,全家皆入社的奇观。入社社员修善、戒杀、持斋念佛者,"或大难获免、或重病得愈、或久瞽复明、或癖行改善、或所求遂意、或亲睹圣相、或亲见放光、或亡者示梦亲人求社超度,种种灵应,不可胜数"[⑥],佛光社于社会影响之大不言而喻。各地佛光社总入社者更达万余人,为国内首屈一指的有影响的佛教团体。"婺源由江易园居士,提倡净土

---

① 《致胡止澄先生书》,《阳复斋文集(下册)》,上海佛学书局,1933年,第54页。

② 《致胡止澄先生书》,《阳复斋文集(下册)》,上海佛学书局,1933年,第54页。

③ 《婺源县内成立佛光分社发隐》,释印光著:《印光法师文钞(下)》,宗教文化出版社,2008年,第1190页。

④ 费范九:《江易园先生》,《世界佛教居士林林刊》1928年第20期,第6页。

⑤ 《上印光法师书》,《阳复斋文集(下册)》,上海佛学书局,1933年,第195页。

⑥ 《佛光社建造社舍募捐启》,《佛光社社刊(第四期)》,国光书局,1932年,第2页。

念佛法门,创办佛光社,于全国中可称第一"[①],为"全国莲社之冠"[②]。佛光社在战乱纷飞、天灾不断的困境中给苦闷的中下层人士带来精神和心灵上的慰藉,对当地老百姓生活和社会风俗影响巨大。江谦晚年在南通演讲时曾提到,婺源佛光社初办时,"村中的人有信者,有不信者,及后皆渐渐的皈依三宝,吃素念佛,一年增多一年"[③]。经过近十年的发展,"村中的人,吃素念佛者三分之中已居两分"[④]。佛光社对当地老百姓社会生活、文化观的影响由此可见一斑。佛光社创办后,江谦广泛讲经说法,如1926年参观万安师范、隆阜女师范时,受邀讲授佛法;1933年,修建碧云庵时为工人讲佛;1934年,其在重游外曾祖母老家广西邦彦村时,就亲自将族祠中附设的小学定名为佛农小学,为师生讲经三月,并"嘱以为常"[⑤];同年,广西龙绩之在杭州成立两广会馆即拜经会时,亦邀请江谦讲佛法大旨。江谦的《三字颂》更是广为流传。应地方政府之邀,佛光社还接洽为监狱犯人作佛法感化之宣讲事宜。江谦曾在给当地县长高伯厚的回信中,建议县长可用其曾经撰写的《监狱与地狱》《监狱世界与极乐世界》供典狱长官"督导行之"[⑥],并派弟子齐用修居士专门接洽。不仅如此,各地净友在各处建立的佛光分社,亦产生了广泛的社会影响。乃至于1936年9月时,通州海门常乐镇还创办了佛光社分社,每月定期念佛,江谦曾到此劝勉大家诚心念佛。1942年,江谦在西去前夕,仍于沪与众多老友商议组织成立上海佛光社事宜,但因其逝而未成。

佛光社的受众主要是中下层普通老百姓,以不识字的村民为主,还吸引了政界、教育界、实业界不少人士,改变了安徽婺源地方的乡俗,对于移风易俗发挥了重要作用。当地人民普遍吃斋念佛、与人为善,营造了良好的乡风。佛光社通过称名念佛方式教村民识字,促进了村民识字意识,客观上有利于扫除文盲,是江谦"救国救世之心,锲而不舍,必得同仁应和"[⑦]的真实写照。印光大师曾言:"一乡之人,皆从其化。"[⑧]佛光社前后有入社记录的达到上万人,这个规模即使放于今天,亦十

①《佛光社之办法》,《江易园居士演讲集》,苏州宏化出版社,1936年,第401页。

② 江谦:《梦游记恩诗》,上海道德书局,1942年,第17页。

③《南通北兴桥宋宅念佛会讲》,《江易园居士演讲集》,苏州宏化出版社,1936年,第266页。

④《南通余西大成殿讲》,《江易园居士演讲集》,苏州宏化出版社,1936年,第242页。

⑤ 江谦:《梦游记恩诗》,上海道德书局,1942年,第22页。

⑥《致高县长书》,《阳复斋文集(下册)》,上海佛学书局,1933年,第187页。

⑦《复王子经居士书》,《阳复斋文集(下册)》,上海佛学书局,1933年,第97—98页。

⑧ 印光:《正学启蒙三字颂发刊序》,《正学启蒙三字颂·阳复斋诗偈集合编》,上海佛学书局,1932年,第4页。

分可观。九一八事变后,江谦深感"救国救世,无非分内。世变日危,尤当随在结集莲社"①,佛教的"三皈五戒十善,已足修身齐家治国平天下"②。1932年江谦在致信许际唐先生时说,"佛光社办法,费简效宏,感化之力,多不可思议"③。凸显出江谦以出世法行世间法,致力于佛学救亡图存的强烈愿望。佛光社广泛施药、施衣、赈孤、赈灾等,做了大量慈善工作,客观上弥补了地方政府对中下层人士的救济不足。念佛十余年来,江谦持斋断杀、念佛诵经、自勉勉人,寄希望于"政府倡之于上"④,自己努力于下,以达"普化"佛教。

江谦集佛光社佛学研究与佛学教育、佛学文化宣传于一体,倡导佛学教育渗透于世俗教育,对当地乃至其他各地民俗、民风产生深远影响,对稳定地方人心发挥了重要作用,这在军阀混战、多灾多难的民国实属罕见。江谦于乱世之中倡导融佛学与世俗为一体的教育是特殊社会环境发展下的产物,其根本宗旨是实现佛学救亡图存,理应值得肯定,也是其对民国居士佛教振兴的一大贡献。佛光社宣传因果报应,提倡慈悲为怀,倡导世俗教育与佛学教育有效融合的教育改良,是江谦儒佛合一思想进一步发展、德治救国理念的充分体现。若非婺源匪乱,江谦被迫离开故里,佛光社的发展势必更加壮大。然而遗憾的是,至今为止,学界有关江谦与佛光社的研究完全处于空白状态。对此加强研究,有助于更好地了解彼时佛光社诞生的深层次社会背景和民国时期居士佛教复兴的环境,对于当下数字信息化环境下的文化建设可提供一定启示,有待学者们进一步挖掘。

第四节　江谦晚年佛学实践活动之三

——创办灵峰学社

20世纪30年代,中国烽烟四起,内有国民党反动派对中国共产党及人民的残酷围剿和屠杀,外有日本帝国主义的侵略和蹂躏,婺源匪祸更是日趋猖獗,江谦不得不离开故里,颠沛流离于沪杭之间。1935年3月底,本可避居于沪的江谦"以南通先师付嘱之愿未了,遂渡江北来"⑤,自此携全家三代移居至通州三余镇广运区

---

①《复祝良若居士书》,《阳复斋文集(下册)》,上海佛学书局,1933年,第95页。

②《复魏振华居士书》,《阳复斋文集(下册)》,上海佛光书局,1933年,第93页。

③《致许际唐先生书》,《阳复斋文集(下册)》,上海佛学书局,1933年,第203页。

④《上张退庵先生书》,《阳复斋文集(下册)》,上海佛学书局,1933年,第202页。

⑤ 游有维:《东坡禅学诗文要解跋》,上海佛学书局,1947年,第49页。

江家宅处,称"海滨耕读处"。年届 60,视儒佛为"国之魂"的江谦并未满足于颐养天年,同年于通创办"佛儒合一研究会",后改为"灵峰学社"。1937 年 3 月,日寇登陆,南通城沦陷,江谦被迫于 1938 年后辗转于沪通之间,1942 年四月初十逝世于沪,归葬南通"海滨耕读处",享年 67 岁。灵峰学社是江谦秉持"以善业自卫国家"理念,晚年致力于佛学救亡图存事业以达德治救世的最终实践。1942 年,灵峰学社随着江谦的逝世而宣告结束,前后绵延 7 年,产生了广泛的社会影响,是全面了解和研究江谦佛学实践活动的重要一环。

一、灵峰学社创设背景

江湾佛光社因纷乱的国内局势被迫中止。国际杀机遍布,江谦对"西欧哲学"救世本质怀疑更深,其佛学救亡图存、德治救世愿望更为强烈,从传统儒释道文化中寻找救世理想也更为坚定。进一步利用佛学塑造民德、挽救乱世、弘扬"儒佛合一"思想、培养儒佛合一相通之人才,是江谦发起成立灵峰学社的基本考量。

(一)塑造民德、挽救乱世之需

20 世纪 30 年代,中国不仅有接踵而来的水旱虫疫等天灾,还有日寇侵凌、匪徒刀兵等人祸,"国势衰颓,民生憔悴,日甚一日"[①]。各地从之而起的天灾人祸导致民生惨痛之事,更是"亘古未闻"[②]。江谦本人就因匪乱而饱受流离转徙之苦。面对险境重重、民生苦痛的现状,江谦以为,"张先生(张謇。笔者注)的期望,还没有圆满发展",但其坚信"将来总有成功圆满的一天",[③]因为"佛学确能补政治、教育之所不及"[④],只要"一般吃素念佛止恶修善的人,都用佛化来办理国家教育政治实业慈善诸事,则家齐国治天下平不难矣"[⑤]。其仔细分析原因时指出,当今社会杀机遍布,乃因学校"专重欧化",佛儒"废而不读",最终导致"政教沦亡",故救世之必要乃"提倡儒佛"。自古至今,教学为先,"有教学然后有国家,教学盛则国家盛,教学衰则国家衰,教学亡则国家亡"[⑥]。如何教学,应集世间法与出世间法于一

①《南通余西大成殿讲》,《江易园居士演讲集》,苏州宏化出版社,1936 年,第 243 页。

② 江谦:《灵峰学社缘起》,《佛学半月刊》1940 年第 211 期,第 7—8 页。

③ 程考宜:《江易园居士在通州师范学校演讲佛性》,《弘法刊》1935 年第 30 期,第 44 页。

④《张退庵先生斋寿堂讲》,《江易园居士演讲集》,苏州宏化出版社,1936 年,第 296 页。

⑤《金沙居士林佛七第一日讲》,《江易园居士演讲集》,苏州宏化出版社,1936 年,第 63 页。

⑥ 江谦:《论提倡灵峰蕅祖佛儒一宗学说及开办灵峰学社之必要》,《觉有情》,1942 年第 60—61 期,第 3 页。

体,即"救世之士皆知提倡儒佛之必要"①。灵峰学社的创办,显然是"目前救时之急务"。

> 今日学校,专重欧化,儒佛经典,废而不读。政教沦亡,国将奚赖,当前大劫所由来也。今当全国乃至世界,杀机遍布,创巨痛深之时,救时之士,皆知提倡儒佛之必要。然或默守一家,争持门户,或混通诸教,鱼目混珠,他日祸机,已伏于此。求其真能融通儒佛澈底澈源,自释迦、老子、孔子以来,其伟大著述,未有盛于蕅益大师之《灵峰宗论》者也。
>
> 研究欧西科学哲学必能超越常途,发今人所未发;中下之才,亦得闻其正眼,勉为善人,不为一孔邪师,不为世间恶类矣。夫中国数千年民德历史,即儒佛二教之结晶也。民德沦亡而谋民族民生民权之建设,是造楼阁而弃其基础,载卉木而去其根本也。而今之学校,忙于欧化科学,丛林忙于经忏应赴。各地莲社限十一句弥陀,更无读诵儒佛经书、研究灵峰学说之机缘。不知历代祖师多是通儒,不读儒经,则文学不通,于佛经亦不能深入,况能发挥而显出之乎?虽终年听讲,多劳苦而少成功。今日尚有少数高僧宿儒,讲授正学,再过一、二十年,求佛儒种子不可得矣。则灵峰学社之设,为目前救时之急务也。②

在对时局的担忧与总结中,江谦提出挽救乱世最好的方式即塑造民德,中国数千年来塑造的民德实为儒佛二教之结晶。面对"人祸与天灾,空前古未达。哭之不能声,逃之无可走。欧风偏纠纠,儿童尽废经"③的现状,江谦认为研究西欧科学哲学固然能"发今人所未发",但若抛弃数千年"民德"历史,各地学校仅靠欧化教育达到救国救民之要务,三民主义建设势必如同造楼弃基、载木去本,于事无补。其明确反对靠欧化教育来承担挽救乱世的责任,主张倡导儒佛合一思想,即从中国传统儒释道文化中寻求国学精华以挽救乱世人心。"儒佛之道,国之魂也。魂亡而国可保乎?今创巨痛深,大梦先觉之人,亦知提倡儒佛,警醒昏迷"④。他以孔子所忧"德之不修,学之不讲"为己忧,认为"德不修不立,学不讲不明,而祸患遍于天

---

① 江谦:《论提倡灵峰蕅祖佛儒一宗学说及开办灵峰学社之必要》,《觉有情》,1942年第60—61期,第4页。

② 《阳复斋觉世纲宗》序,游有维:《阳复斋觉世纲宗》,上海佛学书局,1942年,第5—6页。

③ 江谦:《释救国以敬教劝学修身齐家为本》,《佛学半月刊》1933年第46期,第12页。

④ 江谦:《灵峰学社缘起》,《佛学半月刊》1940年第211期,第7页。

下。圣人之忧，岂虚语哉。今天灾人祸，火热水深，而昧于因果。莫知其由，莫知为救，可忧尤甚"①。基于对"西欧哲学"能够救中国的强烈怀疑和否定，注重民德培养，坚定信奉、弘扬儒佛二教，江谦以花甲之躯勤于弘法。民德与法治本应同时推进，但对乱世之中的江谦来说，宣扬以德治世，显然是对国家法治的有益补充。

（二）弘扬"儒佛合一"思想之需

在长期从事佛学实践活动中，江谦"儒佛合一"佛学救亡图存思路十分清晰，大力倡导和弘扬成为其晚年佛学救亡图存事业的重中之重。灵峰学社创办之初，江谦对儒佛之关系作了总结，"儒佛义理，本无二致。惟所说世间法，与出世间法，详略不同，而二者相依，不可偏废。故盛则俱盛，衰则俱衰"②。融佛于儒、儒释互阐、儒释互援的"儒佛合一"思想成为其佛学救亡图存思想的核心。江谦坚信，"研究佛儒合一有益于心身家国，能救治危险的灾劫"③。面对南通佛教界传出的"各道其道，自赞毁他"④的不和谐音符，为昌明佛教之正信、避免进入迷信，江谦于通发起儒佛合一研究会，以"定儒佛一种真正之标准，而避外道混同三教之邪说"⑤。显然，向外界力宣儒佛合一思想之统一标准，成为彼时的当务之急，灵峰学社平台的重要性不言而喻。

国事急矣，急则治标，医有明训。然本之不存，标将焉附哉？事宜兼筹，不当执一废他，互为争论。今议者，或曰科学物质救国，或曰国学精神救国。科学物质之不可不讲也固矣，然待以救国，则请预计之。若以国学精神救国，则孔子所谓期月而已可也，三年有成。所谓国学者，非今俗学词章考据之谓，谓夫以孔老佛三教正学之道德精神，各各修养其身心，以共济国事。善用科学，则效可速待，而以弘扬佛化之效之速为尤，请择要言之。大学非佛不明，大纷非佛莫解，大难非佛莫救。以共澄清心源，具诸治法，能使人背迷向觉，止恶修善，威慈并济，自他兼利故也。⑥

---

① 《致程筱鹏居士请宣讲佛法书》，《阳复斋文集（下册）》，上海佛学书局，1933 年，第 165 页。

② 《儒佛合一研究会商榷书》，《弘法刊》1936 年第 32 期，第 165 页。

③ 崔澍萍：《江易园居士讲佛儒合一救劫的根本大义（三续）》，《佛教日报》，1936 年 7 月 30 日，第 2 版。

④ 江谦：《灵峰学社缘起》，《佛学半月刊》1940 年第 211 期，第 7 页。

⑤ 江谦：《灵峰学社缘起》，《佛学半月刊》1940 年第 211 期，第 7 页。

⑥ 江谦：《敬告全国救济国难诸君子书》，《弘化月刊》1948 年第 86 期，第 5 页。

面对国难,江谦并不否定科学救国方式,但其认为科学需要善用,应从治本做起,提倡"国学精神救国"。此处的"国学",显然是指孔老佛三教,而非单纯的儒教;"国学精神",即"正学之道德精神"。因"道亦为儒",故此儒释道三教即为"儒佛合一"思想。以国学之内容灌输给学生,修养其身心,培养其国学精神,以共商国是。江谦坚持以传统文化为佛学救亡图存的根本宗旨凸显,融传统儒释道三教为一体的传统文化,显然是江谦佛学教育思想的重要内核。江谦痛斥:"数百年来,学者无不口诵韩欧之文,即无不盲斥佛老之学。佛旨不明,则儒学亦晦,此实圣教衰替之大因由,而治礼安危生死解缚之大关系。"在江谦看来,儒释道密不可分,舍佛学则儒学必晦。只有集传统儒释道文化于一体,方可修身养性。"国家兴亡,人人有责",百姓"各修其身,而家齐国治天下平矣。不明此意,不循此轨,虽反复革命变法,而民愈苦,而国愈危,而乱愈不可止矣"。显然,以民德养生,则"世治有日矣"①。

(三)培养儒佛融通人才之需

弘扬儒佛合一思想必然需要大量人才,然彼时受众"或是农人不识字,或是工商不通文理、不能辩说"②,儒佛合一思想的推行离不开统一组织和"高明宏毅"之士的支持,"若不得一般高明宏毅之士,相与讲论,广为弘扬,则其效不溥。通海之间,数年以来,归向佛法者,岁月增加。若不昌明正轨,诚恐误入歧途"③,"因想到和政界学界联合起来研究,那么凡是学校机关,都是广长舌了。要造成许多广长舌,应当大家来研究,打破佛儒两家的障碍,方能通力合作起来"④。培养能言善辩、儒佛皆通之人才,需要统一机构作为人才培养的平台和摇篮。江谦期望通过此统一运营机构联合政界、学界、实业界、商界等人士共同致力于佛化教育事业,以达到救亡图存之目的。"我们中国现在只要在上自政府,县自县长,区自区长,校自校长,家自家长,大家恭恭敬敬,实行提倡佛化",做到"敦伦尽分、闲邪存诚、诸恶莫作",那中国"光明自然无量无边"⑤。为避免南通日益众多的僧人或陷入低俗弥陀之颂、或陷入经忏应赴、或陷入迷信邪说的泥潭,大力培养推广、宣扬儒佛合一思想之人才以正本清源,成为江谦创办灵峰学社的重要因素。专一儒佛合一学术团体研究

① 江谦:《敬告全国救济国难诸君子书》,《弘化月刊》1948年第86期,第5—6页。
② 崔澍萍:《江易园居士讲佛儒合一救劫的根本大义(三续)》,《佛教日报》,1936年7月30日,第2版。
③《儒佛合一研究会商榷书》,《弘法刊》1936年第32期,第166页。
④ 崔澍萍:《江易园居士讲佛儒合一救劫的根本大义(三续)》,《佛教日报》,1936年7月30日,第2版。
⑤《海门常乐镇讲》,《江易园居士演讲集》,苏州宏化出版社,1936年,第139页。

会由此诞生。

二、灵峰学社创办经过

天时地利人和的南通，为灵峰学社的创立提供了有利条件。南通狼山地方清净，寮房众多，具备现成的会场宿舍；作为张謇的得意弟子，江谦名满通州，于政界、教育界等好友众多。1935 年 4 月 27 日（乙亥年三月廿五），至通不久的江谦发动南通诸友，就南通狼山白衣庵举行成立大会，标志着"佛儒合一研究会"正式成立。会议设立了灵峰学社的领导机构，下设识字读经念佛会、学社演讲团、念佛堂等部门，制订了较为长远的活动规划等。参会者有韩国钧、县长洪声、教育局局长姚味香、南通女子师范学校校长罗玉衡、地方法院院长盛世珍和诸法师、孙谨丞、理逸航、沈伯陶、谈觉农、智亮等共六十余人。韩国钧因年事已高，由孙子代表其前来参会。从参会人员来看，从原省长到地方县长、教育局局长、学校校长，乃至法院院长及诸法师，几乎囊括了当时地方政界、教育界、佛学界诸多要人，其阵容之大令人称奇，这从侧面反映出 1919 年就已辞去南高师校长之职的江谦在学界乃至佛教界的地位之高和影响之大。大会推举印光法师为永久名誉会长和导师，曾任江苏省省长、民政长的韩国钧为研究会主席，江谦任会长，清末举人、曾任南通县长的孙谨丞、高僧智亮法师为副会长。实际主事的是会长和副会长。会议通过了佛儒合一研究会简章。相较于佛光社，因受战乱影响，"佛儒合一研究会"活动时断时续，但其前后仍召开三次大型会议，1940 年改为"灵峰学社"，在通沪产生了重要社会影响。学社的经费主要由社会各界赞助，加入者甚众，会员较多。灵峰学社有长远发展规划，拟"先从该县实行，作为儒佛合一区，渐次推广至全省、全国"[①]。灵峰学社创办的目的即从学术研究层面培养儒佛合一相通之弘法人才，倡导融佛于儒的教育。对于研究的知识体系架构，江谦提出："儒学以四书为主，他经为助；佛学以净土为主，他经为助。研究参考之书，以《净土十要》《佛儒合一救劫编》为主，以《印光法师文钞》及《嘉言录》《龙舒净土文》《安士全书》《正学三字颂》《阳复斋诗偈集》、增订《小学三字经》为助。"[②]研究和弘扬儒释道为一体的传统文化显然是灵峰学社佛学教育的主要内容。

"佛儒合一研究会"是江谦致力于佛学救亡图存道路的终极探索，是其借助于传统文化以实现德治救国思想的持续推进。研究会召开期间聚众讨论研究，闭会期间可常驻办公，与北方天津潘对凫居士创办不久的"儒佛合一救劫会"遥相呼

① 《南通县缁素同仁发起儒佛合一研究会》，《佛教日报》，1936 年 3 月 25 日第 1 版。
② 《儒佛合一研究会商榷书》，《弘法刊》1936 年第 32 期，第 166 页。

应,成为中国近代史上第一个"儒佛合一"学术研究团体,是居士佛教振兴的重要组成部分。江谦撰述的《儒佛合一救劫编》是其儒佛合一佛学救亡图存思想的集中体现。值得关注的是,佛儒合一思想在20世纪30年代极为盛行,是在宋明兴起并盛传基础上走向沉寂近300年后的又一次兴起。1936年,上海观音救苦会创办了宣传佛儒合一思想的唯一专刊《大生报》。该刊物共出版5期,其宗旨即为"提倡佛儒合一,促进世界大同"。从专著到报刊,从机构到学术团体,儒佛合一思想研究构成彼时社会紧密联系的宣传网,江谦在宣传儒佛合一思想方面无疑是最耀眼的一位,值得当今学者们进一步研究。灵峰学社的创办,为佛儒各界学术水平较高之人提供了平台,有助于儒佛合一思想脱离低级趣味传道说教之简单形式上升到学术研究的较高层面,凸显出江谦致力于儒佛合一思想以达挽救乱世人心的坚定决心。

三、灵峰学社组织建构

佛儒合一研究会作为学术团体,在创办初期即建立了较为完备的组织领导机构,确保了研究会的整体运行。相对于佛光社完备的组织,灵峰学社组织建构较为简单,这和当时日益复杂的国内形势,尤其是日寇向中国南方侵略步步紧逼有很大关系。佛儒合一研究会下设识字读经念佛社、念佛堂、学社演讲团等主要部门,研究会的重要活动都通过这些部门得以完成。识字读经念佛社主要是为了提高中下层人士的识字率,因此成为灵峰学社创办之初基;念佛堂是永灵峰学进行佛学教育、广泛弘法的重要固定场所;学社演讲团为灵峰学社培养高层次人才,也是灵峰学社讲经说法、普及佛学文化的重要力量。

佛儒合一研究会对于会址、会期、会友及目标任务等皆有明确规定。从江谦《宏法联语集》中有关《灵峰学社联》9条联语内容中,不难发现南通狼山白衣庵应为灵峰学社办公的正式场所,设施齐全,设有社长室、教室、礼堂、念佛堂、自修室和食堂等,集学习、开会、研讨、吃斋念佛于一体,是灵峰学社开展正常活动的固定场所。会期一年两次,分别是上半年农历三月份和下半年九月份。相对于佛光社社员只需社友介绍即可入社的几无门槛要求,灵峰学社明确规定会员主要有三种,"须儒家,而素习佛法者;僧家,而素习儒书者;科学家,而素习国学者"[①]。当然,这里的科学家与当今科学家的含义有所不同,应是指饱受新知识教育者。另外还强调,如果不具备这三者之一,但对此研究会感兴趣且有意向研究者,亦可加入。用现代的观点

---

①《儒佛合一研究会商榷书》,《弘法刊》1936年第32期,第165—166页。

来看,加入灵峰学社的社员必须是复合型人才,不仅需儒释兼通,还需懂得当时流行的学问,即科学,对社员的要求应该是相当高的;但对于没有受过正规的儒、佛、新知识教育人士,研究会规定,如的确有兴趣,亦可加入研究,此举凸显出灵峰学社招收社员的灵活性。灵峰学社虽非高等佛学院,但其社员的高标准显示出对学术水平的要求之高。其入社的门槛之高意味着江谦对灵峰学社的创办有着较高的定位,是在佛光社初等水平基础上的高等水平佛学救亡图存事业的体现。灵峰学社学术研究团体实质是江谦孜孜以求立足于中国传统文化根基的救亡图存,力图从学术研究层面切实推动儒佛合一思想的宣传和推广,以实现佛学救亡图存的终极愿望。研究会同时还规定了筹款、印书、择社址、延讲师、招生徒五项主要任务。

在战局激烈的混乱时期,灵峰学社拟成立图书馆、佛经流通处及学社专刊等愿望未能实现,也因此失去了后人了解灵峰学社的宝贵资料。灵峰学社社员具体人员组织结构、社员数量、具体筹款、延师招生等事项也因资料缺乏而无法具体考查,但从其召开的三次会议及各项组织有序开展的情况来看,灵峰学社活动依然严谨有序,江谦是灵魂和支撑人物,在南通广宣儒佛合一思想方面发挥了重要作用,影响不可小觑。灵峰学社的创办是江谦在救国道路中坚定致力于佛学救亡图存的重要体现,也是当时佛教居士立志佛教救亡图存的缩影,体现了其强烈的爱国主义情感。

四、灵峰学社活动概况

灵峰学社自 1935 年创办,至 1942 年江谦逝世而结束。因时局影响,其主要活动集中于 1940 年前。灵峰学社虽计划每年农历三月、九月于狼山分别召开一次会议,但因日本侵略而被迫中断,只于 1935 年、1936 年、1940 年分别于狼山、通城佛教居士林、如皋掘港四方寺成功召开过三次大型集中会议。灵峰学社 1936 年于狼山创办念佛堂,成为广泛接待香客、弘扬儒佛合一思想的重要平台。狼山香客至今如流,当年念佛堂创立应有助推之效。"吃素念佛,求生西方,是戒定慧三学之本;修身齐家,至平天下,从孝悌慈一心而生。"[①]灵峰学社的活动主要体现于通过创办识字读经念佛会、成立演讲社团等方式培养儒佛融通之人,大力倡导"儒佛合一"佛学救国思想,是融佛学教育、佛学研究与佛学文化宣传等为一体的佛教学术团体,对南通佛教振兴影响巨大。

---

①《灵峰学社联》,《宏法联语集》,第 12 页。

（一）创建识字读经念佛社

儒佛合一研究会创建的本质是为了集儒佛相通的知识分子于一体，培养儒佛相通之人才，使儒佛合一救亡图存思想后继有人，以充分发挥传统文化的教化功能，最终实现德治救世之宗旨。早在灵峰学社创设之初，江谦就制订了严密的活动计划，即以灵峰学社为媒介，附设各类学校，以培养儒佛融通之人才为目标，逐步扩大宣传和影响。"筹备灵峰学社，附设小大各学校。小学注重儒学、大学注重佛典，以造就融通儒佛之人才。"[①] 在人才培养方面，从小学向大学逐级推进，小学奠定儒学教育之根基，大学重视佛典之灌输，以培养融通儒佛之人才。对于初学未易遽通者，江谦就如何循序渐进学习儒佛合一思想，列出了从古代佛教经典到当代印光法师著述，以及自身佛教著作的诸多书目，并对各类著作的学习方法提出了指导性意见：

（一）《小学养蒙三字经注解》。（二）《正学启蒙三字颂笺注》《孝经》白话注解。（三）宣读《阳复斋诗偈》初集、续集、三集。（四）《儒佛合一救劫编》，先下篇，次中篇，次上篇；《四书古注九种汇解》、阳明《传习录》及《全书》；江著《近思录》《阳复斋一宗诗偈集》。（五）《憨山大师道德经解》《庄子内篇注》《过去现在因果经》《贤愚因缘经》《地藏本愿经》《净土十要》《净土圣贤录》《龙舒净土文》《安士全书》《感应篇直讲》《历史感应记》《印光法师嘉言录》。（六）选读《灵峰宗论》法语、杂文。（七）《大乘起信论裂网疏》《大乘止观述记》《谛闲讲录》。（八）《梵网经合注》《优婆塞戒经》《圆觉经略疏》《大乘本生心地观经》。（九）《金刚经破空论》《心经五家注》。（十）《法华经会义》。（十一）《楞严经文句》。（十二）《华严经》及《华严著述集要》。（十三）《大涅槃经》。（十四）《唯识心要》。（十五）《法海观澜》《阅藏知津》。[②]

江谦主张由儒入佛、由浅入深、由泛入精的儒佛合一思想学习思路十分明确，体现出小学重儒学，大学重佛学的鲜明特点。灵峰学社儒佛合一思想的救世理念一览无遗。与此同时，重视通过佛法书籍"流通到各学校、各机关、各社会，使大家都能读能看，再加以实行，将来造成许多佛儒合一的家庭，佛儒合一的社会，乃至成就一个佛儒合一的一个国家，再推之世界各国，都来研究这儒佛合一的救劫大事。

① 江谦：《灵峰学社缘起》，《佛学半月刊》1940年第211期，第7页。
② 江谦：《灵峰学社缘起》，《佛学半月刊》1940年第211期，第7—8页。

那时世界和平，就具有希望了。而佛教的不杀不盗不淫不妄语不饮酒五戒，即仁义礼智信五常，尤其是佛儒合一实行的标准，而为保守人生、维持人道的大防，一句南无阿弥陀佛，更是求仁息妄诚意正心的总持，生极乐莲邦"①。江谦主张在重视佛学教育的背景下，结合无处不在的佛法书籍流通，建立佛儒合一之家庭、佛儒合一之社会、佛儒合一之国家，最终推就佛儒合一之世界。面对日本侵略的民族危机，江谦认为救世应为灵峰学社的第一急务，因此创办识字读经念佛社成为灵峰学社创办的初基，目的是补救广大入社人员因不识字造成的对儒佛经典存在的理解之弊，使社员明白善恶因果之分、加强对儒佛合一思想认识，培养良民等。这从《识字读经念佛社简章》中明确规定的宗旨可得到验证。

> 本旨及定名：以净土念佛法门为诚意、正心、修身、齐家、化俗及了脱生死轮回之本；以精选熟读佛儒应用之经书，为了解念佛意义之本；以通晓文字形声训诂，为读经之本。一以补救念佛男女不识字读经、不解佛理之弊；一以补救学校学生不知佛儒大道之弊；一以补救乡农子弟不知文字伦常、善恶因果，平时则为愚民，乱时则为莠匪之弊。因是数义，定名曰识字读经念佛社，为筹办灵峰学社之初基。②

识字读经念佛社对该社的组织办法、经费筹措及社员的读诵课本、教学方法等方面都有明确规定。组织办法上，设主任教师和助教各一名，教师可由"儒佛皆通的老儒或比丘"担任，助教可是"高小及中学毕业或青年比丘"，"学生数人，小学生若干人，念佛社友若干人。社友开会、念佛日期，每月六斋日午后行之"。③ 从组织办法中招收世俗学生及念佛社友来看，灵峰学社推广识字，是江谦持续推进融佛学与世俗教育于一体的重要体现，其社会教化功能明显。民国时期学校稀少，国民入学率极低。以1934年《安徽省统计年鉴》记录的祁门县1933年小学数量为例，"县立完全小学2所、区立完全小学1所、私立初级小学9所、私立完全小学4所，共计16所"④。可见民国时期安徽教育极其落后的现状，也是彼时全国教育落后的

---

① 崔澍萍：《江易园居士讲佛儒合一救劫的根本大义（三续）》，《佛教日报》，1936年7月30日，第2版。
② 《识字读经念佛社简章》，《阳复斋觉世纲宗》，第7页。
③ 《识字读经念佛社简章》，《阳复斋觉世纲宗》，第7页。
④ 安徽省统计年鉴委员会编，《安徽省统计年鉴》，1934年版，第273页。

缩影。识字读经念佛社对于不识字的社友显然有提高文化水平之效,世俗小学学生的加入有利于培养儒佛皆通之人才。念佛社的经费以学生收费为主、社友助捐为辅。学生收费视家庭经济收入情况又分为甲乙丙丁四等,可用米面杂粮等代替缴费,寒士可免费。灵活的收费策略有助于吸引贫民加入,固定收入的来源可确保念佛社的正常运转。教材选择上,首先用江谦本人研究的音韵学成果如天然声韵母、反切法及许慎的《说文解字》等帮助学员识字;其次,在此基础上,学习小学内容如江谦本人撰写的《小学养蒙三字经》《正学启蒙三字颂》等及白话四书等;最后,由儒入佛,阅读学习净土法门相关著作,包括《灵峰宗论》及印光法师《嘉言录》等。显然,遵循识字入门,由儒入佛,逐步融合儒学与佛学为一体的教育是江谦所倡导的,其培养儒佛合一之人才的目的不言而喻,也是其"儒佛合一"佛学实践活动主张的具体反映。教学方法上,念佛社明确指出,助教在辅助主任教师教授小学生的同时,通过主任教师补习儒佛经书,促进自身不断成长,以便能独立承担日后的教学任务。通过读经念佛社的创办,江谦期望把接受儒佛根本教育数年的小学生培养成为中上人才,中下之才亦可"勉为善人,不致流于匪类"[①]。足见江谦致力于提高民德,改进社风以救世的奋斗目标。

(二)身体力行广泛弘法讲道

由于彼时教育不普及,文盲众多,儒佛合一的学术研究必然只能局限于有文化之人,但真正救国必须是各阶层人员通力合作之结果。因此为了吸引中下层人士更好地加入对儒佛合一思想了解和理解的队伍,广泛宣讲成为灵峰学社宣传和推广儒佛合一思想最方便和最快捷的选择。"惟一切佛儒经典,不识字者固无从读颂,即识字而通文义者,恐亦未易领悟。则研究与演讲尚矣。研究限于识字之人,若演讲则闻者无论识字与否,均能获益。"[②]相对于学术研究的受众限制,演讲的受众显然要宽泛得多,无论是有文化还是无文化者均可参与。有鉴于此,江谦身体力行,应南通好友及各地佛学会、学校、社会团体等邀广泛宣讲弘法,提倡儒佛合一思想。仅 1935 年自灵峰学社创办后的 8 个月时间里,江谦被邀宣讲有文字记录的就达18 次;至 1936 年年底,演讲已达 30 多次。平时潜移默化对邻人、友人等进行说教、宣传更是司空见惯。其足迹遍至南金沙、唐闸、三余、海门、二甲、常乐、长兴、史家、麒麟、四甲、余西、北兴桥、刘桥、平潮等处,涉及大学、中学、小学、佛堂、寺庙、居士林,甚至私家寿诞等,其覆盖面之广,令人赞叹,足见江谦于南通推行儒佛合一救世

---

① 《识字读经念佛社简章》,《阳复斋觉世纲宗》,第 7 页。
② 江谦:《拟请组织成立佛儒合一研究社演讲团启》,《佛学半月刊》1939 年第 176 期,第 6 页。

思想的艰辛实践。现仅以 1935 年至 1936 年江谦宣讲为例，从其演讲内容汇编而成的《江易园居士演讲集》中，窥见彼时其演讲受欢迎程度和重要社会影响。具体见表 7-2《江谦南通弘法宣讲列表（1935—1936）》。

表 7-2　江谦南通弘法宣讲列表（1935—1936）

序号	弘法对象	弘法时间	弘法标题	弘法地点	记录人
1	南通师范学校	1935 年	南通师范学校讲	南通	程考宜
2	南通商会	1935 年 7 月	南通商会讲	南通县	崔澍萍
3	金沙佛教居士林	1935 年	南通金沙佛教居士林讲	金沙	顾德毅
4	金沙佛教居士林	1936 年 4 月	南通金沙佛教居士林开藏经日讲	金沙	游有维
5	金沙佛教居士林	1936 年	金沙居上林佛七第一日讲	金沙	无
6	唐闸佛教居士林	1935 年 7 月	南通唐闸佛教居士林讲	唐闸	崔澍萍
7	禹稷庙		南通三余镇禹稷庙讲	三余镇	姜象森
8	关帝庙	1935 年 10 月	海门宏法记略	海门常乐镇	契　觉
9	私家婚宴	1935 年 12 月	史沈婚礼戒杀记	海门县	谈觉农
	私家寿诞	1935 年 10 月	祝沈母周太夫人寿诞讲/沈宅寿堂二次讲	海门长兴镇	谈觉农
	常乐镇	1935 年 9 月	海门常乐镇讲	海门常乐镇	姜象森
10	中小学	1935 年 11 月	海门启秀中学讲	海门	复　生
11	念佛堂	1936 年 3 月	狼山念佛堂讲	狼山	崔澍萍
12	寺院	1936 年 3 月	南通残废院讲	南通	崔澍萍
13	莲社	1936 年	南通三余镇莲社开藏经日讲	三余镇	游有维
14	寺院		南通余西大乘殿讲	余西	游有维
15	上海佛教居士林	1935 年 6 月	上海世界佛教居士林聚餐后讲	上海	无
16	私家宅院		南通北兴桥宋宅念佛会讲	南通	无
17	三余镇	1936 年秋	大势至菩萨圣诞日开示法要	三余镇	游有维
18	万愿楼		南通刘桥万愿楼开藏经日讲	刘桥区	游有维
19	南通佛教居士林		南通佛教居士林讲阿弥陀佛经要义	南通	游有维
20	私家寿堂		张退庵先生斋寿堂讲	南通	游有维
21	大悲庵		南通大悲庵讲	南通	游有维
22	中小学		唐闸居士林对敬如中学、实业小学教员学生讲	唐闸	游有维
23	唐闸佛教居士林	1936 年 10 月	唐闸居士林观音第一日讲	唐闸	游有维
24	平潮佛教居士林	1936 年 10 月	南通平潮居士林讲	平潮	崔澍萍

续表

序号	弘法对象	弘法时间	弘法标题	弘法地点	记录人
25	平潮佛教居士林	1936 年 11 月	南通平潮居士林讲	平潮	崔澍萍
26	私宅		南通三余镇杨宅题主讲	三余镇	游有维

[注：此表根据江谦后人江宏武先生提供的《江易园居士演讲集》(苏州宏化出版社,1936 年版)内容整理而成。该表以农历为准。]

因江谦的演讲有专人记录,故曾被编辑成《江易园演讲录》和《江易园居士讲演录》等出版发行,版本众多。本文所依据的版本,是江谦后人提供(苏州宏化出版社,1936 年版),由韩国钧亲笔书名并作序的《江易园先生演讲集》。该书收集了 1935 年 4 月至 1936 年间 30 多篇演讲内容,应是目前江谦演讲内容辑录较为齐全的版本。纵观《江易园居士演讲集》不难发现,其演讲的对象主要是僧俗两界的普通受众,有僧侣、学生、普通百姓等,其中也不乏政界、学界、实业界等诸多人士。受众之多,令人称奇。如其弘法的位于海门麒麟镇北乡的启秀中学,内含初中和完全小学,共有学生 600 余人。据 1935 年 6 月江谦于南通唐闸佛教居士林弘法记载内容可知,此次与江谦一起弘法的还有县长金宗华,包括政界、学界、实业界、商界等共 400 人来听,"济济一堂,迟来者无插足之地","闻者莫不欢喜赞叹,极一时之盛。诚本林空前希有的佳会"。[①]从《南通三余镇莲社开藏经日讲》亦可知,现场会众亦达百余人。江谦"在南通六七年间,聚众讲经弘法,对地方人士有相当的感化"[②],足见其于南通的影响力。1941 年,因受中日战争影响,江谦被迫避居于沪,受各方之邀仍广泛讲经弘法;因其名声之响,菲律宾华侨佛学社团曾多次礼请其前去创办儒佛学校,但江谦均以年事已高而婉拒。显然,江谦于佛教界的影响已经超越苏徽地域局限,辐射至沪,乃至东南亚地区。

(三)成立学社演讲团

灵峰学社成立的目的是研究和推广儒佛合一思想,培养弘法人才,以期在日本侵华的大劫面前移风易俗、改良社会风气,以德治救国。"演讲"被江谦视为灵峰学社弘法的重要方式之一。其本人就以 60 岁高龄,在交通极不发达、战局动荡的恶劣环境中奔走于他乡异地,执着于弘法宣讲。但一个人的力量毕竟有限,加之年

① 崔澍萍:《金宗化江易园二居士在南通县唐闸教居士林弘法讲辞》,《弘法刊》1935 年第 30 期,第 49—61 页。

② 范纯武:《"崭新菩萨宜今世、科学欧文都了晓":试论 1930、40 年代上海佛教居士扶乩团体"来苏社"》,《民俗曲艺》2008 年第 12 期,第 180 页。

事已高，"来约赴演讲者，应之既感精神不给，却之又似不近人情"，"倘以指定佛儒必读之经书数种，暨谦所著述各种诗文演讲集，互相参究，分工合作，凡遇法法会，各作广长舌相，较诸谦亲自到会，更觉圆满"，成立佛儒合一研究社演讲团显然是当务之急。"尤非各地政教诸君群起弘扬，不足以收广大之效。"[1]秉持佛教"自觉觉人"及孟子"以先觉觉后觉"之宗旨，成立佛儒合一研究社演讲团，由团员在研究与学习"指定佛儒必读之经书"后于各地弘法宣讲，其宣传力度和影响效果必会大增。江谦对弘法的宣传手段和方式显然有着比同时代人超前的意识，这与其丰富的教育经验、实干实修的精神是分不开的，也是其知行合一思想的体现。因受战乱影响，佛儒合一研究社演讲团具体成立时间已无从考证，但根据江谦《拟请组织佛儒合一研究社演讲团启》一文发表时间可知，应成立于1939年。不过从演讲团成员构成、演讲活动等资料也无从查询可推测，佛儒合一研究社演讲团显然因日本侵略加剧而搁置，未能开展实质性宣传活动。

五、灵峰学社社会影响

作为民国时期全国首个儒佛合学术研究机构，因战争和动乱影响，灵峰学社在实际发展中虽然未能按计划正常运转，但其克服重重困难举行的各种活动在社会生活中依然产生了深远影响。灵峰学社的创办开全国研究儒佛合一思想学术团体之风气，"实为先路之导"[2]。灵峰学社实际暗含了三重目标，即组建以佛儒相通之高级人才为主体的研究团队、研究并推广儒佛合一思想、培养儒佛相通之人才，以实现德治救世的最终宗旨；灵峰学社期望联合学术界、教育界、政治界等学术水平较高人士组成学术研究团体，通过较高层次的学术研究，摆脱局限于向中下层受众宣传的局面，努力融合中下层人士与高级知识分子为一体，广泛做到佛学学术理论研究与弘法实践同步推进，以扩大儒佛合一思想宣传，普及佛学文化；其期望联合社会各阶层人士，通过佛学达到救世之意图呼之欲出，是其寄希望于融佛学于世俗教育的重要表现。灵峰学社显然是江谦于佛光社基础上创办佛学机构层次水平的提升和发展，是江谦佛学救亡图存实践的最高层次。在彼时佛学院尚未诞生的状况下，通过学术团体研究把儒佛合一思想上升到学术层面，在全国来说，属开拓性创举，对于推动儒佛合一思想研究向更高水平发展有着重要推动力。此举不仅使南通莲风大振，还提振了居士佛教发展的信心。由于战争影响，灵峰学社并未推出其学术研究的成果结晶，但其于学界兴起儒佛合一思想学术研究是事实，如紧随其

---

① 江谦：《拟请组织成立佛儒合一研究社演讲团启》，《佛学半月刊》1939年第176期，第7页。

② 《新闻：国内之部：南通创设儒佛合一研究会》，《威音》1936年第72期，第1页。

后宣传佛儒合一思想的唯一专刊《大生报》的创办就是最好的佐证。江谦应是民国时期推动儒佛合一思想重振的典型居士代表。

灵峰学社的创办有力宣传了中国传统文化。江谦由儒入佛,以耆学硕儒身份转向佛学经典研究,在儒学基础上浸染了早已融入中国文化血脉的佛学。儒学在近代因国势衰微而饱受质疑,西学东渐加剧了儒学的没落。然而面对世界大战之灾难,西方霸权主义和强权政治带给中国种种灾难的苦难现实,对西学的怀疑促使江谦重新审视中国传统文化救世之力量。受到王阳明致良知学实为融佛为儒的发现鼓舞,江谦无疑从蕅益大师的儒佛一宗中看到了糅合儒释道传统文化思想救世的希望。从江谦《宏法联语集》中有关《灵峰学社联》的 9 条联语中,可知南通狼山白衣庵中供奉着孔圣、阳明先生等先圣诸贤,对儒家孔孟学说及重要人物如许慎、王阳明等更是极为推崇。细细咀嚼联语之意不难发现,灵峰学社极力融儒学之"德智仁勇""致良知"思想与佛学于一体,如社长室联语为:"心身万古同,勉修三德智仁勇;儒释一宗议,永续灵峰日月灯。"教室联语为:"孔圣祖尧舜,孟子称仁义,子思述大学中庸,如照天日月,济世衣粮,不读四书无幸福;叔重说文字,阳明致良知,灵峰论佛儒合一,是作圣根源,读书眼目,永为万世作良师。"[1]联语的内容充分体现出灵峰学社倡导儒学与佛学相融合的建构过程。不仅如此,江谦还努力将儒家之"孝""仁""齐家""治国"等思想视为儒佛之共同根基,明确提出成佛前需明白"尽孝为仁本""齐家治国基"[2]。灵峰学社显然是弘扬传统文化的重要平台和媒介。另外,江谦在"佛儒合一研究会"成立大会上曾指出,弘法需要"流通法宝",江谦谓其为"研究的资粮"。其视印光法师为佛儒合一重要代表人物,更把广为流传的《印光法师文钞》等视为"重要资粮"。其认为印光思想中"教人诚意正心、修身齐家、治国平天下、出轮回、生净土""教人敦伦尽分,闲邪存诚,诸恶莫作,吃素念佛,求生净土,普度众生"[3]的根本教义实该大力弘扬。江谦认为"儒佛之道,国之魂也"。魂亡国必不可保,在国家危难时刻,儒释道应该"各道共道",若"自赞毁他,犹前车也,后车之覆败,又将接迹而来矣"。[4]江谦主张融合中国儒释道之传统文化,避免赞己毁他,各行其是,倡"各道共道"挽救国难,客观上极大地弘扬

① 《灵峰学社联》,江谦:《宏法联语集》,第 12 页。

② 《贺嘉礼联》,江谦:《宏法联语集》,第 18 页。

③ 崔澍萍:《江易园居士讲佛儒合一救劫的根本大义(三续)》,《佛教日报》,1936 年 7 月 30 日,第 2 版。

④ 江谦:《灵峰学社缘起》,《佛学半月刊》1940 年第 211 期,第 7 页。

了中国传统文化。

灵峰学社是江谦联合学界、政界、实业界及社会普通人士等为一体的佛学救亡图存事业的最后尝试，有力助推了佛学界儒佛合一思想学术研究的兴起，扩大了佛学救亡图存理念的宣传，对居士佛教的振兴有助推之功。佛教认为，世间一切均来自心，心生万物，心静则万物平静，生活舒心；心乱则世界乱，烦恼丛生。故欲去除恶念，需生怜悯之心。因此，灵峰学社宣扬心生万物，倡导儒家的仁义礼智信与佛教的五戒相联系，以达修养心灵之效，最终实现齐家、平天下之愿。不难发现，江谦始终秉持"修身以儒，治心以佛"，主张以儒学为体，以佛学为用之思想。灵峰学社作为儒佛合一的学术研究机构，精心研究和推广儒佛合一思想，在正人心、启民智、改良社会及大力推广儒佛合一救世思想等方面影响巨大。从侧面也可看出江谦遁入佛门，既非简单的消极避世，也非心血来潮或"出风头"，而是另辟蹊径，寄希望于儒释道传统文化，融儒佛合一，借助佛学"移风易俗，改良社会"，通过"以德治世"的方式，以达救亡图存之目的。中华优秀传统文化不知不觉中深深镌刻于江谦的血液与骨髓之中，并形成其坚不可摧的指导思想。江谦皈依佛门后，笔耕不辍，在其逝世前一年，还借助于上海鸿英图书馆撰写《阳复斋集》，其勤奋足以令人动容。爱国主义情怀是推动其以羸弱之躯致力于佛学实践活动，探寻救亡图存之道的重要内驱力。

第五节　江谦晚年佛学实践活动的主要特点

江谦自 1919 年辞去南高师校长之职至 1942 年归西，面对国际国内复杂局势，其深刻意识到西学中政治、教育的种种弊端，对西方文明救世思想深感失望，但其并未消极避世，转而视"佛教为新信仰"，寄希望于以儒释道为核心的传统文化，以求正人心、止恶修善。江谦晚年通过婺源地方自治、创办佛光社与灵峰学社的佛学救国实践，以出世间法行世间法，在佛学"救亡图存"道路上励精图治。德治救世是其佛学救国之宗旨。江谦认为世间因有"道"，社会才稳健发展，儒佛各有自身的安身立命之"道"，其佛学活动立足以儒释道为基的"修身以儒""治心以佛"，力倡"儒佛融合"的特征明显，并在丰硕的佛学理论著作中得到了体现。其弟子游有维曾将其教育与佛学类共 17 种遗著汇编成《阳复斋丛刊》出版发行，加之未刊印著作，共达 20 种之多。具体书目见表 7-3,《江谦著作一览表》。

表7-3 江谦著作一览表

序号	书 目	出版社	出版时间	备 注
1	两汉学风	江苏教育会	1916 年	
2	两汉兴学劝农诏令			该书未及付印即已遗失。
3	说音	中华书局	1922 年	
4	正学启蒙三字颂笺注	弘化社	1932 年	
5	阳复斋诗偈集	上海佛学书局	1932 年	
6	阳复斋诗偈续集	弘化社	1933 年	
7	阳复斋诗偈三集	百宋铸字印刷局	1936 年	
8	阳复斋文集（上、下）	上海佛学书局	1933 年	
9	安徽佛门龙象传	安徽通志馆	1934 年	
10	儒佛合一救劫编（上、中、下）	国光印书局	1936 年	
11	小学养蒙三字经	上海佛学书局	1933 年	《小学养蒙三字经注解》,是游有维注,1941 年由上海法云印经会出版。
12	阳明致良知学	上海佛学书局	1948 年	
13	江易园居士演讲集	弘化社	1936 年	此本由江谦后人江洪武先生于 2019 年提供。是目前所见较完备者。
14	宏法联语集	上海道德书局		无出版时间
15	佛儒经颂			已遗失
16	儒佛一宗主要课讲义	上海佛学书局	1947 年	
17	灵峰儒释一宗论	上海道德书局	1941 年	
18	东坡禅学诗文要解	上海佛学书局	1947 年	
19	阳复斋觉世纲宗			未见完整版
20	梦游记恩诗	上海道德书局	1942 年	
21	四书蕅益解	上海佛学书局	1934 年	此书为蕅益大师著,江谦补注,雷雪敏点校。
22	论语点睛补	艺文出版社	1966 年	此书为释智旭撰,江谦补注。
23	周礼郑注释音			已遗失
24	阳复斋冠婚礼记			已遗失

一、倡导"修身以儒"

作为集"硕学鸿儒"美誉及深厚佛学造诣于一身的"儒佛大家"，江谦向来对"道"格外推崇，认为万事万物皆有其自身生存之道。此处之"道"实指宇宙万事万物存在的根本依靠和运行的根本规律。儒学之"道"即君子为人、做事、治国需坚持的原则和底线。江谦对儒学中育人"德之门"极为推崇，对"道"亦有自己深刻的理解。儒学的《大学》，尤其是"大学之道"成为其佛学活动的思想，"修身以儒"更是其极力倡导之事。

江谦在其《儒佛一宗主要课讲义》中开篇即现《古本大学首章经文》，"大学之道，在明明德，在亲民，在止于至善"，"此谓知本，此谓知之至也"。[①]江谦认为，"《大学》言平治，以止至善为归。以修身为本，各止于善。各修其身，则君主亦治，民主亦治，新法亦治，旧法亦治，国强亦治，国弱亦治"[②]。江谦以为以儒修身可解决世间诸多问题，其视"以儒修身"为万能钥匙，视"大学之道"为佛学救亡图存思想之根本。江谦向来十分推崇孔子，其于前期教育事业中，始终"以孔子的'智仁勇'三德来教人"[③]。力推儒学以修身养性一直是其孜孜以求之事。江谦认为修身是上自天子，下至黎民百姓之根本，亦是治乱世之本。只有以儒家之学为修身之源泉，才可"齐家治国平天下"；孔圣之道体现为，"格物致知，正心诚意。勤行修身之道，得以齐治于天下，以正人心。至于其极，咸归于中和，则天地万物，资生无尽"，"入世以治化天下，则天下平"。[④]儒家之道的核心"仁、诚、心"在这里得到充分体现。格物致知，需正心诚意，此为人之德也，即"仁德"；勤行修身，需靠"诚"方可通达道之修行；心之不偏不倚的中道，万事万物方可和谐共生。若人人能守"仁"之规、修身以"诚"、遵中道之"心"，必能"齐家治天下"。故江谦认为"实尊孔教，民德归厚，国运必昌"[⑤]。儒家学说"道"之精髓被江谦佛学实践活动加以吸收，倡导以儒修身成为其佛学活动的重要特征之一。

二、主张"治心以佛"

江谦认为，相对于儒家之道，佛学亦有其道。"撇去俗情，勤修定慧，除妄归真，

① 《儒佛一宗主要课》，游有维记，江谦讲：《儒佛一宗主要课讲义》，上海佛学书局，1947 年，第 3 页。

② 江谦：《敬告全国救济国难诸君子书》，《弘化月刊》1948 年第 86 期，第 5—6 页。

③ 《南通北兴桥宋宅念佛会讲》，《江易园居士演讲集》，苏州宏化出版社，1936 年，第 249 页。

④ 兴慈：《儒佛一宗主要课讲义序》，游有维记，江谦讲：《儒佛一宗主要课讲义》，上海佛学书局，1947 年，第 1 页。

⑤ 《上张退公书》，《阳复斋文集（下册）》，上海佛学书局，1933 年，第 244 页。

超生死而出尘寰。发大悲智愿,普化众生,且能事事圆融、法法无碍,三际无尽、十方互彻,此乃佛圣统化世及出世。垂教靡穷,化法界悉清净、转众生成佛智也"。《华严经》普贤菩萨十大愿文,及导归极乐[①]无疑应为"世出之圣"道之精髓。"勤修定慧""超生死而出尘寰""普化众生"而归"极乐世界",为佛教道之本。江谦认为世界灾难酿成,皆因看不到自己的本心,而佛教是修养精神的妙法。"家之不齐,由修身之不一致。修身之不一致,由长幼男女信仰之不同。"[②]鉴于佛教"才是真正的信仰"[③],能治人心者当然莫过于佛教。"佛法是救国难除民苦之无上妙法。当今中国内乱外侮,民生涂炭,国命阽危。国人不知世乱实由心乱之因,而皆购机救国。以残杀之恶因,而欲求治平之善果,终难达其目的。若知世乱由心乱,则正人心实为救国救世之司南。欲正人心,则非提倡佛法不可。"[④]显然,在江谦眼里,佛学的因果报应、三世轮回、慈悲为怀、诸恶莫作、教人为善必能使世人去恶存善,匡正人心。人民"只有念佛可以解除痛苦,得到快乐。只有念佛,家庭才会和睦,社会才会安宁。我们知道了这个办法,就要去实行。所以我希望诸位要知行并进。目足双运,理事兼修"[⑤]。从中既反映出江谦倡导以佛治心的观点,也可看出其执着于佛学实践活动的重要原因。江谦对"我偌大中国危若累卵"忧心忡忡,佛学救亡图存成为其不二选择:"祝愿中华民国乃至世界诸邦,政府弘扬佛法,全国皈依三宝。三宝威神加被,内匪外患消除,人民安居乐业,各各念佛持斋,修身齐家治国乃至天下太平。善与法界众生,同登西方极乐。"[⑥]以佛法定人心,必能换来扬善去恶的太平世界。虽然江谦的佛学救亡图存思想过于理想化,但可以窥见其对佛学救亡图存的执着痴念和必胜信心。

三、力推"儒佛融合"

蕅益大师在 17 岁习儒后出家念佛,江谦于完成系统儒学教育并于教育领域成就斐然后于晚年因身体之因皈依佛门。他们有一共通之处,即皆由儒入佛。蕅益大师开启了禅、教、律三学一源之说,倡导儒佛一宗,对江谦影响巨大。江谦以为,儒学能够在几千年的发展之中成为统治阶级的治国之"道"而经久不衰,必然有

---

① 兴慈:《儒佛一宗主要课讲义序》,游有维记,江谦讲:《儒佛一宗主要课讲义》,上海佛学书局,1947 年,第 1 页。

②《寄南通法华会诸君子书》,《阳复斋文集(下册)》,上海佛学书局,1933 年,第 218 页。

③ 程考宜:《江易园居士在通州师范学校演讲佛性》,《弘法刊》1935 年第 30 期,第 42—43 页。

④《唐闸居士林观音第一日讲》,《江易园居士演讲集》,苏州宏化出版社,1936 年,第 333 页。

⑤ 程考宜:《江易园居士在通州师范学校演讲佛性》,《弘法刊》1935 年第 30 期,第 47 页。

⑥《唐闸居士林观音第一日讲》,《江易园居士演讲集》,苏州宏化出版社,1936 年,第 334 页。

其安身立命之理；佛教能够在汉传入中国后千年未消，且构成中国传统文化的重要组成部分，同样有其了身达命之由。关于"道"，江谦认为："道不出乎心，心所本具也；道不外乎行，由行而阶进也；道不出乎教，自言教发明于理也。教乃圣人之所说，有世间世出之殊。"[①]其曾引用憨山大师语："谓孔为人乘之圣，老为天乘之圣，佛为能人能天能圣能凡之圣。又谓孔老皆佛之化身。"[②]"道"之来源，江谦认为与"心""行""教"有关。"教"乃"道"产生之本源，教来源于"圣人"之所说。圣人有"世间世出"之圣，"世间之圣"实为大家熟知的儒家之圣如孔子，"世出之圣"实为佛教之圣如普贤菩萨。江谦认为世人向来只知"人乘之圣"孔子、"天乘之圣"老子，殊不知圣人其实应有"世出世间之殊"。[③]鉴于蕅益视道教亦为儒教的范畴，故"世出世间"之圣实指儒佛之圣。儒佛各有自身之圣人，世出世间之圣必然会产生各自之道，儒学之道及佛学之道构成了各自生存于世的法宝。儒佛并存于世达千年之久，若能融合儒佛"道"之精髓于一体，必是世人之幸。因此，江谦对印光法师所言"儒佛两教，合则双美，离则两伤"十分赞成，故力促"儒佛合一"。[④]

鉴于"孔老皆佛"的理论认知，儒佛合一应是儒释道融合汇通的实际体现，显示出江谦坚守以儒释道为核心的传统文化观，这与其入世教育中提倡"以国学为根"的思想一脉相承。基于江谦教育事业所坚持的"国学"实际应为以儒学为核心的传统文化思想，故其晚年坚持以儒释道为核心的传统文化实际应是其"以国学为根本"思想的传承和扩展。江谦不仅提倡以孔子的"智仁勇"三德来教人[⑤]，还大力弘扬国宝之学："凡学孔老释耶程朱陆王者，皆吾同学，皆为正见，皆为国宝。"[⑥]提倡儒佛合一以治心。针对社会上广泛流传"以为学佛是消极的，于国无补，与家有背"的思想，江谦认为，"儒书不读，是根本大错之处。国学与科学，亦不可偏侧。试观今之学校，可以知矣，儒佛是根本。根本不壅培，枝叶哪得繁茂呢"[⑦]。

---

① 兴慈：《儒佛一宗主要课讲义序》，游有维记，江谦讲：《儒佛一宗主要课讲义》，上海佛学书局，1947年，第1页。

② 《复甘肃杨显泽居士书》，《阳复斋文集（下册）》，上海佛学书局，1933年，第206页。

③ 兴慈：《儒佛一宗主要课讲义序》，游有维记，江谦讲：《儒佛一宗主要课讲义》，上海佛学书局，1947年，第1页。

④ 兴慈：《儒佛一宗主要课讲义序》，游有维记，江谦讲：《儒佛一宗主要课讲义》，上海佛学书局，1947年，第1页。

⑤ 《南通北兴桥宋宅念佛会讲》，《江易园居士演讲集》，苏州宏化出版社，1936年，第249页。

⑥ 《致蒋竹庄先生书》，《阳复斋文集（下册）》，上海佛学书局，1933年，第216页。

⑦ 《南通平潮居士林讲》（1936年9月16日），《江易园居士演讲集》，苏州宏化出版社，1936年，第360页。

其曾建议曾任婺源县教育局长的弟弟江荫园把于婺源佛光社设立的国学专修馆改为灵峰学院,并提倡"学儒佛"[①]。江谦与张謇有着相同的认知,即学校教授学生有用之经书等,可使学生"养成一种高尚静远沉毅之风,不至堕入浮嚣浅薄诞妄之路"[②]。江谦曾发出倡议,希望政府在推行我国固有之儒学文化的基础上,普及佛学文化,世俗教育则"行善发道,国家幸甚,世界幸甚"[③]。对于印光曾提出的有关"儒佛二教,合之双美,离之两伤"[④]的观点,江谦认为"儒佛当合一"[⑤]。

鉴于江谦以儒教、道教皆为儒之理念,故此处的儒佛无疑是指包含儒释道在内的中国传统文化。显然,始终视传统文化为本是江谦教育思想的重要特点,以德治救世则是其佛学救亡图存的终极落脚点。对于孔子所言的"以不教民战,是谓弃之"的观点,江谦补注曰:"不修德教,而教民以战者,是弃之也。今之弃民者多矣,何以保国?""不修德教,国家不提倡道德教育,不提倡传统伦理文化的教育,就教民以作战,去打仗,这就是抛弃他们。"[⑥]需要指出的是,视"中国为环球第一礼仪之邦"[⑦]的江谦并不排斥对西学中物质、科学的学习和借鉴,"西人之物质科学,是诚可取,而其政治教育之根本错误,不可不知。彼所赖以救济者,宗教耳。吾辈当分别取舍"[⑧]。其对西学取舍有别的鲜明态度,显示出其对中国传统文化的执着坚持与传承,其坚信倡导融儒释道为一体的传统文化思想可以"共挽劫运,共救中国"。故在江谦逝后,已79岁高龄的好友沈恩孚曾发出"君于佛海窥汪洋,一去栖神在净土。净土恢恢不可量,后死其谁能踵武"[⑨]的感叹。江谦经历了迫切师西到批判性鉴西与理性回归中学相结合的历程,展示出传统文化的巨大魅力。

第六节　评　说

江谦于民国军阀混战的乱世之中,在办学条件极端苛刻的境遇之下,怀揣"教

① 江谦:《阳复斋诗偈三集》,上海佛学书局,1947年,第59页。

② 李明勋、尤世伟主编:《张謇全集(第三卷)》,上海辞书出版社,2012年,第1531页。

③ 江谦:《拟请组织成立佛儒合一研究社演讲团启》,《佛学半月刊》1939年第176期,第7页。

④ 《印光大师全集(第二册)》,佛教出版社,1991年,第325页。

⑤ 兴慈:《儒佛一宗主要课讲义序》,游有维记,江谦讲:《儒佛一宗主要课讲义》,上海佛学书局,1947年,第1页。

⑥ 钟茂森:《论语讲记7:子路·宪问篇》,中国华侨出版社,2013年,第156—157页。

⑦ 《南通县缙素同仁发起儒佛合一研究会》,《佛教日报》,1936年3月25日,第1版。

⑧ 《寄南通法华会诸君子书》,《阳复斋文集(下册)》,上海佛学书局,1933年,第219页。

⑨ 江谦:《梦游记恩诗》,上海道德书局,1942年版,封底。

育救国"使命,于南高师负芒披苇,埋首耕耘,在经费奇缺、时间短促的窘迫环境下,奇迹般地创办了江苏最优质教育,不仅在中国早期四大师范院校中独占鳌头,甚至与北大齐驱并驾,堪称中国近代教育史上的奇迹。江谦主校南高师时间虽短,却开创了江苏近代高等教育的新局面,为成立中国近代最早两所综合性国立大学之一的东南大学作出了开拓性和奠基性贡献,有力促进了中国教育近代化,并因此付出了健康代价。在长期饱受身体顽疾侵扰、久治不愈痛楚后,为不耽误南高师教育事业发展,江谦主动让贤,辞去南高师校长之职,自此奔波于疾病治疗之路。因偶然机会接触佛教,遁入佛门,专心于身体调理和佛学研究。随着身体日渐痊愈及其佛学知识不断积累,面对国势艰难、战乱不绝、各种主义甚嚣尘上的现实处境,秉持"有力者专办一事,有才者专完一学,其利物济世同也"[1]的理念,于佛学领域倡导"以善业自卫国家",开启了另类人生,致力于佛学救国道路的艰辛探索。江谦是中国近代史上唯一一位从著名教育家转变为集佛学理论与实修于一体的佛学家之人。

　　客观来说,婺源地方自治是江谦受恩师张謇于南通地方自治事业发展的启发的结果,亦符合彼时全国地方自治大环境,是江谦皈依佛门后于佛学领域努力开拓继"教育救国"事业后尝试另类救国道路的初步探索。婺源地方自治并未得到地方政府的经费支持,其自治经费主要来源于江谦自费和友人捐赠;预计十年的自治计划在第五年中断,计划远大于现实,但其影响不可小觑。一是江谦于地方植树建林的计划得到了地方森林局长的支持和响应,对地方森林覆盖率的提高有促进作用。二是江谦对江湾中心小学进行了课程改革,成功把佛教、道教思想融入世俗教学的学习内容,倡导儒佛融合的佛学教育思想凸显,也是值得关注之事。三是江谦视佛教为"正人心""救乱世"之良药意志更坚,渴望通过佛教宣扬扬善弃恶、因果福报等思想,建立"山山有木,心心有佛,人人务本"的稳定有序的地方社会。浓厚佛学氛围的营造,为其日后佛学救亡图存事业的开展营造了必要的舆论宣传氛围。婺源地方自治是乱世之中地方政府对民间活动管控能力减弱的重要标志,是江谦服务地方发展、力图挽救民族危亡的自发爱国行为。必须指出的是,婺源地方自治是江谦以居士身份借鉴张謇于南通地方自治经验基础上实行的融宗教与实业、教育、慈善等为一体的模仿自治,与国民党政权在"训政"体制规制下推行以政治意识萌发和社会事务参与为目的的地方自治有本质区别。

　　江谦认为,"世乱在于心乱",而"心乱"之缘由乃是彼时社会上流行的各种

---

[1]《致胡止澄先生书》,《阳复斋文集（下册）》,上海佛学书局,1933 年,第 51 页。

"邪说"。因视佛学为"大心理学",故江谦认为能治心乱者,唯有佛学。佛光社是江谦秉持有力有才者"专办一事""专完一学""利物济世同"之理念,为应对彼时社会上各种盛行之"邪说",于社会治理混乱之际,通过有组织、有规模、有计划的融儒于佛的佛学文化宣传、佛学教育、佛学研究等,宣扬佛学之善恶因果、戒杀放生、三世轮回等理念,力图正人心、去人欲、为人善,从而稳定地方社会秩序,给苦难中的人民带来生的希望。江谦丰富的教育管理经验在创办和发展佛光社的过程中得到了淋漓尽致的发挥,其中也离不开印光大师的指导和大力支持。由于江谦教育家的特殊身份,佛光社不仅吸引了大量中下层普通百姓,还吸引了政界、教育界、实业界等诸多名人,佛光社诸多慈善活动更是惠及乡人,其影响之大,范围之广,实令人惊叹,并漂洋过海,扩至东南亚。与此同时,江谦成功将佛学教育内容融入高等师范教育徽二师的教育之中,儒佛融合的佛学教育特征明显,这一点尤值得关注和研究。佛光社"一人入社,全家皆入""一乡之人,皆从其化",乃至出现"一方之人"皆服"易园之说"的壮观场景。乡人多不识字,而念佛、读经无形中使老少妇孺识字成为可能;吃斋念佛更是盛行。村民忙时耕作,闲时念佛;人们戒荤吃素、戒杀放生、睦邻友好,俨然"世外桃源"。江谦创办的佛光社无形中改变了地方百姓的风俗习惯,塑造了淳朴友好的乡风,推动了以识字为主的教育普及,确保了地方社会秩序的稳定,是江谦于乱世之中"专办一事",以德治世、力图造福乡邻的展现,体现了其强烈的爱国主义情感。繁盛达十年之久的佛光社是民国时期居士佛教振兴发展的重要缩影,是江谦于佛学领域实修派身份坐实的重要标志,亦是我们深层次了解彼时复杂社会环境及居士佛教复兴的重要而宝贵的窗口,从侧面也凸显出由教育家身份转变而来的江谦于佛学界的巨大影响。

"儒佛合一研究会"即灵峰学社是日本侵略中国导致国内时局更为动荡不安,江谦不得不离开故土,辗转至通,意图联合教育界、学术界和政治界等致力于通过佛学研究、佛学教育、佛学文化宣传达到救亡图存的产物。江谦对彼时社会"专重欧化"十分怀疑,对"政教沦亡"忧虑万分,故提倡儒佛以挽救民心、塑造民德,以期实现德治救世。"儒佛合一研究会"是江谦以年老之躯,意图通过培养儒佛相通之人才,继续致力于爱国之行的有力佐证。需要指出的是,灵峰学社首次把目光集中到高级知识分子身上,反映出江谦试图通过自上而下的变革方式,通过佛学救亡图存,力图形成从基层普通百姓到高级知识分子的全覆盖,无形中推动了居士佛教的复兴。由于受时局及战乱影响,灵峰学社活动受到极大限制,但由于江谦本人身体力行,广泛弘法及宣传,其于南通、上海乃至全国推动儒佛合一研究发挥了重要作用。

　　面对 20 世纪 20 年代前后纷涌而入的各种思潮，军阀混战、天灾人祸依然不绝的混沌局面，江谦骨髓里根深蒂固的"事穷则变"，不可"熟视结舌，陷国于危亡"的救国信念，使其视"佛教为新信仰"，开启了佛学"救亡图存"之道的艰难实践。注意到西学政治教育中尚争不尚让、过于注重法治而忽视德治的诸多弊病，拥有深厚儒学功底及丰富教育实践经验的江谦切身感受到传统文化自身具有的巨大魅力，其择西人科学而取之，晚年通过婺源地方自治、创办佛光社与灵峰学社的佛学实践活动，坚守以儒释道为核心的传统文化改良人心，以期德治救世。江谦主张不宜早婚，倡导改良婚礼陋俗，提出"三尚标准"："或执古仪，或随陋俗，或效欧化，皆为非宜"，应根据实际情况，"尚慈""尚俭""尚礼"。^①其立足中下层百姓，广泛联合各界，倡导"修身以儒""治心以佛""儒佛合一"思想，是其对"以国学为根本"思想的一贯坚持和扩展，客观上起到了宣传中国传统文化、改良地方民俗及维护社会区域稳定的作用，是其爱国主义思想的重要体现。但需要指出的是，江谦晚年的佛学活动重视儒佛合一的佛学文化宣传，倡导融佛与儒为一体的佛学教育及佛学研究推广，虽然与民国时期居士佛教复兴的时代环境及弘扬佛学救国的社会背景分不开，但依然有淡化主流教育、限地方百姓偏安一隅而忽视关心国家前途发展的风险。江谦反对革命和变法，认为"反复革命变法"会置国家与民族于更危险的境地，这显然是其对当时国内复杂形势及阶级斗争本质认识不透的表现，亦是其思想保守、落后的表现。显然，从旧思想壁垒中走出来的江谦，在时代革命的大潮中，不可避免地留有旧时代的烙印。视佛学为救国之道，靠宣扬"民德养生"来拯救国民于水火之中的愿望只能说明其浓厚书生气的一面，缺乏革命的洗礼，救国救民在彼时军阀混战的复杂局面下无异于空中楼阁，只有人民民主革命才是挽救中国的唯一出路，这也注定了江谦通过佛学事业实现救亡图存愿望的必然失败结果。

---

　　① 江谦：《议改良婚礼为建国兴家最先之善法》，《佛学半月刊》，1941 年版，第 233 期，第 4 页。

结　语

　　出生于 19 世纪 70 年代的江谦正逢中国风云激荡、社会剧烈变革的时代,贾而好儒的徽商家族为其提供了系统儒家教育的优渥条件。勤奋聪慧、17 岁即中秀才的江谦若非身体羸弱,必能于科举考试中不断进取,或汇入近代众多出国寻求治国良方的留学生洪流之中,实现其早期出洋留日计划,可以更直观地感受西学中"科学"之魅力。他经历了由传统士绅向新士绅、近代知识分子成长转变的重要历程。由于才识过人,加之张謇慧眼识人,江谦得以投身于近代中国教育领域,且成就卓著。其一生以 1919 年为界,分为教育救国与佛学救亡图存两个阶段。1919 年前其主要耕耘于通州民立师范学校与南京高等师范学校,视教育为革新中国的救国途径,赞成民主共和,致力于"教育救国"的伟大事业。他努力探索新教育之道,大胆学西但不唯西,于办学宗旨、学科设置、校风建设及文字改革等方面不乏开拓创新,在助推中国中高等师范教育近代化过程中影响深远,是站在时代前沿的教育改革家;1919 年后江谦因身体顽疾等因遁入佛门,归于净土。晚年其尝试婺源地方自治、创办佛光社与灵峰学社,反对革命与变法,专心于"儒佛合一"的佛学教育、佛学研究与佛学文化宣传,宣扬"民德养生"的治世理想,执着于以居士之身行佛学救亡图存的艰辛探索,视佛学为变革中国的救国途径,是佛学救亡图存事业的倡行者。从积极进取趋向晚年的保守变革,固然令人惋惜,但不可忽视其自身身体健康及彼时复杂的社会背景。他从著名教育家转变为佛学理论家与实践家,其救国之志不改、其意之坚实令人惊叹,诸多教育理念仍值得我们借鉴和吸收。历史中皈依佛门的教育家并不鲜见,但似江谦皈依佛门后造福地方百姓,极大影响皖苏浙沪乃至全国民风建设,于佛学理论与实践领域耕耘有成的实修派佛学家,在民国时期乃至近代历史上实属罕见。

　　江谦自小就接受了族塾、家塾、书院及近代最早的师范教育,儒学功底十分深厚。贾而好儒的徽商家族、儒学深厚的家学渊源、系统的儒学教育与中国早期近代师范教育的糅合,决定了江谦教育思想中传统而不守旧、开放而不闭塞的特点。传统"本立而道生""仁""诚"之思想及王阳明"知行合一"与"致良知"等以儒学为核心的传统文化深深镌刻于江谦教育事业的血液之中。西学东渐及西学实用主义思潮等对旧学的冲击,奠定了江谦教育思想中带有实用主义思想的时代烙印。同时,他深受 19 世纪末 20 世纪初中国思想转型时期以梁启超为首的资产阶级改良派思想影响。由于对欧美民主、宪制救国道路的失望和怀疑,资产阶级改良派呼唤传统儒学在近代宪政体制建设中发挥必要作用,此种变化使人们重新审视传统儒家文化在近代国家构建、精神重塑中的重要地位,试图以传统儒学构筑起近代中国专制宪政的救国之道,江谦深受启发;清季民初危亡时局下政治动荡、经济方面近代工业发展对新式人才的呼唤及爱国人士"救亡图存"的时代呼声,尤其是恩师张謇身体力行的"实业救国""教育救国"举动,对江谦潜移默化产生了巨大影响。"教育救国""救亡图存"内化为江谦执着于教育事业的不竭动力。

无论是任职于通师,还是主政南高师,江谦始终倡导"以国学为根本,以实业为应用"的教育宗旨,立足于以儒学为中心的传统文化之基,借鉴日本和欧美之西学,致力于教育救国事业,并有诸多创举:首倡"三育并举"教育方针;首设体育专修科;首提"终身体育思想";首提使用汉字注音音标;首次正名"官话"为"国语",对推动国语自上而下改革和统一颇有建树;首次阐述统一语的语法问题;于音韵学发现天然声母阴阳通转之规则;曾以安徽省议员和众议院议员身份活跃于政治领域,提出诸多议案,其中《江氏(易园)刑律争论评议》编入《新刑律修正案汇录》之中;其虽未能提出"素质教育"的人才培养目标,但努力于人才培养方面打破"以仕"为终极目标的旧框,注重"德"之教育,追求"人才报效",与孙中山先生培养人才要有"存心做大事,不可以存心做大官"[①]的思想不谋而合。相对于诸多同时代教育家,其思想无疑是先进和超前的。亲历内忧外患的江谦始终秉持理性思考,其教育思想具有坚守以儒学为核心的传统文化之本,注重旁汲西学之显著特征。他始终"以国学为根本",并非保守,而是近代中国思想转型时期,面对西学强大冲击过程中依然坚守传统文化的知识分子的卓越代表,"以国学为根本"成为其晚年佛学实践活动指导思想的扩展根基。客观地讲,脱胎于封建教育旧垒的江谦,在新旧教育制度转换之际,尽管其力求除旧布新,但难免会留下旧教育的痕迹,如初始反对东南大学男女同校等。但此种思想毕竟不占主导地位,故其总能顺应时代发展之需,不断开拓进取,体现出近代早期教育家身上少有的睿智及与时俱进的主动变革精神,使其成为中国早期高等教育走向近代化道路中不可或缺的重要人物,是中国近代高等教育当之无

①《孙中山全集(第 10 卷)》,中华书局,1981 年,第 24 页。

愧的教育先驱和改革家。

江谦皈依佛门净土，虽有国弱之弊和居士佛教复兴等外因，然而归根结底是其身体顽疾长久不愈，绝非消极避世之举。他广泛联合学界、教育界乃至政界人士，倡导儒佛合一思想，广泛宣传因果福报、敦伦尽分、诸恶莫作，呼吁不宜早婚等，以期修身养性，为净化区域社会风气、维护社会良俗、稳定人心等发挥了重要作用。但值得注意的是，无论是江谦的婺源地方自治，还是佛光社与灵峰学社的创办，皆是地方有为之士在中央政府和地方政府对地方管控能力减弱或出现真空之时的产物，是有为知识分子在特殊时期造福一方百姓的爱国主义行为，在当时的历史条件下具有时代进步意义；但当此类活动风起云涌之时，一定程度上也意味着国家和民族面临着某种潜藏的风险，变被动适应为主动改革，对和平时代的政府建设依然具有重要的警醒意义。

江谦晚年虽以居士身份开辟佛学救亡图存的自觉之道，然而其并未放弃自己教育救国的内在职责。"国家兴亡，人人有责"，是其致力于教育救国之道的巨大动力。他曾参与、支持了国立东南大学筹建工作；连续两届担任东南大学董事会董事等。江谦一生重视"知行合一"，着眼"眼光要远，脚步要近"[1]的理性思维，始终秉持"行重于知"的教育理念，直至生命的最后一刻，是"教育之要，不在说而在行"[2]的典型代表，为近代中国高等教育发展做出卓越贡献。其一身兼具教育家与佛学家的双重身份。江谦晚年虽未跟上时代发展步伐，与其身体顽疾及复杂的社会背景有极大关系，但其一生始终奔波于探寻救国之道的漫漫征途中，强烈的爱国主义情感成为贯穿其教育救国事业与晚年佛学救亡图存事业的灵魂纽带。其不屈的救国斗志和执着的救国之行，是清季民初无数仁人志士于苦难中探寻救国救民之道的艰辛缩影。在近代社会支离破碎的民族危亡时刻，江谦以佛教居士身份自觉汇入"促进中国社会和平变革"的洪流，始终立足于中国传统文化之根，在清王朝"昏惨惨似灯将尽"及民初战火纷飞的黑暗年代，汇成颠簸于波涛汹涌之巨浪中不屈不挠探索救国救民之道的一股清流，德治救世是其"和平变革"的具体方式。虽然历史事实雄辩地说明，佛学救亡图存道路在外欺内乱的旧中国行不通，"和平变革"亦没有出路，只有中国共产党领导下的民主革命运动才会给中国带来真正的光明，江谦的诸多教育思想在当今教育界依然闪烁着理性的光辉；其身上所体现出的执着前行、不屈不挠的实践精神，是同时代众多知识分子为救亡图存而跋涉

---

[1]《致胡止澄先生书》，《阳复斋文集（下册）》，上海佛学书局，1933年，第51页。
[2]《莅安徽省立第二师范学校演词》，《阳复斋文集（上册）》，上海佛学书局，1933年，第79页。

不息的缩影。正是此种精神构筑起中华民族五千年文明绵延不绝的奇迹,值得我们代代相传。

　　清季民初,社会矛盾交织是诸多学界名人转向佛学研究的复杂时代背景,主张中西兼容并蓄的江谦于教育事业和晚年佛学活动中始终立足于弘扬传统文化之本,这是其一生中极为引人关注的一点。从侧面展示出中国从传统走向近现代化过程中,伴随西学东渐现象兴起,传统文化的强大生命力和活力仍然不可忽视,有必要关注并重新审视 19 世纪 90 年代至 20 世纪初,近代中国于社会转型、思想转变时期中国传统文化的积极作为,以克服漠视中国传统文化内涵在历史发展进程中发挥重要作用的危险。面对中西意识形态很难消融之社会现实,应始终立足本国文化,不忘放眼世界;既不应停留于唯中华文明是尊的洋洋自得而盲目排外或一味抵触,亦不可过于膜拜西方文明而自我贬低或迷失自我,以开放胸怀理性借鉴与吸收是明智之举;树立文化自信更是首要之务。

　　理性来看,近代以江谦为代表的居士佛教于乱世之中倡导"德治救世"无异于空中楼阁,但我们不能因此否定其强烈的爱国之心和执着的强国之行,更不能抹杀其卓越的教育功绩及其晚年佛学实践活动于改良社会风俗、稳定社会秩序方面发挥的作用。在社会主义法治建设和完善过程中,依然可以从中获取更多的有益启示,即德治建设具有法治建设不可替代的特殊作用,是构建法治社会重要且必不可少的补充手段,故应始终牢牢守住教育立德树人的首要宗旨。2020 年以来,在新冠病毒这一人类共同敌人面前,中国共产党谱写了一首"人民至上,生命至上"的壮丽史诗,中国传统文化再次以其独有的五千年底蕴散发出独特的魅力,再次见证了"人类命运共同体"构建的紧迫性与必要性。教育家黄炎培先生于民国二十四年应邀去河南开封大学讲授职业教育,途中在阅读江谦《阳复斋诗偈续集》时曾发出肺腑感言:"不见易园先生十二年矣,此数天恰来上海,几度畅谈。先生知我和一班同志正在研究《大学》。他说,亲民的亲字,意义最精,人与人相互间,个个都像六亲的亲。所谓同胞,就是像嫡亲兄弟,而况依轮回之说,我的祖宗父母都在这中间,倘能懂得这亲字的精意,世界那里会有相争相杀呢。""如果有一天,人类的群性能发展到这般地步,包管世界上,至少人类中间不会有相争相爱(此处"爱"应为"杀",为笔误。笔者注)。"① 透过江谦由"亲民"之"亲"延伸的阐述,不难领略一代教育大家于乱世之中为构建相亲相爱美好世界而进行艰苦卓绝救国事业的开拓精神与无私奉献。

---

① 黄炎培:《河车记(上)》,徐珂、胡愈之主编:《东方杂志》,第三十二卷第十四号,1944 年,第 46 页。

参考文献

一、江谦个人著作

1.江谦.两汉学风[M].上海:江苏教育会,1916.

2.江谦.说音[M].上海:中华书局,1922.

3.江谦.阳复斋诗偈集[M].上海:上海佛学书局,1928.

4.江谦.正学启蒙三字颂阳复斋诗偈集合编[M].苏州:弘化社,1932.

5.江谦.阳复斋文集(上册)[M].上海:上海佛学书局,1933.

6.江谦.阳复斋文集(下册)[M].上海:上海佛学书局,1933.

7.江谦.阳复斋诗偈续集[M].苏州:弘化社,1933.

8.江谦.安徽佛门龙象传[M].合肥:安徽通志馆印行,1934.

9.江谦.关帝灵感录[M].上海:上海道德书局,1936.

10.江谦编著.儒佛合一救劫编(上、中、下册)[M].上海:中国儒佛合一救劫会,1936.

11.江易园居士演讲集[M].苏州:弘化社,1937.

12.江谦.梦游记恩诗[M].上海:上海道德书局,1942.

13.江谦.阳复斋诗偈三集[M].上海:灵峰正眼印经会,1947.

14.江谦讲,游有维记.儒佛一宗主要课讲义[M].上海:百宋铸字印刷局,1947.

15.江谦.东坡禅学诗文要解[M].上海:百宋铸字印刷局,1947.

16.江谦选辑,游有维编.阳明致良知学[M].上海:百宋铸字印刷局,1948.

17.蕅益智旭撰,江谦补注.论语点睛补注[M].台北:艺文出版社,1966.

18.江谦著,游有维编.宏法联语集[M].上海:上海道德书局.

19.江谦.两汉劝学兴农诏令[M].

20.江谦.阳复斋觉世纲宗[M].

21.江谦.阳复斋冠婚礼记[M].

二、档案史料

1.国立南京高等师范学校学生一览,中国第二历史档案馆馆藏,全宗号:五案卷号:2142.

2.中央大学教务处编印国立南高东大中大毕业生同学录(民国六年至二十四年),中国第二历史档案馆馆藏,全宗号:五案卷号:6181.

3.〔日〕多贺秋五郎等编.近代中国教育史资料(民国编)[M].台北:台湾文海出版社,1976.

4.中国第二历史档案馆编.中华民国史档案资料汇编·第三辑·教育[M].南京:江苏古籍出版社,1991.

5.中国第二历史档案馆编.中华民国史档案资料汇编·第五辑·教育[M].南京:江苏古籍出版社,1994.

6.中国第二历史档案馆编.中华民国史档案资料汇编·第五辑·教育(二)[M].南京:江苏古籍出版社,1999.

7.璩鑫圭,童富勇,张守智主编.中国近代教育史资料汇编:实业教育 师范教育[M].上海:上海教育出版社,2007.

8.璩鑫圭,童富勇,张守智主编.中国近代教育史资料汇编:高等教育[M].上海:上海教育出版社,2007.

9.璩鑫圭,童富勇,张守智主编.中国近代教育史资料汇编:留学教育[M].上海:上海教育出版社,2007.

三、编著、专著、译著类

1.〔清〕江锦波,〔清〕汪世重编.江慎修先生年谱[M].北京:中华书局,1923.

2.舒新城.近代中国留学史[M].上海:中华书局,1927.

3.王凤喈.中国教育史大纲[M].北京:商务印书馆,1928.

4.张孝若.南通张季直先生传记[M].上海:中华书局,1930.

5.张怡祖编.张季子九录·教育录(六)[M].北平:中华书局,1931.

6.黎锦熙.国语运动:万有文库第一集[M].北京:商务印书馆,1933.

7.印光.莲池大师戒杀放生文合编[M].苏州:弘化社,1934.

8.乐嗣炳.国语学大纲[M].上海:大众书局,1935.

9.戴增元.文字学初步[M].北京:中华书局,1935.

10.〔王应麟撰,江谦增订.正学养蒙三字经注解[M].上海:上海法云印经会,1941.

11.清末文字改革文集[M].北京:文字改革出版社,1958.

12.中国科学院历史研究所主编.中国近代史资料丛书:刘坤一遗集(第5册)[M].北京:中华书局,1959.

13.倪海曙.清末汉语拼音运动编年史[M].上海:上海人民出版社,1959.

14.黎锦熙.汉语规范化论丛[M].北京:文字改革出版社,1963.

15.劳乃宣.新刑律修正案汇录,桐乡劳先生(乃宣)遗稿[M].台北:台北文海出版社,1969.

16.郭夏瑜.郭秉文先生纪念集[M].台北:中华学术院,1971.

17.瞿立鹤.清末留学教育[M].台北:三民书局有限公司,1973.

18.汪一驹,梅寅生译.中国知识分子与西方——留学生与近代中国(1872—1949)[M].新竹:枫城出版社,1978.

19.沈云龙主编.近代中国史料丛刊续辑(122—125)[M].台北:文海出版社,1980.

20.成都体育学院体育史研究室.中国近代体育史简编[M].北京:人民体育出版社,1981.

21.清华大学校史编写组.清华大学校史稿[M].北京:中华书局,1981.

22.周邦道.近代教育先进传略(初集)[M].台北:中国文化大学出版社,1981.

23.南京大学编辑.南京大学校史资料选辑[M].南京:南京大学出版社,1982.

24.潘维和.张其昀博士的生活和思想(上册)[M].台北:中国文化大学出版社,1982.

25.中国人民政治协商会议江苏省南通市委员会文史资料研究委员会.文史资料选辑(第2辑)[M].南京:江苏人民出版社,1982.

26.北京师范大学校史编写组编.北京师范大学校史(1902—1908),北京:北京师范大学出版社,1984.

27.王文俊.张伯苓教育言论选集[M].天津:南开大学出版社,1984.

28.高平叔编.蔡元培全集(第2卷)[M].北京:中华书局,1984.

29.〔美〕费正清,刘广京.剑桥中国晚清史:1800—1911年[M].北京:中国社会科学出版社,1985.

30.容闳.西学东渐记[M].长沙:岳麓书社,1985.

31.王栻.严复集（第1册）[M].北京：中华书局，1986.

32.南通市教育局,南通市教育史料征集编写办公室编.南通市教育史料 南通市教育界 人物传略[M].1988.

33.蔡元培.我在教育界的经验[M].蔡元培全集（第7卷）,北京：中华书局，1988.

34.萧超然等编.北京大学校史：1989—1949[M].北京：北京大学出版社，1988.

35.沈友白等主编,中国人民政治协商会议江苏省南通县文史资料研究委员会编.南通县文史资料（第六辑）[M].1989.

36.梁启超.饮冰室合集·专集（四）[M].北京：中华书局，1989.

37.徐友春主编.民国人物大辞典[M].石家庄：河北人民出版社，1991.

38.璩鑫圭,唐良炎主编.中国近代教育史资料汇编·学制演变[M].上海：上海教育出版社,1991.

39.朱斐.东南大学史（第一卷）[M].南京：东南大学出版社，1991.

40.清华大学校史研究室.清华大学史料选编[M].北京：清华大学出版社，1991.

41.田正平等编.黄炎培教育论著选[M].北京：人民教育出版社，1992.

42.阮仁泽,高振农.上海宗教史[M].上海：上海出版社，1992.

43.中国国家博物馆编,劳祖德整理.郑孝胥日记[M].北京：中华书局，1993.

44.婺源县志[M].北京：档案出版社，1993.

45.于凌波.净土行者——江易园,中国近代佛门人物志（第一集）[M],台北：慧炬出版社,1993.

46.梁吉生.张伯苓教育思想研究[M].沈阳：辽宁教育出版社,1994.

47.张謇研究中心,南通市图书馆编.张謇全集[M].南京：江苏古籍出版社，1994.

48.沈希珍.清华留美学生之研究：以留美预备部学生为例[M].台中：中兴大学历史研究所,1994.

49.顾明远.中国教育大系：历代教育名人志[M].武汉：湖北教育出版社，1994.

50.龚放,冒荣编.南京大学[M].长沙：湖南教育出版社，1995.

51.桑兵.晚清学堂学生与社会变迁[M].上海：学林出版社，1995.

52.张灏.梁启超与中国思想的过渡（1890—1907）[M].南京：江苏人民出版社,1995.

53.陶行知.中国教育改造[M].北京：东方出版社,1996.

54.江灿腾.明清民国佛教思想史论[M].北京：中国社会科学出版社,1996.

55.田正平.留学生与中国教育近代化[M].广州：广东教育出版社,1996.

56.葛韵芬,江峰青修撰.中国地方志集成　江西府县志辑（27,28）[M].南京：江苏古籍出版社,1996.

57.李华兴.民国教育史[M].上海：上海教育出版社,1997.

58.陈星.晴空朗月——李叔同与丰子恺交往实录[M].南昌：百花洲文艺出版社,1997.

59.金梅.世界回眸·人物系列　悲欣交集——弘一法师传[M].上海：上海文艺出版社,1997.

60.梁启超.清代学术概论[M].上海：上海古籍出版社,1998.

61.李尚全.汉传佛教概论[M].兰州：甘肃人民出版社,1998.

62.沈去疾编著.印光法师年谱[M].北京：天地出版社,1998.

63.印光法师.印光大师文钞续编·福州佛学图书馆缘起[M].北京：国学书局,1940.

64.陈学询主编：中国近代教育史教学参考资料》（中、下册）[M].北京：人民教育出版社,1998.

65.朱斐主编.东南大学史 1902—1949（第 1 卷）[M].南京：东南大学出版社,1999.

66.霍益萍.近代中国的高等教育[M].上海：华东师范大学出版社,1999.

67.谢孝苹.雷巢文存[M].北京：中国文联出版社,1999.

68.闵卓.梅庵史话——东南大学百年[M].南京：东南大学出版社,2000.

69.周新国.中国近现代史论　周新国史学论文选（一）[M].南京：江苏人民出版社,2000.

70.金以林.近代中国大学研究:1895—1949[M].北京：中央文献出版社,2000.

71.潘桂明.中国居士佛教史[M].北京：中国社会科学出版社,2000.

72.江苏省地方志编纂委员会编.江苏省志·教育志[M].南京：江苏古籍出版社,2000.

73.张宏生,陈乐民.走进南大[M].成都:四川人民出版社,2000.

74.李国钧,王炳照主编,于述胜著.中国教育制度通史(第七卷)[M].济南:山东教育出版社,2000.

75.金以林,丁双平.大学史话[M].北京:社会科学文献出版社,2000.

76.高平叔,王世儒编注.蔡元培书信集(下)[M].杭州:浙江教育出版社,2000.

77.田正平.中国教育史研究·近代分卷[M].上海:华东师范大学出版社,2001.

78.苏云峰.从清华学堂到清华大学1911—1929[M].北京:生活·读书·新知三联书店,2001.

79.张仁善.礼·法·社会——清代法律转型与社会变迁[M].天津:天津古籍出版社,2001.

80.〔美〕萨缪尔·亨廷顿.文明的冲突与世界秩序的重建[M].北京:新华出版社,2002.

81.王德滋.南京大学百年史[M].南京:南京大学出版社,2002.

82.南大百年实录(上卷)[M].南京:南京大学出版社,2002.

83.苏云峰.三(两)江师范学堂:南京大学的前身1903—1911[M].南京:南京大学出版社,2002.

84.孙文治主编.东南大学校友业绩丛书(第一卷)[M].南京:东南大学出版社,2002.

85.左惟等编.大学之道——东南大学的一个世纪[M].南京:东南大学出版社,2002.

86.柳诒徵.劬堂学记[M].上海:上海书店出版社,2002.

87.婺源县政协文史委员会编.走进江湾[M].2003.

88.江谦所编.南通地方自治十九年之成绩[M].南通:张謇研究中心,2003.

89.田正平.中外教育交流史[M].广州:广东教育出版社,2004.

90.冒荣.至平至善 鸿声东南:东南大学校长郭秉文[M].济南:山东教育出版社,2004.

91.吴可为.古道长亭——李叔同传[M].杭州:杭州出版社,2004.

92.王焕镳.因巢轩诗文录存[M].上海:上海古籍出版社,2005.

93.朱裴主编.东南大学史(第一卷第2版)[M].南京:东南大学出版社,

2005.

94.宋立志主编.名校精英——南京大学[M].呼和浩特:远方出版社,2005.

95.黄然.南通博物苑第一任主任孙钺,南通博物苑百年苑庆纪念文集[M].北京:文物出版社,2005.

96.周松青.上海地方自治研究(1905—1927)[M].上海:上海社会科学院出版社,2005.

97.江苏省档案馆.韩国钧朋僚函札名人墨迹[M].南京:东南大学出版社,2006.

98.张雪蓉.美国影响与中国大学变革(1915—1927)——以国立东南大学为研究中心[M].北京:华龄出版社,2006.

99.许纪霖,陈达凯主编.中国现代化史第一卷(1800—1949)[M].上海:学林出版社,2006.

100.〔美〕霍姆斯·维慈.中国佛教的复兴[M].上海:上海古籍出版社,2006.

101.高伟强,余启咏,何卓恩编著.民国著名大学校长1912—1949[M].武汉:湖北人民出版社,2007.

102.陈乃林,周新国主编.江苏教育史[M].南京:江苏人民出版社,2007.

103.姚淦铭,王燕.王国维文集(下部)[M].北京:中国文史出版社,2007.

104.戚名琇,钱曼倩等编.中国近代教育史资料汇编:教育行政机构及教育团体[M].上海:上海教育出版社,2007.

105.李灵年,杨忠.清人别集总目(上卷)[M].合肥:安徽教育出版社,2008.

106.黄炎培著,中国社会科学院近代史研究所整理.黄炎培日记(第1卷1911.7—1918.1)[M].北京:华文出版社,2008.

107.张海鹏,李细珠.中国近代通史:新政、立宪与辛亥革命(1901—1912)(第五卷)[M],南京:江苏人民出版社,2009.

108.张研,孙燕京主编.民国史料丛刊·文教·高等教育[M].郑州:大象出版社,2009.

109.李喜所,元清.中国留学教育通史·民国卷[M].广州:广东教育出版社,2010.

110.王一心.最后的圣人陶行知[M].北京:团结出版社,2010.

111.李喜所,元清.中国留学教育通史·民国卷[M].广东:广东教育出版社,2010.

112.印光大师.印光大师永思集[M].上海：上海书店出版社,1991.

113.弘一大师全集（第8册）[M].福州：福建人民出版社,2010.

114.毕苑.建造常识：教科书与中国传统文化转型[M].福州：福建教育出版社,2010.

115.安树芬,彭诗琅主编：中华教育通史（第12卷）[M].北京：京华出版社,2010.

116.黎锦熙.国语运动史纲[M].北京：商务印书馆,2011.

117.梁启超.佛学研究十八篇[M].上海：上海古籍出版社,2011.

118.卞孝萱,唐文权编著.民国人物碑传集（卷十二）[M].南京：凤凰出版社,2011.

119.李启成点校.资政院议场会议速记录[M].上海：上海三联书店,2011.

120.严晓星.梅庵琴人传[M].北京：中华书局出版社,2011.

121.李明勋,尤世伟主编.张謇全集[M].上海：上海辞书出版社,2012.

122.朱嘉耀主编.南通师范学校史（第一卷·纪事）[M].南京：南京师范大学出版社,2012.

123.周文甫主编.斯文正脉——胡晋接先生纪念文集[M].合肥：黄山书社,2012.

124.上海财经大学校史研究室.国立上海商学院史料选辑[M].上海：上海财经大学出版社,2012.

125.徐传德.南京教育史[M].北京：商务印书馆,2012.

126.觉醒主编.觉群佛学2011[M].北京：宗教文化出版社,2012.

127.陈建华,工鹤鸣.中国家谱资料选编·教育卷[M].南京：江苏古籍出版社,2013.

128.钟茂森.论语讲记[M].北京：中国华侨出版社,2013.

129.方光禄等.徽州近代师范教育史1905—1949[M].芜湖：安徽师范大学出版社,2013.

130.王玉生.蔡元培大学教育思想新探[M].成都：电子科技大学出版社,2014.

131.刘绍唐.民国人物小传（第9册）[M].上海：上海三联书店,2014.

132.蒋维乔.蒋维乔日记[M].北京：中华书局,2014.

133.蕅益智旭著,江谦补注.四书蕅益解[M].武汉：崇文书局,2015.

134.梁吉生主编.张伯苓全集（第10卷）[M].天津：南开大学出版社,2015.

135.蔡玉洗,董宁文编.冷摊漫拾[M].哈尔滨：北方文艺出版社,2015.

136.张光陆.张其昀教育思想研究[M].杭州：浙江大学出版社,2015.

137.沈恩孚著,薛冰整理.沈信卿先生文集[M].南京：凤凰出版社,2015.

138.卞利.徽州文化史·近代卷[M].合肥：安徽人民出版社,2015.

139.毛迅,李怡主编.现代中国文化与文学（第16辑）[M].成都：巴蜀书社,2015.

140.尹文.东南大学艺术教育史1902—2002（第一卷）[M].南京：东南大学出版社,2016.

141.沈行恬编注.张謇教育文论选注[M].南京：南京师范大学出版社,2016.

142.冯剑辉.走进徽州文化[M].芜湖：安徽师范大学出版社,2016.

143.钱基博.国学必读（下）[M].长春：吉林人民出版社,2017.

144.周新国,张慎主编.张謇辞典[M].扬州：广陵书社,2021.

145.Steward J.H.Theory of Culture Change: The Methodology of Multilinear Evolution[M].Lllinois University Press, 1955.

146.Hiroshi Abe.Borrowing from Japan: China's First Modern Educational System. China's Education and the Industrialized World: Studies in Cultural Transfer[M],ed.R.Hayhoe and M.Bastid. Armonk, N.Y.: M.E. Sharpe, and Tomato: OISE Press, 1987.

147.Barbara Sporn, Managing university culture: an analysis of the relationship between institutional culture and management approaches[M].Higher Education, 1996, Vo1.32（1）.

148.JING LIN.Social transformation and private education in China[M].Praeger Publishers Inc,1999.

四、报刊资料

1.吉林教育官报[J].1911.

2.时报[J].1906、1913.

3.京师教育报[J].1916.

4.教育杂志[J].1916.

5.南通师范学校校友会杂志[J].1917.

6.南京高等师范学校校友会杂志[J].1918.

7.教育公报［J］.1918.

8.新教育［J］.1919.

9.南京高等师范日刊［J］.1918—1921.

10.申报［N］.1915、1923.

11.教育季报［J］.1923.

12.大公报天津版［N］.1923.

13.海潮音［J］.1920、1926—1927.

14.东方文化（上海 1926）［J］.1927.

15.黄山钟［J］.1922、1927.

16.世界佛教居士林林刊［J］.1925—1928.

17.佛光社社刊［J］.1926—1928,1932.

18.国风（南京）［J］,1932、1935.

19.佛教日报［N］.1936.

20.弘法刊［J］.1936.

21.佛学半月刊［J］.1939—1941.

22.觉有情［J］.1942.

23.Manchester Democrat. (Manchester, Iowa)［N］. 1914.

24.Audubon County journal. (Exira, Iowa)［N］. 1914.

25.Cresco plain dealer. (Cresco, Howard County, Iowa). 1914.

26.New-York tribune. (New York［N.Y.］). 1919.

五、未刊类

1.柳竹山房诗文钞（原件），婺源江湾江加榜先生藏.

2.原江家宅、江公墓址（游有维 1984 年手绘复印件），南通通州市邮政广告公司副经理黄为人先生藏.

3.赵娟等整理.江谦婺源家世调查口述记录.

六、学位论文类

1.周敏之.王照研究［D］.中国社会科学院博士论文,2002.

2.杨小辉.从士绅到知识分子——中国知识阶层转型研究［D］.上海大学博士论文,2007.

3.王小丁.中美教育关系研究（1840—1927）［D］.河北大学博士论文,2007.

4.冯剑辉.近代徽商研究［D］.山东大学博士论文,2008.

5.石猛.郭秉文高等教育思想研究［D］.西南大学硕士论文,2008.

6.吴立保.中国近代大学本土化研究［D］.华东师范大学博士论文,2009.

7.沈岚霞.20世纪上半叶美国对华教育传播研究——以哥伦比亚大学师范学院为例［D］.华东师范大学博士论文,2010.

8.刘晓明.清末至新中国成立（1892—1949）汉字改革史论［D］.河北师范大学博士论文,2013.

9.刘绪才.1920—1937：中学国文教育中的新文学［D］.南开大学博士论文,2013.

10.吕烨.从"三武一宗"灭佛看儒释道三教的冲突与融合［D］.中央民族大学硕士论文,2013.

11.王美.民国时期高等教育政策嬗变研究［D］.东北师范大学硕士论文,2013.

12.周文佳.北洋政府时期高等教育政策研究［D］.河北大学博士论文,2013.

13.樊沁永.晚明高僧《四书》诠释研究［D］.首都师范大学博士论文,2014.

14.李婷.郭秉文的高校办学思想研究［D］.山东师范大学硕士论文,2015.

15.许文昊.南京高等师范学校师生群体研究［D］.南京师范大学硕士论文,2016.

16.王苏.郭秉文高等教育国际化思想与实践研究［D］.南京邮电大学硕士论文,2016.

17.高传峰.新文学的反动——中国反新文学运动研究［D］.华东师范大学博士论文,2016.

七、期刊论文类

1.陈乃林.通州师范是我国第一所师范学校［J］.徐州师范学院学报,1980(4).

2.陈乃林.张謇与通州师范［J］.扬州师院学报（社会科学版）,1980(4).

3.王笛.清末近代学堂和学生数量.［J］.史学月刊,1986(2)

4.胡焕庸.治学资历述略［J］.中国科技史杂志,1991(1).

5.何开庸.民国时期南京的著名教育家（一）［J］.南京社会科学,1992(3).

6.何建民.民初佛教革新运动述论［J］.近代史研究,1992(4).

7.吴霓.明清南方地区家族教育考察［J］.中国史研究,1997(3).

8.袁李来.坚贞自守的爱国宿儒王瀣［J］.民国春秋,1997(3).

9.张师伟.中国古代佛教的兴衰[J].历史教学,1997(5).

10.何劲松.中国佛教应走什么道路——关于居士佛教的思考[J].世界宗教研究,1998(1).

11.黄国伟.张謇首创中国师范教育[J].民国春秋,1998(4).

12.章玲苓.福开森与南洋公学[J].上海档案,2001(3).

13.秦玉清,季震.《张季子九录·教育录》编年考略闭[J].南通师范学院学报(哲学社会科学版),2001(4).

14.俞力心.张謇与江苏高等教育的缘起[J].江苏政协,2002(7).

15.李宇明.清末文字改革家论语言统一[J].语言教学与研究,2003(2).

16.徐清祥.20世纪江西佛教[J].江西师范大学学报,2003(3).

17.胡艳杰.彭绍升佛学思想探微[J].苏州大学学报,2006(3).

18.崔明海.国语统一与民族国家建设——清末民初"国语"教育思想的形成和发展述论[J].学术探索,2007(1).

19.黄夏年.文献编纂的一项重大工程—《民国佛教期刊文献集成》出版的意义》[J].法音,2007(1).

20.郑晋鸣,傅琪.大学校歌:传承还是改造[J].教育文汇,2008(1).

21.安心,张建锋.近代中国高师教育理念论争的回顾与反思[J].西北师大学报(社会科学版),2008(4).

22.范纯武:"崭新菩萨宜今世、科学欧文都了晓":试论1930、40年代上海佛教居士扶乩团体"来苏社"[J].民俗曲艺,2008(12).

23.崔荣华.张謇与江谦的师生情缘[J].南通大学学报(社会科学版),2009(6).

24.马彦.学科规训制度与我国近代体育专业教育[J].体育文化导刊,2009(11).

25.桑兵.大学与近代社会——栏目解说[J].中山大学学报,2010(1).

26.柯小卫.中国现代大学的开拓者——郭秉文[J].生活教育,2010(1).

27.王东杰."声入心通":清末切音字运动和"国语统一"思潮的纠结[J].近代史研究,2010(5).

28.黄家章.印光的儒佛融合思想论[J],孔子研究,2012(2).

29.刘固盛,赵庭权.论梁启超的老学思想[J].中南民族大学学报,2012(3).

30.唐忠毛.居士佛教的近代转型及其社会——以民国上海居士佛教为例

[J].华东师范大学学报,2012(5).

31.徐道彬.《放生杀生现报录》考辨[J].中国典籍与文化,2013(1).

32.张刚,刘晓玉.儒佛并重而归宗于儒——马一浮先生的儒佛观[J].阴山学刊,2013(4).

33.韩妍,李阳.郭秉文教师教育思想初探[J].中国教师,2013(14).

34.朱培源.梁启超仁的思想变迁及其影响—《梁启超与中国思想的过渡》读后[J].科学·经济·社会,2014(2).

35.储朝晖.郭秉文与陶行知在中国教育现代化中的互动与选择[J].东南大学学报(哲学社会科学版),2014(3).

36.张敬川.评黄家章《印光思想、净土思想与终极关怀》[J].学术论坛,2014(3).

37.周骋.明清之际中国佛教的入世转向[J].宗教学研究,2014(4).

38.王东杰."代表全国":20世纪上半叶的国语标准论争[J].近代史研究,2014(6)。

39.马建强.民国时期的江苏校歌[J].江苏教育,2014(8).

40.周洪宇,陈竞蓉.艰难的改革家:中国现代教育改革先驱郭秉文[J].高等教育研究,2014(10).

41.张文修.思想反思的极致化境——《传习录》对经典命题的诠释[J].国际阳明学研究,2014(10).

42.李力."培育一种文化生活":郭秉文时期南京高师与东南大学校园文化之形态及育人影响[J].大学教育科学,2015(4).

43.夏豪杰.郭秉文的师范教育思想及实践[J].教师教育论坛,2015(5).

44.解巧茹,杨东静,樊永霞.郭秉文的大学管理理念创新与实践[J].兰台世界,2015(16).

45.马卫平等.民国时期体育家群体研究[J].中国体育科技,2016(2).

46.韩立云.民国初期高等师范教育发展的两种模式——以南京高等师范学校与北京高等师范学校为例[J].江苏第二师范学院学报,2016(4).

47.陈志霞.李叔同与南京高师关系研究[J].文学教育(下),2016(4).

48.欧七斤.南洋公学学生群体考论[J].史林,2016(6).

49.吴洪成,王雪迪.张謇师范教育思想探析[J].扬州大学学报(高教研究版),2017(1).

50.曹炳生.《通州师范校友会杂志》创刊事略[J].教育研究与评论.2017(4).

51.李永,柯琪.1917—1923年陶行知与郭秉文的交往与合作[J].南京晓庄学院学报,2017(4).

52.王瑶,申国昌.张謇的师范教育思想与实践[J].教师教育论坛,2017(11).

53.赵鼎新.从美国实用主义社会科学到中国特色社会科学——哲学和方法论基础探究[J].社会学研究,2018(1).

54.陈昱昊.百年来中国净土宗研究述评[J].宗教学研究,2019(1).

55.朱季康.民国民众对小学国语教育的态度分析[J].教育评论,2019(7).

附　录

附录一　江谦生平简表

1 岁　1876 年

7 月 30 日　农历丙子六月初十酉时生于安徽婺源江湾。

5 岁　1880 年

入私塾,学《三字经》。

7 岁　1882 年

学《百家姓》《千字文》《论语》《大学》《中庸》。

9 岁　1884 年

学《孟子》;其父建成松竹山房,后改名柳竹山房。

10 岁　1885 年

学《诗经》《书经》;初闻张謇。

11 岁　1886 年

学《易经》。

12 岁　1887 年

师从其父,学《礼经》《春秋左传》。

13 岁　1888 年

学完"五经";县城应试,未中。

14 岁　1889 年

随其父去郡城,购得《曾文正公家书》及《说文解字》。

17 岁　1892 年

应童子试,获冠,荫补"博士弟子员",中秀才,获安徽学政吴鲁赏识。

同年　娶妻汪含章;生一女,未久而殇。

18 岁　1893 年

就读婺源古紫阳书院,继续师从江啸岩;父病。

夏　赴宁乡考,落第;病,赴沪崇明祖业庙镇元和店休养。

同年　拜崇明瀛洲书院山长张謇为师。

19 岁　1894 年

仍休养于崇明庙镇元和店;同年 5 月,张謇中状元。

20 岁　1895 年

继续休养于崇明庙镇元和店。

21 岁　1896 年

4 月 12 日　赴金陵文正书院,从学张謇。学《朱子全书》、"春秋三传"《古文辞类纂》《续古文辞类纂》及《韩昌黎集》;研究国际公法;杂看科学诸书。

同年　介绍江知源就读于文正书院。

22 岁　1897 年

就读于文正书院。

9 月 22 日　其子江有朋出生。

23 岁　1898 年

年底　从文正书院毕业。

24 岁　1899 年

春　入上海南洋公学师范班,预备留洋日本;习英文等,考试皆第一。

25 岁　1900 年

秋　因病请假回安徽休养半年。

年底　肄业于南洋公学。

26 岁　1901 年

春　病愈;协助其伯父江炳文为修建家乡道路提供县志资料。

27 岁　1902 年

乡试不中,获李昭炜奏保经济特科,得汤寿潜《三通考辑要》一部。

同年　张謇创办通州民立师范学校,参与完成学校章程制定等工作,同时担任通师国文教习。

28 岁　1903 年

任通师国文教习。

29 岁　1904 年

冬　其祖母詹太夫人去世,享年 80 岁。

同年　婉拒安徽优级师范学校教务主任、安徽省高等学堂教务长之职。

31 岁　1906 年

1 月　任通州民立师范学校监理。

同年　请张謇开辟校西农场。

32 岁　1907 年

2 月　派遣本科生尤金缄、于忱留学日本。

33 岁　1908 年

2 月　全校减膳四月,助淮海赈济。

34 岁　1909 年

2 月 5 日　农历正月十五其女江有贞出生。

4 月　汇集通州师范学校历年成绩;参加江苏教育总会展览。

同年　当选为安徽省咨议局议员;因其妻病未能参加国语统一会。

35 岁　1910 年

3 月　组织通师校友会。

9 月　改定本科次第,不用甲乙丙丁等。

10 月　订《学习法大要》;完成《两汉兴学劝农诏令书》。

10 月 28 日　赴资政院参加了中国历史上第一次议会。

12 月　上奏《审查"采用音标试办国语教育案"报告资政院书》,首次公开提出使用汉字注音音标、改"官话"为"国语";联名 32 位议员,提出《质问学部分年筹办国语教育说帖》及"固国殖边"等议案。

同年　当选为京师资政院议员;编海关进出口货价比较表。

36 岁　1911 年

1 月 28 日　所提有关"采用音标试办国语教育案"的报告获资政院大会通过。

2 月　派遣第五次本科生杨嘉楠赴学上海南洋公学;订临时试验规约。

4 月　列拳术为正课。

7 月　与张謇至京参加中央教育会成立大会;联名提交《国库补助推广初等小学案》《国库补助各省各府广设初级师范案》;发起成立全国师范联合会。

9 月　武汉战事,组织保安团以卫校。

同年　婉拒学部邀其主持国语统一局事务;当选为中央教育会会员。

37 岁　1912 年

4 月　采访受通州师范学校之邀前来演讲的章炳麟;婉拒蔡元培邀其担任教育部普通教育司司长之职。

5月8日　担任安徽教育司长。

同年　任安徽议会副议长；于婺源发展共和党党员，组织共和党婺源分部，自任部长。

38 岁　1913 年

春　入京，当选中华民国首届国会众议院议员。

3月　张謇、张詧弟兄在三余创办大有晋盐垦公司，江谦为发起人之一，参股大有晋盐垦公司。

8月　代通州县附设甲种师范讲习所；派遣第七次本科毕业生刘延陵赴学上海复旦公学。

夏　北上。

秋　入都。

10月　举办江苏省代用师范学校校庆十周年纪念会。

同年　被保授为道尹。

39 岁　1914 年

2—4月　任江苏省教育司长。视察上海、松江、吴淞、苏州、常州、无锡、镇江、扬州、通州各校，后辞去职务。

6月　担任江苏省代用师范学校代理校长。

8月30日　被任命为南京高等师范学校校长。

40 岁　1915 年

1月17日　就职南京高等师范学校校长，着手筹办各项事宜。

2月16日　派郭秉文、陈容赴济南、天津、保定、北京等参观学习。

3月25日　当选安徽省教育会会长。

春　赴天津参加全国教育联合会；在天津讲授声韵学。

6月11日　派郭秉文、陈容赴日本考察教育。

8月11日　于南高师设国文、理化两部并公开招考。

秋　南高师正式开学。

9月5日　参加江苏教育会议第四次讲演会，主讲《根本教育》。

10月31日　派全体学生赴苏州参加江苏省立学校联合运动会。

11月1日　获总统袁世凯授予三等嘉禾勋章。

12月　拟定于南高师增设体育专修科。

41 岁　1916 年

4 月　体育专修科学生入校。

5 月　拟定于南高师增设工艺专修科。

8 月　辞去众议院议员职位;27 日参加全国各省教育司司长会议。

9 月　工艺专修科学生入校。

11 月 1 日　派 163 名学生赴扬州参加省立学校运动会。

同年　筹备附属小学;于上海讲授声韵学 10 天;《两汉学风》出版。

42 岁　1917 年

1 月　派郭秉文去菲律宾、日本考察教育;17 日,附属小学开校。

6 月　拟定于南高师增设农业、商业、英文专修科。

7 月　南高师举行农、商、英文专修科新生入学考试。

7 月 15 日　担任中华职业教育社通信选举议事员。

8 月　派教员张谔赴美留学;组织成立校友会。

夏　病,避暑南通狼山,张謇等前来探望。

10 月　组织成立南高师校友会;增设日文随意科。

立冬　至沪调养。

43 岁　1918 年

2 月 1 日　申请扩充南高师农科实验场地。

3 月 19 日　请假养病;教务主任郭秉文代理南高师校长职务。

12 月 22 日　始信佛,修净土。

44 岁　1919 年

9 月 3 日　辞去南京高等师范学校校长职务,郭秉文任校长。

同年　皈依佛门,由沪返杭,后归婺源;助修家乡碧云庵。

同年　担任上海中华模范地方自治讲习所讲员。

45 岁　1920 年

4 月　其父 70 大寿;10 日以祝父寿之资启动婺源地方自治。

46 岁　1921 年

3 月　担任东南大学首届董事会董事,积极参与筹备工作。

7 月 10 日　江苏省代用师范学校改名为"江苏省第一代用师范学校",简称"第一代师"。

12 月 6 日　国立东南大学筹备处正式成立。

同年　其母 70 大寿。

47 岁　1922 年

婺源兵乱。

秋　携家人至沪。

冬　于沪拜师印光法师；张謇邀其去南通，因妻病未能成行。

同年　《说音》出版。

48 岁　1923 年

春　于沪见弘一法师，获其推荐阅读《灵峰宗论》；至南通濠阳小筑拜见张謇；于通州师范学校演讲佛法。

夏　由沪归婺。

冬　其子有朋结婚。

49 岁　1924 年

9 月 21 日　其长孙江宏通出生。

11 月 27 日　其妻汪含章病逝，年 50 岁。

同年　修建江湾"萧江宗祠"。

50 岁　1925 年

7 月 21 日　夏历六月朔日于江湾灵山创办佛光社。

12 月 3 日　其父江晴舟去世，享年 75 岁。

51 岁　1926 年

6 月 21 日　被太虚大师等推举为佛化教育社安徽办事处处长。

7 月 17 日　其恩师张謇逝世。

同年　参观万安师范、隆阜女师范，宣讲佛法。

52 岁　1927 年

提出辞去第一代师校长职务。

53 岁　1928 年

7 月　正式卸任第一代师校长职务，由马灵源担任校长。

12 月 14 日　参加江苏教育经费委员会。

同年　婺源遭遇兵匪。

54 岁　1929 年

春　婺源匪乱，避居亲戚家；与仇盖庵、张思义等居士于盐城射阳岛发起建立息心庵，成为苏北名刹。

同年　母亲去世,享年 78 岁;始吃长斋;儿子有朋于南通三余建"江家宅""江家仓",即"三余海滨耕读处"。

55 岁　1930 年

完成著作《正学启蒙三字颂》;完成著作《阳复斋诗集》第一编;和江知源共出资,把江湾小学改造为全县最标准中心小学;佛光社甲道分社成立。

57 岁　1932 年

完成著作《阳复斋诗偈续集》;《正学启蒙三字颂笺注》《阳复斋诗偈集》出版。

58 岁　1933 年

春　始建佛光社社宇;完成《阳复斋文集》《儒佛合一救劫编》《小学养蒙三字经》撰写工作;《阳复斋诗偈续集》《阳复斋文集(上、下册)》《小学养蒙三字经》出版;收弟子游有维。

59 岁　1934 年

婺源兵乱。

春　佛光社社宇建成。

5 月　重游外曾祖母老家广西邦彦村,在祠中附设小学讲经三月。

9 月　避匪于杭州,复见马一浮居士;齐云山佛光分社成立。

12 月 23 日　与居士李锦堂等创设杭州佛光社,开成立大会。

同年　《安徽佛门龙象传》出版。

60 岁　1935 年

3 月　至沪,见老友沈信卿、黄任之、刘厚生、徐静仁、黄涵之;出席于沪举行的"中国佛教会第七届全国代表大会",与圆瑛、赵朴初等发起组织"中国保护动物会劝募放生弘法基金活动"。

3 月 24 日　因婺源匪祸猖獗,举家迁至南通三余镇广运区"海滨耕读处"。

3 月下旬　至通州,祭拜张謇墓。

5 月　在如皋掘港法会发起筹办"儒佛合一研究会"。

同年　于南通海门、金沙、二甲、唐闸、常乐、四甲、三余等地进行弘法宣讲活动。

61 岁　1936 年

春　于狼山白衣庵正式成立"佛儒合一研究会",并召开第一次大会。

3 月 25 日　于狼山念佛堂落成典礼发表讲演。

10 月　与屈映光、印光、圆瑛、聂云台等人赞助陈其昌发起创立上海佛化医院,地址为霞飞路乐善堂旧址。

同年 《阳复斋诗偈三集》《儒佛合一救劫编（上、中、下）》《江易园居士演讲集》出版。

62 岁 1937 年

3 月 17 日 日寇登陆,南通城沦陷;"佛儒合一研究会"于通城佛教居士林召开第二次大会。

63 岁 1938 年

春 日军登陆南通。至沪,居于"江南茶叶大王"婺源籍徽商郑鉴源家。

64 岁 1939 年

居沪;为弘一法师 60 岁大寿贺诗一首。

65 岁 1940 年

回通。

5 月 于如皋掘港四方寺召开"佛儒合一研究会"第三次大会,改会名为"灵峰学社"。

66 岁 1941 年

春 其女有贞与弟子游有维于"三余海滨耕读处"结婚。

同年 由通避居于沪,应邀讲经弘法;借上海鸿英图书馆撰写《阳复斋集》;《阳复斋丛刊》《灵峰儒释一宗论》出版;多次婉拒菲律宾华侨佛学社团礼请其前去创办儒佛学校。

67 岁 1942 年

2 月 24 日 与沈信卿、唐文治、蒋维乔、丁福保、余鼎勋、陈葆初于沪华龙路融五讲经堂发起成立五教书局。

3 月 17 日 在上鸿怡泰源利茶栈商讨组织成立上海佛光分社。

4 月 自留归西诗。

5 月 24 日 农历四月初十巳时逝于沪,归葬南通三余。

附录二 江谦后人口述证明材料

编号：

口述史调查及授权声明

口述者年龄：68   口述者性别：男
口述者民族：汉   口述者籍贯：江苏省婺源长江湾村
口述者家庭地址：江苏省婺源长江湾村

兹声明如下：

    本人对自己讲述的江谦儿时生活之祖籍之地、与江永、江知源之关系及提供的《柳竹山房诗文钞》和江谦部分家谱内容负责，并授权实地调查人可在课题研究、学术论文撰写中运用本人所口述之内容。

    实地调查人不得随意篡改本人口述内容，并应保证本人口述内容的完整。

    实地调查人保证：该口述史料仅作与学术研究途径使用，不作任何盈利性商业用途使用。

口述者（签名、盖章）：江加春
证明人（签名、盖章）：江喜芳

调查及被授权人：赵娟（单位：扬州大学）
               陈阳（单位：中山大学）

采风时间：2018-08-05

附录三　江谦于南通三余镇广运乡住宅及墓地图

江谦于南通三余镇广运乡住宅（黄为人先生 2004 年拍摄）

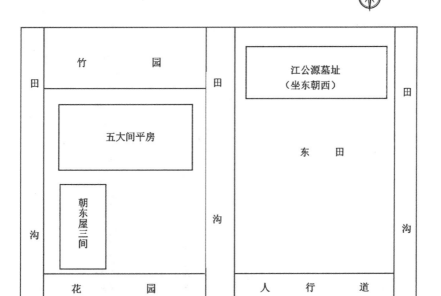

江谦于南通三余镇广运乡住宅及墓地图（2020 年绘制）

（以上内容根据通州市邮政广告公司副经理黄为人先生于 2018 年 7 月提供的江谦女婿游有维先生 1984 年手绘《原江家宅、江公墓址图》绘制而成。）

附录四　江谦为张謇逝世十周年题碑及
赵朴初为其墓碑重建题文

1936 年江谦为张謇常乐故里公祠题写"天民先觉"碑文

1986 年中国佛教协会会
长赵朴初先生为重建江谦墓题
写碑文

前江蘇省
教育廳長　婺源　江易園先生之墓

一九八六年重建　趙樸初題

（以上内容由通州市邮政广告公司副经理黄为人先生于 2018 年 7 月提供。）

后 记

本书是在我的博士学位论文基础上修改完善而成。此书即将出版,内心顿有一种释然之感。其中既有对江谦先生之才德能够彰显于世、流传于后人的一种告慰,也有对攻读博士学位期间导师谆谆教导、悉心栽培的感激。

"天下三分明月夜,二分无赖是扬州。"扬州的恬淡宁静与雅致俏皮总有迷人的魔力。在中学工作十年后,我有幸进入扬州大学师承江苏省历史学会会长、扬州大学副校长周新国教授攻读硕士,自此与扬州大学结下不解之缘。在高校工作多年后,再次有幸师从恩师,求索于读博之路,人生自此又多了一丝淡定与从容。

在本书付梓之际,真诚感谢恩师周新国教授。师从恩师攻读硕士、博士学位长达七年,仰慕导师的高尚人格和丰厚学识,工作中更是得到了恩师的诸多指点和关心。恩师于我而言,既有如父般的慈祥,更有智者的引领与激励。在我攻读博士学位期间,师母罹患重病并不幸病逝,恩师奔波于学校和医院之间,时常强忍悲痛与疲惫,仍不忘悉心指点。其崇高的人格魅力、高度的责任感、宽阔的胸襟和卓越的见识无不启迪着我的人生。其关于论文撰写要"一气呵成"的鞭策,促使我在思维近乎停滞的困境中仍能执着前行。"教诲如春风,师恩似海深",亦不足以表达我对恩师的感激和对师母的怀念之情。

感谢扬州大学图书馆馆长吴善中教授于资料搜集等方面给予的关心、刘建臻教授于课堂中论文写作方面的经验分享、朱煜教授于平日学习中的耐心解惑、已故的李尚全教授对我学业的鼓励。感谢陈景春教授、华国梁副教授、罗瑛副教授等对我论文写作的关心与鼓励。

感谢台湾东华大学李正芬教授为我提供的电邮资料;感谢彼时于美国哥伦比亚大学访学的扬州大学文学院郭院林教授提供来自东亚图书馆的资料;感谢南通邮政广告公司副经理黄为人先生的酷暑陪伴探访、资料馈赠、专业拍摄和招待等;感谢江谦之孙江宏达的女儿江喜芳与女婿江加榜于5A级景区江湾的资料提供、陪伴走访及热情招待;感谢江谦侄孙江宏武先生于南通酷暑奔波提供的重要资料等;感谢南通师范高等专科学校副校长都樾于电话里的线索指导及同校工作的曹炳生老师的资料赠予；感谢工作于中国第二历史档案馆的师姐蒋梅为我查询资料提供的便利；感谢南通市科协办公室主任徐燕等友人不辞辛苦为相关资料进行的拍摄、传递等。

感谢自本科阶段就一路陪伴我成长的山西师范大学陈德安教授长期对我学业的关心、支持和鼓励；感谢厦门大学嘉庚学院李建明教授，扬州大学殷定泉讲师、张进副教授、朱季康教授、丁慧超讲师、王泽京副教授、王芙蓉副编审，南京财经大学陈鹏副教授对我读博期间给予的支持与鼓励；感谢同窗颜井平、娄金海、薛菲、马春霞、王超、弓楷、王骏、武智等给予我学业上的切磋与鼓励；感谢学弟孙兴武等的祝福。

感谢先生对我读博期间的大力支持与鼓励；感谢已读大学的儿子的懂事和小大人般的体贴。家人的贴心陪伴是我最大的后盾支持。

感谢上海建桥学院对本书出版提供的支持。

淮左名都，竹西佳处。扬州之名，享誉世界。在此书即将付梓之际，恰逢党的二十大已胜利召开。在百年未有之大变局时期书写三千年未有之大变局时代中的江谦，在我国决胜脱贫攻坚、高水平全面建成小康社会、努力开启社会主义现代化建设道路新征程之际，深感幸运，亦为国家和人民取得的伟大成就格外自豪。这盛世，正是以江谦为代表的近代诸多教育家和仁人志士梦寐以求的。

谨以此书献给敬爱的师母，愿她在天堂远离疾病困扰，好好安息。